La promotion des droits humains en Algérie

Histoire et Perspectives méditerranéennes

Collection dirigée par Jean-Paul Chagnollaud

Dans le cadre de cette collection, créée en 1985, les Éditions L'Harmattan se proposent de publier un ensemble de travaux concernant le monde méditerranéen des origines à nos jours.

Déjà parus

Catherine GUILLAUMOND, *Cuisine et diététique dans l'occident arabe médiéval. D'après un traité anonyme du XIIIe siècle, Étude et traduction française*, 2017.
Driss ABBASSI, *La Tunisie depuis l'indépendance, Politique, histoire, identité*, 2017.
Işil ZEYNEP TURKAN-IPEK, *Chroniqueurs politiques en Turquie (1980-2014)*, 2016.
Imane BENNANI, *L'habitat menaçant ruine au Maroc, Les procédures administratives à l'épreuve des effondrements*, 2016.
Mokhtar KHELADI, *L'Algérie pays immergeant*, 2016.
Abdellah BOUNFOUR *Malaise dans la transmission, La crise de l'autorité familiale, scolaire et politique au Maghreb*, 2016.
Riza SAYGILI, *Un siècle de démocratisation innachevée, Partis et courants politiques en Turquie (1908-2008)*, 2016.
Karim BEN YEDDER, *Le fondouk al-ghalla de Tunis, Marché central (1891-1956)*, 2016.
Association Déméter-Coré (coord.), *Travail et maternité dans l'aire méditerranéenne*, 2016.
Zakaria FATIH, *Le Maghreb à la croisée des chemins : l'enjeu de la tradition et le défi de la modernité*, 2016.
Hassan BANHAKEIA, *Histoire de la pensée nord-africaine*, 2016.
Saïd CHIBANE, *L'Algérie entre totalitarisme & populisme, La fausse ouverture ou l'heure des illusions/désillusions, tome 2*, 2016.
Saïd CHIBANE, *L'Algérie entre totalitarisme & populisme, Le temps du parti unique, tome1*, 2016.
Johara BERRIANE, *Ahmad al-Tijâni de Fès : un sanctuaire soufi aux connexions transnationales*, 2016.
Pascal CYR, *Égypte, la guerre de Bonaparte*, 2015.
Philippe GAILLARD, *Génération Algérie : Mémoire d'un quidam*, 2015
Mustapha ARIHIR, *Les relations extérieures franco-algériennes à l'épreuve de la reconnaissance, de 1962 à nos jours*, 2015.
Chadia CHAMBERS-SAMADI, *Répression de manifestants algériens*, 2015.
Mohammed Anouar MOGHIRA, *L'Égypte en marche ?. Les atouts, les espoirs et les défis (1952-2015)*, 2015
Mohamed HARAKAT, *Les paradoxes de la gouvernance de l'État dans les pays arabes*, 2015.

Antoinette Chauvenet
avec Faïza Cherfi et Marie-Claire Michaud

La promotion des droits humains en Algérie

L'Harmattan

5-7, rue de l'Ecole-Polytechnique, 75005 Paris

www.harmattan.fr

ISBN : 978-2-343-13354-6
EAN : 9782343133546

Du même auteur

Médecines au choix, médecine de classes, 1978, Paris, PUF, Politiques.

La protection de l'enfance. Une pratique ambiguë, 1992, Paris, L'Harmattan, Logiques sociales.

Le monde des surveillants de prison, avec F. Orlic et G. Benguigui, 1994, Paris PUF, Sociologies.

Clinique de la reconstruction. Une expérience avec des réfugiés en Ex-Yougoslavie, avec V. Despret et J-M Lemaire, 1996, Paris, L'Harmattan, Santé, sociétés et cultures.

Approches de la prison, A. Chauvenet, C. Faugeron, P. Combessie (éds), 1996, Bruxelles-Toronto, De Boeck.

La violence carcérale en question, avec C. Rostaing et F. Orlic, 2008, Paris, PUF, Le lien social.

École Famille, Cité. Pour une coéducation démocratique, avec Y. Guillaud, F. Le Clère, M.-P. Mackiévitz, 2014, Rennes, PUR.

Ce travail est dédié à tous ceux qui s'engagent en faveur de la justice et des droits humains en Algérie.

Sommaire

Avant-propos 11

Chapitre introductif : le contexte historique et sociopolitique 15

La philosophie des droits de l'Homme 15

La politique des droits de l'Homme du CISP : expérimentation et création d'espaces communs multiples 47

Première parti
Contenu, méthode et stratégie 51

Chapitre 1 : l'approche par le CISP des droits de l'Homme en Algérie, une approche innovante et intégrée 53

La Thérapie contextuelle, une approche de la thérapie familiale 58

« La Clinique de Concertation » comme matrice de relations démocratiques 62

La Gestion positive des conflits et la non-violence 77

La philosophie pour enfants 84

« Graine de citoyen » et conseils consultatifs des jeunes 86

Engagement et gestion des associations 90

« Le Monde selon les femmes » 95

Le Certificat des droits de l'Homme 108

L'« Exonération » et le « vivre ensemble » 123

Les rencontres-débats 134

Chapitre 2 : stratégie, outils, méthodes 137

La conjugaison des actions : un principe de cohérence interne et un effet multiplicateur 137

Les outils de la démarche du CISP : proximité, travail de terrain et méthodes pédagogiques hétérodoxes 144

L'adaptation des actions et formations du CISP au contexte algérien 149

Savoir-faire, savoir-être et savoir-vivre. Principes régulateurs, accueil et ouverture 156

La culture, l'art, messagers et accomplissement des droits de l'Homme........ 160

Deuxième partie :
Résultats, un pari tenu au-delà des espérances 167

Chapitre 3 : la formation d'une élite et d'une avant-garde engagée... 169

Contexte et résilience des associations algériennes 169

La réception et l'utilité des différentes formations 175

Chapitre 4 : exemples d'interventions sur trois territoires particuliers213

L'intervention à Bab el Oued 214

L'intervention aux Eucalyptus 223

Le territoire d'Akbou : démultiplication des synergies et *philia* 228

Chapitre 5 : développement, essaimage, réseaux 247

Continuité, développement et extension territoriale de l'action 247

Extension territoriale 256

Le développement et les modalités d'essaimage des actions, relais et réseaux . 260

Chapitre 6 : demandes, faiblesses, suggestions, et appréciation générale des activités du CISP 287

Les demandes 287

Faiblesses 292

L'Appréciation générale des activités du CISP 297

Si le CISP doit un jour quitter le pays ? 301

La place du CISP : un strapontin précaire 307

Conclusion 309

Les mots de la fin 311

Annexes 313

Annexe I : Entretien avec Eveline Chevalier 313

Annexe II : Des chiffres et des lieux 324

Annexe III : Méthodologie 327

Annexe IV : Productions 331

Bibliographie 333

Avant-propos

L'analyse proposée ici porte sur l'action, durant une quinzaine d'années, de l'ONG italienne *Comitato Internazionale per lo Sviluppo dei Popoli* (CISP ou Comité international pour le développement des peuples) en faveur de la promotion des droits de l'Homme en Algérie. Il s'agit d'une recherche « évaluative » effectuée à la demande d'Eveline Chevalier, la responsable des différents programmes définis dans plusieurs projets intitulés Démocratie et Droits de l'Homme 1 (DDH1, 2006-2008), Démocratie et Droits de l'Homme 2 (DDH2, 2009-2011) et Démocratie et Droits de l'Homme 4 (DDH4, 2013-2016) essentiellement. Ces projets sont financés en premier lieu par la Commission européenne, plus précisément par son Instrument pour la démocratie et les droits de l'homme. Ils répondent à des appels d'offre qui visent « le renforcement du respect des droits de l'Homme et des libertés fondamentales là où ils sont les plus menacés et le soutien aux défenseurs des droits de l'homme ». Auparavant E. Chevalier, dans le cadre de Médecins sans frontières de Belgique, avait effectué plusieurs missions en faveur des familles touchées par les massacres des « années de plomb » et par le tremblement de terre de Boumerdès en Kabylie, tout en soutenant et en formant les professionnels mobilisés sur les lieux. Ces missions ont eu pour outil la « Clinique de Concertation », le Travail Thérapeutique Réseau et la Gestion des détresses multiples, c'est-à-dire une démarche innovante issue de la Thérapie contextuelle familiale. Celle-ci est fondée sur l'éthique relationnelle et le *give and take*, le donner-recevoir-rendre selon un principe de justice, des valeurs immédiatement accessibles et « de nature ontologique ». De fait l'ensemble du message porté par le CISP est animé par ces valeurs qui assurent la cohérence de l'ensemble du dispositif de l'intervention.

C'est une politique fort élaborée, audacieuse et innovante en matière de promotion des droits de l'Homme en Algérie menée par la petite équipe du CISP que nous présentons dans cet écrit, avec la conviction que ce dispositif de travail et l'expérience acquise peuvent être utiles à tous ceux qui se battent pour la cause des droits humains, tout comme peuvent l'être les raisons de ses succès et celles de ses limites. Étienne Balibar (1992, p. 15) affirme : « Ce qui manque le plus aux droits de l'Homme c'est précisément leur politique, c'est-à-dire non seulement une politique qui soit la leur, mais qui ne soit pas simplement l'autre nom d'une religion, d'une morale ou d'une économie. Sans une politique des droits de l'Homme, il n'y a pas de politique démocratique. » Il ajoute : « Égalité et liberté impliquent un droit universel à la politique : un droit de chacun, pour son compte à devenir le sujet ou l'acteur de la politique » (p. 248). C'est précisément une véritable politique des droits de l'Homme ambitieuse et extensive que construit et met en œuvre depuis plus d'une quinzaine d'années le CISP dont nous rendons compte. Il la construit avec ses partenaires et avec les bénéficiaires de ses actions, tout en encourageant un maximum d'individus à devenir sujets ou acteurs dans tous les domaines possibles de la vie sociale et politique. Le CISP décline en effet une politique des droits de l'Homme dans quasiment toutes les sphères où le droit peut être activé, étendu, précisé : au niveau de l'enfance, des mineurs, plus généralement de la famille, de la femme, des services, de l'écologie, des lois en leurs différents domaines : travail, code de la famille, droits économiques sociaux et culturels, droit pénal, droits civils et politiques, droit international et instances internationales de recours relatifs au non-respect des droits de l'Homme, justice des mineurs, droit communal.

Cette politique se présente comme un dispositif intégré, aux multiples portes d'entrée, aux multiples modes d'action conjugués entre eux et destiné aux publics les plus divers. Elle passe notamment par le soutien et le développement de la société civile algérienne, comme lieu où les droits humains peuvent être concrètement mis en œuvre, la réciprocité des droits de chacun mise en pratique et les expériences et savoir-faire qui en sont issus transmis à d'autres. Elle passe aussi par de multiples formations générales ou plus spécifiques, innovantes dans le fond comme dans leur pédagogie, telle la mise en place d'un certificat aux droits de l'Homme destiné notamment aux défenseurs des droits.

Le CISP est la principale ONG qui, en même temps, apporte son aide aux réfugiés sahraouis, ce qui explique entre autres raisons que son action en faveur des droits humains soit tolérée dans ce pays. Mais ceci est aussi dû à la longévité et à la pertinence de son action. Ainsi les projets portés par DDH2 et DDH4 représentent d'abord, malgré des visées quelque peu différentes, une suite et une extension des activités menées lors de DDH1. La reconnaissance des effets des actions, par exemple en milieu scolaire où dans le champ médico-psycho-social, ont amené plusieurs directions de ministères à faire appel aux compétences du CISP pour intervenir dans des projets concernant tant des jeunes que des familles ou pour former des professionnels. Longévité, persévérance et cohérence de la politique du CISP tant dans le fond que dans la forme, malgré les multiples obstacles rencontrés en chemin, permettent d'observer qu'à partir d'un certain seuil, qui se situe lors de DDH4, c'est-à-dire au bout d'une dizaine d'années de présence, le développement de l'action du CISP sur le territoire du pays devient exponentiel et s'étend du nord au sud et de l'est à l'ouest du pays. Ce en raison de la démultiplication du nombre des partenaires qui travaillent avec l'ONG, de l'essaimage des actions dans lesquelles ceux-ci se sont engagés à leur tour. Et ceci à moyens constants. Les aspirations, la soif d'apprendre de la jeunesse algérienne d'aujourd'hui, comme celles des professionnels dans de multiples domaines d'activité, constituent le moteur essentiel de ce développement, puisqu'elles trouvent avec les propositions du CISP des moyens et des méthodes de travail qui leur correspondent. D'après nombre d'observateurs et nos interlocuteurs, la société algérienne connaît des changements profonds, par exemple l'accélération de l'accès des jeunes à l'université, en particulier des jeunes filles, et l'accès des femmes au milieu de travail, l'exode rural et, avec l'installation en ville, le rétrécissement de la taille des familles vivant sous le même toit. On observe notamment, pendant la période de la décennie noire des années quatre-vingt-dix qui a suivi l'ouverture politique de 1988, que l'essor et la vitalité du mouvement associatif ont été très peu affectés, de nombreuses associations, en particulier des associations féministes, ayant alors été créées.

Cette recherche s'appuie sur les projets proposés par le CISP, sur les contenus des formations dispensées et sur les différentes évaluations qui ont été effectuées à ce jour par l'équipe du CISP et par des consultants extérieurs sollicités dans ce but, le CISP étant fort attentif à adapter chacune de ses actions aux besoins. Elle est étayée par une centaine d'entretiens effectués auprès d'acteurs partenaires, de bénéficiaires, de formateurs, représentatifs de la plupart des différentes actions menées depuis le programme DDH1 ainsi que par le suivi de différentes réunions et des archives diverses[1].

L'évaluation s'appuie également sur notre connaissance d'une partie de la démarche suivie par le CISP, puisque nous avons antérieurement effectué une évaluation du travail réalisé pendant douze années par une association française, École et Famille, travaillant dans les quartiers les plus difficiles de la grande banlieue parisienne et qui suit une démarche en partie similaire (2014). Celle-ci est inspirée par une philosophie de l'action centrée sur la « Clinique de Concertation », celle du CISP s'étant enrichie de plusieurs formations innovantes qui la complètent. Nous avions antérieurement eu la chance d'évaluer également un programme de soutien psychosocial aux familles déplacées et réfugiées en ex-Yougoslavie sous l'égide de Médecins sans frontières de Belgique, dirigé par E. Chevalier, un programme inspiré par la même démarche de fond, qui alors se précisait (1996).

Une évaluation de l'impact des actions eût demandé de recourir à une méthode d'analyse longitudinale, c'est-à-dire de suivre une cohorte de personnes au moment où elles commencent une formation et de les suivre dans le temps, un an, deux ans, cinq ans plus tard, et plus tard encore afin de connaître leur devenir. Mais cette méthode exige de retenir au départ un très grand nombre de personnes compte tenu des obstacles qui s'opposent à la

[1]. Voir en annexe pour plus de précision.

possibilité de les retrouver, la difficulté augmentant avec le temps. Ce qui explique que cette méthode, très lourde à mettre en œuvre, soit rarement retenue, sinon parfois en épidémiologie et extrêmement rarement en sociologie. L'étude proposée ici est donc des plus classique, qui s'appuie sur l'analyse et le témoignage actuels de personnes rencontrées, certaines au moment où elles suivent des formations pour la première fois, d'autres qui ont commencé à en bénéficier jusque près de dix ans auparavant. Son approche se veut compréhensive, descriptive et critique, ce au regard d'un positionnement situé, c'est-à-dire qui se situe dans un horizon démocratique.

Nous avons fait le choix dans cette étude de privilégier une approche globale des activités du CISP et de leur développement dans le temps, plutôt que de nous arrêter à l'analyse de chacun des programmes concernés. Toutes les activités n'ont pas été abordées, mais la plupart et les plus significatives d'entre elles, celles pour lesquelles des entretiens avec des partenaires, des bénéficiaires et des formateurs ont été menés.

Avant d'aborder la politique du CISP en faveur de la promotion des droits de l'Homme, ses outils et ses portes d'entrée, puis de présenter l'analyse des effets des actions entreprises auprès de leurs bénéficiaires et partenaires, il convient de situer la démarche de l'ONG au regard de la philosophie des droits humains et de son contenu.

Chapitre introductif : le contexte historique et sociopolitique

La philosophie des droits de l'Homme

Repères historiques

Historiquement les premières déclarations des droits de l'Homme reconnues généralement comme telles (1787-1791 aux États-Unis, avec la Constitution fédérale, 1789 en France, avec la Déclaration des Droits de l'Homme et du Citoyen) sont issues d'une guerre d'indépendance, d'une révolution, des persécutions religieuses, des abus des pouvoirs royaux absolutistes et de leurs appareils judiciaires. Apparues avec la diffusion des Lumières, elles donneront naissance à des États qui se proclament des républiques. Deux traits leurs sont communs :

1. La transmission aux peuples de la souveraineté à travers le droit : le pouvoir ne tire plus sa légitimité de la religion – comme dans la royauté de droit divin – mais de la volonté populaire.
2. L'idée de l'individu titulaire de droits et de libertés garanties par le droit : libertés politiques, liberté d'opinion, liberté de conscience – dont la liberté religieuse est une conséquence –, liberté d'expression, liberté de la presse, liberté de réunion, liberté d'association, résistance à l'oppression. C'est ainsi que la création de l'État moderne contient en lui le projet de l'État de droit.

On peut distinguer deux grandes périodes dans la création des États qui se fonderont sur ces droits. La première jusqu'à la guerre de 1914-1918, la seconde après cette dernière avec l'affirmation du droit des peuples à disposer d'eux-mêmes, puis la Déclaration universelle des droits de l'homme de 1948 jusqu'à nos jours. C'est ainsi que lors de leur formation, des États modernes à la fin du XVIIIe et au XIXe siècle (dans l'ordre chronologique les États-Unis, puis l'Égypte, le Mexique, la Tunisie, le Brésil, Haïti, la France et d'autres pays européens), se référeront à ces droits selon diverses modalités et, qu'après la Seconde Guerre mondiale, la Déclaration universelle des droits de l'homme de 1948 inspirera les Constitutions de la plupart des nouveaux États devenus indépendants.

Se fondant sur la foi en la raison et la perfectibilité de l'homme, et sur sa capacité, à travers le droit, à vivre pacifiquement avec les autres dans leur diversité de croyances et d'opinions, la création de ces États va généralement de pair avec l'instauration de l'obligation scolaire laïque afin de former de futurs citoyens.

Rappelons que la Déclaration de 1948 est proclamée en réaction contre les massacres de masse des deux guerres mondiales, la seconde plus spécifiquement. On note aussi qu'aucun des cinquante-six États membres de l'ONU à cette époque n'a voté contre la Déclaration, cinq d'entre eux s'étant abstenus, cinq autres refusant de participer au vote, comme l'Arabie Saoudite qui contestait l'égalité homme-femme, la Russie, la Yougoslavie, la Biélorussie, la Pologne, la Tchécoslovaquie, l'Ukraine contestant la définition du principe d'universalité, l'Afrique du Sud qui contestait l'affirmation à l'égalité devant la loi sans distinction de naissance ou de race, le Yémen, et le Honduras.

La Déclaration universelle de 1948 est suivie, en 1996, du Pacte international relatif aux droits économiques sociaux et culturels, adopté le même jour que le Pacte international relatif aux droits civils et politiques. Il s'agissait de réunir dans une seule et nouvelle déclaration les droits civils et politiques et les droits économiques sociaux et culturels. « Par définition norme ultime de toute politique »[2], ces droits sont alors déclarés universels, indivisibles et interdépendants. Ils ont été ratifiés à ce jour par 168 États[3].

Cette déclaration entre autres garantit le droit à la vie, à la liberté, au mariage et à fonder une famille, à ne pas être soumis à un traitement inhumain, le droit à la liberté de pensée, de conscience, de religion, d'opinion, d'expression, de réunion, d'association. Elle affirme l'égalité de toutes les personnes devant la loi. Son commentaire général est centré sur l'égalité des droits des hommes et des femmes.

Ce commentaire reprend et fait suite à la Convention sur l'élimination de toutes les formes de discrimination à l'égard des femmes (CEDAW) de 1979, fruit de trente années de travaux à l'ONU depuis 1948.– Excepté à ce jour le Vatican, l'Iran, la Somalie, le Soudan et Tonga, 186 États l'ont ratifiée. Des réserves ont néanmoins été émises par certains États. Le protocole facultatif relatif aux procédures de plaintes individuelles que peuvent engager les femmes a été signé par une centaine d'États ; soixante-dix-huit États ont refusé de le signer et douze États ne se sont pas engagés.

---

[2]. Selon les propos de Boutros Boutros-Ghali qui a convoqué à Vienne en 1993 la première réunion mondiale sur les droits de l'Homme depuis celle qui s'était tenue en 1948. (Jean Ziegler, « un caillou dans la chaussure américaine », Le Monde diplomatique, déc. 2016, p. 21).

[3]. On note que les américains se sont abstenus et refusent jusqu'à aujourd'hui de reconnaître les droits économiques sociaux et culturels.

« Le degré d'émancipation de la femme est la mesure du degré d'émancipation générale », écrivait Engels (1963) il y a près d'un siècle et demi. Olympe de Gouges lors de la Révolution française avait écrit en 1791 une « Déclaration des droits de la femme et de la citoyenne » dans laquelle on peut lire cette formule maintes fois reprise : « Les femmes ont le droit de monter sur l'échafaud, elles doivent avoir le droit de monter à la tribune ». Son engagement politique lui vaudra de monter sur l'échafaud pendant la Terreur. En France, le droit de vote et à l'éligibilité ne sera accordé aux femmes qu'en 1944, c'est-à-dire cent ans après le droit de vote accordé aux hommes et vingt ans plus tard qu'en Turquie. Quant aux réformes des codes de la famille qui établissent une égalité de droits entre l'homme et la femme, elles n'interviendront, si elles voient le jour, bien souvent que postérieurement à la Convention de 1979.

Dans la plupart des pays arabes, le trait général qui caractérise leur droit étatique est le fait, écrit Ali Mezghani (2011), qu'il « se déploie dans tous les domaines, exception faite du statut personnel, parfois du droit pénal et de quelques aspects du droit foncier [...]. C'est autour du droit de la famille que s'est construite à titre principal l'identité substantielle du droit musulman » (p. 177). L'auteur estime que cette situation est en droite ligne avec la manière dont est, de façon générale, appréciée la modernité : morcelée. « Comme sur d'autres registres, sa dimension matérielle n'est pas accompagnée de sa part axiologique » (*Ibid.*, p.177).

La Convention relative aux droits de l'enfant de 1989, elle, a été ratifiée par 196 pays, aucun autre traité international relatif aux droits de l'homme n'ayant suscité un tel consensus. Cependant bien des réserves ont été également formulées sur ces droits.

La création de ces États s'est accompagnée d'un mouvement de sécularisation ou de laïcisation de la plupart d'entre eux qui se réclament de la laïcité, de l'impartialité ou de la neutralité en matière de religion selon différentes modalités ordonnées autour de l'affirmation première de la liberté religieuse : « La laïcité est une des conditions de la démocratie, celle des citoyens, non celle des confessions, des tribus ou des clans, » écrit le philosophe Sadik Jalal Al-Azm. Celui-ci précise : « Il n'y a pas de démocratie possible sans l'existence d'une société civile laïque qui a transcendé les allégeances confessionnelles, partisanes, sectaires, ou tribales et les a inscrites dans le cadre plus large de la citoyenneté et de ses valeurs » (pp. 50-51). Et il propose cette définition « minimaliste » de la laïcité : « la neutralité positive de l'État, de ses appareils et de ses institutions à l'égard des religions, des confessions, des courants religieux ou des ethnies composant la société concernée ». Victor Hugo quant à lui affirmait l'universalité de la laïcité à travers le combat pour la préservation du « patrimoine commun des intelligences » (Henri Pena-Luiz, 2003, p. 71). La laïcité conçue comme idéal de liberté, d'égalité et d'émancipation est compatible avec les différentes cultures, mais elle ne l'est pas avec les rapports de domination qu'elle a pour vocation à contester, afin d'en affranchir tous les êtres humains », estime H. Pena-Luiz (pp. 229-32).

Cette neutralité prend différentes formes selon les États et leur histoire, elle s'exerce dans le cadre de religions d'État (comme l'Église anglicane, les Églises protestantes au Danemark, en Norvège, l'islam en Turquie, en Algérie...), dans celui d'une séparation avec coopération (en Allemagne, Autriche, Italie, Espagne), ou dans le cadre d'une séparation plus stricte avec une logique de droit privé comme aux États-Unis, au Portugal ou en Irlande, les États finançant ou non les cultes. En France, l'État laïque a opté pour un système mixte, les pouvoirs publics finançant dans certaines conditions les écoles confessionnelles et des lieux de culte afin de respecter la liberté effective pour les croyants de pratiquer leur culte.

La séparation de l'État et des Églises s'est effectuée d'abord aux États-Unis, terre de refuge pour ceux qui ont fui les persécutions religieuses ayant lieu dans les pays européens. La guerre d'indépendance contre les Anglais aboutit à la Constitution fédérale de 1787 suivie de ses amendements, inspirée de Locke et de Montesquieu. Elle affirme le caractère laïc de la République : « Le Congrès américain ne fera aucune loi qui touche l'établissement ou interdise le libre exercice d'une religion, ni qui restreigne la liberté de la parole ou de la presse ». Avec ce « mur de séparation », selon les termes de Jefferson, les autorités n'ont pas à intervenir dans la vie religieuse. Par ailleurs, l'État fédéral ne subventionne aucune école religieuse et instaure un système d'éducation publique et gratuite ouvert à tous. En 1791, l'Acte constitutionnel du Québec, à la fin de la guerre franco-anglaise, affirme la liberté de culte et la neutralité de l'État.

Une vingtaine d'années plus tard, Méhmet-Ali s'empare du pouvoir en Égypte et crée un État moderne dans lequel le droit naturel remplace le droit divin. Le statut personnel, lui, reste inscrit dans les coutumes religieuses. Une Constitution voit le jour avec une assemblée ainsi que l'école laïque un peu plus tard avec le Khédive Ismail. La laïcité dans ce pays aurait duré, selon L. Awad (1983), jusqu'à la mort de Gamal Abdel Nasser.

En 1858, suite à la Révolution mexicaine, un État indépendant est créé qui établit une loi de séparation de l'État et de l'Église et instaure une école laïque. À la même époque, le Bey de Tunis, dans le but notamment d'éviter la mainmise de la France sur la Tunisie, proclame en 1857 l'égalité des droits sans distinction de religion, la liberté de religion, promulgue une Constitution en 1861 et interdit les signes vestimentaires distinctifs religieux[4].

Le Brésil, en 1891, proclame la République et la séparation de l'Église et de l'État, tandis que plusieurs pays d'Amérique Centrale, où les libéraux

---

[4]. Certaines des précisions relatives à l'histoire de la laïcité sont issues du livre de Jean Baubérot, (2014).

accèdent au pouvoir, mettent fin aux concordats avec le Vatican. En 1901 l'Australie établit la liberté religieuse et proscrit toute religion d'État. Trois ans plus tard, la Révolution à Haïti établit la première république noire et établit une séparation sinon en droit du moins en fait.

Nous nous référerons ici à la situation française du point de vue du droit, dans la mesure où elle est une illustration du droit européen généralement considéré comme le plus avancé en matière de droits de l'Homme. La loi de séparation des Églises et de l'État y est votée en 1905. Elle a été précédée par la loi de 1881 qui établit la liberté de la presse et de celles de 1881-1882 qui créent l'école obligatoire, gratuite et laïque. Les législateurs se sont inspirés des précédents américains et mexicains, le continent latino-américain étant alors considéré comme le plus laïc des continents. Dans son contenu, la loi de Séparation signifie que pas plus que l'État ne doit intervenir dans les affaires religieuses, les religions ne doivent intervenir dans le champ des affaires publiques, politiques et administratives.

Égales devant la loi, les religions organisent collectivement leur culte dans le cadre associatif prévu par la loi de 1901. Dans certains lieux fermés, les internats, les hôpitaux, les prisons, l'armée, les hospices, où les croyants ne sont pas en situation d'organiser eux-mêmes leur culte, c'est l'État qui s'y oblige afin de garantir la liberté effective de religion en rémunérant des aumôniers chargés de cette organisation et de l'assistance religieuse. À la demande des familles des aumôneries peuvent être créées dans les collèges et lycées. Par ailleurs la neutralité est exigée des agents qui travaillent dans les services publics, en matière religieuse tout comme d'ailleurs en matière d'opinion politique.

La laïcité ne se borne pas à la liberté du culte, elle concerne le domaine civil, les mœurs et ce qu'on appelle depuis peu « les nouvelles libertés laïques » dont les règles s'émancipent des préceptes et interdits religieux. Historiquement, le domaine civil concerne les naissances, les mariages et les sépultures qui sont enregistrés par les mairies, les sacrements n'ayant qu'un caractère optionnel. Le mariage est d'abord civil et il est possible de ne pas être enterré par l'Église. C'est aussi la loi de 1884 qui autorise le divorce qu'interdisait la religion catholique. Les nouvelles libertés laïques, ce sont le droit à l'interruption volontaire de grossesse, le droit au mariage entre personnes du même sexe, c'est aussi le droit, depuis des années en discussion, de mourir dans la dignité, la question également de l'autorisation de la recherche sur les cellules souches et plus largement le domaine de la bioéthique.

Ces lois obligent les religions à reconnaître des libertés nouvelles qui peuvent les choquer. Mais c'est précisément sur le terrain de la liberté que la laïcité s'impose aux religions, non sur celui d'une répression ciblée ou générale. On n'est pas obligé d'épouser une personne du même sexe, d'avorter ou de divorcer, mais on n'a pas le droit d'interdire aux autres de le faire : « la liberté s'arrête où commence celle des autres ». Ces libertés ouvrent des possibilités de choix individuels, égales pour tous, qui relèvent de la morale ou des convictions et les respectent comme telles.

Ici la doctrine juridique conduit à distinguer clairement la sphère morale de la sphère légale : la morale s'adresse à la conscience de l'individu, le droit concerne l'action de l'individu en société, la règle morale pèse sur le for intérieur, le droit s'adresse au for extérieur. Ils diffèrent au niveau de la sanction : la sanction du droit est celle qu'exercent les pouvoirs publics, la sanction au niveau moral se manifeste en termes de réprobation de la conscience. Le droit se soucie du bien public, il a pour objet d'organiser la vie en société ; la morale est axée sur l'individu et sur la perfection de sa volonté ; elle se soucie de sa vertu. La règle morale commande inconditionnellement, la règle juridique est un impératif hypothétique – non catégorique – commandant l'action non pas comme une fin en soi, mais comme moyen d'une fin sociale (la prospérité, la sécurité, la justice). Autrement dit ces libertés publiques, avec leurs limites, n'empêchent pas la réprobation ou l'interdit moraux.

Il n'est pas inintéressant de connaître l'évolution du point de vue de l'Église catholique sur la loi de séparation de l'Église et de l'État en France, votée dans un contexte très conflictuel, à titre d'exemple instructif. Vingt ans après la loi de 1905, l'Assemblée des évêques de France fustige celle-ci : « Ces lois tentent de substituer au vrai Dieu des idoles, la liberté, la solidarité, l'humanité, la science, etc. ; elles sont l'œuvre de l'impiété. » Cent ans après la loi de 1905, cette assemblée déclare :

> « Il ne faut rien changer à la loi de 1905. La laïcité est apparue au cours du siècle comme un régime de pacification des esprits par le droit dans un pays où se développe une pluralité de convictions et de croyances. On en est venu à considérer la laïcité comme l'expression d'un équilibre entre l'État et les organisations religieuses, elle a acquis par là une valeur symbolique. »

On peut également considérer que cette loi favorise l'émancipation individuelle et participe à la démocratisation du pouvoir au sens où elle s'inscrit dans le principe de la séparation des pouvoirs, principe premier de toute Constitution démocratique depuis Montesquieu. À ce titre elle protège les citoyens des abus du pouvoir de l'Église et diminue le pouvoir de l'État en l'empêchant de s'appuyer sur le pouvoir de celle-ci pour renforcer le sien.

Le raisonnement qui s'applique aux libertés civiles vaut pour la liberté d'expression en général. En droit européen, la liberté d'expression est protégée tant qu'il n'y a pas diffamation personnelle, injure, attaque personnelle et directe contre un groupe de personnes en raison de leur appartenance religieuse, ou d'incitation à la haine raciale ou religieuse. Les tribunaux déboutent systématiquement les groupes religieux qui mettent en question la liberté d'expression au nom de la défense de leur religion. *C'est le citoyen que protège la République, pas sa croyance.* Par exemple la jurisprudence des tribunaux français, identique à la jurisprudence européenne, ne reconnaît pas le bien fondé des demandes visant l'interdiction de films comme le *Je vous salue Marie* de Jean-Luc Godard en 1985, puis du livre *Les versets sataniques* de Salman Rushdie en 1989 et, à plusieurs reprises, des caricatures de la revue *Charlie Hebdo*, au motif que personne n'est contraint d'aller voir ce film, de lire ce livre ou ce journal. Par contre les tribunaux peuvent interdire ou restreindre la diffusion de documents qui s'imposent à la vue de tout le monde et peuvent donc heurter la sensibilité de certains croyants. Sur ce sujet d'ailleurs, les représentants des droits de l'Homme de l'Union européenne rappellent devant l'ONU, confrontée régulièrement à cette question depuis une quinzaine d'années, que les droits de l'Homme ne protègent pas et ne doivent pas protéger des systèmes de croyances.

Ces distinctions valent pour le domaine de l'expression politique. Par exemple le groupe de Rap *Hard Core NTM* (Nique Ta Mère), attaqué plusieurs fois en justice pour la virulence de ses textes et pour l'esprit de révolte qu'il insuffle chez des jeunes face aux injustices sociales, n'a jamais été interdit. Par contre un des rappeurs a eu une amende et une peine de prison avec sursis pour avoir copieusement injurié des policiers présents dans la salle de concert, avant que ne commence la chanson *J'appuie sur la gâchette* qui dénonçait les violences policières. Les poursuites pour cette chanson, elles, n'ont pas abouti.

L'après-guerre ouvre une deuxième période de sécularisation dans les États nouvellement créés à la suite du mouvement de décolonisation. La Déclaration universelle de 1948 influencera la rédaction des Constitutions de nombreux États.

La Turquie avait déjà créé un État laïque en 1924. Il s'agit d'ailleurs moins d'une séparation que d'une mise sous tutelle des religions par l'État, les imams étant des fonctionnaires formés et payés par celui-ci. Et si chacun reste libre de ses croyances, seul est financé le culte musulman sunnite. Le droit de vote est accordé aux femmes. Le port du fez est interdit, le voile également dans l'ensemble des institutions de l'État et ce jusqu'en 2010.

L'Inde introduit la laïcité et la liberté religieuse dans sa Constitution de 1948. Elle interdit tout signe, marque, nom, vêtement qui pourraient indiquer une appartenance religieuse. Dans les années cinquante, la Syrie nationalise les écoles religieuses, promulgue une Constitution de type marxiste sans aucune référence à la religion. À la même époque, l'Irak garantit le droit à l'éducation des femmes et à la garde des enfants, autorise le divorce. L'État affiche en 1968 un programme laïc et socialisant. Avec la guerre contre l'Iran, le statut personnel des femmes se dégrade et les femmes qui représentaient 70 % des employés de la fonction publique sont renvoyées à leur foyer. Au Liban la laïcité est inscrite dans la Constitution, tandis qu'en Iran, le Shah Pahlavi met en œuvre des réformes laïques avec l'enseignement public. Des lois protègent les femmes en matière de mariage, de divorce et d'héritage, leur accordent le droit de vote et l'éligibilité et interdisent le port du voile. La révolution islamiste mettra fin à certains de ces droits. Sur ce dernier point Fethi Benslama (2016) note que depuis 1920 et pendant un demi-siècle, le monde musulman connaîtra un mouvement de dévoilement généralisé des femmes, « qui s'inversera sous le poids de l'influence de l'islamisme, la culpabilité et la honte qu'il réussira à lever dans la psyché des femmes et des hommes musulmans » (p. 124).

Avec l'accès à l'indépendance, la création de nouveaux États subsahariens s'accompagne de l'introduction de la laïcité : au Tchad, au Niger, au Mali, au Sénégal, au Burkina Faso, au Zaïre, au Cameroun, au Congo, en Guinée...

En Extrême-Orient la laïcité est établie en Chine dès 1911, au Japon, en Corée du Nord et au Vietnam après la guerre. Quant à la Russie, la loi de 1997 proclame ce pays un « État laïc ».

Les derniers États à avoir adopté la laïcité sont l'Éthiopie en 1994 – l'éducation laïque est instaurée en 1990 – et, plus récemment, en 2014, la Tunisie promulgue une nouvelle Constitution qui reconnaît le caractère civil de l'État, reconnaît au peuple sa souveraineté, assure de nouveau la liberté de conscience et de croyances aux citoyens, l'égalité des citoyens et des citoyennes devant la loi.

L'Europe, le continent le plus sécularisé, adopte les finalités de la laïcité – liberté de conscience et non-discrimination – et reprend à son compte le texte de la Déclaration universelle de 1948 sur la liberté de conscience, les restrictions éventuelles devant être prévues par la loi et constituer des mesures nécessaires, « dans une société démocratique, à la sécurité publique, à la protection de l'ordre, de la santé, ou de la morale publique, ou à la protection des droits et des libertés d'autrui. »

Une spécificité belge est à souligner. Neutre au regard des religions, l'État belge reconnaît les organisations non confessionnelles, intitulées « laïcité organisée ». Celles-ci offrent une assistance morale selon une conception philosophique non confessionnelle aux laïcs, c'est-à-dire à ceux qui souscrivent au principe du libre examen et rejettent toute vérité révélée. Présentes dans les hôpitaux, l'armée, les prisons, les écoles, elles offrent une alternative aux aumôneries. Elles offrent aussi le parrainage laïc des enfants, des funérailles laïques et le mariage laïc à côté du mariage civil.

Cette possibilité s'avère particulièrement intéressante aujourd'hui. On observe en effet un recul continu depuis plusieurs décennies de l'ensemble des croyances et des pratiques religieuses sur la planète, quelles que soient les religions, et ce malgré les apparences, c'est-à-dire malgré la visibilité et l'affirmation croissante des orthodoxies ou « fondamentalismes » religieux, qu'ils soient catholiques, protestants, israélites ou musulmans. En 2012, un sondage Gallup montre que les croyants représentent 59 % de la population mondiale, 9 % de moins qu'en 2005. La Chine compte le plus d'athées, suivie du Japon, du Vietnam, de la Corée, de l'Estonie. La France compte 30 % de non-croyants. Aujourd'hui 4,5 % des Français vont à la messe tous les dimanches. Ils étaient 21 % en 1987. La pratique des musulmans en France, le pays européen qui compte le plus de ressortissants d'origine algérienne et de confession musulmane, est passée de 37 % à 27 % entre 1989 et 1994 et la foi est vécue de plus en plus comme une affaire personnelle. S. Jalal Al-Azm (2008) observait auparavant, en 1999, une tendance générale dans les principaux pays arabes à « faire de la religion et du religieux une question personnelle, individuelle et familiale. » Il ajoute : « le mouvement fondamentaliste est une réaction à ces développements profonds et radicaux. Sinon quel sens aurait l'appel à un retour à la *chari'a* ? »

On observera que ces données illustrent les effets, en termes de représentations, du grand décalage qui peut exister entre les majorités silencieuses et les minorités actives, visibles. Ce décalage s'explique par le besoin de conformité. Particulièrement en période de crise aiguë, ce besoin de conformité peut faire basculer la majorité silencieuse vers les comportements visibles dans l'espace public de la minorité active. Ce phénomène, qualifié par la psychologie sociale aux États-Unis dans les années trente de *multiple ignorance*, qu'on traduira par malentendu partagé, a été identifié dans une multiplicité de champs de la vie sociale. Il signifie que la minorité, qui se croit majoritaire, occupe le terrain de la parole tandis que ceux qui composent la majorité, se croyant seuls, se taisent, ou font semblant de faire comme les autres. Ce phénomène avait déjà été identifié par Alexis de Tocqueville (1856) à propos de la religion à la fin de l'Ancien Régime, mais dans un contexte inverse :

> « Ceux qui niaient le christianisme élevant la voix et ceux qui croyaient encore faisant silence, il arriva ce qui s'est vu si souvent depuis parmi nous, non seulement en fait de religion, mais en toute autre matière. Les hommes qui conservaient l'ancienne foi craignirent d'être seuls à lui rester fidèles, et, redoutant plus l'isolement que l'erreur, ils se joignirent à la foule sans penser comme elle. Ce qui n'était encore que le sentiment d'une partie de la nation parut ainsi l'opinion de tous, et sembla dès lors irrésistible aux yeux mêmes de ceux qui lui donnaient cette fausse apparence. »

On évoquera ici un sondage de *Mouwatin*, effectué en 2012 en Algérie auprès de 2158 personnes. Il montre que 69 % des Algériens sondés estiment que leur pays doit devenir un pays laïc. Ce sondage illustre l'importance des conséquences du phénomène du malentendu partagé, lorsque par exemple des mouvements féministes algériens considèrent le féminisme laïc actuellement inadapté à la situation algérienne en matière de croyances et croient nécessaire de mener une exégèse du Coran qui démontre la compatibilité de l'islam avec l'égalité entre hommes et femmes, aussi utile que soit par ailleurs ce travail pour la promotion des droits des femmes en Algérie.

Marcel Gauchet dans plusieurs de ses ouvrages voit dans l'histoire de l'humanité une sortie continue de l'empire des religions. Plus particulièrement la modernité occidentale a fabriqué la sortie de la religion. Celle-ci est bien autre chose que ce qui se passe dans la tête des individus croyants, c'est toute une organisation du monde humain. L'auteur estime qu'il faut voir dans la montée des fondamentalismes non pas un « retour du religieux », mais des phénomènes de transition, des réactions adaptatives à la pénétration de la modernité qui se saisissent du religieux pour en faire autre chose. Cette autre chose c'est, selon Lahouari Addi (1999, pp. 14-17), en ce qui concerne l'Algérie, le maintien du système patriarcal. L'imaginaire patriarcal caractérise le lien social, produit des normes, érige des codes et influence les attitudes individuelles et collectives. Il situe l'individu dans une lignée généalogique patrilinéaire remontant à des temps immémoriaux et destinée à se reproduire jusqu'à la fin des temps. Pour l'ordre familial, l'individu appartient au groupe, dont la stratégie est de se reproduire dans le respect formel de la tradition. L'auteur refuse de voir l'oppression des femmes, tout comme d'ailleurs l'intolérance ou la violence politique, dans l'islam en tant que facteur déterminant dans la structure du lien social et responsable des représentations culturelles défavorables aux femmes :

> « Centré sur la parenté patrilinéaire, le lien social mobilise le sacré pour perpétuer sa justification et pour résister au changement. Conforté par la culture religieuse, cet éthos maintient l'unité du groupe, refusant par là même l'individuation par rapport aux ancêtres et à la lignée, refoule le droit positif et n'admet que le droit religieux, la *chari'a*, tout au moins en ce qui concerne le statut personnel (mariage, divorce, héritage…). Cette représentation du droit religieux est celle de la tradition juridique ne retenant du Coran que ce qui confirme la culture patriarcale et qui subordonne l'individu au groupe. Il est cependant envisageable d'imaginer un droit de culture musulmane centré sur la notion de sujet de droit, libérant l'individu de l'emprise du groupe. Mais cela n'est possible qu'avec une évolution des mentalités et une modification des représentations de l'ordre symbolique. »

Dans son dernier ouvrage Le nouveau monde (2017), M. Gauchet propose une vision historique globale de la sortie du religieux depuis ces quarante dernières années. Les démocraties « historiques », en particulier européennes, sont sous le coup de « l'ultime tournant théologico-politique de la modernité », l'ultime étape du processus de sortie de la structuration religieuse. De fait elles vivaient sur un compromis caché entre cette organisation « hétéronome », apparemment morte, et l'organisation autonome liée aux principes constitutifs de la modernité politique, juridique et économique. La dissolution de ce compromis a bouleversé la physionomie de nos sociétés au cours des dernières décennies. Elle a libéré un processus d'individualisation, déchaîné un capitalisme d'un genre nouveau, a changé la politique par le droit. Ceci avec un résultat paradoxal : la démocratie est le seul régime concevable, mais elle est vouée à l'impotence. Selon l'auteur nous vivrions actuellement les convulsions d'une planète gagnée par la sortie de la religion occidentale, avec le choc que cela représente pour des univers civilisationnels arrachés à leur orbite traditionnelle.

Historiquement les premières déclarations des droits de l'Homme visent à préserver pour l'individu un espace de liberté. L'État doit limiter sa puissance et s'arrêter au seuil de ce cercle réservé à l'autonomie de l'individu. Les libertés, les « *freedoms from* », selon les termes anglo-saxons, impliquent bien une émancipation de la domination étatique. Un certain pessimisme fondamental, lié à la conception d'un mal « radical », se trouve à la base de la philosophie des droits de l'Homme en ceci qu'il implique « une méfiance constitutive vis-à-vis du pouvoir et donc une vigilance de tous les instants », note Guy Haarscher (1993, p. 39). Ces droits instituent une sécurité juridique au regard de l'insécurité permanente que représente l'arbitraire pour le gouverné.

Pour que l'on puisse parler de droits au sens strict du terme et donc de droits de l'Homme, « pour que la défense des libertés soit effective et ne sombre pas dans une phraséologie creuse, refuge de tous les despotismes avides de proclamer ce qu'ils se garderont bien de pratiquer, il faut quatre conditions définies » (p. 41) : un titulaire qui puisse s'en prévaloir, un objet qui donne un contenu au droit, une opposabilité qui permette au titulaire de faire valoir son droit à l'égard d'une instance, et une sanction organisée (1982). Très minoritaires sur la planète évidemment sont les pays où ces quatre conditions sont présentes et, dans ce cas, des exceptions ou des restrictions de plus en plus fréquentes concernent certains de ces droits fondamentaux. « Toute théorie des droits de l'Homme relève en un sens défini qu'il s'agit de préciser soigneusement de l'individualisme », écrit G. Haarscher (p. 108 et suiv.).

> « Le « contrat social » suppose toujours que les intérêts du tout de la société – incarnés par l'État, doivent être limités par les subordonnés aux droits fondamentaux de l'individu. La conception de la légitimation du pouvoir [...] réside en ceci qu'elle seule subordonne les intérêts du pouvoir à des droits individuels inviolables, à des barrières infrangibles, à un espace « sacré » de liberté. C'est dire que l'individualisme – la subordination du pouvoir à l'exigence de défense des droits de l'individu – paraît inséparable de la définition même, rigoureusement parlant, des droits de l'homme » (p. 37).

Mais, ajoute l'auteur, il y a individualisme... et individualisme. Il distingue l'individualisme général et l'individualisme bourgeois. L'individualisme général c'est la condition *sine qua non* de toute théorie des droits de l'Homme, à la fois l'élément formel de la sûreté et une partie de l'élément substantiel ou de contenu : liberté d'aller et venir, respect de la personnalité, respect du domicile, de la correspondance, liberté de conscience et par suite liberté religieuse, liberté d'expression, pour l'essentiel. Ces libertés sont au cœur même de la doctrine des droits de l'Homme.

Lumières et canonnières

Les droits de l'Homme et leur philosophie ont fait l'objet de maintes critiques à différents niveaux. « Ainsi l'accord des esprits sur la valeur essentielle de l'individualisme éthique (c'est nous qui insistons ici sur ce qualificatif) ou individualisme général, ne résulterait-il pas simplement de la mondialisation de la société industrielle et capitaliste, c'est-à-dire d'un mode de vie et de pensée d'origine européenne ? » demande G. Haarscher.

> « L'individualisme « général » lié au respect catégorique de la personne ne constitue-t-il pas simplement une valeur culturelle relative, l'expression d'un code particulier ayant seulement bénéficié d'une chance historique lui ayant permis de dominer le monde et de pouvoir s'exporter aux quatre coins du monde ? […] Dans ce cas, cette universalité de fait n'exprimerait nullement une vérité. Un mode de vie particulier simplement dominant et généralisé ayant pour lui le pouvoir, la force des choses, des armes, de l'intérêt économique se ferait passer pour l'essence même, fondée philosophiquement de la bonne vie politique » (p. 106).

Comme l'écrit F. Benslama :

> « Il ne faut pas oublier que dans le monde arabe les Lumières arrivèrent avec des canonnières. La culture de l'éclairement ainsi que l'appareil scientifique et technique qui va avec débarquèrent avec des expéditions militaires (Égypte 1798, Alger 1831…), ils s'implantèrent avec le colonialisme, ébranlant les bases matérielles et symboliques du monde musulman » (2015, p. 18).

Le siècle suivant est le grand siècle de l'expansion coloniale. C'est à ce moment que s'effectue l'essentiel de la colonisation du monde musulman. La modernité islamique, l'islam réformiste sont indissociables historiquement de cette expansion. Ils représentent le moyen d'y résister.

Les réformes qui ont pour but de ressembler à l'Occident pour éviter sa mainmise ont été confisquées par les puissances les plus modernes du moment et elles sont devenues l'instrument d'une logique qui conduit à la perte de la souveraineté, analyse Jean Baubérot (2014). Le colonisé s'est trouvé enferré dans un dilemme : refuser la modernisation s'était être condamné à disparaître, l'adopter c'était perdre sa souveraineté et toute capacité d'autonomie dans la conduite d'un processus de modernisation endogène. L'identité religieuse devient alors un moyen d'affirmer son autonomie. La rencontre entre l'islam et certains idéaux issus des Lumières aboutit à une modernité islamique, l'islam réformiste qui va s'imposer. P.-J. Luizard (2006) écrit : « En affirmant mettre Dieu au cœur de la Cité, tout en acceptant l'essentiel des systèmes politiques européens et des catégories politiques modernes, les musulmans, de façon croissante, entendent se positionner sur un registre d'universalisme qu'ils présentent à leur tour comme la Civilisation. »

Ces idéaux entraînent l'apparition de mouvements de nature démocratique dans la première moitié du XXe siècle au Moyen-Orient. Jean-Pierre Filiu (2015) évoque ainsi « l'impressionnante campagne de désobéissance civile » qui a eu lieu en Égypte en 1919, les décennies de vie parlementaire, de pluralisme partisan et de presse dynamique qui ont eu lieu sous des formes différentes au Caire, à Beyrouth et à Damas. Mais les puissances coloniales, ébranlées par le succès relatif de la « révolution » pacifique d'Égypte, sont déterminées à ne plus se retrouver confrontées à un tel défi. Elles parviennent à écraser les soulèvements violents en Irak en 1920, en Syrie en 1926, en Lybie en 1931 et en Palestine en 1939. Il observe :

> « Ce passage imposé à la confrontation armée n'a pas seulement eu un coût terrible pour les populations arabes, il a aussi profondément affecté leur dynamique politique. Une mobilisation citoyenne sur le modèle qu'a connue l'Égypte facilitait l'émergence de coalitions pluralistes fondées sur l'engagement volontaire, voire l'engagement critique. En revanche, les insurrections nationalistes favorisent des structures hiérarchisées, de type pyramidal et coercitif, calquées sur le modèle des chaînes de commandement militaires avec la dimension de guerre civile que comporte toute lutte armée de libération, comme l'histoire le montre amplement » (p. 97), ce qu'illustre notamment la guerre de libération algérienne.

Les droits de l'Homme, un pouvoir social contesté

Au regard de ces faits et de ces critiques, on pourrait avancer que ces États qui aujourd'hui rejettent les droits de l'Homme comme produit néocolonial n'en ont pas moins voté en faveur des pactes et déclarations les concernant[5].

Les droits de l'Homme, l'exigence de justice, les idées et les principes fondateurs de la démocratie ne sont pas réservés au monde occidental, même si de nombreux auteurs s'accordent pour considérer que la Grèce antique en proposait le modèle de référence. Aujourd'hui des militants se battent pour la défense des droits de l'Homme et de la démocratie dans tous les pays du monde. À différentes époques, en différents lieux, des sociétés ont pratiqué le débat public au fondement de la démocratie. En témoigne, par exemple, la « palabre africaine ». Au treizième siècle aurait été proclamée au Mali, en 1236, à l'époque du grand rayonnement économique et culturel de ce vaste empire, la Charte du Mandé, considérée comme un modèle des droits de l'homme et la plus ancienne référence connue, avec la *Magna Charta*

[5]. Même si différents pays dont l'Algérie ont ratifié parallèlement la Déclaration des droits de l'homme en Islam de 1990, puis la Charte arabe des droits de l'homme de 2004. Cette dernière, bien que jugée sur certains points incompatible avec la Déclaration Universelle de 1948 et les Pactes internationaux de 1996, constitue une avancée par rapport à la Déclaration de 1990.

d'Angleterre (1215), concernant les droits fondamentaux[6]. Amartya Sen (2005) relève aussi que des anthropologues, tels que Meyer Fortes et Evans-Pritchard, ont montré que la structure d'un État africain implique que rois et chefs gouvernent par consensus et rendent compte de leur action. Il relève aussi que, dans son autobiographie, Nelson Mandela a commencé son *Long chemin* vers la liberté lors des rencontres locales dans sa patrie où se pratiquait « la démocratie dans sa forme la plus pure. » Il note également l'influence de la Grèce antique sur certaines cités contemporaines de celle-ci en Iran, en Bactriane et en Inde, qui intégrèrent des éléments de démocratie dans leur type de gouvernement. Il évoque des héritages en ce domaine tant en Chine qu'au Japon, en Asie de l'Est et du Sud-Est. A. Sen en appelle alors à la construction d'une histoire globale de la démocratie, à la « reconnaissance de la continuité de l'histoire », à la pensée d'une histoire philosophique de la démocratie susceptible de réinstaurer du continuum là où les frontières et les ruptures ont été jugées indépassables » (p. 45).

La méconnaissance et l'impasse sur ce sujet nuisent évidemment à la cause de l'extension et de l'application des droits de l'Homme au-delà du monde occidental. Différents auteurs, comme F. Benslama (*op. cit.*, p. 67) voient ainsi dans l'islamisme d'aujourd'hui une utopie antipolitique face à l'Occident, « la sortie du politique par la religion. »

S'ajoute à ces analyses la critique que porte la pensée marxiste qui a eu bien sûr une influence considérable dans le monde, dans les pays de l'Est, d'Asie, d'Afrique et dans tous ceux qui se sont réclamés de sa pensée dans la construction de leurs États, lorsqu'ils sont devenus indépendants, tout comme dans les partis communistes des pays occidentaux. Dans *La question juive* (2006), selon Karl Marx, les droits de l'homme, droits du membre de la société bourgeoise, ne sont rien d'autre que ceux de l'homme égoïste, de l'homme séparé de l'homme et de la collectivité. L'opinion est reconnue comme légitime dans le moment où elle paraît un équivalent spirituel de la propriété privée. La liberté, elle, suppose que chaque individu est une monade isolée repliée sur elle-même ; la propriété fait que chaque homme trouve en l'autre homme non la réalisation, mais au contraire la limite de sa liberté, l'égalité n'étant qu'une nouvelle version de la théorie de la monade. Quant à la sûreté, elle est le concept suprême de la société bourgeoise, le concept de la police, la garantie de son égoïsme. La révolution bourgeoise, l'émancipation politique, c'est-à-dire la délimitation d'une sphère de la politique comme sphère de l'universel, n'est qu'un moment nécessaire, celui du passage de la féodalité à la société bourgeoise, un moment transitoire dans le processus de l'émancipation humaine, donc le moment par

[6].Un projet actuellement en cours vise à la faire reconnaître par l'UNESCO comme faisant partie du patrimoine de l'humanité, mais certains scientifiques en contestent l'authenticité.

excellence de l'illusion politique. L'illusion politique coïncide avec la représentation illusoire des droits de l'homme. La politique et les droits de l'homme constituent les deux pôles d'une même illusion.

Certes le droit de propriété figure dans les Déclarations sur le même plan que la liberté, l'égalité, la sûreté et la résistance à l'oppression. Il ne s'ensuit pas qu'il doive devenir celui qui conditionne, celui sur lequel viennent s'étayer tous les autres. Il s'agit de distinguer « le droit de propriété » de « la loi de propriété » comme le précise Saint Simon. Et s'il est légitime de ne pas se satisfaire de faire de l'égoïsme la règle de conduite des hommes en société, cependant, comme l'observe Claude Lefort (1980), Marx se laisse faire prisonnier de la version idéologique des droits, lui si habile à la démonter en d'autres occasions, sans examiner ce qu'ils signifient dans la pratique, quel bouleversement ils apportent dans la vie sociale. Il ne voit pas ce qui, dans le texte même de la déclaration, apparaît en marge de l'idéologie. Appartient en propre à Marx, à la différence de nombreux interprètes de ces déclarations, écrit C. Lefort, le rejet du politique. Et avec celui-ci le rejet du droit : il est de la nature du droit d'être politique, affirmait Aristote (1993). Spinoza (1978, p. 177), quant à lui, estimait que « le droit se définit rigoureusement par la puissance », ce quand « la majorité des sujets représentants de tous les milieux et de toutes les catégories y trouveront leur intérêt puisqu'ils disposent à l'assemblée de la majorité des voix. »

> « La critique de l'individu », note C. Lefort, « s'exerce d'emblée dans les horizons d'une théorie de la société où se trouvent abolies la dimension du pouvoir, et, avec celle-ci, la dimension de la loi et celle du savoir (en donnant à ce terme sa plus large acception, pour couvrir opinions, croyances, connaissances). Or c'est de l'indépendance de la pensée, de l'opinion, des paroles et des écrits, sauf dans des cas spécifiés par la loi, en regard du pouvoir ; c'est du clivage entre pouvoir et savoir, qu'il s'agit dans l'affirmation des droits de l'homme, et non pas seulement, non pas essentiellement de la scission du bourgeois et du citoyen, de la propriété et du politique » (1981, p. 20).

L'auteur affirme aussi que les droits de l'Homme marquent une désintrication du droit et du pouvoir. Le droit et le pouvoir ne se condensent plus au même pôle. En effet, pour qu'il soit légitime, le pouvoir doit désormais être conforme au droit, et de celui-ci, il ne détient pas le principe. Le droit est cette instance de formalisation des règles positives du fonctionnement social et de leur sanction, et le lieu d'énonciation des principes universels garants de la justice sociale, « fonctionnant comme système symbolique et comme principe générateur de démocratie » (1986, p. 48).

On ajoutera à ces propos un point important du point de vue développé par C. Lefort relatif à l'originalité politique de la démocratie et qui lui semble largement méconnue. Cette originalité se manifeste dans un double phénomène :

> « Un pouvoir voué désormais à demeurer en quête de son fondement, parce que la loi et le savoir ne sont plus incorporés dans la personne de celui ou de ceux qui l'exercent, une société accueillant le conflit des opinions et le débat sur les droits, parce que se sont dissous les repères de certitude qui permettaient aux hommes de se situer d'une manière déterminée les uns par rapport aux autres. Double phénomène, lui-même signe d'une seule mutation : le pouvoir doit désormais gagner sa légitimité sinon en s'enracinant dans les opinions, du moins sans se retrancher de la compétition des partis. Or, celle-ci à la fois procède de l'exercice des libertés civiles et l'entretient – davantage, l'active » (1986, p. 51).

Aux critiques ci-dessus identifiées, bien souvent opposées aux droits humains par les États qui les rejettent, s'ajoute, comme on le constate bien souvent en Algérie, celle qui voit dans les programmes des quelques ONG internationales qui interviennent dans ce pays en faveur de la promotion des droits de l'Homme une ingérence dans leurs affaires et, pour les citoyens algériens qui travaillent dans ces organismes, une complicité condamnable.

À la première critique il faut opposer, répond Guy Haarcher, une distinction cruciale entre l'individualisme bourgeois (intérêts de la classe dominante, sacralisation du marché, vulgate néolibérale…) et l'individualisme éthique ou « général ». Il souligne que l'individualisme philosophique et humaniste repose sur l'idée d'une solitude essentielle de l'homme : on souffre seul, on pâtit essentiellement et d'abord en soi-même, et cette constatation préliminaire implique, pour une espèce humaine dont la fragilité est patente, le respect de toute individualité comme telle, sa prise en compte comme fin et jamais comme moyen. Il précise :

> « L'individualisme éthico-juridique forme donc la base d'un édifice de protection de ce « presque rien » (W. Jankélévitch) en lequel consiste l'individu, survivant improbable face à la toute-puissance séculaire du collectif. En ce sens, les droits de l'homme constituent une sorte de recours par-delà la communauté positive, recours dont dispose l'individu pour faire admettre que quand, sous quelque prétexte que ce soit, son espace privé se trouve violé, c'est le scandale d'une souffrance infligée, éprouvée solitairement et de façon irreprésentable, « indélégable », qui a lieu » (p. 107).

Le philosophe du droit Michel Villey (1983) reconnaît la nécessité des droits de l'Homme dans la mesure où ils constituent « une arme défensive, contre les absolutismes et les dictatures de tout bord, et un remède à l'inhumanité d'un droit qui a rompu ses amarres avec la justice » (p. 9). Cependant il les oppose à la notion de droit. Il affirme qu'il y a une contradiction entre la notion de droit qui régit une pluralité d'hommes dans leurs relations entre eux et la notion de droits de l'homme, l'homme étant ici considéré dans son individualité. La notion de droit, création de la démocratie grecque reprise par la république romaine, est inséparable d'une justice concrète définie par la jurisprudence au cas par cas. Pour M. Villey, – comme pour Montesquieu –, le droit est relation : c'est le rapport ordonné où l'on reconnaît la valeur de l'ordre qui répartit les choses entre les personnes.

Ce concept du droit présuppose ainsi une pluralité de personnes entre lesquelles a lieu un partage de choses extérieures, alors que les droits de l'homme entrent, eux, dans la catégorie des droits subjectifs. De même Guy Planty-Bonjour (1986) considère que la théorie des Droits de l'homme rompt avec la conception aristotélicienne du droit. « Le mot « droit » perd sa valeur objective pour prendre une signification purement subjective. » C'est la notion de personne qui passe au premier plan, c'est-à-dire l'homme libre, qui dispose de la faculté de s'autodéterminer, cette faculté étant elle-même une propriété de la personne. »

Si la critique des droits de l'Homme, lorsqu'elle est entendue comme une négation du pluralisme, a été portée par différents grands philosophes, c'est précisément sur le terrain du lien entre individualisme et droit subjectif que doit, nous semble-t-il, porter la critique, et non sur les droits de l'Homme eux-mêmes, lorsque, comme aujourd'hui, on assiste à une inflation des droits subjectifs qui ignorent cette pluralité humaine, lorsqu'ils font de l'individu le centre ou le lieu générateur du droit.

À ce propos le juriste Jean Carbonnier (1996) évoque « la pulvérisation du droit en droits subjectifs » (p. 121). Le droit objectif est fait des règles, des institutions, du droit ; la notion coïncide pratiquement avec celle de système juridique. Les droits subjectifs sont les prérogatives que le droit objectif reconnaît aux individus, les aires d'action qu'il leur découpe. Ainsi, la propriété est une institution du droit objectif et le propriétaire a un droit de propriété qui est un droit subjectif. Une caractéristique du droit de notre époque est sa tendance à se subjectiver, et cela en vertu de l'exaltation permanente dans le discours idéologique des droits de l'Homme qu'accompagne un certain recul des valeurs collectives (le peuple, la démocratie, la république). Les droits subjectifs vident le droit objectif de son contenu, mais ils ne le remplacent pas : « ils n'ont pas la force immédiate des règles de droit, mais seulement un accès à cette force qui n'est donc pas acquis d'avance. S'ils sont en concurrence, il leur faudra s'accommoder entre eux et souvent affronter les aléas de l'action en justice » (p. 125).

Jacques Derrida (1994) ira plus loin dans sa critique, évoquant « une folle déconstruction du Droit » en référence à une justice ordonnée à la seule subjectivité de chacun. L'idée de justice postmoderne n'est au fond, selon cet auteur, « rien d'autre que l'expression d'un désir individuel : le désir d'un don sans échange, sans calcul, sans règle et sans raison » (p. 56). Alain Supiot (2010) ajoutera à la critique de ce processus de subjectivation du droit celui de la personnalisation des lois, qui conduit au démantèlement des statuts civils et familiaux et à l'idée du libre choix d'une identité flexible : au plan individuel, c'est le droit au respect de la vie privée qui est invoqué pour faire reculer le principe de l'indisponibilité de l'état civil et permettre à chacun de s'identifier lui-même. Ainsi la Cour européenne des droits de l'homme n'hésite pas à proclamer « le droit pour chacun d'établir les détails de son identité d'être humain ». La question de la justice est ainsi déplacée du terrain de l'avoir vers celui de l'être, du socioéconomique vers l'identitaire.

Dans leur dynamique propre, les droits de l'Homme peuvent être et sont effectivement générateurs de droits nouveaux dans les États qui les appliquent. Mais différents auteurs s'inquiètent parallèlement de l'inflation des droits de l'Homme, ceux dits de la troisième génération, tels la protection de l'environnement, le respect des cultures, le droit à un environnement pacifique. Aussi légitimes, importants et urgents soient ces droits, se posent la question du critère de leur opposabilité et la question de leur sanction. La force des droits de l'Homme réside essentiellement dans leur caractère concret, pratique et juridique. Le risque est de laisser entendre que tous les droits de l'Homme ne constituent au fond que des idéaux moraux qu'il est d'autant plus facile à proclamer que l'intention de les appliquer n'existe pas. Une seconde inquiétude relative à la banalisation des droits de l'Homme peut prendre une autre forme, celle qui concerne l'inflation de revendications invoquant l'autorité morale des *human rights* pour obtenir des droits qui vident concrètement le principe de l'égalité devant la loi de tout contenu, comme le recours à la discrimination positive, ouvrant la voie aux revendications subjectives destinées à protéger les avantages de groupes particuliers.

La morale, selon différents auteurs, suit le même processus de subjectivation, du moins dans la sphère économique. Elle connaît un processus de déliaison identique à partir du moment où les conduites des individus sont définies par leur intérêt propre, puisque la société n'est que le mécanisme (la main invisible, le marché) par lequel les intérêts s'harmonisent. Moyennant quoi la morale se subjectivise. Au-delà, au niveau politique, selon l'analyse de Marcel Gauchet (1989), la citoyenneté est générée à partir d'une souveraineté comprise, elle aussi, comme subjectivité. Plus globalement le philosophe tchèque Jan Patočka, porte-parole du Groupe des droits de l'homme et du citoyen pour la Charte 77, mort des suites d'interrogatoires policiers en 1977, voit dans le subjectivisme « la paralysie spirituelle, la culture décadente dans laquelle se noie l'Europe depuis le début du siècle » (1990, p. 218). Il affirme :

> « L'État est la réalisation d'un sujet conçu de telle manière que, dans son cadre, l'individualisme est concret. Ce concept d'État s'appuie donc sur la subjectivité moderne, sur la doctrine selon laquelle la réalité est identique au sujet, celui-ci étant libre, c'est-à-dire enclos sur soi. C'est ce concept qui aboutit à l'impérialisme et à la conflagration mondiale, et c'est à juste titre que Tomas Masaryk voit dans la première guerre mondiale une conséquence du subjectivisme moderne » (pp. 224-225).

Delà l'observation par des psychanalystes philosophes d'« un moi de plus en plus vide de contenu », d'« un moi minimal », ou d'« un moi narcissique », selon Christopher Lasch (2008), l'auteur le plus connu de ceux qui critiquent le vide au cœur de l'identité moderne. Cornélius Castoriadis observe alors :

> « Un processus historique de privatisation intégrale de toutes les valeurs communes qu'induit par essence la dynamique libérale, une dynamique transgressive qui conduit à dissoudre tout sentiment de continuité historique, toute notion d'espace public, et toute référence à une véritable temporalité commune, conséquence de la tendance naturelle de la logique capitaliste à envahir progressivement tout le champ de l'existence humaine (Philippe Caumières, 2011, p. 75). » En d'autres termes « cette logique conduit à un déracinement radical des individus et à la dévalorisation méthodique de toutes les formes d'appartenance historique et culturelle qui les lient affectivement à un passé, à des lieux ou à des êtres » (*Ibid.*).

Plusieurs décennies auparavant, dans un livre au titre fort évocateur, *La société des individus*, le sociologue allemand Norbert Elias (1991) décrivait ce processus de déracinement dans le monde européen. Il montrait que l'acception actuelle des notions d'individu et de société implique non seulement l'idée d'une opposition tranchée et manifeste entre individu et société, mais aussi une opposition commune des deux, même si elle est moins évidente, à l'État : « La conscience individuelle est généralement modelée aujourd'hui de telle sorte que chacun se sent obligé de penser : Je suis ici, tout seul ; tous les autres sont à l'extérieur, à l'extérieur de moi, et chacun d'eux poursuit comme moi son chemin tout seul, avec une intériorité qui n'appartient qu'à lui, qui est son véritable soi, son moi à l'état pur et il porte extérieurement un costume fait de ses relations avec les autres » (p. 65).

Ces représentations ont planté dans le langage des racines qui servent d'outils à la communication entre les hommes dans ces sociétés. Ces racines sont si profondes qu'il est presque impossible d'évoquer dans le discours ou dans la pensée les modes de fonctionnement et de comportements humains sans passer par des analogies concrètes et spatiales : comme « vie intérieure » et « monde extérieur », « siège de la raison », « contenu de la conscience », « dans le fond il sait bien… ». Ces images s'imposent le plus souvent comme si elles allaient de soi, et sont difficiles à ébranler.

N. Elias pense le propre de l'humanité comme donné par la présence dans chaque individu des structures et de l'histoire du monde social auquel il appartient. C'est pourquoi cette conscience de soi correspond à une construction sociale de l'intériorité, qui s'instaure dans des phases bien déterminées et datées du processus de la civilisation occidentale dont il analyse les conséquences. La notion d'individu, telle que nous l'entendons aujourd'hui, est une notion moderne. L'auteur établit une corrélation entre le passage d'une pensée essentiellement autoritaire (dans le cadre de la religion) à une pensée plus autonome – du moins en ce qui concerne les phénomènes naturels – et les poussées successives d'individualisme croissant aux XVe, XVIe et XVIIe siècles européens. L'industrialisation des sociétés occidentales n'a fait qu'accélérer le développement de l'individualisme jusqu'à aujourd'hui. Ces représentations, montre l'auteur, ont été renforcées et légitimées par les grands philosophes classiques. Les uns comme les autres se penchent avant tout sur les problèmes de l'homme, comme si l'existence d'une multitude d'êtres humains, les problèmes de la coexistence entre les hommes ne venaient en quelque sorte s'ajouter aux problèmes de l'individu que par hasard et *a posteriori*.

N. Elias souligne que l'isolement et la singularisation des individus dans leurs relations les uns avec les autres est l'une des conséquences les plus patentes du processus d'individuation.

On note que plusieurs auteurs, comme C. Castoriadis et H. Arendt, montrent que l'ignorance de la pluralité humaine et le fait que ces philosophes, Descartes par exemple, s'attachent aux problèmes de l'homme trouvent leurs racines dans la religion chrétienne, en ce qu'elle établit un rapport direct entre l'homme et Dieu, un tel rapport subsumant tous les autres et contribuant à la formation de ce processus d'individuation.

Une idée centrale de la société des individus est de considérer que la conception du moi séparé et autonome qui pose le monde social comme lui étant séparé, voire hostile, est indissociable du stade particulier du procès de civilisation, celle qui exige une plus grande sévérité dans la « commande du comportement individuel », un rigoureux autocontrôle des conduites publiques et un très haut degré de réserve dans l'action. Plus libres qu'auparavant de décider de leur sort les individus peuvent devenir plus autonomes, mais ils le doivent. À cet égard, ils n'ont plus le choix.

N. Elias inscrit aux XIXe et XXe siècles le processus qui, dans toutes les sociétés démocratiques, renforce l'individualisation par le divorce entre les « aspirations » sociales des individus, nourries par la multiplicité des destins possibles qu'ils peuvent envisager, et les limitations qui bornent, avec plus ou moins de rigidité selon la position qu'ils occupent dans la société, leurs « chances de réussite » objectives. D'où la représentation d'une tension éternelle et d'un gouffre entre le « monde intérieur » de l'individu et le « monde extérieur » de la société. N. Elias montre également que ces représentations escamotent le rôle des relations sociales et de la socialisation dans leur formation, mais aussi que, depuis plusieurs siècles, un fossé, un hiatus croissant se produit dans les sociétés occidentales entre un processus d'interdépendances croissantes entre les personnes et un processus continu d'individuation.

L'escamotage ou l'ignorance des relations sociales à l'origine de ces interdépendances peuvent conduire à la liquidation du politique en tant que lieu par essence et par destination de la pluralité humaine. C'est ce thème que décline Hannah Arendt dans plusieurs de ses ouvrages, où elle fait le constat d'une « perte croissante du monde et de la disparition de l'entre-deux. Il s'agit là de l'extension du désert et le désert est le monde dans les conditions duquel nous nous mouvons » (1995, p. 40). Dans un sens similaire Baruch Spinoza (1987) voyait dans un pays dont les sujets sont apathiques, menés comme du bétail et inaptes à s'assimiler quelque rôle que ce soit, sinon celui d'esclaves, non pas une nation, mais un désert.

Ce qui va mal, selon H. Arendt, c'est la politique, c'est-à-dire selon elle, nous-mêmes, dans la mesure où nous existons au pluriel. L'identification de la politique à la violence, trop compréhensible d'ailleurs si on tient compte de sa présence dans l'histoire des peuples de l'humanité, conduit à la fuite du politique. Elle voit dans la désolation une caractéristique de ce désert :

> « Le moi a besoin de la présence des autres pour lui confirmer son identité, faute de quoi il risque de perdre simultanément non seulement la confiance en lui, mais également la confiance dans le monde, la faculté de penser et d'éprouver. La désolation consiste dans le sentiment d'inutilité, de non-appartenance au monde, dans l'abandon par autrui, dans le déracinement, dans le sentiment de se faire défaut à soi-même. La désolation est la condition préliminaire de la superfluité, le fondement de la domination totalitaire » (1981, p. 227).

En conséquence ce moi vide, envers du processus historique d'individuation continu et d'inflation du moi, s'est construit à l'encontre de l'aspiration à la démocratie : « La démocratie est une monarchie métastasée : chacun se pensant « roi », personne ne veut servir, ni servir la démocratie elle-même », affirme Emmanuel Jaffelin (2011, p. 38).

Ainsi bien des auteurs peuvent voir dans la notion de droits de l'Homme un prolongement de ce processus d'individuation multiséculaire, auquel s'est ajoutée une mise en question de la notion de « droit naturel » qui a inspiré les premières déclarations des droits de l'Homme. Pourtant nombre d'auteurs s'accordent pour considérer Aristote comme le fondateur du droit naturel qu'il distingue du droit positif légal. Le droit naturel est pour celui-ci un droit, lequel vise à fortifier le droit politique (G. Planty-Bonjour, *op. cit.*, 1986).

Cependant, quoiqu'il en soit de ces dérives et indépendamment d'elles, et indépendamment du processus d'individuation, il est ici fondamental de leur opposer le fait que non seulement les droits de l'Homme issus de la Déclaration universelle de 1948 et des pactes internationaux qui ont suivi, sont des droits dont doit pouvoir bénéficier chacun des individus, mais qu'ils représentent pour ceux-ci *un pouvoir social* (C. Lefort, 1980, p. 30), celui de les faire vivre ou appliquer collectivement :

> « La liberté d'opinion, par exemple, est un droit de l'homme, l'un de ses droits les plus précieux qui lui permet de sortir de lui-même et se lier aux autres par la parole, l'écriture, la pensée. Les droits de l'Homme sont énoncés, ils sont objectifs, simultanément les hommes apparaissent à travers leurs mandataires comme ceux dont l'essence est d'énoncer leurs droits et, si efficaces soient les moyens dont disposent ceux qui ne les respectent pas, ces moyens restent exposés à une opposition de droit. C'est du sein de la société civile, sous le signe de l'exigence infinie d'une reconnaissance mutuelle des libertés, d'une protection mutuelle de leur existence que peut s'affirmer un mouvement antagoniste de celui qui précipitent les pouvoirs – économiques, étatiques… – vers leur but » (p. 34).

Dans le même sens, et à propos du Liban, S. Jalal Al Azm estime qu'il n'y a pas d'avenir pour son pays sans l'apparition d'un sentiment d'appartenance civile, fondée sur l'idée de citoyenneté libre.

> La conception naturaliste des droits de l'homme, bien souvent contestée, ajoute C. Lefort, « a masqué l'extraordinaire événement que constituait une déclaration qui était une auto-déclaration.[…] Dans cet événement, l'on ne saurait isoler la représentation de la nature de l'homme ; quoiqu'elle se distingue, elle n'est pas détachable de l'assignation à soi du « naturel » – le soi, si j'ose dire étant à la fois, individuel, pluriel et commun ; à la fois indiqué dans chacun, dans la relation de chacun avec chacun, et dans le peuple » (1986, p. 55).

La volonté d'accord et d'unité que manifeste la Déclaration universelle des droits de l'Homme indique que les différences et les oppositions, si profondes soient-elles, peuvent et doivent être surmontées, que quelque chose les surplombe : le *logos*, le langage dans son rôle de relation entre tous, la possibilité de communication de l'homme avec l'autre homme. Il revient ainsi au langage un rôle pacificateur, et rédempteur des dissensions entre les hommes. Cette possibilité universelle de communiquer s'enracine dans l'appartenance des hommes à une même nature, ou famille, ou espèce, laquelle se caractérise précisément par la faculté universelle de communication symbolique. Selon François Jullien (2016) :

> « C'est le commun de l'intelligible qui est le commun de l'humain. Si les hommes ne se comprennent peut-être jamais totalement, ni non plus entre cultures, il est néanmoins à poser en principe – comme nécessité *a priori* (et transcendantal de l'humain) qu'ils peuvent se comprendre ; et que c'est seulement cette possibilité de comprendre ce divers de l'humain – comme au travers des langues – qui fait l'humain » (pp. 90-91).

Car c'est bien, comme l'écrit dans ce sens É. Balibar (2016, p. 173), parce que « les langues se parlent », que le dépassement du particulier immanent à la singularité historique des discours qu'une construction de l'universel est possible.

« L'homme visé par les droits de l'Homme est l'homme parlant des philosophes, l'animal symbolique, l'être que la nature même a voué à l'accomplissement culturel, symbolique de soi. Que l'homme dont il s'agit dans les droits de l'Homme soit l'homme parlant éclate encore dans le fait que les libertés d'expression, d'opinion, d'association, etc., y sont tout à fait centrales. Il y a plus encore : cet homme librement parlant est au cœur du rêve qui porte la Déclaration des Droits de l'Homme. Son préambule énonce : « L'avènement où les êtres humains seront libres de parler et de croire, libérés de la terreur et de la misère a été proclamé comme la plus haute aspiration de l'homme », écrit aussi Gilbert Hottois (1986).

Autrement dit, outre leur dimension de réciprocité, les droits ne se dissocient pas de leur conscience. Ils n'existent pas d'être simplement institutionnalisés, mais seulement en raison de la vigilance dont ils font l'objet, vigilance elle-même mobilisée par les abus de pouvoir ou les dénis de justice. Inversement la conscience du droit est, elle, irréductible à toute objectivation juridique. « Telle est la vertu symbolique du droit, de définir un registre d'action politique qui ne peut se figer dans des codes, ne cesse pas avec la déclaration, mais s'entretient d'opposer continûment le droit à la force », écrit Étienne Tassin (2003, p. 103).

« Les droits de l'homme sont un des principes générateurs de la démocratie. De tels principes n'existent pas à la manière d'institutions positives dont on peut inventorier les éléments de fait, même s'ils animent des institutions. Leur efficacité tient à l'adhésion qui leur est apportée et cette adhésion est liée à une manière d'être en société dont la simple conservation des avantages acquis ne fournit pas la mesure. Bref, les droits ne se dissocient pas de la conscience des droits » (C. Lefort, 1981, p. 69).

Mais cette conscience des droits se trouve d'autant mieux partagée quand ils sont déclarés, que le pouvoir affirme s'en faire le garant, que sont rendus visibles par les lois les repères de la liberté. C'est pourquoi la première tâche en faveur du développement des droits de l'Homme consiste à permettre d'accéder à la conscience de ces droits.

Le droit a une dimension symbolique, ce qui se manifeste à la fois dans l'irréductibilité de la conscience du droit à toute objectivation juridique, qui signifierait sa pétrification dans un corps de loi (le droit positif), et dans l'instauration d'un registre public où l'écriture des lois, – comme écriture sans auteur – n'a d'autre guide que l'impératif continué d'un déchiffrement de la société par elle-même.

Les droits ne se dissociant pas de la conscience des droits, nous verrons qu'une grande part de l'action du CISP est dédiée au travail de sensibilisation aux droits de l'Homme en vue de permettre cette conscientisation. Ce travail est mené particulièrement auprès des enfants et des jeunes dans les écoles ou dans les espaces de loisirs auxquels ils ont accès, puisque ces jeunes représentent l'avenir de leur pays. Des matières relatives à leurs droits sont intégrées dans un certain nombre d'établissements scolaires. Dès les débuts de DDH1 ce travail de sensibilisation aux droits qu'ont les jeunes et les enfants est constamment associé aux consultations juridiques destinées à faire reconnaître et appliquer le droit concret.

Les luttes pour le droit visent aussi à faire accéder les conflits sociaux à une expression politique.

> « Loin d'invoquer le droit comme un arsenal de garanties et de protections des libertés privées des personnes ou des biens, – ce qui dresse deux fictions l'une contre l'autre, celle de l'individu souverain et celle du pouvoir souverain –, le croisement du droit et du politique signifie bien plutôt la manière dont l'action collective peut s'extraire de la pure violence, contourner le jeu des forces et libérer un espace public au sein duquel se tissent des relations humaines, se nouent des communautés transversales, s'affrontent des revendications portées par des représentations du juste et de l'égal. Le droit ainsi entendu dans sa fécondité agonistique convertit la violence sociale des intérêts particuliers ou des revendications corporatistes en des luttes politiques ordonnées à l'idée de la chose publique. Mais cette conversion n'est pacificatrice qu'en ce qu'elle exclut la guerre, non en ce qu'elle récuse le conflit. Elle entretient au contraire la division sociale et la noue aux formes d'actions concertées où prend naissance un monde commun », écrit E. Tassin (*op. cit.*, p. 122).

Difficile liberté

Il importe de compléter nos propos en évoquant la tentation totalitaire qui menace de toute part la construction démocratique, qu'il s'agisse des totalitarismes qu'ont connus les pays occidentaux – l'Italie et l'Allemagne, l'ex-URSS – ou des totalitarismes nouveaux qui ont surgi sous une mise en scène ou mise en forme qui prétendent se revendiquer des religions et qui, toutes autres raisons mises à part, tentent de combler ce lieu vide du politique qu'inaugure la démocratie. Comme le souligne C. Lefort (1981, p. 174) en effet :

> « Avec la révolution démocratique le pouvoir apparaît comme un lieu vide et ceux qui l'exercent comme de simples mortels qui ne l'occupent que temporairement ou ne sauraient s'y installer que par la force ou par la ruse ; point de loi qui puisse se fixer, dont les énoncés ne soient contestables, les fondements susceptibles d'être remis en question ; enfin point de représentation d'un centre et des contours de la société : l'unité ne saurait désormais effacer la division sociale. La démocratie inaugure l'expérience d'une société insaisissable, immaîtrisable, dans laquelle le peuple sera dit souverain, certes, mais où il ne cessera de faire question en son identité, où celle-ci demeurera latente… »

De cela résulte le fait qu'étant par nature « processus historique » la démocratie est nécessairement en crise perpétuelle (Agnès Antoine, 2003).

Dans cette perspective où la société démocratique est à l'épreuve d'une indétermination radicale, le théâtre d'une aventure immaîtrisable où la quête de l'identité ne se défait pas de l'expérience de la division, C. Lefort pose cette question : le totalitarisme ne se laisse-t-il pas voir comme une réponse aux questions que véhicule la démocratie, comme la tentative de résoudre ses paradoxes ?

Ce lieu vide renvoie à la question du pouvoir en ses différentes acceptions. Le plus souvent les analystes le confondent avec la domination, ce qui ne saurait surprendre tant les deux sont historiquement liés. Il y a aussi l'acception Arendtienne qui voit dans le pouvoir la capacité du nombre, celle des citoyens égaux qui se réunissent en commun pour décider des affaires de la Cité. C'est le modèle de la Cité grecque avec son système de démocratie directe auquel l'auteur se réfère, bien qu'elle laisse pendantes la question de l'esclavage et celle du statut des femmes. Il y a aussi des courants qui voient dans la notion de pouvoir le lieu d'une instance séparée qui permet l'identité du groupe et maintient la cohésion sociale, instance d'autant plus problématique qu'elle se confronte à ce vide et a à voir avec la religion, avec cette dette du sens, c'est-à-dire ce que, selon Marcel Gauchet (1977), durant des millénaires, les hommes ont reconnu devoir aux dieux, ce que les sociétés ont à peu près toujours cru devoir aux décrets de l'au-delà, ou aux volontés de l'invisible. F. Benslama (*op. cit.*, p. 233 et suiv.) note ainsi que le nom de la religion en Islam est *Din* qui signifie dette et que la Cité, *madina*, autant que la civilité, *madanyya*, appartiennent à cette même racine de la dette que *Din*, l'éthique de la sujétion n'étant que la redevance de cette créance de vie et de mort. On peut aussi rapporter cette notion de dette à celles de don et de donné, – leur réciproque –, au sens où l'entend J. Patočka (1990), c'est-à-dire le fait que nous vivions tous dans un monde qui relève du don, ouvert. « Nous sommes placés dans le monde, nous sommes au monde et il nous faut nous assumer notre être dont l'origine, le commencement est aussi peu en notre pouvoir que la fin, aussi peu quelque chose auquel nous aurions accès en une guise concrète et positive… » (p. 233). Il ajoute :

> « C'est face à l'abîme du néant, et dans cette limite qu'est ancrée notre liberté humaine, la possibilité d'être au monde dans un rapport au monde en totalité, d'être en même temps dégagé de l'ensemble du singulier, de tous les contenus mondains, de tous nos rapports et dépendances particuliers. […] La personne est en tout état de cause sacrifiée : Il ne s'agit alors que de trouver ce à quoi je peux et je dois me dévouer, consacrer ce qui m'appartient en propre en tant qu'homme. Cependant si nous ne pouvons saisir l'univers, ce n'est pas parce qu'il serait désespérément absurde et, en ce sens pauvre, mais bien en raison de sa richesse infinie » (p. 238).

C'est en fait du « soin de l'âme » que se préoccupe l'auteur :

> « La clôture atomistique de l'individu sur soi est inséparablement rupture d'avec l'élan vers les autres et rupture d'avec l'élan vers la transcendance. Le souci de l'âme ne désigne pas seulement un rapport à soi intérieur, il est tout à la fois un certain rapport d'interrogation et de respect du monde des étants et du monde des humains » (Anne-Marie Roviello, J. Patočka, 1990, postface, p. 377). Et J. Patočka indique par-là « la spiritualité qui lui paraît susceptible de jouer, par opposition à la nouvelle instrumentalisation du corps planétaire de l'humanité, le rôle d'une « âme planétaire » – spiritualité qui recèle en soi les germes d'une solution possible, les bases d'une conciliation positive, sans appauvrissement ni scepticisme, de la pluralité des substances historiques » (p. 240).

Dans un sens proche et complémentaire Cynthia Fleury (2005) insistera sur le fait que la dimension métaphysique de la démocratie fait toute la spécificité de son régime politique. L'auteure entend par là que la démocratie a partie liée avec la destinée humaine. C'est la foi, c'est-à-dire une confiance sublimée, dans tout ce qui fait la valeur d'une République. Elle considère que la laïcité semble être en mesure de relever le défi du Transcendant sans le dogme :

> « Paradoxalement la meilleure façon de protéger la relation au transcendant reste le choix de la laïcité parce que, au-delà du principe de protection accordé aux croyances spirituelles, elle demeure le garant de la liberté de conscience. La laïcité si elle ne fait plus allégeance à Dieu, fait définitivement allégeance à l'homme, et en cela elle est la nouvelle modalité de la foi républicaine » (p. 69).

On peut alors estimer que les droits de l'Homme onusiens, dans la reconnaissance et l'affirmation de leur universalité, peuvent jouer ce rôle d'âme planétaire sécularisée, qu'ils constituent une réponse à la préoccupation des conséquences de la liberté humaine ainsi définie, et représentent une instance symbolique au niveau planétaire au-dessus des États qui y sont représentés, tout en affirmant et en préservant la liberté de conscience et celle de la religion. S'il est vrai que les différentes religions véhiculent les mêmes valeurs, on peut imaginer, à travers les tentatives récurrentes de rencontres entre les différents représentants de celles-ci, ou espérer, sinon que ce besoin d'élan vers la transcendance puisse trouver un jour une forme, du moins qu'elles puissent s'accorder sur ces valeurs communes.

Il faut en effet rappeler que l'État de droit dans les royautés européennes s'est institué, sous l'effet d'une sécularisation des valeurs chrétiennes – et dans un premier temps, du transfert dans la représentation du Christ médiateur entre Dieu et les hommes, dans celle du roi médiateur entre la communauté politique et ses sujets. Comme le montre Ernst Kantorowicz (1989), s'était élaborée au Moyen Age une symbolique d'origine théologico-politique selon laquelle la société d'Ancien Régime se représentait son unité, son identité comme celle d'un corps –, corps qui trouvait sa figuration dans le corps du roi, s'identifiait à celui-ci, tandis qu'il s'y rattachait comme à sa tête, une image du corps du roi comme corps double, à la fois mortel et immortel, individuel et collectif. L'État de droit s'est institué également sous l'effet d'une réélaboration religieuse de l'héritage romain, de la transcription dans une problématique de la transcendance et de la médiation de valeurs juridico-rationnelles qui soutenaient déjà une définition de la souveraineté du peuple, du citoyen, de la distinction du public et du privé, etc. La « révolution politique » moderne en regard de cette histoire signifie un phénomène de désincorporation du pouvoir et de désincorporation du droit accompagnant la disparition du « corps du roi », dans lequel s'incarnait la communauté et se médiatisait la justice ; et du même coup un phénomène de désincorporation de la société, dont l'identité, quoique déjà figurée dans la nation, ne se séparait pas de la personne du monarque.

Du côté du monde musulman la situation est bien différente. F. Benslama (*op. cit.*) rappelle que pendant près d'un demi-millénaire la philosophie du sujet est transmise et élaborée par des musulmans. Avec Averroès, apparaît l'hypothèse d'un sujet pouvant s'affranchir de la norme religieuse, mais celle-ci s'est arrêtée avec lui. Une ligne de partage semble s'énoncer à partir de là entre deux cours de la civilisation. L'un transforme le péripatétisme averroïste en averroïsme politique en Occident, où la conception éthique du sujet, se décrochant de la théologie, s'articulera avec le social, où l'universalisme « postchrétien » dépasse l'idéal de la sainte subjectivité par l'invention d'une subjectivité intrinsèque à l'existence humaine. Ce premier cours de la civilisation se manifeste sous la Renaissance dans l'humanisme florentin du quatorzième siècle. L'autre, en Islam, coupe court à la décision d'Averroès, l'empêchant de produire ses effets d'autonomie subjective par rapport au savoir total d'un Dieu en position de grand Sujet.

L'auteur évoque le mouvement des réformateurs au cours du XIXème siècle dont les acteurs sont les partisans des Lumières et qui a eu pour principaux foyers l'Égypte, la Syrie et la Tunisie. Pour l'essentiel ces mouvements reconnaissent la décadence des sociétés islamiques, la nécessité d'emprunter le modèle des devoirs inventés par la civilisation européenne, selon le triptyque : science, travail, liberté. Ce mouvement prône la fin du despotisme, le fondement constitutionnel des pouvoirs, la séparation de la religion, de la politique et de l'éducation, la promulgation de lois civiles grâce à l'établissement de la fonction normative de l'État, autrement dit la sortie de la juridiction de la *chari'a.* Tous ces aspects, note l'auteur, sont bien étudiés aujourd'hui par les historiens du monde musulman. Par contre ne sont pas abordées les conséquences de ce mouvement de réforme au plan de l'histoire de la subjectivité dans l'Islam contemporain.

> « Les partisans des Lumières sont porteurs d'une division entre un islam et un autre islam, fusionnés naguère en une unité qui se suffisait à elle-même. L'un est celui de la rationalité, de la transmission du savoir universel qui s'éclipse avec la dernière de ses grandes figures, Averroès. L'autre est celui

> des autodafés des livres de ce dernier, des théologiens qui prétendent que tout est dans le Coran, de la rouille des illusions qui ruisselle des portes closes de l'interprétation » (p. 24).

Notons que selon Maher Chérif (2006), les Lumières européennes rempliraient ici la fonction d'une remémoration du premier islam oublié. De cet oubli résulterait selon F. Benslama une cassure historique axiale qui a pour centre les modes d'être sujet dans la civilisation actuelle de l'Islam :

> « Les musulmans peuvent avoir une vie sociale, politique, économique, mais pas d'expériences de soi actives dans leur condition présente, ni de processus de subjectivation produits par leur culture et par leur histoire et encore moins d'inconscient, alors même qu'on ne cesse de discourir sur la crise d'identité qu'ils vivent » (p. 9).

D'où, selon l'auteur, la notion de « guerre des subjectivités » qui qualifie la condition générale de la vie psychique des musulmans entre eux et à l'égard d'eux-mêmes.

Si la signification émerge pour recouvrir le néant ou le chaos où s'ancre la liberté humaine, c'est souligner que toute organisation sociale est contingente, que rien n'interdit qu'elle soit différente de ce qu'elle est, souligne encore C. Castoriadis (1977).

La « difficile liberté », le pari sur la perfectibilité de l'homme à travers l'éducation, l'extrême exigence et sans relâche que la démocratie attend des citoyens, la déception sans cesse renouvelée devant les effets qu'entraîne cette exigence, le risque permanent que les droits de l'Homme ne déchoient en idéologie dans une fantasmagorie dans laquelle se love l'image d'une nouvelle classe dominante, conduisent à la tentation totalitaire. Celle-ci réside dans sa représentation et sa constitution du peuple-Un, lequel exige la production incessante d'ennemis. Elle réside aussi dans la réincorporation du lieu du pouvoir sous la direction de l'« Égocrate » ; « elle opère une condensation entre le principe du pouvoir, le principe de la loi et le principe de la connaissance, elle tente d'incorporer le pouvoir dans la société, de la société dans l'État de telle sorte qu'il n'y a rien qui puisse se faire l'indice d'une extériorité au social et à l'organe qui le figure en s'en détachant » (C. Lefort, 1981, pp. 59-76).

Sur cette question et à propos du pluralisme politique dans les pays arabes, L. Addi (2003, p. 90) écrit :

> « Rêvant d'une communauté unie non traversée par des divergences politiques, et représentée par un leader puissant et juste, l'homme de la rue est réfractaire au pluralisme dont il pense qu'il affaiblirait la collectivité. La période pré-politique – au sens de H. Arendt –, dans laquelle se débattent avec violence les sociétés arabes, indique qu'elles sont encore séduites par l'utopie de l'unicité, hier nationaliste, aujourd'hui islamiste. L'unicité produit deux effets : 1. La soumission à l'État et 2. La privatisation de ce dernier sur

la base de la force et de la violence qui découragent tout contre-pouvoir dans des sociétés où les corps intermédiaires sont faibles pour des raisons sociologiques. L'absence de pluralisme est donc à rechercher dans cet imaginaire politique de la communauté une et unie, exempte de divergences politiques. Cette conception ne favorise pas l'émergence d'une sphère publique où la pluralité culturelle, sociale économique, idéologique... est acceptée par tous [...]. La privatisation de l'État n'est possible, ajoute l'auteur, « que parce que la conscience du caractère public de l'autorité n'est pas enracinée dans la majorité de la population. »

Les enjeux que représente la question des droits de l'Homme n'ont jamais été aussi forts qu'aujourd'hui. Parce qu'ils sont menacés de toute part et en tous lieux – certes à des degrés divers – en un processus qui semble s'accélérer. De ce point de vue l'analyse de C. Castoriadis (1996) est utile quand il montre que les sociétés modernes sont animées depuis des siècles par deux significations imaginaires sociales qu'il s'agit de bien distinguer. L'une incarne le projet d'autonomie portant les luttes pour l'émancipation de tous (dont relèvent les droits de l'Homme dans tous leurs développements) ; l'autre, le projet capitaliste, projet « d'une extension illimitée, d'une pseudo-maîtrise pseudo-rationnelle qui depuis longtemps a cessé de concerner seulement les forces productives et l'économie pour devenir un projet global, d'une maîtrise totale des données physiques, biologiques, psychiques, sociales, culturelles. » L'enjeu est d'autant plus grand, comme l'a observé Michel Foucault (2004), que le néolibéralisme n'est plus le capitalisme du XIXe siècle. Le marché n'est plus pensé comme un donné naturel, mais comme relevant d'une institution, comme une réalité construite grâce à une intervention active de l'État. Le marché n'est plus le lieu de l'échange, mais celui d'une concurrence entre unités de production en relation d'inégalité. L'État non seulement maintient, active la logique concurrentielle, mais encore il doit y être soumis. Enfin la norme concurrentielle ne doit connaître aucune limite.

Autrement dit, si les droits de l'Homme portent le projet de l'État de droit et opèrent une sortie de la religion par le politique, le développement capitaliste dans ses formes actuelles, en raison notamment de l'affaiblissement de la souveraineté et des pouvoirs des États qui l'accompagne, peut participer, à l'inverse, à un mouvement de sortie du politique par le religieux.

Droits de l'Homme et communauté

Face au processus d'individuation et de subjectivation continu que critiquait déjà Alexis de Tocqueville dans *De la démocratie en Amérique* (1963) et dont il redoutait les conséquences en termes de servitude volontaire vis-à-vis de l'État, l'anthropologue Lewis Morgan (1871) se demande comment déterminer et sous quelle forme il serait encore possible de conserver les structures traditionnelles de solidarités communautaires indispensables à toute existence véritablement humaine. Jean-Claude Michéa (2012) rappelle que les mots de « commune », de « communauté » ou de « communisme » sont formés à partir du radical latin *munus*, qui désignait entre autres, les obligations (ou les charges) qui découlent traditionnellement de la logique du don et de l'honneur et qui constituent, à ce titre, le véritable socle culturel et anthropologique de toutes les relations personnelles ou en face à face.

Ces valeurs de socialité et de communauté sont très loin d'avoir disparu, y compris dans les sociétés occidentales modernes.

La famille dans l'ensemble des sociétés représente aujourd'hui l'institution essentielle où demeurent centrales les valeurs subjectives, tel que le don-contre don, dans laquelle la notion de « prestation totale », l'alliance entre époux, représentent bien une « prestation totale » entre ceux-ci, observe Marcel Mauss (1947). Une forme de relation sociale fondée sur le don – contre-don non agonistique, est la seule sphère de la vie sociale institutionnalisée dans les sociétés occidentales où existe encore ce système d'échanges – ce qui reste vrai aujourd'hui. C'est bien pourquoi les valeurs subjectives que l'anthropologue Christian Geffray (2001) oppose à la valeur des objets, telles que l'honneur, la loyauté, la valeur du sujet, l'alliance, les garants de la parole, la générosité, etc.,... y sont centrales. Dans cette relation sociale, les échanges d'objets et de biens sont soumis à la règle du don – contre-don, de la réciprocité, tant au niveau des relations intergénérationnelles que des relations entre ceux qui appartiennent à la même génération. Dans ces conditions l'idée de don – contre-don est non seulement accessible à chacun, mais renvoie à un vécu commun. « La réciprocité sert de formule morale centrale pour régler les conduites interpersonnelles », écrit aussi James Scott (Didier Fassin, Samuel Lézé, 2013, p. 328).

La famille est aussi le lieu où les êtres humains intègrent la notion de justice. Comme le pense David Hume (2006), qui subordonne l'intérêt à la sympathie, l'élément social n'est pas l'individu, mais le clan, la famille, c'est-à-dire le lieu où les relations sont déterminées par la sympathie.

> « Les parents instaurent des règles élémentaires de justice entre leurs enfants, ils ont la puissance de se faire obéir, et la bienveillance de tempérer cette puissance. La norme première de l'intérêt bien compris (l'échange, le renoncement à la violence), l'individu n'a pas à l'inventer seul, elle résulte du fait familial et vient s'étayer toute entière sur la sympathie. »

Par ailleurs, et dans le même sens, Charles Cooley (2001) voit dans la famille « la pouponnière de la nature humaine dans nos sociétés. » Observant qu'elle garde une grande vitalité, bien que gravement mutilée dans nos villes en raison de la confusion économique et sociale et de logements surpeuplés, il affirme qu'il n'y a rien de plus urgent que de lui permettre de recouvrer la santé, puisque, selon lui, « c'est l'expérience vécue dans cette pouponnière qui fonde l'idéal démocratique, fait encore sens, où s'acquièrent le sens de la justice et de la réciprocité et où l'expérience vécue peut fonder l'idéal démocratique. »

Ce point de vue tranche avec la tradition moderne en matière de philosophie politique qui réserve la question de la démocratie à l'espace public, en opposant de façon rédhibitoire ce dernier à l'espace privé, renvoyé à l'intime et à des rapports sociaux foncièrement inégaux. Et pourtant les analyses qui précèdent montrent l'importance de l'enjeu que représente l'articulation de l'espace public avec les solidarités nécessaires à la vie sociale, c'est-à-dire l'articulation souhaitable entre les différents espaces communs, bien que séparés. En effet si l'espace familial peut être considéré comme celui qui fonde l'idéal démocratique, il ne s'ensuit pas que l'espace public démocratique soit le prolongement de l'espace familial. La Cité n'est pas une extension de la maisonnée sous peine de générer différentes formes de domination comme le roi, le despote, les politiques impériales ou coloniales. Comme le résume Étienne Tassin (1991) l'espace public n'est ni le lieu ni le mode de façonnement d'un être commun. Il n'est pas le principe d'une identification communautaire. « Il est le lieu institué d'un vivre ensemble qui lie la pluralité des communautés particulières, qui fait accéder les mondes vécus à une visibilité politique et qui, maintenant les lieux communs dans leurs intervalles et leurs connexions, donne existence à un monde commun. »

Cependant les sociétés à potlatch non agonistiques, des sociétés sans État, sans classes et égalitaristes (comme l'ont proposé nombre d'anthropologues, en particulier Marshall Salhins et Pierre Clastres, 1976), obligent à mettre en question cette dernière observation, du moins à la relativiser, comme elles obligent surtout à réfléchir sur les rapports possibles et existants entre les différents espaces communs. Notamment ces sociétés lignagères, comme l'a été aussi traditionnellement l'Algérie, n'impliquent pas pour autant l'existence d'un pouvoir de nature patriarcale antidémocratique. L'idée de tribu doit-elle nécessairement se confondre avec celle de discrimination, de repli et d'exclusion ? Penser les conditions du maintien des traditions compatibles avec la démocratie est-il inenvisageable ? Si le sens du collectif perdure en Algérie, comme le constatent certains observateurs, où se situe-t-il ? Sur quelles bases le renforcer ? Ce genre de questions permettrait d'amorcer une réflexion sérieuse sur une histoire globale de la démocratie appelée de ses vœux par Amartya Sen et, au passage, de réfléchir sur les moyens à mettre en œuvre pour permettre aux démocraties occidentales de guérir leurs pathologies.

On notera ici que les espaces communs sont multiples. Le commun est pour une part donné : tel est le commun de la famille ou de la « nation » qui nous viennent par la naissance. Pour une autre part, il se décide et fait proprement l'objet d'un choix : tel est le commun d'un mouvement politique, d'une association, d'un parti…, celui de tout engagement collectif. Comme l'écrit F. Jullien (*op. cit.*) :

> « Le partage du commun est en son principe extensif et se distribue de façon progressive : on a du commun avec ses proches, avec ceux qui appartiennent au même pays, avec ceux qui parlent la même langue, mais également avec tous les hommes, voire avec tout le règne animal et, plus largement encore, avec tout le vivant. Mais ce commun comme tel est également équivoque. Car la limite qui définit l'intérieur d'un partage peut se retourner en son contraire. Elle peut se renverser en frontière qui exclut de ce commun tous les autres. L'inclusif se révèle du même coup, à son envers, exclusif. Se refermant en dedans, il expulse au dehors, et tel est le commun devenant intolérant du communautarisme » (pp. 14-15).

C'est au demeurant ce qu'on observe le plus souvent dans les sociétés à potlatch au-delà d'un certain périmètre d'échanges. Si la promotion des communautés est un des piliers de la démocratie, il s'agit de contrecarrer la fragmentation actuelle des sociétés démocratiques, c'est-à-dire l'antique phénomène de tribalisation qui fait retour sous la forme actualisée du « communautarisme ».

Une des originalités de la politique du CISP est de favoriser le développement de la société civile comme moyen de développement d'une démocratie et de mise en œuvre des droits de l'Homme en Algérie. La société civile ce sont ces espaces communs qui participent à un engagement collectif, c'est aussi « le pouvoir des sans pouvoirs », pour reprendre la terminologie de Vaclav Havel qui a exalté le réveil de la société civile. On soulignera ici qu'il ne s'agit pas d'un choix de politique par défaut, d'une définition négative de ces espaces communs, au sens où leur premier objectif serait d'échapper à l'État. On observera en premier lieu que si la création ou du moins l'affirmation des États de droit signifiait « la souveraineté » des États, celle-ci n'est plus absolue. Si d'aucuns s'alarment de son affaiblissement et de ce qu'elle est menacée dans son exclusivité, il faut aussi y voir, comme le souligne C. Fleury, une montée en puissance de la société civile, le moyen que trouve celle-ci pour « se » gouverner. S'il cesse de surplomber la société, l'État doit négocier sa place dans un espace de plus en plus large avec de plus en plus d'acteurs. On peut aussi penser que le développement de la société civile puisse contribuer aussi à la diminution des écarts qui existent entre égalité de droit et inégalités de fait, comme le montrent par exemple les luttes féministes ou les luttes contre les discriminations raciales. Cependant comme le souligne É. Balibar (*op. cit.*, 2016) :

> « Si la «communauté politique exige l'incorporation de l'universalité dans ses lois et ses définitions statutaires, en particulier sous la forme de l'égalité des droits entre les individus faute de quoi elle ne sera jamais une

« communauté de citoyens », l'universalité a besoin de se réaliser dans une communauté, parce qu'elle est effective seulement si elle passe dans des institutions qui sont elles-mêmes voulues et légitimées par une communauté politique » (pp. 164-165).

En deuxième lieu la politique du CISP de promotion de la société civile, on le précisera plus loin, s'inscrit dans une philosophie qui vise à développer toutes les ressources susceptibles de favoriser un fonctionnement de nature démocratique dans tous les lieux possibles de la vie algérienne. Dans ce but le CISP poursuit une recherche inlassable des ressources algériennes disponibles et s'emploie à les développer. Il voit dans la société civile à la fois le lieu où doit s'exercer un tel fonctionnement et en même temps un ensemble de médiations et de moyens de pression aptes à faire évoluer la sphère politique. Cette philosophie ne se dissocie pas d'une politique qui vise la recherche d'alliance avec les institutions politiques et d'un travail avec et en partenariat avec celles-ci, chaque fois que cela s'avère possible.

La politique des droits de l'Homme du CISP : expérimentation et création d'espaces communs multiples

Bien que certaines déclarations interprétatives et réserves aient été énoncées concernant les pactes internationaux relatifs aux droits de l'Homme ratifiés par l'Algérie, comme la non-ratification par ce pays du Comité contre la torture, l'Algérie a été à « l'avant-garde en matière de ratifications internationales protégeant les droits de l'Homme » [7], de la première et de la seconde génération, en les ratifiant en 1989 à la suite de l'adoption d'une nouvelle Constitution. Et, selon l'article 132 de la Constitution, les traités ratifiés par le Président sont supérieurs à la loi – ce qui n'est pas le cas au Maroc ou en Tunisie notamment.

Malgré ces restrictions, la Constitution ouvre pour les citoyens algériens un espace d'opposabilité de droit, dans les cas où ces droits seraient violés. La Charte et la loi sur la réconciliation nationale de 2001-2002 témoignent de la reconnaissance du principe de l'existence des droits de l'Homme.

C'est dans cet espace laissé ouvert qu'est rendue possible l'action du CISP avec ses partenaires.

Les programmes du CISP conjuguent leur action sur les droits de l'Homme de la première génération, fondateurs et générateurs de démocratie, en particulier sur les droits humains qui spécifient et insistent sur la place des droits de la femme et des droits des enfants, mais aussi sur les droits de la deuxième génération tels que le droit à l'éducation, à la culture, à la santé et au travail.

[7]. Visite en Algérie des 16-26 septembre 2002, par le Rapporteur spécial de la Commission des droits de l'homme des Nations-Unies.

Au regard des différentes considérations qui précèdent nous voulons montrer que la démarche du CISP introduit l'expérience vécue des droits de l'Homme au quotidien, qu'elle permet d'éviter de s'engager sur la pente que semble suivre le droit européen et occidental actuel, ce en visant la création d'une multiplicité d'espaces communs concrets, ordonnés autour de l'horizon d'un espace communautaire fondé sur des relations de réciprocité et de justice.

Loin de s'en tenir à la valeur subjective des droits humains centrés sur la propriété qu'a la personne de s'autodéterminer, la politique du CISP se situe à la jonction de la personne singulière et de la pluralité, plus précisément au nouage de l'éthique relationnelle et de l'individualisme éthique, dans la mesure où l'éthique relationnelle implique l'individualisme éthique. Ainsi elle lie d'emblée la liberté de la personne à un rapport de réciprocité fondé sur la justice.

Le point de départ de sa démarche théorique et pratique est la famille en détresse, puisque celle-ci est le lieu privilégié des échanges fondés sur le don-contre don et constitue la « pouponnière de la démocratie ». Par ailleurs son action se situe dans une perspective intergénérationnelle. Dans ce but certains de ses programmes visent spécifiquement les femmes, non seulement pour leur permettre d'accéder à leurs droits, mais parce qu'elles ont une place centrale dans la reproduction des rôles masculins et féminins, ainsi que les enfants et les jeunes qui représentent l'avenir du pays.

En œuvrant au développement de la société civile, le CISP vise le tissage de liens concrets et fiables entre les personnes, entre les membres des associations et entre les associations, en y diffusant l'éthique relationnelle et l'individualisme éthique, puisque c'est bien au sein de la société civile que peut s'affirmer l'exigence de la reconnaissance mutuelle des libertés et d'une protection mutuelle de leur existence face aux menaces dont elles peuvent être l'objet. Ce tissage de liens soutenu par un travail de mise en réseaux, en créant une multitude d'espaces communs qui, dans le temps, relient symboliquement et effectivement entre eux des individus de plus en plus nombreux, constitue aussi le médium qui permet à ceux-ci de faire société.

Comme l'écrit L. Addi (1999, p. 9) :

> « Le terme société est inapproprié à l'Algérie qui apparaît plutôt comme un ensemble politique de communautés familiales reliées par la solidarité mécanique au sens que Durkheim donne à ce concept. La société est un concept historique moderne, caractérisé principalement par un espace public où le lien entre les individus obéit au droit d'un État créateur de la règle juridique. Elle se différencie de la collectivité traditionnelle – ensemble de communautés familiales – dans laquelle l'espace public est une extension de la sphère domestique. L'Algérie se trouve aux prises avec cette mutation sociologique où l'individu ne veut plus s'identifier uniquement à sa parentèle et cherche à construire un espace social hors du groupe familial, alors qu'il

continue de véhiculer l'*habitus* communautaire [...]. Les mutations sociales ont été telles qu'aujourd'hui la communauté familiale est impuissante à prendre en charge l'individu comme par le passé. Les conditions historiques ont créé un besoin de société, et la question se pose de savoir si les représentations culturelles permettront sa satisfaction. »

Et ce sont bien les représentations et aspirations culturelles véhiculées par les droits de l'Homme et mises en pratique au sein des multiples espaces communs créés à cette fin et extérieurs au groupe familial, qui peuvent permettre de faire face à ces mutations.

Dans la mesure où l'espace public présuppose l'existence d'espaces communs, d'une société ou d'une communauté particulière c'est sur deux fronts simultanés que porte la politique du CISP : la construction d'un espace communautaire, la construction d'un espace public.

Ayant commencé à travailler auprès des familles traumatisées tant par les effets de la décennie noire en Kabylie que par le tremblement de terre qui a eu lieu à Boumerdès, en formant les intervenants médicaux psychosociaux et les enseignants à la prise en charge des populations en détresses multiples et sévères et au Travail Thérapeutique de Réseau, le CISP fait des relations intrafamiliales et des liens entre celles-ci et les professionnels le lieu premier de son intervention, en s'appuyant sur les réseaux locaux de solidarité mobilisables qu'il cherche à activer et à renforcer le plus possible.

C'est à partir de ce travail de proximité, et d'abord dans les mêmes lieux, qu'il conjugue ce travail avec les actions qui visent à sensibiliser les « populations cibles » aux droits de l'Homme, puisqu'il ne suffit pas que les droits de l'Homme soient énoncés, encore faut-il qu'enfants, jeunes et adultes puissent les connaître et se les approprier en tant que droits subjectifs et être en capacité de les énoncer, de les mettre en œuvre et de les défendre à leur tour au quotidien. Les droits n'existent que d'être exercés c'est pourquoi l'émancipation des peuples ne peut qu'être l'œuvre des citoyens eux-mêmes :

> « Un travail de l'égalité ne peut jamais être simplement une demande à l'autre ou une pression exercée sur lui, mais doit toujours être, en même temps, une preuve qu'on se donne à soi-même. C'est cela que veut dire l'émancipation. L'émancipation c'est la sortie d'une minorité. Mais nul ne sort de la minorité sociale, sinon par lui-même », affirme ainsi Jacques Rancière (1990, p. 62).

Il s'agit ensuite d'acquérir la capacité de construire des plaidoyers dans de multiples domaines qui puissent être entendus par les pouvoirs publics. Le CISP, à travers les différentes formations qu'il propose, aborde aussi la question du rapport entre les droits humains et la religion de l'islam, notamment des moyens d'intégrer ceux-ci dans la religion, en proposant les outils d'une exégèse du Coran. Cette approche est intégrée aujourd'hui dans la formation au certificat des droits de l'Homme. La question est également abordée à travers la question des rapports hommes-femmes et des mouvements féministes algériens dans les formations relatives au genre.

Dans une société où, selon Mehdi Lazar et Sidi-Mohammed Nehad (2014), l'absence de la culture du dialogue est symbolisée par la faiblesse des partenaires sociaux, les associations qui portent le message des droits de l'Homme et s'emploient à les mettre en œuvre dans les domaines les plus variés (protection des enfants, lutte contre les discriminations et les violences envers les femmes, développement culturel et artistique, lutte contre le décrochage scolaire, alphabétisation, protection du patrimoine, protection de la nature, apprentissage du vivre ensemble, soutien aux familles de disparus, soutien aux associations dédiées aux personnes les plus vulnérables, enfants autistes, handicapés, prisonniers...), ces associations pourraient tenir la place de partenaires sociaux, du moins au niveau des APC et des *wilayate*, parfois des *daïra*, et de différentes directions de ministères, comme celui de l'Éducation, de la Solidarité, de la Jeunesse, ce qu'elles font actuellement, avant de pouvoir prétendre à un autre niveau de partenariat.

Nous allons montrer dans les chapitres qui suivent comment l'éthique relationnelle fonde la philosophie théorique de l'ensemble des contenus des formations dispensées à ses bénéficiaires, tout comme elle en fonde l'application pratique.

La première partie de ce travail présente le contenu des différentes formations et actions proposées par le CISP ainsi que les stratégies, les outils et les méthodes utilisées.

La seconde aborde les résultats de l'action : la réception par les bénéficiaires de ces formations, les évaluations par les différents partenaires, formateurs, membres du CISP et observateurs extérieurs des actions. Suit un chapitre concernant les demandes, les critiques et les propositions adressées au CISP.

Première partie
Contenu, méthode et stratégie

Chapitre 1 : l'approche par le CISP des droits de l'Homme en Algérie, une approche innovante et intégrée

La promotion des droits de l'Homme en Algérie suit une démarche originale, avec des outils spécifiques, très élaborés et nouveaux. Ces outils sont multiples qui concernent tant le fond des actions et des formations que leur forme, c'est-à-dire les méthodes pédagogiques utilisées. Ils ont été élaborés dans des centres de recherche et des universités tant aux USA qu'en Belgique, en France, en Suisse, au Canada et en Italie. Des promoteurs de ces outils ou des professionnels qui y ont été formés interviennent depuis plusieurs années, pour certains d'entre eux depuis plus de quinze ans à la demande du CISP. L'Algérie est le premier pays sur le continent africain à bénéficier des formations à la « Clinique de concertation », au Travail Thérapeutique de Réseau, à « La gestion des détresses multiples et sévères », trois domaines d'action issus de la Thérapie contextuelle, et complétés par cette dernière. Les formations destinées au certificat des droits de l'Homme sont aussi une première du genre en Afrique du Nord.

Thérapie contextuelle et « Clinique de Concertation » ont été chronologiquement les premières formations et actions dispensées en raison du contexte qui a mobilisé au départ l'intervention du CISP. Ces formations sont particulièrement appropriées aux situations socio-historiques les plus extrêmes, caractérisées par une accumulation de malheurs et de traumas de nature diverse. Les familles qui les subissent mobilisent *de facto* de nombreux professionnels, bien souvent débordés, dépassés et exténués. C'est à ce débordement entre autres que répondent la « Clinique de Concertation » et le Travail Thérapeutique de Réseau. Et c'est sur les situations les plus lourdes que le CISP porte son action.

Il s'agissait évidemment de porter secours à des populations blessées et traumatisées, de répondre à des besoins urgents correspondant à la mission humanitaire, raison d'être première de nombreuses ONG. Il y a d'autres raisons importantes d'ordre stratégique : les situations extrêmes, limites, lorsqu'elles sont bien traitées ont plus de chances de faire évoluer le centre des systèmes de prise en charge organisés pour répondre à des situations moins complexes. Comme l'observe F. Benslama (*op. cit.*, p. 158) : « le trauma est un malheur, mais il est aussi la source de création de lois morales et d'œuvres de la culture, lorsque peuvent être mobilisés des processus de surmontement, tels que l'identification pacifiante, la reconnaissance qui distingue le réel de l'imaginaire, la sublimation, etc. » D'autre part il s'agit de tenter de mettre un terme à la spirale des violences. Les lieux les plus affectés par des manifestations de violences sont les terrains les plus propices à leur reproduction. La démarche de la Thérapie contextuelle et de la « Clinique de Concertation » croise la mobilisation de ces processus : la mobilisation des « ressources résiduelles » relationnelles des familles à travers non pas la morale, mais l'éthique relationnelle du donner-recevoir-prendre (plus exactement du *give and take*), soutenue par la mobilisation de la part de « l'existentiel » dans l'investissement professionnel, au côté de sa part « fonctionnelle », et la mobilisation collective, à travers le Travail Thérapeutique de Réseau, autour des familles, permettent un travail de reconstruction à un niveau plus fondamental premier et ontologique des familles aussi bien que des professionnels.

Il s'agissait conjointement d'aider les familles meurtries, amputées de certains de leurs membres durant la décennie noire en Kabylie, puis par le séisme qui a eu lieu à Boumerdès et de soutenir les professionnels algériens épuisés par la prise en charge de ces familles, tout en leur proposant des formations susceptibles d'alléger et de rendre plus efficaces leurs prises en charge en créant des réseaux de soutien mutuels.

Les régions de Kabylie et de Boumerdès ont en effet été particulièrement affectées par la violence. Elles ont subi d'abord de grandes violences politiques, d'une part liées au terrorisme et, d'autre part, à ce qui a été appelé le « Printemps noir de Kabylie », une révolte dont l'un des événements déclencheurs a été l'assassinat d'un lycéen en 2001 par les gendarmes. Les manifestations qui ont suivi ont été très lourdement réprimées, avec des tortures, des pillages de maisons et de magasins ainsi que des expéditions punitives. Ce printemps noir a fait 132 morts et plus de 5000 blessés. Souffrances et répression ont laissé les populations livrées à elles-mêmes, sans grande possibilité de dialogue avec les institutions, malgré une tentative politique d'apaisement, en 2003, avec l'acceptation d'une des revendications de la plateforme *d'El Kseur*, la reconnaissance de la langue *tamazigh* comme langue nationale. « Rancune et manque de confiance qu'éprouve la population de ces régions à l'égard de l'État et de ses institutions demeurent et se pose avec acuité la possibilité d'une « cohabitation » entre la population et les familles de terroristes », est-il souligné dans le projet de DDH1.

La « Clinique de Concertation » imbriquée dans le Travail Thérapeutique de Réseau se présente de fait comme la matrice de l'approche philosophique et stratégique du CISP. Concernant sa philosophie, nous verrons qu'elle se présente comme la matrice de relations de nature démocratique ; en ce sens c'est elle qui porte le plus loin les outils de la mise en œuvre concrète des droits de l'Homme, ce qui explique la durée des formations qu'en propose le CISP, compte tenu aussi de leur grand degré d'élaboration et des renversements de postures professionnelles qu'elles induisent. Sa stratégie concerne notamment son mode de diffusion « de proche en proche[8] », les réseaux construits entre les personnes formées et les formations de formateurs.

L'éthique relationnelle au cœur de la Thérapie contextuelle et de la « Clinique de Concertation », du moins l'éthique qui implique la réciprocité de l'échange relationnel, fonde ces différentes formations et se situe au centre de la démarche de l'ensemble du dispositif d'intervention du CISP. Elle est présente dans toutes les formations qui se sont greffées sur ces formations, proposées au gré de l'apparition et de la formulation d'autres besoins, repérés et mis en œuvre très tôt d'ailleurs. Il s'agit des formations à la Gestion positive des conflits, à la communication non-violente, de la philosophie pour enfants, des formations sur l'engagement, et des formations au certificat des droits de l'Homme, de l'« Université d'automne », d' « Un monde selon les femmes », de « Graine de citoyens ».

C'est le point de vue éthique qui fonde les formations sur l'engagement, au sens où, selon ses formateurs, il y a dans celui-ci une réciprocité entre le rapport à soi et à autrui. La question de l'engagement est abordée par l'ensemble des formations. Pour le responsable des formations au certificat aux droits de l'Homme ceux-ci consistent dans l'engagement de chacun à œuvrer pour le droit de l'autre. Cette posture éthique dans son fondement a pour conséquence pour chacune des formations la conjugaison des savoirs, des savoir-faire et des savoir-être. Elle implique par ailleurs de considérer l'État et les différents pouvoirs publics non comme des adversaires *a priori*, mais comme des partenaires incontournables et nécessaires dont il s'agit de se faire, autant que possible, des interlocuteurs et des alliés. Les différentes formations ont aussi en commun de viser à favoriser l'estime de soi, la confiance en soi et en l'autre que les traumatismes individuels et collectifs vécus ont durablement mis à mal.

Les formations ne dissocient pas les apprentissages théoriques de l'expérience personnelle et des expériences partagées ; elles ont comme visée commune l'engagement et l'enracinement du travail au plus près du terrain, en particulier dans les secteurs concernant les personnes et les groupes les plus vulnérables. L'éthique est aussi l'élément qui ouvre la possibilité d'une subjectivité réunifiée et la construction d'identités collectives en devenir et ouvertes. Comme l'affirme le responsable de la formation au certificat des droits de l'Homme, « l'identité algérienne n'existe pas comme telle, elle existe dans le projet qu'on se donne et si les droits de l'Homme y ont leur place. » Enfin, en mettant le sens de la pratique

---

[8]. Titre de l'ouvrage de Selma Hellal, (2008) *De proche en proche. Proximité et travail thérapeutique de réseau en Algérie.* Cet ouvrage est réédité et traduit aujourd'hui en arabe.

en adéquation avec les aspirations tant individuelles que collectives, elles permettent de participer au « bonheur public[9] » et d'y trouver, au-delà des obstacles et des risques, du sens et du plaisir.

Est également présent à tous les niveaux des interventions du CISP le pluralisme en tant que condition d'un fonctionnement démocratique : une attention particulière est apportée dans les formations à la diversification des régions, villes ou villages d'où viennent les bénéficiaires, à la diversification des actions culturelles dans lesquelles ils s'engagent, à la diversité des courants de pensée qu'apportent les formateurs et à celle des pays d'où ils viennent, à la diversité des mouvements dans lesquels s'engagent les jeunes, et les différents mouvements féministes, laïcs ou islamiques. Dans toutes ces rencontres, la pédagogie vise l'apprentissage du débat démocratique entre des points de vue différents, l'apprentissage de la réflexion et du jugement personnels, de l'esprit critique et du discernement.

La « Clinique de Concertation » couplée avec le Travail Thérapeutique de Réseau est donc la plus ancienne des formations proposées par le CISP. Par ailleurs elle permet d'aborder de façon indirecte et à petits pas les traumatismes subis par les familles lors de la décennie noire, qu'elles aient été du côté des « bourreaux » ou du côté des victimes, et plus généralement, les traumatismes multiples qu'ont connus les habitants de ce pays depuis la colonisation. Les premiers affleurent de manière omniprésente dans les relations et, probablement pour ce qui est de cette décennie noire de façon plus bruyante avec le temps que lorsqu'il s'agissait de la lutte immédiate pour la seule survie… Elles permettent aussi d'aborder les violences intra familiales, en particulier les violences faites aux femmes, sans heurter l'honneur des familles. En outre elles se situent d'emblée dans le travail de réseau.

Compte tenu de la place centrale qu'occupe la « Clinique de Concertation » dans la démarche du CISP, il convient d'en présenter succinctement le contenu avant de présenter celui des autres formations. Cette présentation nous paraît utile en raison d'une part de sa nouveauté, d'autre part de la facilité avec laquelle les bénéficiaires y adhèrent ainsi que des possibilités d'essaimage qu'elle porte en elle tant sur le plan théorique que pratique et de son efficacité enfin. Pour ces différentes raisons cette démarche dans ses différents contenus mérite d'être connue afin d'être utilisée ailleurs. La « Clinique de Concertation » consistant en une extension systémique de la thérapie contextuelle, également enseignée en Algérie, cette dernière sera préalablement décrite dans ses grandes lignes.

Cette démarche, au cœur des programmes du CISP, assure donc la cohérence du point de vue philosophique qui anime le travail de promotion des droits de l'Homme. Cette cohérence est assurée concrètement par la

---

[9]. Terme emprunté à Montesquieu dans son ouvrage, *L'esprit des lois*.

similitude et la complémentarité des philosophies qui soutiennent les différentes formations, par la connaissance qu'ont certains des intervenants les uns des autres et par leur familiarisation avec les contenus des différentes formations. Certains formateurs formés à la « Clinique de Concertation » interviennent, par exemple, dans des formations sur la communication non-violente. Par ailleurs existe un certain nomadisme des formateurs qui donnent des conférences au sein d'autres formations que celles dans lesquelles ils interviennent de façon régulière. Des formateurs dispensant des formations différentes, la « Clinique de Concertation » et la non-violence, par exemple, coaniment des séminaires sur le vivre ensemble. Cette cohérence passe aussi par le fait que nombre des bénéficiaires, formateurs à leur tour actuels ou futurs, ont bien souvent suivi plusieurs de ces formations et s'organisent en réseau pour en diffuser le contenu et se soutenir mutuellement. Cette cohérence est à l'origine des succès de la démarche. On ajoutera que ce succès est dû également au fait que cette philosophie est en résonance avec la culture algérienne. Par exemple, selon les intervenants étrangers rencontrés, il est plus facile de faire entrer les droits des enfants comme matière à part entière d'enseignement dans les établissements scolaires qu'en Belgique : la critique portant sur « l'ingérence » des autres ne se situe pas toujours là où on s'attend à la rencontrer. Il semble bien également qu'il soit plus facile en Algérie d'amener les parents et les enseignants à collaborer en matière d'éducation des enfants qu'en France ou en Belgique notamment.

Une autre raison de ce succès est aussi liée à la continuité des actions du CISP et à la fidélité de ses formateurs expatriés. Cette continuité a permis un ancrage de l'action du CISP dans ce pays, tout comme elle a permis une évolution des formations au plus près des sensibilités, des réalités et des besoins. Ces différents facteurs ont contribué à l'acceptation, à la collaboration, puis à des demandes de la part d'institutions locales ou régionales et même nationales, de politiques locaux et à la tolérance par les pouvoirs publics de la présence du CISP sur des territoires, de programme en programme, sans cesse élargis.

On doit aussi noter que l'innovation portée par le CISP tant en matière de contenu que, comme on le verra plus loin, dans la stratégie de mise en œuvre de son action, n'est possible qu'en raison de la forte décentralisation que le siège de Rome du CISP opère dans son fonctionnement et de la confiance qu'il a en la personne de son chef de projet. Ceci distingue le CISP d'autres ONG en Algérie que certains de leurs chefs de projet perçoivent comme une chance, lorsqu'ils sont mis eux-mêmes « en situation de ne « pouvoir qu'appliquer ce que le siège leur demande[10]. »

[10]. Ce qui n'est pas toujours vrai puisque Médecins du Monde et Handicap International intègrent certaines des formations du CISP dans leur propre action et qu'Amnesty International travaille en collaboration avec la LADDH et le CISP sur certains projets.

La Thérapie contextuelle, une approche de la thérapie familiale

La Thérapie contextuelle, dont est issue la « Clinique de Concertation », un des courants de la thérapie familiale, a été fondée dans les années 1950 par le psychiatre Ivan Boszormenyi-Nagy, d'origine hongroise et émigré aux États-Unis. Celui-ci a été directeur du « Département de psychothérapie familiale » à Philadelphie jusqu'en 1980. Dès le début des années soixante, ce département était devenu l'un des premiers centres de formation en thérapie familiale aux États-Unis, ainsi que le lieu de nombreuses publications et d'échanges entre les pionniers de la thérapie familiale. Ivan Boszormenyi-Nagy a aussi joué un rôle déterminant pour le développement de la thérapie familiale en Europe.

Sa méthode thérapeutique a d'abord été nommée « psychothérapie familiale intergénérationnelle dialectique », puis « thérapie familiale contextuelle », enfin, dans les années quatre-vingt, « thérapie contextuelle », soulignant ainsi que son approche touche à des domaines qui peuvent aller bien au-delà du champ de la thérapie familiale. Il s'est ainsi activement engagé à appliquer certaines prémisses de la thérapie contextuelle aux relations entre groupes, en particulier en ce qui concerne la question des minorités ethniques et nationales[11].

Après Nagy, R. D. Laing (1972) illustre bien l'importance de la prise en compte du contexte en thérapie et les conséquences en termes de circularité qui résultent de son ignorance :

> « Tenir compte du contexte c'est, lorsqu'il s'agit par exemple de soigner la folie, substituer à la focale sur un individu celle de sa situation. Considérer un psychotique comme individu interdit de trois façons de l'appréhender en termes de situation. Son comportement est appréhendé comme autant de signes d'un processus pathologique dont le siège est en lui. Le sujet est totalement enfermé dans une métaphore médicale. En second lieu, cette métaphore médicale conditionne, détermine la conduite de tous ceux qui sont compris dans cette métaphore, c'est-à-dire les soignants et les patients. En troisième lieu, la personne qui était un patient à l'intérieur d'un système, en étant isolé de celui-ci ne peut plus être considéré comme une personne et, de façon corollaire, le médecin ne se conduit plus comme une personne. Ne pouvant se conduire en tant que personne, chacun se dépersonnalise. »

Et l'auteur d'insister sur le fait que de ces rôles ni le malade ni le médecin ne peuvent sortir parce que cette métaphore est pour l'un comme pour l'autre une évidence. Au contraire, s'enclenche une spirale négative, dès lors que chacun tente d'en sortir, parce que la tentative est interprétée à

---

[11]. Cette présentation est issue de l'article de Catherine Ducommun-Nagy, « La thérapie contextuelle », *in* : *Panorama des thérapies contextuelles* (1995), ainsi que du livre de Pierre Michard et Guenièvre Shams Ajili, *L'approche contextuelle* (1996).

l'intérieur de la métaphore. Plus le malade proteste, plus sa protestation est interprétée comme le symptôme d'une aggravation de sa maladie et devra en conséquence être calmée. Autrement dit, la métaphore induit une circularité et une réciprocité dans les relations qui produisent *in fine* les effets inverses au but recherché.

Pour Nagy, le contexte fait référence à un domaine tout à fait précis : il se rapporte à l'ensemble des individus qui se trouvent dans un rapport d'attente ou d'obligation, ou dont les actes ont un impact sur l'autre. Une des nouveautés de la démarche de Boszormenyi-Nagy consiste à placer en son centre l'éthique relationnelle : en ce sens elle se distingue aussi bien de la thérapie individuelle que de la thérapie familiale classique. Dire que l'éthique est la substance originaire de la relation est une proposition jusqu'alors absente du champ psychothérapeutique. En faire un levier thérapeutique est en rupture par rapport aux pratiques de soins communément admises. Cependant le thérapeute contextuel prend en considération tous les éléments des modèles thérapeutiques individuels ou systémiques qui se montrent compatibles avec la perspective éthique, comme la psychanalyse[12].

Cette démarche s'appuie sur quelques prémisses :

- L'identité d'une personne est inséparable de son contrepoint, l'autre. Seule la relation permet donc l'accès à l'individuation et à l'autonomie.
- Dans toute relation humaine se pose la question du don, de son retour, du mérite acquis par un souci de l'autre, comme des dettes et des obligations contractées. C'est le respect d'un principe d'équité et de réciprocité qui constitue le ciment de toute relation proche et qui est à la base de la dimension éthique des relations interpersonnelles. Cette dimension éthique est omniprésente dans toute relation, quels que soient la souffrance, le symptôme, l'origine culturelle et ethnique. La langue de l'éthique relationnelle est parlée par chacun d'entre nous : chacun est accessible à des questions touchant à la confiance, à la fiabilité et à l'équité dans les relations. Et le langage éthique est le dernier langage relationnel qu'un psychotique puisse entendre.

> « Qui parle ou écoute fait pression, sollicite l'éthique de la relation : c'est-à-dire le donner, le recevoir et le rendre – ou prendre – (le *give and take*). Le dialogue est un déjà là qui à la fois sépare, lie, mais aussi constitue le sujet à travers l'histoire de l'engendrement du lien. Le dialogue est le milieu par essence des sujets qui se co-construisent en comptant les uns sur les autres »,
> écrit I. Boszormenyi-Nagy.

12. En ce sens le thérapeute contextuel peut conseiller à un membre de la famille de suivre une psychothérapie individuelle classique parallèlement au suivi de la thérapie contextuelle.

Puisque l'équité et la justice sont nécessaires à la survie des relations, elles vont servir de principe régulateur des relations familiales et de toutes les relations proches. Pour ce faire, en premier lieu le thérapeute emploiera la technique de la « partialité multi-directionnelle ». Il laisse un temps à chacun des présents pour qu'il ait l'opportunité d'énoncer son point de vue, d'évoquer l'injustice provoquée par le destin ou par les partenaires : le thérapeute sera partial, créditera alternativement le point de vue de chacun dans le contenu de ce qu'il dit, et cela à partir de faits concrets énoncés. Nagy introduit ici une perspective temporelle transgénérationnelle, qui tient compte des absents, fussent-ils vivants ou morts, la nécessité de travailler sur les conséquences des échanges passés et de leurs implications au présent et dans toute nouvelle relation actuelle ou future.

Le thérapeute démontre que l'être humain tire un profit du fait de pouvoir donner à autrui. En pouvant donner à un autre, l'individu gagne une possibilité de légitimation et de satisfaction intérieure qui le motivera dans la poursuite d'actes généreux. Cet élément est au cœur de la notion de « spirale de la légitimité constructrice » et joue un rôle fondamental dans la stratégie d'intervention du thérapeute contextuel. Ce point correspond à l'optimisme de l'approche contextuelle. Le souci de l'autre est une richesse dans les relations et la thérapie doit servir à mobiliser ces ressources selon un principe de justice.

« La légitimité destructrice » fait référence à la situation de la personne lésée qui est poussée à agir par la recherche d'une restitution ou d'une compensation par des moyens violents qui peuvent avoir pour cible une ou d'autres personnes étrangères à l'origine du préjudice.

Une autre notion particulièrement importante dans la thérapie contextuelle est celle de la loyauté. L'enfant est loyal à ses deux parents quoi qu'il arrive. La loyauté peut être « invisible » comme lorsqu'un enfant échoue à l'école parce que son père a lui-même, enfant, échoué à l'école ou parce qu'il est au chômage. L'enfant peut aussi être pris dans cette situation redoutable du clivage de loyauté lorsqu'il est mis en demeure par ses parents de faire le choix impossible entre l'un et l'autre.

Aussi importante est la notion de « parentification ». Un enfant parentifié est un enfant qui a pris en charge, qui a contribué massivement à la vie de ses parents. Cependant si la parentification est dommageable parce qu'elle représente pour l'enfant un fardeau bien lourd à porter, le plus destructeur pour lui serait de le priver de se préoccuper de ses parents, le priver de donner et d'avoir une implication éthique dans son contexte de vie.

« L'exonération » est aussi une notion importante dans la théorie de Nagy. Il ne s'agit pas de pardonner ou d'annuler les faits, le pardon considérant toujours la culpabilité de l'agresseur, mais d'exonérer. « L'exonération » a une dimension de compréhension et d'engagement. Il s'agit de comprendre comment celui qui a créé les dommages a été lui-même victime, dans quel contexte relationnel il a été plongé, comment la personne malveillante fut à son tour exploitée, maltraitée par ses proches ou ses parents. Pour autant le travail d'exonération exige de ne pas chercher à effacer le tort infligé. Au contraire, il s'agit de travailler à un processus qui pousse celui qui a infligé le tort à prendre conscience des conséquences du dommage du point de vue de celui qui en vit les conséquences. La dette existentielle demeurera éternellement entre les protagonistes. Mais l'objectif est d'amener celui qui subit les conséquences du dommage à pouvoir renoncer, au nom de l'avenir, à infliger un tort égal à celui qui en est l'auteur, évitant ainsi de s'enfermer dans la répétition et une spirale destructrice.

Nagy distingue quatre dimensions de la réalité relationnelle.

- Celle des faits : ils ont trait à l'ensemble des déterminants biologiques ou socio-historiques des individus qui participent à la relation. Cette dimension a une grande importance de par ses conséquences sur la balance éthique des relations : un trouble physique tout comme un avantage économique va placer un des partenaires dans une position de vulnérabilité ou d'avantage vis-à-vis de l'autre et obliger celui qui se trouve en position de force à rétablir l'équilibre en se montrant généreux pour maintenir l'équité et la viabilité de la relation.
- Celle de la psychologie individuelle. Elle fait référence à l'appareil psychique de chaque individu, à la force de son moi, à ses mécanismes de défense, à son équipement cognitif et à son bagage intellectuel. Sa prise en compte est indispensable, puisqu'elle détermine dans une mesure considérable le comportement de chaque individu envers les autres.
- La dimension transactionnelle. C'est dans cette dimension que peuvent s'observer les lois systémiques, et tous les phénomènes décrits par les thérapeutes familiaux classiques, comme ceux de complémentarité, de fusion, d'escalade, etc.
- La dimension de l'éthique relationnelle. Elle est particulière à l'approche contextuelle. Puisque l'équité et la justice sont nécessaires à la survie des relations, elles vont servir de principe régulateur des relations familiales et de toutes les relations proches. Il ne s'agit ni d'un concept moralisateur ni d'une injonction à l'altruisme. Les notions d'engagement, de responsabilité et d'éthique relationnelle vont de pair et sont dans ce sens pour ainsi dire synonymes.

Le but du thérapeute, de l'intervenant psycho-social est de comprendre comment chacun des membres de la famille perçoit la réalité et dans quelle mesure cette vision affecte les autres.

Dans leur contenu les questions posées par le thérapeute ouvrent à la considération réciproque, elles créent la possibilité pour chacun de se valider en validant l'autre, elles visent à rétablir la confiance, la fiabilité des relations, la reconnaissance et l'engagement dans les responsabilités : le critère dynamique de la thérapie contextuelle relève de la considération due et non de la réciprocité du donner-recevoir-prendre.

Un des intérêts majeurs de la Thérapie contextuelle, comme le souligne Pierre Michard, est qu'elle peut être utilisée comme ressource complémentaire à leur pratique et en conformité avec leur objectif professionnel par une multiplicité de protagonistes du champ éducatif, celui du social, du contrôle, du judiciaire, du médical et du thérapeutique. C'est ce qu'on observe dans les différents pays où elle est enseignée, comme en Algérie.

« La Clinique de Concertation » comme matrice de relations démocratiques

L'originalité de la « Clinique de Concertation »[13] réside dans l'extension de la Thérapie contextuelle et systémique dont est porteuse la thérapie familiale construite par I. Boszormenyi-Nagy à l'ensemble des relations qui existent autour de l'enfant et de ses parents : fratrie, grands-parents, camarades, amis, voisins, animateurs de loisirs ou de sport et, au-delà, les professionnels des différentes institutions qui peuvent être amenés à intervenir dans la famille lorsque celle-ci est en difficulté (professionnels de l'école, professionnels du médical, médecins, psychiatres, psychologues, professionnels du social et du psycho-social, travailleurs sociaux, animateurs culturels, professionnels de la justice, de la police, représentants des institutions locales dans lesquelles travaillent ces professionnels…), ainsi que les élus du territoire concerné. La « Clinique de Concertation » se présente sous la forme d'un travail communautaire à partir de l'accompagnement d'une famille ou d'une personne en détresse pour l'aider et rechercher avec elle les moyens qui lui permettent d'en sortir.

Son concept, sa théorie et ses outils ont été élaborés par le psychiatre belge Jean-Marie Lemaire, au milieu des années quatre-vingt-dix. Il assure actuellement des formations à la « Clinique de Concertation », à la « Gestion des détresses multiples et sévères » et au Travail Thérapeutique de Réseau. La démarche est appliquée en de multiples lieux en Europe : Belgique, Italie, Suisse, France surtout. Elle a été appliquée en ex-Yougoslavie, au Kosovo, en Albanie ; elle est enseignée et mise en œuvre en Algérie depuis seize ans. Elle est aussi appliquée en de multiples domaines : gérontologie, psychiatrie et pédopsychiatrie, éducation, travail social, justice des mineurs et pourrait l'être dans d'autres, comme en milieu de travail. Certains élus locaux d'ailleurs, formés par l'association École et Famille en France dont l'action est portée par la philosophie de la « Clinique de Concertation » en appliquent certains aspects dans la tenue de leurs réunions ou dans leur action.

13. Le label est déposé.

Mais, d'abord, pourquoi accoler le terme clinique à la concertation et le terme thérapeutique à la construction de réseaux ?

Ces termes empruntés à la médecine renvoient à l'objectif de prendre soin, au sens large et premier du terme, des relations, et plus précisément de soigner des relations en souffrance. Celles-ci soit n'existent pas, alors quelles le pourraient pour le bénéfice des professionnels et des familles, soit elles sont malades, qu'il s'agisse de la simple ignorance de leur existence, de dévalorisation mutuelle, de méfiance ou de préjugés mutuels, ou bien plus simplement en raison de la prévalence du colloque singulier entre malade et médecin. Prendre soin des professionnels qui gravitent autour de la famille est indissociable du prendre soin des membres de la famille, sous peine de voir se reproduire dans les relations entre les uns et les autres les relations qu'il s'agit précisément d'éviter, comme il s'agit d'éviter les spirales négatives qui peuvent en résulter.

La « Clinique de Concertation » et ses outils, ont pour visée une mise en circulation généralisée du principe du donner prendre et recevoir, tant au sein des relations familiales que dans les relations entre les familles et les institutions, qu'entre les institutions entre elles. En ce sens, le travail de la « Clinique de Concertation » s'inscrit dans un processus de désenclavement relationnel infini, qu'il s'agisse du niveau des relations familiales, de celui des relations professionnelles ou de celui de la psyché. Ce travail de désenclavement a pour effet, comme nous le verrons, de modifier conjointement le rapport à soi, le rapport à autrui et le rapport au politique, de fait toujours liés.

La mobilisation des valeurs objectives et subjectives

Décrochage ou échec scolaire, par exemple, sont appréhendés comme autant de symptômes de relations en souffrance, tant au sein de la famille qu'au sein de l'école. Ce sont donc ces relations dont il faut prendre soin. Aussi lourdes que soient les détresses multiples que vivent les familles, le besoin de justice et de reconnaissance, le souci de l'enfant pour ses parents, le désir des parents de voir leur enfant réussir à l'école et leur souci pour son avenir, constituent « des ressources » et des leviers pour l'action thérapeutique. De même, aussi débordés, fatigués ou mis en échec soient-ils par les enfants ou leur famille, le besoin de reconnaissance, le souci de l'éducation et de la réussite scolaire des enfants pour les enseignants et l'ensemble des professionnels travaillant dans les établissements scolaires, constituent des leviers de l'action thérapeutique. Il en est encore de même pour les professionnels du secteur sanitaire qui se soucient de la santé et du bien-être des enfants et des familles, pour les professionnels du social qui se soucient de l'intégration sociale de chacun, ou bien pour les professionnels de la culture qui se soucient de l'accès à la culture pour tous. En bref, les valeurs objectives dont sont porteurs tant ces professionnels que leurs institutions sont autant de ressources qu'il s'agit de reconnaître, de valoriser et de mobiliser au profit de chacun et de tous. Ainsi, l'ensemble des valeurs qui soutiennent ces relations dans lesquelles chacun des membres de la famille s'inscrit, et qu'il s'agit d'abord d'identifier, constitue la ressource fondamentale de l'approche clinique.

La dynamique sociale qu'impulse la « Clinique de Concertation » s'appuie en même temps sur la mobilisation de ce que l'anthropologue C. Geffray évoqué plus haut, désigne du terme « la valeur subjective des hommes » et qu'il s'agit d'articuler à ces valeurs objectives. Bien que non visible parce qu'allant de soi, peu mise en avant sinon au sein des relations entre proches et souvent dévalorisée comme dans la sphère de la production marchande dominée par des relations de concurrence – bien qu'indispensable à son fonctionnement –, cette valeur n'en est pas moins toujours présente et active aujourd'hui.

L'auteur oppose la valeur subjective des hommes à la valeur des objets. De cette opposition procèdent deux types d'économie : l'économie du don qui s'oppose à l'économie de la marchandise, lesquelles opposent deux structures langagières distinctes, deux discours irréductibles l'un à l'autre, si on entend le terme de discours comme renvoyant explicitement au lien social. Et l'auteur d'opposer ainsi la foi au calcul, l'honneur à l'intérêt, la valeur du sujet à la valeur des objets, les biens d'honneur aux biens de jouissance, la générosité à l'intéressement, le sacré à la raison, l'holisme à l'individualisme, l'économie symbolique à l'économie économique, le travail dépendant au travail libre salarié, l'économie du don à l'économie marchande, etc. Ces deux ordres de discours coexistent dans les différentes sociétés connues et étudiées, mais selon des modalités extrêmement variées, qui font prévaloir l'un ou l'autre de ces deux ordres ou subordonnent l'un à l'autre, comme dans notre société où prévaut l'économie de la marchandise, tandis qu'existent à l'inverse quelques exceptions où l'économie du don s'étend aux échanges des biens.

L'innovation de la « Clinique de Concertation » consiste à mobiliser cette valeur subjective déclinée en ces différentes valeurs dans les relations familiales, et du côté des professionnels, à remobiliser les valeurs objectives à partir de ces valeurs subjectives en tant que leviers d'émancipation individuelle et collective.

La « Clinique de Concertation » vise donc à mobiliser chez les professionnels ces valeurs subjectives en les articulant aux valeurs objectives qui définissent leur mission : telle la santé pour tous pour les thérapeutes, l'égalité des chances pour l'ensemble des professionnels de l'école, l'aide à l'insertion et des conditions de vie décentes pour les travailleurs sociaux, les éducateurs spécialisés, les travailleurs sociaux de la justice au sens large, etc. La dynamique de la pratique et de son développement, ses effets extrêmement productifs sont indissociables de la mobilisation de ces valeurs de base, notamment parce que celles-ci sont accessibles à tout un chacun, et ce de façon quasi immédiate, parce qu'elles ont des effets thérapeutiques évidents et parce qu'elles sont applicables et transposables, du fait même de leur nature, à de multiples, sinon à tous les champs de la vie sociale.

Au regard de ces processus parallèles de subjectivation et d'individuation du droit, de la morale, du politique évoqués plus haut, l'éthique relationnelle introduit un principe d'objectivité accessible, concret, immédiatement compréhensible et appropriable, le donner-recevoir-rendre dans la réciprocité, selon un principe de justice, c'est-à-dire un principe situé en extériorité par rapport aux individus, non pas imposé d'en haut, mais qui les relie subjectivement comme *alter ego* et les pose d'emblée comme acteurs les uns avec les autres. Par rapport à l'évolution du droit occidental, la démarche qui inspire l'action de la « Clinique de Concertation » opère un renversement : le « droit subjectif à » est inséparable de son contexte relationnel, dans la réciprocité du donner-recevoir. En cela il est la conséquence, non le point de départ, de la réciprocité. En outre, la démarche ré-enracine l'identité de chacun dans ses appartenances générationnelles et intergénérationnelles, rendant de ce fait son être et son état civil indisponibles. La question des origines ne peut être éludée ; elle appartient à l'ordre des faits, construit notre ordre symbolique comme notre ordre imaginaire.

La présence des familles

La « Clinique de Concertation » est le groupe qui réunit autour de la famille présente, à partir de principes régulateurs précis et selon différentes figures, toutes les personnes en lien avec chacun des membres de la famille, du moins est-ce ce qui est recherché. La démarche visant à ré-enraciner l'identité de chacun dans ses appartenances générationnelles et intergénérationnelles ; les absents comme les défunts de la famille sont présents dans les échanges autant que les présents. Parmi les principes régulateurs qui fixent le cadre éthique des réunions figure celui selon lequel on ne parle des absents que comme s'ils étaient présents. C'est aussi la famille qui invite les professionnels dont la présence lui paraît utile au débat. Les présents sont disposés en rond et en l'absence de table afin de marquer la parité de participation. Des comptes rendus des réunions sont effectués et envoyés à la famille pour être validés par celle-ci. Ces principes font reculer les hiérarchies de position, favorisent la confiance mutuelle, la libre expression, l'écoute et le respect mutuels. Ils induisent aux yeux des participants « une haute tenue » des réunions. Ils permettent ce faisant d'éviter les lamentations et les confrontations inutiles qui pourraient parasiter les réunions et de gagner du temps dans le travail collectif. Le principe du compte rendu des réunions, validé d'abord par la famille avant de l'être par les professionnels, renforce la crédibilité de la parole des familles, leur rôle actif, leur confiance en elles-mêmes, leur engagement dans l'aventure, leur responsabilité et leur fiabilité. Ces effets sont réciproques en ce qu'ils ont le même effet chez les professionnels.

Les réunions utilisent l'outil du « Sociogénogramme », construit par l'ensemble des présents comme moyen de représentation figurée des liens qui existent entre les membres de la famille et entre chacun de ceux-ci et les professionnels présents. Il permet d'identifier les personnes ressources, de reconnaître le travail accompli, les manques à combler, comme les personnes à inviter et les possibilités d'action. Il redouble les effets de la présence, et constitue un instrument qui fait tiers : « le récit devient un outil de débat, et si possible un débat avec la famille. » Pour celle-ci le « Sociogénogramme » est un moyen d'appropriation d'un récit de la coconstruction des liens, en même temps que sa mémoire, un moyen de prendre conscience des appuis possibles en son sein comme du côté des professionnels, un moyen aussi de vérifier l'évolution de la situation. Nombre d'enfants gardent chez eux ce dessin.

La présence des familles dans les réunions, les principes qui les régulent, l'outil du « sociogénogramme », la mobilisation des valeurs subjectives des membres présents, comme l'honneur et la loyauté, l'identification et la reconnaissance des ressources de chacun, de ce qu'il donne prend et reçoit constituent ainsi le lieu même de la démarche thérapeutique.

L'une des originalités de la « Clinique de Concertation » est d'intégrer la présence réelle des membres de la famille dans son dispositif d'intervention. La force transformatrice des pratiques tient en effet pour une part à la spécificité du besoin de paraître de tout un chacun. L'existence – ou le sentiment d'exister – dépend de la présence d'êtres vivants. « Il n'est rien au monde, ni personne dont l'être même ne suppose un spectateur. Exister est alors apparaître aux regards, être vu », écrit H. Arendt (1981, p. 33). De même, comme l'observe Ernst Cassirer (1975), l'homme ne peut se connaître lui-même, ne peut prendre conscience de lui-même comme individu que par l'intermédiaire de la vie sociale. Le spectateur c'est aussi selon Emmanuel Kant auquel se réfère H. Arendt (1991), celui qui est le mieux à même d'exercer son jugement sur les situations. Ainsi chacun, alternativement acteur et spectateur de chacun des autres, est en mesure de mieux exercer son jugement sur la parole de l'autre que sur la sienne, l'autre pouvant mieux l'exercer sur lui et le lui renvoyer. Ainsi dans un monde où « être et apparaître coïncident », selon les termes d'H. Arendt, les éléments de la valorisation tels que le don, la fierté, la parole, etc., ne prennent pleinement leur sens que d'être vus et donc dits, attestés par d'autres, d'avoir des témoins, d'être pris dans l'échange de paroles. La gloire d'une personne, sans espace public où ses témoins peuvent la célébrer n'existe pas.

Cette démarche n'exclut pas pour autant la question de l'accès à l'autonomie. Seulement elle se construit sur d'autres prémisses que la séparation. Elle se construit sur son inverse, c'est-à-dire sur ce qui lie. Selon Donald W. Winnicott (197l), l'autonomie est généralement conçue comme la capacité de se séparer des autres (tel le fait de devoir rompre le cordon ombilical) et elle prend bien souvent la forme d'une injonction, d'un but en soi, ce qui est faire un usage autoréférentiel du terme. Pour Winnicott, au contraire, l'autonomie est une force de caractère fondée sur la perception des autres : loin d'une différence qui isole, elle instaure une relation entre les gens ; l'enfant qui acquiert son autonomie peut voir et s'engager. Reconnaître l'autonomie renforce le soi. L'ensemble des liens que tissent les différentes actions du CISP concourt à l'acquisition de l'autonomie, inséparable d'ailleurs de la responsabilité. La reconnaissance de ce qui est donné et reçu dans la relation constitue l'un des vecteurs de cette acquisition.

En outre, la démarche est adossée à une philosophie de l'expérience ; son développement s'effectue dans le cadre des relations concrètes qui existent ou qui peuvent exister entre les personnes et qu'il s'agit alors de mobiliser pleinement. L'importance accordée à l'expérience tient aussi à la nature des valeurs mobilisées. Il s'agit non de valeurs abstraites, mais concrètes, comme on l'a mentionné plus haut, c'est-à-dire de valeurs qui n'ont de sens et d'existence que dans des rapports interpersonnels, qui s'éprouvent, ici et maintenant, en situation de groupe. C'est parce que les enfants, leurs parents, les professionnels qui gravitent autour d'eux ainsi que les membres des structures, comme l'école, qui les accueille sont invités et encouragés à traverser ensemble l'expérience des relations de réciprocité du donner-recevoir-prendre animées par un principe de justice, dans des espaces de rencontres et de concertation multiples, organisés autour d'objectifs communs, qu'ils trouvent leur place singulière de sujet. En cela, ils font l'expérience qu'ils peuvent sortir de la spirale d'une réciprocité négative et régressive, en termes d'attitudes et de représentations mutuelles, vécue comme des échecs personnels, voire des peurs mutuelles, dont peuvent résulter démotivation et déresponsabilisation.

L'expérience proposée par la « Clinique de Concertation » c'est l'expérience vécue par les membres des familles, aussi bien que par les professionnels, de relations qui les sortent de leur isolement, c'est le fait de relier tout ce qui était vécu auparavant comme séparé, déchiré, morcelé, divisé, d'éprouver les effets des valeurs mobilisées dans le rapport à soi, le rapport aux autres, et le rapport à la société. C'est en même temps un travail réflexif sur cette expérience, renvoyée en écho par les différents membres des collectifs constitués. Ces formations sont aussi dans leur principe des coformations. Les concertations cliniques, les « Cliniques de Concertation », les formations et les ateliers dans les écoles et les maisons de quartier, les maisons des droits de l'Homme, les centres culturels, les conseils communaux des jeunes constituent d'autres lieux d'expérience vécue de coconstruction de liens qui modifient le rapport à soi, aux autres et au monde.

La démarche se situe dans l'entre-deux : l'entre-deux des différents membres de la famille, l'entre-deux des professionnels relevant de différentes professions, l'entre-deux entre ces différentes catégories professionnelles et les institutions dans lesquelles elles travaillent, l'entre-deux entre les individus, entre le milieu associatif et l'État. Cet entre-deux est précisément à la fois ce qui sépare et qui lie les individus entre eux : ce sont des êtres singuliers, donc différents : par exemple un enseignant est une personne singulière et elle appartient à une communauté, celle des enseignants. Un enseignant appartient à d'autres communautés : celle de son établissement scolaire, celle de sa famille, celle de son quartier, celle de sa ville, celle de sa *wilaya*, celle de son pays. Plus généralement l'entre-deux qualifie la scène politique publique dans son sens premier : l'espace commun auquel tous les êtres actuels ou potentiels appartiennent en tant qu'êtres différents et égaux. Ayant pour horizon les relations dans la Cité, l'action du CISP à travers la « Clinique de Concertation » et ses autres formations instaure de l'entre-deux là où des frontières séparent l'individu de la société, les professions entre elles, la sphère professionnelle de la sphère publique, la société civile de l'État. De ce point de vue, le modèle de la « Clinique de Concertation », dans sa dimension contextuelle, ouvre aussi une voie de passage à la sphère de l'environnement et, au-delà, à la sphère économique, si l'on retient la définition extensive et contextuelle du *care*, point de départ de la démarche du CISP, telle que la définit Joan Tronto (2008) : « Tout ce que nous faisons pour maintenir, perpétuer et réparer notre monde, en sorte que nous puissions y vivre aussi bien que possible. » Ainsi, par exemple, les activités destinées à sensibiliser les enfants à la protection de leur environnement s'intègrent-elles bien dans cette perspective.

Un entre-deux aussi important concerne les médiations mises en place pour le travail de sensibilisation aux droits de l'Homme et la prise de conscience de leur importance : elles procèdent de proche en proche au sens où elles passent par l'expérience du plus proche pour atteindre par degrés le moins proche, de l'échelle des relations les plus proches, vers des échelles plus larges de l'action. Ainsi l'importance accordée aux activités culturelles en direction des enfants et des adultes comme vecteurs de sensibilisation aux droits de l'Homme. Ainsi l'importance accordée à la médiation du jeu dans le but de sensibiliser les enfants aux droits humains et à la non-violence. Il en est de même de l'importance accordée aux consultations juridiques et aux consultations thérapeutiques ouvertes aux familles, installées dans les maisons des droits de l'Homme. Ce travail de proximité est considéré comme un préalable à la sensibilisation des familles aux droits de l'Homme. De même, pour que fonctionnent bien des cafés ou clubs littéraires orientés autour de la question des droits humains, un travail préalable de proximité s'avère nécessaire :

> « Au début, on ne parlait que du droit. [...] Le Travail Thérapeutique de Réseau aux côtés des personnes ayant subi un trauma nous a permis d'ouvrir des cellules d'écoute psychologique. Nous avons compris qu'il nous fallait commencer par l'établissement d'un lien construit sur du long terme pour

aborder ensuite les droits de l'Homme », nous dit le vice-président de la Ligue algérienne pour la défense des droits de l'Homme.

Ce développement de proche en proche est porté par le Travail Thérapeutique de Réseau à travers les formations auxquelles participent les différentes catégories professionnelles ci-dessus mentionnées et par les réunions poursuivant le même but auxquelles participent les intervenants d'une même aire géographique.

Un objectif commun aux outils d'intervention du CISP est de favoriser la reconnaissance de ce que chacun donne et reçoit de l'autre et, à travers celle-ci, la reconnaissance de la valeur de l'autre, condition d'un rapport à soi et à autrui confiant. Nancy Fraser (2011) écrit ainsi :

> « Au sein du paradigme de la reconnaissance, le remède à l'injustice est le changement symbolique ou culturel. Cela peut impliquer la revalorisation des identités méprisées, la valorisation de la diversité culturelle ou la transformation complète des modèles sociaux de représentation, d'interprétation et de communication de telle manière que l'identité de tous s'en trouve affectée ».

N. Fraser prône ainsi la parité de participation. Selon cette notion, la justice requiert des dispositions sociales telles que chaque membre de la société puisse interagir en tant que pair avec les autres. Il s'agit de faire accéder les groupes les plus faibles à la chose publique et dans les différents domaines où chacun pourrait être entendu afin de rétablir la justice.

Avec les outils du CISP ce changement symbolique et culturel passe par la présence de la famille dans la « Clinique de Concertation », par la valeur accordée à la parole de chacun de ses membres, et à celle de chacun des autres participants. La parité de participation s'observe dans l'ensemble des activités c'est-à-dire des groupes dans lesquels le CISP porte son message : conseils communaux des jeunes, formations, associations, milieu scolaire, culture…, comme dans ses relations avec ses partenaires et bénéficiaires.

Ce sont précisément ces modèles de représentation, d'interprétation et de communication, de telle sorte que l'identité de tous se trouve modifiée, que l'action du CISP produit, entre autres effets. Le principe de « partialité multidirectionnelle » introduit la parité de participation. La démarche, articulée à la valeur subjective et aux éléments qui la composent, c'est-à-dire dans ce qui œuvre en nous dans des échanges fondés sur la justice et la réciprocité, fait reculer altérité, division, disqualification et humiliation pour chacun des participants.

La parité de participation a des conséquences très importantes quant à la posture des professionnels. Elle induit de profonds bouleversements dans les pratiques habituelles des divers champs professionnels considérés, comme elle pourrait évidemment le faire dans d'autres domaines.

En effet l'appropriation de la démarche passe par l'apprentissage d'une posture qui invite à opérer des écarts au regard des pratiques professionnelles habituelles, à se situer en extériorité par rapport à sa propre culture professionnelle, à se positionner dans un espace de réflexivité dialogique qui ouvre un nouvel accès à l'impensé professionnel. Il s'agit là d'un « concept exploratoire » à fonction heuristique, d'une « figure aventureuse » et inventive, d'une « figure de dérangement, non de rangement » dans les catégories habituelles. Elle privilégie « la polarité au lieu de la causalité » (François Jullien, 2012). Elle est productive dans la mesure où elle met en tension, met au travail tout ce qui a été séparé.

La posture à adopter peut être décrite en termes de renversements au regard des habitudes et des formations initiales reçues. Nous en relevons ici quelques-uns :

- Le premier renversement, dont bien d'autres découlent, consiste à toujours placer le point de vue de l'enfant et de sa famille au point de départ de la réflexion, c'est-à-dire à se placer soi-même de leur point de vue, là où ils sont, plutôt que de partir des conditions du cadre de l'offre.
- L'idée de « force convocatrice des familles » en est l'une des conséquences. Elle signifie que les difficultés multiples auxquelles sont confrontées les familles obligent les professionnels à se mobiliser, les convoquent à agir, et, parce qu'ils peuvent être débordés par celles-ci, les incitent à travailler en partenariat.
- Plutôt que d'attendre que la demande s'exprime dans le bon bureau, le bon cabinet ou le bon guichet, il s'agit de porter les ressources là où se situent les besoins. Demander de l'aide est d'autant plus difficile que la situation est plus lourde. Dans la perspective contextuelle, ce déplacement peut aller jusqu'à modifier l'objet du métier.
- Les principes régulateurs sont premiers par rapport au cadre de l'intervention, lequel n'est pas fixé a priori. Sa construction, fonction des situations et de leur contexte, a en elle-même une valeur thérapeutique.
- Faire le diagnostic des ressources des jeunes et de leurs parents, plutôt que dresser l'inventaire de leurs déficiences, tout comme relever les compétences qu'ont manifestées les professionnels à l'occasion de leur travail dans telle situation, modifie l'appréhension de la situation d'une famille, constitue un levier essentiel de mobilisation de part et d'autre et permet de sortir de représentations réciproques négatives.
- Dans une démarche de diagnostic médical, il s'agit de rappeler que la démarche doit rester au bénéfice du patient (« il bénéficie d'un diagnostic de… ») : « On doit être en mesure de justifier en quoi le diagnostic bénéficie au patient, comment il ouvre sur différents soutiens possibles », énonce J.-M. Lemaire.
- La notion de manque ou de défaillance attribuée au destinataire de l'aide est renversée pour être qualifiée de souci du côté des professionnels,

une notion à laquelle ils adhèrent immédiatement. L'intérêt de cette qualification est double. D'une part, elle substitue à la réciprocité des griefs un point de départ commun, une égalité de position entre les professionnels de diverses institutions concernées par un enfant et ses parents, dont on considère a priori qu'ils se soucient pour son avenir. D'autre part, elle place d'emblée le professionnel dans une position active et empathique au regard de ce qui peut être vécu ou jugé sur un mode négatif. Se soucier implique une attention à autrui, le fait de lui accorder de l'importance, de lui porter de l'intérêt, d'en faire cas14. Autrement dit, l'emploi de ce terme assigne les personnes auxquelles on l'adresse dans la posture du prendre soin, c'est-à-dire dans ce à quoi elles aspirent : être un « bon parent », un « bon professionnel », par-delà la colère, le jugement ou le rejet que suscite tel comportement.

- L'engagement et la responsabilité, tels que l'éthique des relations les définit, relèvent de l'empirie, d'une réalité ontologique, non de la norme. C'est pourquoi en thérapie, comme dans les groupes de travail, ils sont posés d'emblée comme toujours mobilisables ou allant de soi, quelque entrave ou empêchement qu'ils rencontrent. En cela, cette approche opère là encore un renversement au regard des pratiques communes. Considérer d'emblée que les parents sont responsables et engagés vis-à-vis de leurs enfants contribue à leur redonner confiance, à leur ouvrir un espace de liberté et donc d'action. En cela la confiance se substitue au soupçon qui pèse souvent a priori sur les parents jugés comme mauvais parents, au regard d'une norme abstraite et idéale : les parents en font toujours trop ou pas assez.

- Il s'agit aussi de mettre en avant et d'organiser la prévisibilité des professionnels, plutôt que d'insister sur l'imprévisibilité des familles qui ne sont pas toujours là où on les attend. Ceci peut signifier de la part des professionnels qu'ils expliquent dans le détail la démarche dans laquelle les usagers s'engagent avec eux. Il est en effet rare que les professionnels montrent comment ils travaillent. Les « cliniques de concertation » sont une des occasions de le faire. C'est aussi instaurer une relation fiable. Comme la loi qui, pour avoir un sens et une fonction dans l'organisation des rapports sociaux, doit être lisible et certa15, les familles doivent pouvoir compter sur des professionnels fiables. C'est l'éthique et la méthode de la « Clinique de Concertation » qui garantissent cette fiabilité, condition de l'établissement de la confiance et de l'accompagnement du parcours de la famille. De fait, « la démarche organise l'inconfort des professionnels en lâchant la main des usagers pour mieux la leur donner. ». Par exemple, ils donnent leur avis sur les personnes à inviter à une concertation, peuvent y amener qui ils

---

[14]. « Attitude subjective d'une personne qui recherche un résultat ; état d'esprit de qui forme un projet », selon le Robert qui renvoie aussi aux notions de soin et d'intérêt. « Soin où il entre de l'inquiétude », selon le Larousse.

[15]. Terme juridique qui renvoie à la fiabilité, au caractère certain de la règle.

souhaitent, ce qui crée une incertitude de plus quant aux prévisions par rapport aux présences et au déroulé de la réunion.

- Quand une famille ne vient pas à un rendez-vous, il est plus intéressant de se demander ce qu'elle avait de mieux à faire plutôt que de se plaindre de son absence. C'est encore renverser le point de vue d'où l'on se place, c'est-à-dire se mettre à la place des usagers, plutôt que de partir de celle du professionnel.

- L'expertise n'est pas un monopole professionnel. La famille est la première experte de sa situation, même si elle n'est pas d'emblée directement compétente et s'il faut organiser les méthodes de travail qui permettent d'être en situation de bénéficier de son soutien : « aidez-nous à vous aider », peuvent dire sous une forme plus ou moins directe les professionnels.

- La fiabilité du professionnel est liée à sa faillibilité, ce qui permet d'ouvrir sur la réciprocité des apports et des apprentissages : lorsqu'un enseignant ou un directeur d'école dit à un parent ne plus y arriver avec son enfant, il ouvre la compétence de l'autre et permet à celui-ci de l'aider.

- Organiser des réunions, dont l'objectif annoncé par les professionnels de l'association est de « remercier les familles invitées de permettre aux professionnels de travailler ensemble et de leur apprendre à améliorer leur travail », s'inscrit dans la dynamique d'un donner-recevoir et se base sur une donnée de fait : les familles font vivre les professionnels et c'est bien leurs difficultés qui sont pour eux sources d'apprentissages.

- Le secret médical ou professionnel subit quant à lui plusieurs renversements. Lors de l'évocation d'une situation ne sont données comme informations que celles qui sont strictement utiles aux échanges. Dans les comptes rendus qui suivent ces réunions, certaines informations, et ce dans certaines conditions, peuvent circuler. La décision de ce qui peut ou non circuler appartient d'abord, non aux professionnels, mais à la famille qui valide en premier le compte rendu. En outre les informations qui peuvent circuler sont celles qui font honneur à la famille : « Que souhaiteriez-vous qu'on dise de vous ? » demande-t-on par exemple à ses membres.

Les grands thèmes qu'abordent les formations à la « Clinique de Concertation » et le Travail Clinique de Réseau sont les suivants : la force convocatrice des familles en détresses multiples et ce qu'elles nous font faire, les figures du Travail Thérapeutique de Réseau, description et articulations, la sélection, la transformation et la circulation des informations utiles et l'une de ses figures, le secret professionnel, l'intrus, une figure déconcertante, délégations massives, multiples et discriminées, conflits de pouvoir, conflits de compétence, partage de responsabilité, ressources résiduelles, portes d'entrée et contexte extensif de confiance, thérapie contextuelle, disponibilité et partialité multidirectionnelle dans le travail thérapeutique de réseau, racines, traces et avenir.

L'appropriation des changements attendus ne se fait pas toujours sans difficulté. Les professionnels peuvent avoir l'impression d'être dans la transgression, tant les normes qui régissent chacune des disciplines professionnelles concernées sont bien intégrées et considérées comme les garantes de leur professionnalisme. Cependant, comme le constate J.-M. Lemaire, les professionnels algériens s'autorisent à les transgresser plus facilement que ne le font leurs collègues européens, plus rigides. Le but à atteindre est d'opérer des transgressions sous contrôle, c'est-à-dire l'acquisition d'une nouvelle discipline de l'esprit.

Du fonctionnel à l'existentiel

Mobiliser les valeurs subjectives, du côté des professionnels qui mettent en œuvre la démarche de la « Clinique de Concertation » implique un débordement du « fonctionnel » pour prendre en compte « l'existentiel », selon la distinction que fait Nagy. L'existentiel ce sont les valeurs, les vertus de base d'une culture partagée qui règlent les relations ordinaires qui ont pour première caractéristique d'appeler à la réciprocité et à la reconnaissance mutuelle, comme la gentillesse. La gentillesse est ce que E. Jaffelin (2011) désigne du terme de « petite vertu » parce que généralement dénigrée, et trop souvent associée à l'idée de dupe et de faiblesse. C'est pourtant une intelligence du bien ; elle participe de la gratuité qui active par sa nature même le rapport intersubjectif par excellence, la réciprocité, et, grâce à elle, la reconnaissance réciproque qui nourrit précisément le respect de soi-même.

Cultiver « l'existentiel » c'est pratiquer la banalité et l'intelligence du bien dans les relations ordinaires, trouver les « espaces blancs » (Vinciane Despret, 1996) qui créent la confiance ; c'est par exemple donner son numéro de téléphone personnel à un jeune qui va mal, c'est accompagner physiquement une mère à un rendez-vous pour une démarche administrative, c'est recevoir parents ou jeunes en dehors des rendez-vous, voire aider matériellement des parents en difficulté… Ces espaces blancs représentent la part de liberté, de risque et de créativité que le professionnel accepte de tenter de façon collectivement contrôlée.

La « Clinique de Concertation », et les autres actions du CISP comme pratiques politiques

Les différentes formations et actions du CISP étant fondées sur des valeurs identiques et poursuivant un but commun, leur dimension politique commune sera abordée ici conjointement.

Régis par une parité de participation, les espaces communs, créés ou greffés sur d'autres espaces communs ou configurés par la pratique du corpus de la « Clinique de Concertation » se prolongent naturellement en actions dans l'espace public. Les espaces de rencontre animés par le Travail Thérapeutique de Réseau peuvent être considérés comme des espaces publics, ne serait-ce que parce qu'ils sont ouverts aux « intrus », c'est-à-dire à quiconque et aux personnes indirectement concernées. Les formations à la « Clinique de Concertation » se conjuguant avec d'autres formations sur les mêmes territoires, certaines des personnes formées à celle-ci ayant suivi d'autres formations participent à des actions dans l'espace public. Ce sont les juristes, par exemple, formés à la « Clinique de Concertation » qui arpentent des territoires reculés pour faire connaître aux familles leurs droits. Ce sont aussi les caravanes qui parcourent un territoire dans le but de sensibiliser une population aux droits de l'Homme, d'autres qui donnent des représentations théâtrales dans des régions reculées pour permettre à des familles d'accéder à la culture et d'être sensibilisés à ces droits, l'organisation de manifestations commémoratives sur la voie publique, l'organisation de marchés par telle association féminine destinés à permettre aux femmes sensibilisées aux droits de l'Homme d'avoir une activité économique, les cafés littéraires. Ces différents modes de manifestation véhiculent les principes du débat contradictoire, la liberté d'expression, de réunion, de croyance, le pluralisme et la parité de participation, également présents dans la démarche de la « Clinique de Concertation ».

Ceci nous amène à envisager le rapport de la démarche de la « Clinique de Concertation » au politique.

On observera d'abord que la « Clinique de Concertation » dans ses différentes thématiques correspond littéralement à la définition que donne Platon de la politique : « les soins de la communauté humaine ». C'est bien là tout le sens de la dimension thérapeutique dans son sens premier du prendre soin de la « Clinique de Concertation ». Elle prend soin de l'ensemble des relations concrètes qui peuvent être mobilisées autour d'une famille et s'étend « de proche en proche » au contexte relationnel toujours plus large des personnes en lien, incluant ses édiles. Par ailleurs la « triade concertative » est un des principes de la Clinique de Concertation. Elle signifie la nécessité d'associer le politique en ses représentants dans le travail effectué auprès des familles et des professionnels, d'en faire des alliés en les informant systématiquement des réunions en cours, en les invitant à y participer, ou en contractant des actions avec eux.

On constate également que la présence systématique des familles dans les réunions des cliniques de concertation et la partialité multidirectionnelle qui en organise le déroulé rendent impossible la confiscation des savoirs professionnels au détriment des citoyens-usagers et instaurent à ce titre une démocratie participative. De même elles mettent fin à la hiérarchie des savoirs professionnels et des grades.

Cette démarche offre aussi une réponse au projet porté par Pierre Rosanvallon dans son ouvrage, *La société des égaux* (2011). À la fin de son livre, l'auteur estime qu'il faut repenser la société des égaux et propose de le faire à partir de trois mots d'ordre : celui de la singularité, de la réciprocité et de la communalité – la construction d'un monde commun. Ce sont là, écrit-il, des mots qu'il s'agit de reconceptualiser. Or la « Clinique de Concertation » s'inscrit bien à l'horizon de ce projet de société. Cependant, par rapport à cette perspective, cette démarche va bien au-delà d'un travail de conceptualisation, lui-même très élaboré : elle en offre une démarche et des outils. Elle conduit à donner un contenu réel à l'idée de société des égaux. Elle le fait à partir d'une éthique, d'un corpus doctrinal, d'une jurisprudence clinique et d'outils spécifiques accessibles et partageables par tous, parce que reposant sur des valeurs millénaires mises en pratique au quotidien par tout un chacun, et donc facilement mobilisables. Elle le fait à travers la mise en œuvre du principe de réciprocité et la reconnaissance mutuelle de chacun dans sa singularité. Elle le fait aussi en tissant de multiples liens et en créant des mondes communs au sein des territoires relationnels possibles, ou déjà là – et toujours ouverts, grâce à l'introduction du principe de la présence de « l'intrus » destinée à freiner le repli des groupe sur eux-mêmes et la formation de clans.

En redonnant confiance aux individus, en leurs compétences, elle leur restitue leur capacité d'agir. Elle concourt ainsi à introduire une cohérence entre les différents champs existentiels : les relations familiales et à autrui, le rapport à la Cité, le rapport à soi. C'est la mise en œuvre de l'éthique dans ces différentes sphères de l'existence, c'est-à-dire les valeurs qu'elle contient, qui en est la condition. Selon Spinoza (1978, p. 53) en effet, la politique est le résultat logique et rigoureux de l'éthique. « Une éthique véritable de l'homme libre conduit nécessairement à une politique démocratique, aussi ferme et rigoureuse que la liberté », tout comme Marcel Mauss (2001) considérait l'exigence démocratique comme l'aboutissement de l'esprit du don.

Ces différents éléments nous permettent de penser que le modèle de la « Clinique de Concertation » constitue la matrice d'une véritable politique des relations en démocratie et, plus spécifiquement, la matrice de la politique du CISP en faveur des droits de l'Homme en Algérie.

Mais qu'est-ce que le politique, l'action citoyenne ? On reprendra ici les conditions qui, selon Arendt, philosophe du politique, définit la politique qu'elle identifie totalement à la démocratie : la politique repose sur un fait : la pluralité humaine. Si Dieu a créé l'homme, les hommes sont un produit humain, terrestre, le produit de la nature humaine. La politique traite de la communauté et de la réciprocité d'être différents. L'homme est apolitique. La politique prend naissance dans l'espace qui est entre les hommes, donc dans quelque chose de fondamentalement extérieur à l'homme. Le sens de la politique est la liberté. Il n'y a de liberté que dans l'espace intermédiaire propre à la politique, et celle-ci organise d'emblée des êtres absolument différents en considérant leur égalité relative et en faisant abstraction de leur diversité relative. L'égalité est associée au concept de liberté, non à celui de justice, et la liberté ici ne relève pas de la faculté du libre arbitre, mais de celle du jugement, ou du discernement. Au centre de la politique on trouve toujours le souci d'un monde organisé sans lequel la vie ne vaudrait pas la peine d'être vécue. Les citoyens quittent leur foyer pour traiter du monde commun, pour délibérer en vue de l'agir en commun ; en cela la politique inaugure quelque chose de nouveau. Elle exige un espace organisé à cette fin, l'*agora*, l'assemblée des citoyens. Il y a un ordre du politique irréductible à toute autre forme de sociabilité, quand bien même il la suppose à titre de condition.

C'est parce que la politique n'a pas d'autre fin que la vie pour la liberté que J. Patočka (1981, p. 8) relève l'apparition simultanée en Europe de la politique, de la philosophie et de l'histoire :

> « L'homme de la politique est d'emblée l'homme de l'histoire dans la mesure où, en dernière analyse, l'histoire témoigne de la réalisation de la liberté dans un espace public ouvert par la liberté et pour la liberté, enfin que la philosophie est la pensée libre appliquée aux conditions de possibilité de la politique et de l'histoire. »

Le pluralisme implique la possibilité du conflit. C'est ainsi que pour Machiavel le politique est le domaine d'une institutionnalisation du conflit, née du conflit et qui, loin d'y mettre un terme, le règle en vue de l'équilibre des intérêts. Pour Spinoza (1978, p. 63), la législation commune doit être le résultat intelligent de l'équilibre des conflits. Introduite sur la place de l'agora, « la guerre devient une guerre civilisée que mènent entre eux des citoyens eux-mêmes civils. La Cité grecque transpose la violence guerrière dans un ordre où le deux de l'opposition ne vise pas l'élimination d'une des deux parties, mais où d'être dressés l'un contre l'autre, le deux ne fait qu'un. » (E. Tassin, *op. cit.*, p. 58). Et « c'est en tant qu'on est citoyen », comme l'écrit Nicole Loraux « qu'on se doit d'être séditieux. » La citoyenneté est elle-même un mode de la conflictualité dans lequel il faut prendre parti, parce que c'est de cet affrontement que la cité se constitue comme cité (E. Tassin, *op. cit.*, p. 62). Charles Kabeya souligne à son tour l'importance du rôle du conflit comme facteur de changement et cite Albert Jacquard à ce sujet : « Il convient de mettre en place une société conflictuelle, mais non-violente, car la paix est l'état d'une nation qui profite de ses conflits pour mettre en route sa propre transformation. »

De ce point de vue les différentes formations, comme celles à la Gestion positive des conflits, à la communication non-violente et à la philosophie pour enfants, visent à substituer aux affrontements violents des affrontements civils ou civilisés, et ce dès le plus jeune âge.

L'expérience commune, individuelle et collective, et la création de mondes communs ont pour effet déterminant de modifier l'image de soi, la perception d'autrui et la perception du politique. À partir de là nous verrons que la modification des représentations engendre une dynamique qui invite aux engagements familiaux, professionnels, civiques et politiques.

L'originalité de l'action du CISP et de son dispositif d'intervention consiste donc à apprendre à mettre en acte au quotidien le contenu des droits de l'Homme : l'égalité, en termes de parité de participation qui réduit les hiérarchies existantes, le principe de coconstruction des formations et le partage des savoirs (les familles par exemple sont aussi les expertes de leur situation), la liberté de pensée, d'opinion et d'expression. C'est aussi l'apprentissage de la culture de la paix à travers les jeux en direction des enfants, à travers la création et l'accompagnement des Conseils communaux des jeunes, le soutien des productions culturelles qui portent un message en faveur des droits de l'Homme et les formations en matière de Gestion positive des conflits. Puisque les droits de l'Homme sont les conditions du fonctionnement démocratique, l'action du CISP apprend la démocratie dans le fonctionnement familial, dans le fonctionnement des associations, dans le fonctionnement professionnel. Son originalité consiste aussi à lier les apprentissages de la pratique démocratique à la défense politique des droits de l'Homme à travers les campagnes de sensibilisation aux droits de l'Homme et le certificat à l'Université sur les droits de l'Homme. L'expérience de la pratique démocratique rend naturel le passage à la militance en faveur des droits de l'Homme qui ne sont plus alors considérés comme des valeurs formelles inaccessibles, ou pire, étrangères à la culture algérienne. La « Clinique de Concertation », tout comme l'ensemble des formations et actions du CISP concourent à développer cette culture, fondée sur l'éthique relationnelle et l'individualisme éthique.

Différents analystes du monde arabe sont d'accord entre eux pour souligner que la question du gouvernement dans les pays arabes se rapporte beaucoup plus au problème du mode de gouvernement et de son autoritarisme qu'à celle de ses rapports avec le religieux, contrairement à une vision européenne largement répandue. « Ce qui est en question c'est leur impossibilité de pratiquer la politique sur son propre terrain, c'est-à-dire dans un domaine qui lui est propre et selon des procédures séculaires » (A. Filali-Ansary, 2003). Ce que vise l'action du CISP c'est précisément « la réunion des conditions qui permettent de construire ce champ propre du politique, c'est-à-dire, au sens arendtien du terme – cet espace séculier commun entre les hommes, lié à leur pluralité et qui obéit à des procédures qui lui sont propres » (*op. cit.*, 2003).

La Gestion positive des conflits et la non-violence

La Gestion positive des conflits

La Gestion positive des conflits constitue avec la « Clinique de Concertation » l'outil majeur de la diffusion du message des droits de l'Homme en termes de manières d'être, de comportements. Son apprentissage est proposé à de multiples professionnels, en particulier à ceux qui ont une fonction éducative. Il est inclus dans les formations au certificat des droits de l'Homme et dispensé sous des formes adaptées aux jeunes gens, aux adolescents et aux enfants. L'équipe des formateurs à la GPC vient de l'université de paix UNamur. Ses membres sont intervenus en Algérie en différents lieux de 2006 à 2010 (pour DDH1 et DDH2) sous la forme de trois modules de quatre mois, en quatre-cinq mois de cinq jours, accueillant une vingtaine de personnes. Ils ont formé lors de leurs deux dernières années de présence, au cours de deux modules avec une supervision du CISP, une vingtaine de formateurs algériens qui, pour certains d'entre eux, continuent à diffuser ces formations, entre autres dans les écoles ou à l'occasion des formations au certificat des droits de l'Homme. Ces formateurs ont formé à leur tour d'autres formateurs.

S'inspirant des travaux de Thomas Gordon, les formateurs proposent une méthode de communication en situation de problème définie comme « une méthode sans perdant »[16]. Selon celle-ci, la première démarche consiste à préciser à qui appartient le problème : il appartient à celui qui n'accepte pas le comportement de l'autre. L'acceptation dépend de trois facteurs principaux, d'abord celui de l'environnement : l'acceptation d'un même comportement peut varier selon l'environnement où il se manifeste –, ensuite celui de l'état des personnes concernées – elles sont par exemple fatiguées ou de mauvaise humeur – et des caractéristiques de l'autre : la relation peut être ou non de confiance. Les deux personnes ont un problème lorsque leurs besoins se confrontent, dont résultent mésentente, malaise, ou incompatibilité apparente. On parlera alors de conflits de besoins ou de collisions de valeurs. Compte tenu de nos apprentissages et de notre ignorance des techniques efficaces de communication, nous utilisons une multitude d'interventions-obstacles à la communication tels que : le fait de donner des ordres, d'avertir ou de menacer, de moraliser ou de prêcher, de conseiller, donner des solutions, faire la leçon, juger, critiquer, blâmer, complimenter, approuver, humilier, ridiculiser, psychanalyser, diagnostiquer, rassurer, consoler, enquêter, questionner, dévier, blaguer, esquiver. Ces messages peuvent être bien acceptés lorsque la relation est bonne, sinon ils sont perçus comme dévalorisants ou agressifs. Le silence, l'accusé de réception et l'invitation à en dire davantage peuvent être d'un certain secours, mais la technique la plus efficace pour aider la personne qui rencontre une difficulté est l'écoute active, laquelle est soumise à plusieurs conditions : a) vouloir aider l'autre, b) l'accepter comme il est, sans le désir de le changer, c) l'accepter comme différent de soi, avec des sentiments et

[16]. Cette libre présentation sous forme d'extraits n'engage que son auteur ; elle est issue d'un synopsis sur la gestion des conflits de François Bazier. Il en est de même de l'ensemble des contenus des formations présentés.

des expériences qui lui sont propres, d) croire qu'il peut lui-même trouver des solutions à ses problèmes.

Une recherche a montré que les parents faisaient environ 400 interventions par jour auprès de leurs enfants pour leur commander ceci ou leur faire remarquer cela, et que les enfants tenaient compte d'environ 4 % de ces interventions. L'approche sans perdant, lorsque c'est moi qui ai un problème, préconise la technique appelée le message « je ». Celle-ci consiste à informer l'autre de ce que je vis, de mon expérience. Ainsi j'indique à l'autre quel comportement me pose un problème en faisant une description neutre, sans trace de blâme. Je l'informe aussi des effets que ce comportement a sur moi et du sentiment qu'il crée en moi. L'auteur du message « je » assume son problème d'intolérance face au comportement de l'autre, ce faisant il protège l'estime de l'autre. En décrivant précisément le comportement qu'il veut voir se modifier et en expliquant les conséquences pratiques qu'il a sur lui, il donne à l'interlocuteur les moyens concrets de lui faciliter l'existence.

Pour ce qui est de la résolution des conflits de besoins, lorsque les deux interlocuteurs ont un problème, il s'agit d'abord de savoir si on a affaire à des besoins ou à des valeurs. Les valeurs sont plus difficiles à négocier. Quand on se trouve face à une idéologie, à des croyances, il s'agit le plus souvent de valeurs – bien que celles-ci puissent servir à camoufler d'autres besoins réels – qui sont virtuellement impossibles à faire changer. Devant un conflit de valeurs, les seuls outils sont l'exemple et la persuasion. Il y a conflit de besoins lorsqu'on peut identifier clairement des effets concrets dus au conflit. La méthode de résolution de conflit sans perdant nécessite quelques conditions : 1) le temps de se parler, 2) une compréhension mutuelle de la méthode utilisée, 3) l'utilisation extensive de l'écoute active et du message « je ». Sept étapes simples permettent de réunir ces conditions : a) la préparation : il faut expliquer la méthode en s'assurant de ce que le moment est adéquat, b) l'exploration du problème : quels sont nos besoins réciproques ? Y a-t-il une définition du problème sur laquelle on puisse s'entendre ? c) l'inventaire non critique des solutions possibles. On a tout intérêt à être imaginatif et à écrire des solutions, d) la discussion des solutions, avec des arguments réalistes, applicables et qui entraînent la satisfaction des besoins de chacun.

Cette formation est complétée par des *workshop*s portant sur « le *leadership* et l'entreprenariat ». Elles se font en langue arabe, française et anglaise et abordent le concept de *leadership*, l'apprentissage de la communication, l'expression en public, le renforcement des qualités de leader, l'entreprenariat social et la construction et la direction d'une équipe.

La non-violence

Ces formations sur la gestion positive des conflits sont complétées par des formations propres au certificat des droits de l'Homme. Ainsi le responsable pédagogique de la formation au certificat des droits de l'Homme[17] dans un manuel diffusé auprès des étudiants, montre que la non-violence est la conséquence, en matière d'éthique politique, de la conquête des droits de l'Homme et de l'humanisme auquel elle se réfère, plus particulièrement des droits naturels que sont la liberté et l'égalité ainsi que la résistance à l'oppression. La liberté et l'égalité, que l'on trouve au fondement des doctrines libérale et socialiste, impliquent la dignité, c'est-à-dire le fait que tout homme soit considéré et traité avec respect.

La non-violence, loin de proposer un refoulement de l'agressivité, présente chez tout un chacun, revendique de s'appuyer sur cette agressivité pour viser la réalisation de tâches constructives. En ce sens on peut nommer combativité l'agressivité maîtrisée et canalisée. Il s'agira ici d'une agressivité qui respecte l'adversaire. De même faut-il reconnaître le fait que toute relation à l'autre s'inscrit dans un rapport de force et distinguer la force de la violence.

La reconnaissance des conflits, qu'ils soient interpersonnels, sociaux ou politiques est la première démarche vers la non-violence. Donc, si le conflit est premier, il est cependant fait pour être surmonté, dépassé. Le conflit est le signe ou le symptôme d'un déséquilibre, et donc un appel à un nouvel équilibre. Par contre, la non-violence reconnaît à l'autre son altérité et verra dans l'adversaire une personne à respecter, un être spécifique. Ce respect de la personne de l'adversaire est central pour la non-violence qui distinguera l'individu du rôle qu'il joue ou de la fonction qu'il remplit.

Au-delà, les stratégies d'action non-violente auront pour visée de créer un rapport de force qui contraigne l'adversaire à dialoguer, c'est-à-dire à négocier. Reconnaître le conflit, voire le provoquer pour mieux le résoudre positivement sera donc essentiel pour la non-violence. Mais l'attitude non-violente dans un conflit consistera surtout à refuser de jouer le jeu de la violence auquel s'attend l'adversaire et auquel il s'est préparé. La pratique de la non-violence demande de prendre du recul, de décadrer le conflit, et cette volonté non-violente de « sortir du cadre » doit se caractériser par la créativité et l'innovation.

La résolution non-violente des conflits se situe sur le long terme avec l'idée que, dans la dynamique du conflit, il y a toujours eu un avant et surtout toujours un lendemain.

Quant aux fondements de la non-violence on retient généralement trois sources de motivations qui se conjuguent le plus souvent : des raisons pragmatiques, les traditions religieuses, une éthique politique.

---

[17]. Charles Kabeya, professeur de droit à l'Université Catholique de Lyon.

L'approche pragmatique repose souvent sur le simple constat que l'on ne dispose pas des moyens nécessaires à la violence, c'est-à-dire des armes ; ou bien que le recours à la violence paraît d'emblée suicidaire ou inefficace à long terme. La référence aux traditions religieuses des différentes religions et à leur éthique est tout aussi fréquente. L'éthique politique peut se résumer par la recherche de la cohérence entre la fin et les moyens.

Cette question de la fin et des moyens est une question qui intéresse autant la philosophie morale que la philosophie politique. Le génie de Gandhi, grande figure de la non-violence, a été de montrer l'implication réciproque des moyens et de la fin : tout, en définitive, est dans les moyens. La fin vaut ce que valent les moyens. Il propose une alternative à la violence qui ne doit rien aux mécanismes de la violence dénoncée. Pour lui, la non-violence porte en elle la forme de rapports humains qu'elle vise à instaurer. D'abord parce qu'elle implique que chacun se sente personnellement responsable de l'avenir de tous et agisse en conséquence. Ensuite parce que son point d'ancrage et d'application n'est pas l'individu solitaire, mais le rapport interpersonnel, le lien entre les hommes, la relation.

Que ce soit au plan interpersonnel, social ou politique, le refus de la violence se fonde sur la conviction éthique que le recours à des moyens violents – et cela quelles que soient les « bonnes intentions » des acteurs – pervertit les fins poursuivies. C'est une illusion de prétendre construire la paix, promouvoir la justice ou défendre la démocratie – au sein de sa famille, comme au niveau de la Cité –, par des moyens qui leur sont évidemment contraires.

L'action non-violente est aussi abordée de façon plus spécifique :

Elle trouve des mises en pratique qui se situent à deux niveaux, le niveau politique et social ainsi que le niveau des relations interpersonnelles. L'un comme l'autre convergent aujourd'hui avec les apports de courants contemporains des sciences politiques ou de la psychologie sociale.

L'action non-violente est la mise en œuvre d'une force qui prétend élever le niveau de morale sociale de la collectivité. Les méthodes d'action non-violente dans les conflits de l'espace public sont diverses et variées. L'imagination en est un moteur essentiel. La non-violence comme moyen d'action politique n'est pas un simple principe de conduite préconisant l'abstention de toute violence. Elle constitue surtout un ensemble de moyens par lesquels, dans des situations de conflit, un ou plusieurs acteurs exercent des forces de persuasion ou de contrainte ne portant atteinte ni à la vie ni à la dignité des personnes. Les principes de l'action non-violente reposent sur une analyse de la nature du pouvoir : les dominés ne subissent pas la domination par la seule volonté des dominants, la victime n'est pas toujours passive dans les mains de son persécuteur. Car la vraie tentation, devant l'injustice, est la passivité et la résignation qui fondent la complicité et la collaboration. Cette analyse permet de ne pas surestimer le poids de la violence dans les processus de domination et fonde la possibilité d'une action non-violente : la victime peut faire obstacle à sa victimisation en s'efforçant de ne plus y participer.

La perception que l'homme doit parfois résister au pouvoir politique en place est déjà fort ancienne, bien que souvent méconnue. Le Grec Sophocle l'avait déjà exprimée dans le personnage d'Antigone qui refuse d'obéir à la raison d'État, au roi Créon, au nom d'une loi plus haute, celle des dieux, qui lui ordonne d'enterrer son frère. Mais c'est l'œuvre d'Étienne de La Boétie dans son *Discours de la servitude volontaire*, en 1550, qui pose de la manière la plus fine la question du « pourquoi les hommes acceptent-ils du tyran la servitude ? » Ce « discours » servira d'inspiration au droit de résistance à l'oppression qui figure dans la Déclaration des Droits de l'Homme et du Citoyen. Pour La Boétie, le passage de la servitude à la liberté se fera en ne coopérant plus avec le tyran. « Soyez résolus à ne plus servir le tyran et vous serez libres. Je ne veux pas que vous le heurtiez, ni que vous l'ébranliez, mais seulement ne le soutenez plus et vous le verrez, comme un grand colosse dont on dérobe la base, tomber de son propre poids et se briser. » La Boétie énonce ici le principe selon lequel tout pouvoir a besoin, pour être effectif, d'une collaboration minimale des personnes (et des groupes sociaux) sur lesquels il entend s'exercer. Ainsi, je ne suis pas seulement responsable de ce que je fais, mais de ce que je laisse faire.

Cette non-coopération n'a pas pour seul but de renverser un pouvoir illégitime ; elle vise fondamentalement à établir la justice, c'est-à-dire à permettre à la société de se réconcilier avec elle-même, à élever le niveau de morale sociale de la Cité. Dans cet esprit, la lutte non-violente met en œuvre toute une dynamique symbolique propre : l'appel à la conscience publique, la force du témoignage, l'implication personnelle, avec toujours comme visée de réconcilier morale et politique.

On peut énumérer quelques méthodes spécifiques à l'action non-violente : grève, grève de la faim, boycott, résistance passive, désobéissance civile, manifestation, marche, défilé, obstruction et interposition, non-coopération. Les exemples dans l'histoire contemporaine ne manquent pas pour illustrer ces stratégies : c'est l'épisode de la marche du sel de Gandhi en Inde, le boycott des bus réservés aux blancs organisé par Martin Luther King en Alabama, la résistance passive des Danois et des Norvégiens contre l'occupant nazi, celle des Tchèques face aux envahisseurs soviétiques en 1968 et l'action du syndicat Solidarnosc en Pologne contre le régime militaire communiste. [...].Sur le plan interpersonnel, la non-violence se traduit par la volonté de construire la coopération. L'attitude non-violente peut se caractériser par trois principes : un regard positif sur le conflit qui doit être considéré comme une manière d'être en relation, une attention particulière à bien communiquer, la volonté de refuser d'écraser l'autre, jointe à la volonté d'affirmer mon propre pouvoir.

Premier principe : les conflits sont des appels à un nouvel équilibre qui, lui-même, porte les germes d'autres déséquilibres et conflits à venir et ainsi de suite. L'ordre, accompagné de désordre, constitue l'essence de la vie.

Les rapports humains sont changeants et évoluent. Ils sont sans cesse à négocier. Mais notre vision dualiste du monde nous conditionne à croire qu'il est impossible de résoudre un conflit sans qu'obligatoirement l'un gagne et que l'autre perde. Il semble toujours y avoir un vainqueur et un vaincu, comme il faut qu'il y ait un coupable et une victime.

Notre rigidité, qui se renforce lorsque nous nous sentons menacés, produit des comportements stéréotypés, des conduites répétitives qui nous enferment dans des cercles vicieux, nous empêchant de dépasser le conflit.

Résoudre le conflit demande de faire preuve de souplesse, d'acquérir la capacité à sortir de la logique linéaire qui veut qu'un conflit n'ait qu'un seul coupable et une seule cause. Il faut pour cela utiliser notre autonomie et notre créativité.

Résoudre le conflit de manière non-violente implique une série d'éléments : une volonté de maintenir une relation avec l'autre, considérer qu'il est plus facile *a priori* d'agir sur soi que d'agir sur l'autre, créditer l'autre d'une intention positive, transformer le conflit qui nous oppose en un problème qui nous est donné à résoudre.

Deuxième principe : bien communiquer, c'est-à-dire communiquer avec authenticité, sera au centre des préoccupations. En même temps que l'on assiste à une véritable inflation de moyens techniques de communication, les êtres humains que nous sommes souffrent d'un déficit personnel de communication. Il s'agira donc pour bien communiquer de dépasser les mots, d'aller au-delà de ce qui se vit dans la relation. La bonne communication entre les personnes sera faite d'écoute active et d'expression de soi. Bref, communiquer, c'est être en relation et construire la relation.

Troisième principe : la volonté de refuser d'écraser l'autre, jointe à la volonté d'affirme son propre pouvoir.

Dans la même logique, la gestion non-violente des conflits implique la recherche d'un équilibre entre son pouvoir propre et celui de l'autre. Il s'agit à la fois de refuser de faire violence à l'autre et de se faire violence à soi-même. Un slogan expressif résume bien cette attitude : « Ni paillasson, ni hérisson ». Cette attitude implique de pouvoir identifier, reconnaître ses propres valeurs et besoins et repérer et accepter ceux de l'autre.

Les outils utilisés seront ceux de la communication : écoute et affirmation en sont les articulations. Il faudra décomposer les points de vue, les perceptions, les avis des parties, pour les ramener à leurs fondements et découvrir les sentiments et émotions occultés par les discours rationnels. L'objectif est ici de développer des attitudes de coopération plus que de compétition, de transformer les adversaires en partenaires.

Citons encore Gandhi qui était conscient de ce que bon nombre de spécialistes de la communication mettent aujourd'hui en avant : « La règle d'or de toute conduite est la tolérance mutuelle, puisque nous verrons toujours la vérité de manière fragmentaire et sous des angles différents. »

Pour conclure, on peut dire que la non-violence est la recherche d'un équilibre entre le refus de la violence et l'expression du pouvoir. Mais il s'agit bien d'une recherche. La non-violence ne peut jamais être atteinte, nous pouvons seulement l'approcher.

Hubert Auque écrit dans un livre récent intitulé *Renoncer : un cheminement spirituel* : « Devenir non-violent ne se fait pas en participant à un mouvement d'un tel nom, c'est un chemin complexe où chacun, en s'engageant, va devoir affronter sa propre violence, comprendre ses contradictions, accepter ses échecs et se maintenir dans une dynamique d'investigation. »

Nous laisserons le dernier mot à Gandhi que l'on a appelé le mahatma : « la grande âme ». Tout apôtre de la non-violence qu'il fut, il gardait le sens du réalisme qui lui faisait considérer que si tous les hommes sont frères, ils n'en restent pas moins hommes. Gandhi s'adressait ainsi au peuple de l'Inde : « Si nous sommes incapables de non-violence, nous devons au moins, si nous sommes des hommes libres, être à même de nous défendre en combattant. [...] Là où le choix existe seulement entre la lâcheté et la violence, il faut se décider pour la solution violente [...]. Mais – ajoutait-il aussitôt –, je n'en crois pas moins que la non-violence est infiniment supérieure à la violence.

La philosophie pour enfants[18]

Les formateurs à la philosophie pour enfants, Vinciane Despret et Stéphane Galetic sont philosophes au Département de philosophie de l'université de Liège, en Belgique ; ce dernier est président de l'association Philo-Cité, formateur en atelier de pratiques philosophiques.

Ces ateliers s'adressent tant aux adultes qu'aux enfants. Ne disposant pas de guide d'animation, ce travail est soutenu par les comptes rendus détaillés des séances et par des rapports d'animation de ce qui se fait en Belgique. L'animation part d'un support, petit texte, lettre, scénette théâtrale, dessin, film, image, musique, l'important étant de travailler avec ce qui intéresse les enfants. La méthode n'est pas aboutie, il faut y réfléchir et la travailler, elle est expérimentale et doit le rester jusqu'au bout.

L'animateur ne doit pas avoir en tête à l'avance le lieu où il veut arriver. S'il le fait, ce n'est plus de la philosophie, mais de la morale. L'animateur se lance à l'eau, ce sont les enfants qui le font travailler, qui le font penser et auxquels il peut faire confiance. Il ne s'agit pas non plus d'apprentissage mutuel : l'atelier philosophique ne veut pas transmettre un savoir, mais

---

[18]. Les propos qui suivent sont issus du compte-rendu de trois journées de travail, en juillet 2011, consacrées par V. Despret à la philosophie avec des enfants.

donner des outils qui permettent aux enfants de construire un savoir, le contenu étant secondaire. Il ne vise pas non plus à inculquer des valeurs, mais à amener les enfants à se construire eux-mêmes des valeurs.

Les participants sont invités à évoquer à tour de rôle une chose qui leur a paru importante dans l'histoire proposée. Il leur est demandé de ne parler qu'à tour de rôle et de signaler, lorsqu'ils veulent intervenir, de le faire en levant la main. L'animateur précise que, dans cet exercice, il n'y a pas de mauvaise réponse et qu'on est là pour s'amuser. Il s'agit d'abord de susciter et d'accrocher l'intérêt des enfants. La première partie doit d'abord rendre les enfants attentifs, parce qu'on s'intéresse à ce qui est important pour eux. La seconde partie élargit l'intérêt au texte pour permettre de faire surgir une première capacité d'abstraction. Il s'agit également d'amener les enfants à confronter des avis, à accepter le désaccord et à constater la diversité des manières d'appréhender une même réalité ; cela amènera ultérieurement la prise de conscience du fait qu'aucune solution ne peut s'imposer.

Le tour de prise de parole étant terminé, l'animateur demande quels types de liens on peut faire entre les différentes « importances ». Les participants font des propositions pour chacune d'elle, l'animateur demande aux enfants s'ils sont d'accord ou s'ils proposent d'autres liens. Chaque désaccord est problématisé et des problèmes émergent. Dans cet exercice le choix des mots est important et c'est pour des raisons précises que l'enfant utilise un terme plutôt qu'un autre. Un autre enfant pourra utiliser un mot proche, mais différent, ce qui permet de travailler sur la nuance. Il est par ailleurs très important d'avoir un support visuel, comme ce qu'on écrit au tableau, qui permette de suivre et de se souvenir de ce qui a été dit.

L'atelier se donne comme enjeu de sortir des idées reçues et des réflexes, de supporter la frustration de questions sans réponses définitives, d'accepter que la discussion n'apporte pas de solution, mais les diversifie. Il s'agit non seulement d'encourager le fait que les réponses doivent venir des enfants, mais également d'éviter le repli vers un consensus et, surtout, d'accepter la diversité. Une autre question se pose : comment encourager les enfants à ne pas considérer l'adulte comme une figure d'autorité détentrice du savoir, mais comme celui qui les aide à produire des problématisations plus complexes ?

Lorsqu'un enfant a une position divergente de la majorité, l'animateur fait en sorte que ce soient les enfants eux-mêmes qui lui expliquent la position de la majorité. Mais il ne s'agit pas de l'amener à changer d'avis pour le faire rentrer dans la majorité. C'est surtout un processus d'éclaircissement, de clarification, afin qu'il soit confronté à l'avis des autres pour clarifier sa propre position. On ne doit pas le mener à se ranger à la majorité. Mais il arrive parfois que la majorité ait de bons arguments.

Les avancées se font sur des petits riens. Il faut, par exemple, être attentif au fait que des enfants attendent que plusieurs d'entre eux aient levé le doigt pour se rallier à eux en en faisant autant et réagir à cela avec humour. Il convient également d'encourager les enfants qui ne lèvent le doigt qu'à moitié à le lever bien haut. Ils apprendront à affirmer leur point de vue et ceci aura un effet d'entraînement sur l'ensemble du groupe.

On ne doit pas laisser passer les jugements sans les travailler. On ne travaille pas en jugement de valeur, mais à partir de problèmes et avec des arguments. Dans le cadre de la Gestion positive des conflits on apprend aux enfants à ne pas avoir de préjugés, à ne pas dire par exemple « les gens », ou « il faut », « on doit ». Dans le cadre de la philosophie pour enfants il faut faire le contraire, laisser les enfants s'expliquer, argumenter. Les exemples concrets permettent de dissoudre les généralisations abusives. On laisse l'enfant juger pour qu'il ait une prise sur le jugement et on laisse le groupe le faire, sinon, si on lui renvoie que ce n'est pas bien, on ne fait qu'opposer son propre jugement au sien.

S'il n'y a pas d'outil d'évaluation sur le long terme des effets produits par ces ateliers, les formateurs ont néanmoins pu constater, chez les bacheliers à l'université, qu'au bout de quinze séances, ils s'écoutent, ont appris à se retenir de parler, sont capables de reprendre les arguments des autres pour les travailler et ceux qui parlent peu sont capables de prendre la parole. Et ils sont heureux de ce qu'ils ont vécu.

« Graine de citoyen » et conseils consultatifs des jeunes

Dans le cadre du programme « Graine de citoyen, éducation à la citoyenneté et au respect des droits humains » un manuel, très complet et riche, a été confectionné par le CISP, destiné aux animateurs qui s'adressent essentiellement à des enfants débutants « afin de leur inculquer, outre des notions de droits et de devoirs et des valeurs citoyennes, la confiance en soi, le sentiment d'une communauté de destins, le goût de l'aventure collective en vue de construire une société apaisée et enfin, surtout, la nécessité et l'utilité de l'effort collectif pour changer les choses, car nous avons tous conscience que notre société est déstructurée et que chaque Algérien essaie de survivre par tous les moyens, comme s'il était sur une île déserte. »

Le manuel est issu d'une synthèse d'expériences, de pratiques et de parcours différents d'associations telles que l'AFAK de Si Mustapha, l'Étoile culturelle d'Akbou, la Ligue de prévention et de sauvegarde de la jeunesse et de l'enfance de Tizi-Ouzou activant dans le domaine de l'enfance. Ces associations ont, avec le temps, appris à travailler ensemble pour éveiller les enfants à la responsabilité individuelle et collective ainsi qu'à la compréhension et à la participation aux règles de vie collective. Son enrichissement progressif par différents acteurs atteste de la vitalité de l'éducation à la citoyenneté dans le milieu associatif.

Dans la conclusion de ce manuel, le responsable de son élaboration, Ait Yahia Mohand Ouali, lance un appel en direction des acteurs de la société civile compétents dans le domaine pour qu'ils se lancent dans l'écriture et l'édition : « Nous avons grandement besoin de nous réconcilier avec l'écrit. »

Les auteurs du manuel ont fait en sorte qu'il soit, outre un document d'instruction et d'éducation à la démocratie, un outil pour la vivre et la traduire en actes. Ils ont également tenu compte des réalités de terrain des participants pour qu'ils puissent facilement s'approprier les valeurs mises en avant. Ils ont aussi fait en sorte qu'il soit un outil pédagogique pratique, adapté et facile d'utilisation, pour donner l'envie aux éducateurs d'animer, former et éduquer. Dans ce but une multiplicité de jeux, de questions et de débats sont proposés aux jeunes.

En outre le document met en œuvre une pédagogie de l'action. « Les concepts sont très utiles, mais il faut les faire vivre par les enfants à partir de jeux de rôles notamment. » Ainsi chaque fiche pédagogique contient une partie théorique et une partie pratique pour travailler à la fois :

L'écoute : prendre en compte ce que chacun a à dire.

La parole : permettre à chacun de mettre des mots sur son vécu.

La coopération : réfléchir ensemble pour construire des solutions.

La valorisation : chacun découvrira ses potentialités.

La responsabilisation : chacun s'impliquera dans ce qui le concerne et sera responsable de son comportement.

Le manuel décline les dix droits fondamentaux de l'enfant issus de la Convention internationale des droits de l'enfant, adoptée le 20 novembre 1989 par l'Assemblée générale des Nations-Unies et ratifiée par l'Algérie en 1992 : 1. Le droit de s'alimenter et d'être à l'abri, 2. Le droit à la santé, 3. Le droit des enfants handicapés, 4. Le droit à l'école, 5. Le droit aux loisirs, 6. A. Le droit à la culture, 6. B. Le respect du milieu naturel, 7. Le droit aux secours, 8. Le droit d'être protégé contre l'exploitation dans le travail, 9. Le droit d'être protégé contre les mauvais traitements, 10. Le droit à l'expression.

Le manuel situe d'abord les principaux droits de l'enfant :

- Le droit à une identité. Ainsi l'enfant est réputé Algérien si l'un de ses parents est de nationalité algérienne ou s'il est né de parents inconnus en Algérie. S'il n'est pas reconnu par ses parents, il porte le nom maternel à titre d'usage.

- Le droit à l'éducation et aux loisirs : il permet de conserver et de perpétuer les valeurs de toute une société, il a pour finalité d'améliorer la qualité de vie d'une personne, offre aux adultes et enfants défavorisés une chance de sortir de la pauvreté. Accessible à tous les enfants sans discrimination il est aussi un privilège.

- Le droit à la liberté d'expression : le droit pour toute personne de penser comme elle le souhaite et de pouvoir exprimer ses opinions par tous les moyens qu'elle juge opportuns, dans les domaines de la politique, de la philosophie, de la religion, de la morale… et d'être entendue sur les questions qui la concernent. Mais la liberté d'expression fait rarement partie des plaidoyers sur les droits des enfants, en tout cas en tant que problématique principale, bien qu'elle soit primordiale à la réalisation de tous les droits des enfants.

- Le droit à l'égalité : l'égalité se décline en plusieurs valeurs : l'égalité morale, l'égalité civique, l'égalité sociale et l'égalité des chances qui donne les mêmes moyens à tous au départ.
- Le droit de protection de l'enfant contre la violence.

Suit un chapitre sur les valeurs qui complète ce qui précède sur les droits. Par exemple parmi les libertés sont distinguées les libertés individuelles, comme la sûreté et la sécurité du citoyen, l'inviolabilité de la vie privée (domicile, correspondance, secret médical), les libertés collectives de réunion, d'association, de manifestation, de circulation, la liberté de conscience et la liberté de culte.

Un chapitre est consacré aux moyens qui permettent de protéger les libertés et les droits, à l'État de droit et à ses outils (recours, tribunaux, métiers du droit…). Enfin un chapitre est consacré à l'engagement associatif, à l'histoire du mouvement associatif algérien, à ses buts et ses divers champs d'intervention.

En ce qui concerne les conseils consultatifs des jeunes, le CISP a également édité en 2013 un manuel bilingue, conçu par Selma Khelif, destiné aux jeunes qui désirent s'investir dans la constitution d'un conseil consultatif des jeunes. Notons que le conseil consultatif s'adresse à des jeunes de moins de 25 ans, le conseil communal des jeunes s'adressant à des jeunes lycéens. Le CISP et ses partenaires ont soutenu la création de ces deux instances de participation des jeunes aux affaires communales.

Ce manuel est issu de l'expérience de terrain du CISP dans les communes des Eucalyptus et d'Oran. Il retrace les étapes de réalisation d'un conseil consultatif de jeunes qui agit au niveau de la commune, ses objectifs, ses forces et ses limites. Cela dans un but non seulement de capitalisation et de mémoire, mais aussi pour renforcer et consolider cette expérience, tout en invitant d'autres communes à s'en inspirer.

Le CCJ s'inscrit dans un cadre juridique, le nouveau code communal qui invite le citoyen à s'impliquer dans ce qui touche à sa commune et au développement de celle-ci. L'article 12 stipule notamment que « pour réaliser les objectifs de démocratie locale, dans le cadre de la gestion de proximité, […] l'assemblée populaire communale veille à mettre en place un encadrement adéquat des initiatives locales, visant à intéresser et à inciter les citoyens à participer au règlement de leurs problèmes et à l'amélioration de leurs conditions de vie. »

Le conseil consultatif des jeunes est un outil d'apprentissage du dialogue démocratique et de citoyenneté active. Il est un espace dédié aux jeunes de moins de 25 ans, résidents de la commune, quels que soient leur situation socio-économique, leur niveau scolaire, leur quartier d'habitation... Les jeunes y apprennent à participer au développement de leur quartier, de leur groupe, de leur commune, dans un cadre associatif en perpétuelle collaboration avec les représentants étatiques.

La limite de 25 ans marque le moment où le jeune devient éligible aux élections législatives et locales. Le jeune adulte n'est plus considéré en « apprentissage », mais apte à assumer des postes de responsabilité (récemment l'âge minimum requis pour un candidat à une assemblée populaire communale (APC) ou à une assemblée populaire de *wilaya* (APW) est passé de 25 à 23 ans).

Le code communal ne prévoyant pas la marche à suivre ni le cadre dans lequel les jeunes adultes peuvent participer à l'action locale, c'est le cadre associatif qui a été choisi par le CISP. « Nous estimons que la société civile doit épauler la politique d'ouverture de l'État et d'incitation à la participation citoyenne au développement local. En effet la société civile constitue un corps social indépendant, par opposition au corps politique. Le cadre associatif permet de ce fait l'apprentissage volontaire, organisé et à but non lucratif du dialogue avec les acteurs étatiques. L'associatif a pour vocation, comme tend à l'être le CCJ, de se constituer comme le « relais des besoins des citoyens qu'il représente. »

Le manuel identifie différentes étapes de réalisation d'un CCJ.

Étape 1. : Les encadreurs de l'action informent et sensibilisent sur l'action « vivre la citoyenneté » les adultes et l'ensemble des acteurs de la jeunesse et des jeunes où qu'ils soient.

Étape 2. : Rencontres de jeunes représentants de l'action avec les responsables étatiques PAPC, directeurs de maisons de jeunes...

Étape 3. : Les jeunes sensibilisent et informent d'autres jeunes à l'action.

Étape 4. : Les besoins, intérêts et préoccupations des jeunes sont entendus.

Étape 5. : Les jeunes sont formés de manière participative et pratique aux outils de participation citoyenne. Ils préparent les élections du CCJ.

Étape 6. : Les jeunes élisent leurs représentants au CCJ en désignant les bureaux de vote cibles, le corps électoral...

Étape 7. : Les jeunes du CCJ suivent une formation continue sur des notions de citoyenneté (droits des enfants, dialogue démocratique...)

Étape 8. : Les jeunes réalisent des événements et des animations dans différentes structures étatiques et associatives et se présentent comme acteurs constructifs.

Étape 9. : Les jeunes transmettent leurs connaissances et savoir-faire aux autres jeunes et inscrivent leur action dans la durée.

Le manuel souligne un point important : écouter les jeunes, leurs attentes, leurs difficultés est nécessaire afin d'adapter nos propositions à leur réalité. Dans la commune des Eucalyptus, la thématique la plus importante a été celle de l'emploi avant tout, en même temps que celle du « comment vivre ensemble dans la non-violence et le respect de la dignité de chacun. » Les réalités des jeunes changent d'une commune à une autre, d'une tranche d'âge à une autre. À Oran, les plus jeunes identifient depuis peu leurs intérêts artistiques pour parler de droits et ouvrir le dialogue. Il est donc indispensable de ne pas désirer à la place des jeunes, d'écouter leurs désirs et de les accompagner vers un mieux-être en société.

Engagement et gestion des associations

La formation des personnes qui s'investissent dans les associations est un volet central de l'action du CISP. Elle concerne comme on vient de le voir les jeunes intéressés par les conseils consultatifs et les conseils communaux des jeunes. Les formations à la Gestion positive des conflits et à la non-violence leur sont également destinées, tout comme les formations au certificat aux droits de l'Homme. Aux côtés des juristes, les participants des formations à ce certificat sont recrutés dans le milieu associatif ou ont le projet de le rejoindre. L'importance accordée à ce volet tient au fait que les associations algériennes peuvent être considérées comme le fer de lance de l'avancée des droits de l'Homme dans la société civile dans leur mise en œuvre concrète et comme des intermédiaires entre les pouvoirs publics et les citoyens. Le but du CISP est donc de soutenir le développement de la société civile en renforçant ses associations, d'apprendre à leurs membres à les gérer de façon efficace et pertinente et, à ceux qui le souhaitent, à en créer. Le CISP soutient sous différentes formes leur action, d'un point de vue logistique ou financier ou par sa présence, avec ses partenaires, lors des événements qu'elles organisent.

C'est notamment dans le cadre du projet DDH4 ou DEM-A-R (Démocratie-Avenir-Racines, pour le renforcement de la démocratie et la défense des droits fondamentaux en Algérie) relatif au « renforcement des capacités des associations » qu'une formation est proposée par Ahmad Aminian, à laquelle a participé un temps Vinciane Despret qui aborde spécifiquement, outre différents aspects concernant la « gestion » associative, la question préalable de l'engagement, celle du projet associatif ainsi que la question du *leadership*. Nous évoquerons ici surtout celle de l'engagement et du *leadership*.

L'engagement est considéré par ceux qui l'enseignent comme la réciprocité d'un rapport éthique à soi et vis-à-vis des autres. Cette éthique est relationnelle et chevaleresque, chevaleresque lorsqu'on donne sa parole, sa parole d'honneur. La présence de l'éthique relationnelle et de l'honneur lient, là encore, les contenus des formations entre elles.

Que signifie le fait de parler de l'engagement ? De ce concept bien ambigu qui flotte entre plusieurs sens ? Parfois une responsabilité, parfois un mouvement d'action, il est en même temps une liberté mais aussi une obligation. Il est également une volonté de confiance pour assurer et témoigner la présence des valeurs du « bien », de la « justice », de l'« amour », mais aussi un « renoncement » qui dépossède une partie de la personne pour garantir le bien-être de l'avenir et le bon fonctionnement de maintenant. On peut interpréter l'engagement comme une décision volontaire de participation à un projet, à une action s'inscrivant dans un espace-temps propre. Ce projet ou cette action peuvent se faire à travers une démarche personnelle ou collective.

La complexité de l'engagement se révèle également par son paradoxe : il se situe toujours à la limite, et ces limites sont nombreuses. Il se situe à la limite entre ce qui se fait, ce qui doit se faire et ce qui ne se fait pas. Il n'y a pas d'étalon stable qui permette de mesurer le bon engagement. Son évaluation ne peut se faire selon des règles *a priori*, mais uniquement dans le cours de l'action et dans ce qu'elle produit. S'engager, ce peut être aussi prendre le risque de s'abstenir, afin de permettre à l'autre de s'engager lui-même. L'engagement pose aussi la question de la part de soi que l'on doit investir comme outil et celle qu'on doit apprendre à réserver, celle dont on doit s'abstenir. L'engagé est toujours situé dans un cadre qu'il doit respecter. Il doit répondre aux exigences qui délimitent son champ d'action. Il est en même temps possible que l'engagé, en termes de conviction, déborde son engagement cadré pour vraiment être professionnel et créatif. Comme s'il était attendu de l'engagé qu'il soit toujours à la limite du cadre : plus il en sortira, plus il sera reconnu comme professionnel ou militant. Cela pose la question, en aval, de la fidélité au cadre : comment adhérer au cadre tout en le contestant ? Jusqu'où adhérer aux valeurs du projet qui vous engagent ? C'est ce qu'illustre toute la démarche de la « Clinique de Concertation » développée plus haut.

Le professionnel en s'engageant formellement dans l'exercice d'une profession acquiert une identité professionnelle. Cette dernière, pour se réaliser authentiquement et pleinement, a besoin de se doter de la passion et de la motivation afin de transcender l'engagement formel en engagement informel ou immatériel. Par ce processus, l'engagé transforme ainsi son identité professionnelle cadrée en une identité professionnelle dynamique et créatrice. Ce qui lui permettra de renouveler perpétuellement son métier. C'est ici que les deux principes de la passion et de la motivation doivent entrer en jeu. Les passions tristes ne tiennent pas longtemps, elles s'usent. Il y a des engagements qui abîment les gens. L'idéal serait de toujours se demander comment faire pour garder sa passion joyeuse. Ainsi, s'il y a des décalages d'engagement, il faut pouvoir demander de l'aide à l'entourage, afin que le décalage d'investissement puisse être fécond. Sinon, on ne sert plus à rien. Il ne faut pas être trop détruit pour pouvoir mener à bien son engagement et saisir les moments où il se passe des choses. Si l'on est trop brisé, on est fermé à l'autre et on n'entend pas ce qu'il dit.

L'engagement, c'est aussi la capacité à renoncer à ses *a priori*, à sortir de ses malaises et à modifier ses pratiques. Cette gestion nécessite de croire que l'on est capable de créer du plaisir dans l'exercice du métier. La démarche inventive invite à choisir davantage des tâches qui présentent un défi plutôt que des tâches faciles. Celles-ci exigent d'avoir des objectifs plus élevés, de réguler mieux ses efforts, de persévérer davantage face à des difficultés, de moins hésiter à demander de l'aide, de mieux gérer le stress et l'anxiété.

Il y a entre l'idée de soi et la motivation un rapport étroit. Le sentiment d'avoir confiance en sa capacité personnelle est déterminant dans la motivation d'une personne. Ce sentiment est même plus important que ses capacités intellectuelles. Les perceptions qu'ont les acteurs de leur compétence sont les déterminants les plus puissants du fonctionnement d'un organisme. Ainsi la motivation est un concept dynamique qui a ses origines dans la perception qu'un acteur a de lui-même et de son environnement et qui l'incite à choisir une activité, à s'y engager et à persévérer dans son accomplissement afin d'atteindre un but. Être motivé est donc une condition préalable à l'engagement et à la satisfaction que l'on peut en attendre.

L'engagement dans la réalisation est étroitement associé à la confiance. L'établissement de la confiance au sein des membres de l'équipe d'un projet est la première étape dans le bon fonctionnement d'une organisation. C'est un phénomène social sans lequel nous ne pourrions ni agir, ni interagir. Elle est de toute évidence l'une des forces de synthèse les plus importantes au sein d'un organisme : celui-ci se désintégrerait s'il n'y avait pas une confiance généralisée entre ses membres. Elle représente donc un mécanisme de réduction du risque et de la complexité, qui favorise le sentiment de la sécurité propice au développement de la sociabilité au sein de l'équipe.

Elle est en même temps une des conditions d'émergence de la démocratie d'action et un facteur important de son fonctionnement. Pour bâtir la confiance, il est essentiel de miser sur la communication de proximité. Il faut avoir un plan et le communiquer clairement aux personnes concernées. Il est nécessaire de savoir que chacun a la capacité de faire en sorte qu'on atteint l'objectif. Il est intéressant dans ce cas de développer l'idée du partenariat en vue de la réalisation d'une mission commune. Il est important de montrer que la parole s'engage dans sa réalisation dans le champ de l'action.

L'engagement est une mise en gage impliquant une obligation. En ce sens, tout engagement suppose que l'on va respecter et suivre ce pour quoi ou ce dans quoi on s'est engagé. Quand on s'engage, on affirme qu'on va tenir ce qu'on dit ou ce qu'on fait, qu'on ne va pas changer. On peut ici penser à différentes formes d'engagement : l'engagement politique, la promesse, l'engagement dans l'armée... Ces différents engagements semblent dès lors s'imposer à la personne. On peut donc penser que l'engagement s'oppose à la liberté. Mais pour Jean-Paul Sartre l'engagement est inévitable, et ce même s'il aboutit à une abstention. Car sans engagement, la liberté resterait une pure abstraction sans effectivité. Être libre, c'est engager sa responsabilité. Mais si l'engagement est toujours volontaire, on est parfois tenu pour responsable sans l'avoir voulu. Ainsi l'engagement renvoie à la liberté (en particulier à travers le concept de choix). Il faut distinguer l'acte de s'engager et les suites ou conséquences de l'engagement : de fait, une fois engagé, on a contracté une obligation. Signer un engagement, c'est contracter (domaines commerciaux ou politiques), c'est s'obliger, ce qui paraît incompatible avec la liberté. Suis-je d'autant plus libre que je fais des choix qui m'engagent et délimitent les champs de mes actions ? Au contraire, suis-je libre seulement en restant neutre, indifférent, en refusant l'action ? Est-ce que dans l'engagement, je me rends esclave ? Est-ce que je m'aliène ou m'asservis ? Dans quelle mesure un engagement peut-il être source de perte de liberté et d'aliénation ?

La lutte pour « les autres » court le risque de fonctionner comme une idéologie. Pour l'éviter, une prise de conscience est nécessaire qui considère l'autre comme un chemin d'intériorité, ouvre la possibilité pour l'engagé de se remettre en cause personnellement. Recherche de liberté et expérience significative pour le sujet engagé contribuent à faire de l'engagement un moment privilégié pour la reconnaissance de soi dans l'altérité. L'identité, aussi bien individuelle que collective, se construit ainsi dans un rapport à soi-même, à un « autrui significatif », les proches dont on attend une reconnaissance et à un autrui généralisé symbolisé par la communauté. Ainsi, dans l'incarnation d'une humanité partagée, autrui apparaît inséparable de la subjectivité de chacun.

Distinguant différentes formes d'engagement comme l'engagement militant, l'engagement professionnel, l'engagement libéral et l'engagement pragmatique, le formateur montre que l'engagement, aujourd'hui, chez les jeunes, participe de ces différentes formes et que le pragmatisme l'emporte sur l'idéologie politique. Surtout ces jeunes ont des valeurs qu'ils veulent défendre à travers des engagements concrets. Des études montrent qu'ils placent en tête de ces valeurs la liberté, la solidarité et l'égalité et que la citoyenneté est loin d'être une notion dépassée. Les nouvelles formes de solidarité qu'ils soutiennent visent la proximité et l'utilité sociale immédiate.

La question du *leadership* est abordée selon le titre suivant : le *leadership* démocratique interactif et participatif. Celui-ci doit en effet pouvoir se conjuguer avec la question d'un fonctionnement démocratique. En ce sens l'objectif poursuivi est de permettre à chacun de trouver sa place dans l'organisation, d'y parler librement et de pouvoir y être entendu, de pouvoir exercer et développer ses propres compétences, de se reconnaître dans l'action commune et d'apporter, comme chacun des participants, sa contribution à l'œuvre collective. En bref, l'activité citoyenne répond essentiellement à une éthique de la participation ; peu importe qu'elle soit bénévole, défrayée ou indirectement rémunérée dans le cadre d'un emploi.

Suit un profil du *leader* idéal et des qualités exigeantes qu'on peut en attendre :

Les dirigeants les plus efficaces d'une association sont des porte-paroles inspirants, respectés et crédibles. Ils doivent pouvoir servir de modèles tant pour l'organisation que pour le public, ce qui demande de l'humilité. Ils doivent être intelligents, ouverts aux tendances, à l'information et aux nouveaux développements. Ils doivent pouvoir s'adapter et modifier leur approche au fil des changements qui surviennent. Ils se font un devoir de poursuivre continuellement leur formation, manifestent des aptitudes quant à la gestion, notamment quant à la capacité de planifier stratégiquement les actions. Ils ont une intuition politique qui leur permet de sentir les changements, voire de les prévoir avant qu'ils ne surviennent.

Ils doivent soigner, selon le type d'organisation, trois ou quatre relations clefs. La première est la relation avec les membres de l'association, lesquels se sentent impliqués et doivent pouvoir penser que l'organisation leur appartient. La deuxième concerne les relations avec le conseil d'administration. Ne pas reconnaître l'autorité de ce dernier constitue un échec de *leadership*. Le troisième groupe est le personnel employé. Le responsable de l'organisation ne peut obtenir de résultats si les rapports entre les employés ne sont pas harmonieux, si ceux-ci ne sont pas valorisés et leur contribution reconnue comme significative pour l'organisation. Le quatrième groupe comprend les parties prenantes des actions, représentants institutionnels, usagers et partenaires. Le *leader* doit aussi avoir une conscience de lui-même, c'est-à-dire qu'il doit être capable de comprendre comment il est perçu, de valoriser les contributions des autres et de reconnaître que les associations les plus riches ont et adoptent un mélange d'aptitudes et de personnalités.

Est ensuite abordée la question du projet associatif : en particulier les voies de sa constitution, de fait ou formelle, la définition du projet associatif, comment on l'élabore, les procédures à respecter dans son lancement et sa gestion. Il faut aussi envisager l'évaluation, le suivi et la qualité de celui-ci. C'est aussi la création de l'association avec l'adoption de ses statuts, c'est-à-dire le texte fondateur de son projet social, l'organisation légale de l'association avec son assemblée générale et son conseil d'administration, son organisation et son fonctionnement avec un éventuel règlement intérieur. Est aussi abordé l'exercice de la responsabilité dans ses deux volets, la responsabilité juridique encadrée par la loi, par les dispositifs internes et les méthodes de gestion adoptés par l'association.

« Le Monde selon les femmes »

« Le degré d'émancipation de la femme est la mesure du degré d'émancipation générale » écrivait Engels, cité plus haut. Cette affirmation a été souvent reprise par les philosophes et les disciplines des sciences humaines pour souligner l'enjeu que représente la situation des femmes au regard des droits de l'Homme et de la mise en œuvre de ceux-ci. Concernant la question féminine dans le monde arabe, Sophie Bessis affirme :

> « La question féminine est au centre des interrogations que le monde arabe porte sur lui-même, sur son rapport à l'identité et à l'universel. C'est un enjeu capital des projets de société des pays arabes. C'est sur leur statut que toutes les mouvances politiques et idéologiques se déterminent, et à partir de lui qu'on peut dessiner les lignes de clivage qui fracturent l'espace politique de la région[19] » (2007).

Les formations proposées dans le cadre du projet « le Monde selon les femmes » ou, on le verra plus loin, de l'Université d'automne visent précisément à faire évoluer ces mentalités et à promouvoir un droit – de culture musulmane ou non –, centré sur la notion de sujet de droit. Nous verrons plus loin que la question de la place des femmes est également abordée largement dans le cadre du certificat des droits de l'Homme.

Ces formations sont dispensées par une ONG belge « Le Monde selon les femmes » ou inspirées de sa méthode. Elles visent au préalable la lutte contre les préjugés et stéréotypes relatifs à la représentation des femmes, condition des discriminations envers elles et des violences qu'elles subissent de la part des hommes au sein de la famille, dans l'espace public comme dans les espaces de travail.

Un module spécifique sur « Genre et croyances, démarche participative pour la recherche d'un positionnement », permet de contextualiser la formation sur des préoccupations liées à la religion et au poids de la tradition. Sont discutées les dimensions individuelles et collectives de choix et de mise en mouvement pour résister aux injustices. Il s'agit d'ouvrir un débat constructif sur ces questions, en évitant les pièges de l'opposition binaire trop souvent présente dans les débats médiatisés. Tout en respectant les options philosophiques de chacun, il tente d'amener à réfléchir sur les enjeux de nos sociétés « aux identités meurtrières ». Il s'agit aussi de s'interroger sur nos pratiques et les contradictions qu'elles engendrent lors de nos échanges avec l'autre, dans nos trajectoires professionnelles et personnelles. L'objectif n'est pas de renforcer la stigmatisation de l'une ou l'autre religion, mais de tenir compte des traditions et des croyances qui font reculer ou marcher vers l'égalité des genres.

---

19. Sophie Bessis dans le documentaire de Feriel Ben Mahmoud, *La révolution des femmes, un siècle de féminisme arabe*, France 3, 5 mars 2015, citée par Charlotte Bienaimé, *Féministes du monde arabe*, 2016. Voir aussi Sophie Bessis (2007).

Un deuxième module porte sur l'appropriation du concept de genre dans son contexte local, un troisième sur l'analyse des mises en scènes et l'appropriation des concepts.

À propos de la formation des préjugés relatifs au genre, le philosophe C. Castoriadis affirme :

> « La question n'est pas de nier la différence sexuelle, – qui est différence de fait –, mais simplement de faire remarquer que, comme telle, cette différence ne signifie rien. » Notre manière de penser le masculin et le féminin relève toujours de représentations, de l'imaginaire social. Il est parfaitement illusoire de chercher des faits bruts à la base de la société puisque celle-ci est toujours déjà-là » (P. Comières, 2016, p. 31).

Autrement dit, dans la mesure où les conduites sont commandées par des représentations, l'identification des préjugés et de leur genèse apparaît comme un préalable à leur changement.

En effet notre rapport au réel est indissociable de la réflexivité propre à l'homme, à l'imagination qui s'interpose entre lui et un « réel » qui ne lui est accessible que de façon phénoménale. « Par la conversion réflexive, percevoir et imaginer ne sont plus que deux manières de penser », écrit ainsi Maurice Merleau-Ponty (1964). Il en est de la réalité des autres comme de celle du monde. Charles H. Cooley (1956) décrit les pensées, sentiments et actions que nous attribuons aux autres comme les « imaginations » que les gens ont les uns des autres. »

De cet accès phénoménal au monde résultent les limites de la perception elle-même. Comme le souligne R. Laing (*op. cit.*), ce que nous pouvons percevoir directement est très limité et la réalité sociale qui définit notre monde souffre d'un irrémédiable défaut de visibilité, aussi bien dans l'espace que dans le temps :

> « Dans l'espace, notre capacité à voir directement ce qui se passe ne va pas au-delà de ce que nos sens sont capables de percevoir. Au-delà, nous avons recours aux inférences, à ce que les autres perçoivent, eux aussi, de façon limitée. Quant à notre capacité à remonter dans l'histoire elle est extraordinairement limitée. Ainsi « dans l'histoire familiale il est très difficile de remonter au-delà de deux ou trois générations. »

Ajoutons que ce qui peut en subsister passe par le récit, avec ses sélections, ses oublis, ses dénis et ses diverses versions. Ceci renvoie au fait que notre perception de la réalité est indissociable de la communication. Selon Paul Watzlawick (1978, p. 7) :

> « Notre idée quotidienne, conventionnelle de la réalité est une illusion que nous passons une partie substantielle de notre vie à étayer, fût-ce au risque considérable de plier les faits à notre propre définition du réel, au lieu d'adopter la démarche inverse. De toutes les illusions, la plus périlleuse consiste à penser qu'il n'existe qu'une réalité. En fait ce qui existe, ce ne sont

que les différentes versions de celle-ci dont certaines peuvent être contradictoires et qui sont toutes des effets de la communication, non le reflet de vérités objectives éternelles. »

Ainsi la culture et ses langages nous apprennent à percevoir, à nommer ce que nous percevons et, ce faisant, ce que nous devons percevoir et, du même coup, ce que nous devons penser.

De ces différents aspects coextensifs à notre accès au réel résultent la formation et l'importance des stéréotypes, des pré-jugés, et des idées reçues, ces deux dernières notions étant à accepter dans leur sens littéral du fait qu'ils nous sont transmis avant tout jugement et dont il faut considérer la présence comme une donnée, une composante ordinaire, constante et inévitable de la vie en société, même si nous avons du mal à en admettre l'existence, tant sont ancrées notre croyance en l'individu rationnel enfermé dans sa monade égologique, tout comme la croyance en un accès direct à la réalité. L'importance des préjugés tient aussi à leur partage par d'autres et au fait qu'ils permettent d'éprouver une commune appartenance.

« N'étant fondés sur aucune expérience, ils rencontrent facilement l'adhésion des autres, sans devoir se plier aux exigences de la persuasion. Les hommes se reconnaissent en lui et éprouvent leur commune appartenance. De ce fait ceux qui en sont esclaves sont assurés d'une influence. Il n'existe pratiquement pas de formation sociale qui ne s'appuie plus ou moins sur les préjugés en fonction desquels certaines catégories d'hommes sont acceptées et d'autres rejetées... », écrit H. Arendt. « De leur omniprésence résulte la quasi impossibilité de les éviter. Sans les préjugés, anciens jugements, aucun homme ne pourrait vivre, parce qu'une existence dépourvue de tout préjugé exigerait une vigilance surhumaine, une disponibilité constante à accueillir et à être concerné à chaque instant par la totalité du réel », ajoute l'auteur (1995, pp. 26-27).

La force des préjugés tient à la solidité de leur ancrage dans le passé et à leur antériorité sur l'exercice de notre jugement. Pour en venir à bout, « il faut toujours en premier lieu retrouver les jugements passés qu'ils recèlent en eux et ces jugements à leur tour doivent être ramenés aux expériences qu'ils recèlent et qui leur ont donné le jour. » Cependant note l'auteur, « plus un homme est libre de préjugés, moins il sera adapté à la vie purement sociale » (*op. cit.*, p. 28).

H. Arendt et R. Laing, à partir de préoccupations différentes et complémentaires proposent des voies de sortie de ces multiples difficultés :

H. Arendt pose les conditions de l'accès à un réel commun. Ces conditions sont d'abord celles de la présence, d'un espace du paraître (lié à notre rapport phénoménal au monde) et de l'échange sur le réel :

« Le fait d'être privé de l'espace du paraître signifie qu'on est privé de réalité. Le réel a besoin pour exister de l'accord d'autrui, de la confirmation permanente par les autres de l'adéquation entre la croyance (ou la perception)

> et son objet. Si chacun veut voir le monde, l'expérimenter tel qu'il est réellement, il ne le peut que s'il le comprend comme quelque chose qui est commun à plusieurs, qui se tient entre eux, qui les sépare et qui les lie, qui se montre différent à chacun, et qui ne peut être compris que dans la mesure où plusieurs en parlent et échangent mutuellement leurs opinions et leurs perspectives » (1995, p. 92).

Il en est de même de la réalité du moi, comme on l'a évoqué plus haut. Dans ces conditions, seul un espace démocratique, espace princeps d'apparition relevant de la pluralité de notre monde commun – et organisé à cette fin –, permet de sortir de la méconnaissance partagée ou *multiple ignorance*, ce phénomène social omni présent décrit plus haut. On a indiqué à ce propos l'importance accordée à la présence de la famille lors des cliniques de concertation. (Nous en illustrerons plus loin les effets en termes de changements des représentations mutuelles). Une autre condition, caractéristique de l'espace démocratique, est nécessaire : la liberté de la discussion :

> « Ce n'est que dans la liberté de la discussion que le monde apparaît en général comme ce dont on parle, dans son objectivité, visible de toute part », ce qui signifie s'affranchir de la pression à penser comme autrui : « Ce qui est décisif ce n'est pas de pouvoir retourner les arguments et mettre les affirmations sens dessus-dessous (l'argumentation), mais d'avoir acquis la capacité de voir réellement les choses de différents côtés, c'est-à-dire, politiquement parlant, d'être capable d'assumer toutes les positions possibles présentes dans le monde réel à partir desquelles on peut observer la même chose – laquelle révèle ainsi, abstraction faite de son identité, les aspects les plus différents » (*Ibid.* p. 92).

Et l'auteure d'évoquer une véritable « liberté de mouvement dans le monde spirituel », aux antipodes des perceptions autocensurées au sein du groupe pris dans la méconnaissance partagée, caractérisées par l'absence de débat.

Selon R. Laing, la limitation intrinsèque de ce que nous pouvons percevoir directement a pour conséquence, si nous voulons élargir le champ de notre perception et notre intelligibilité des événements et des faits sociaux, la nécessité de les replacer toujours dans leur contexte tant spatial que temporel. Celle-ci se présente sous la forme d'un dilemme : elle est aussi souvent impossible que nécessaire :

> « La construction de la socialité se présente comme un ensemble de contextes qui s'entremêlent, de sous-systèmes reliés à d'autres sous-systèmes, de contextes reliés à des méta-contextes jusqu'à ce qu'on atteigne une limite théorique qui tienne ensemble tous les contextes et qu'on pourrait nommer le système mondial total. »

Bien sûr, celui-ci est inaccessible. On a déjà vu plus haut, à propos de la folie, comment la métaphore médicale qui exclut la prise en compte du contexte induit une circularité et une réciprocité dans les relations qui produit in fine les effets inverses au but recherché.

Il en est ainsi de la réalité, qui escamote son caractère pluriel coextensif à la communication. C'est vrai aussi de la violence, ou de l'agressivité, des notions qui excluent les contextes à l'intérieur desquels ses différentes formes peuvent se manifester, conduisant ainsi à naturaliser ce qui relève de la culture ou des situations. C'est vrai encore de la dénomination de L'homme qui nie la pluralité humaine et conduit là encore à essentialiser hors contexte ce qui relève de la culture et de l'échange et tout aussi vrai en ce qui concerne La femme. Le recours aux articles définis au pluriel, tels que « les délinquants », « les étrangers », « les Blancs », « les Noirs », « les chômeurs », « les hommes », « les femmes », etc., des catégories stéréotypées qui procèdent de la sélection de certains traits ou attributs et de leur généralisation sont inséparables des clichés en termes de représentation qu'ils produisent. L'opération mentale consistant à substantiver, naturaliser implicitement ces catégories est une des conditions des comportements discriminants ou violents.

La perception de la réalité ne s'arrête pas à la perception de la réalité des autres, elle concerne de façon réciproque la perception de soi, c'est-à-dire la perception de soi que les autres vous renvoient. C'est pourquoi les formations données par l'association « le Monde selon les femmes », commencent par la question des stéréotypes en général, puis des stéréotypes relatifs au rapport homme-femme ; en particulier sur l'intériorisation par les hommes, mais tout aussi bien par les femmes, de ces stéréotypes.

Les formations abordent également le rôle des croyances dans les comportements : les violences et les discriminations. L'objectif des formations est de favoriser l'autonomisation, le renforcement de la confiance en soi et l'estime de soi des femmes en référence à la notion d'*empoderamento*, un concept construit par des mouvements de femmes en Amérique du Sud. La notion d'*empoderamento*, issue de la notion d'*empowerment* s'en distingue et la déborde. À la notion de genre, cette notion ajoute le fait que les individus, femmes et hommes, sont acteurs et actrices de changements. Elle fait référence à l'individu, au pouvoir qu'il peut avoir sur sa propre vie, au développement de son identité ainsi qu'au collectif, au pouvoir des individus au sein du groupe, dans une vision collective de gestion de la société et de la politique. Le processus d'acquisition d'*empoderamento* social et politique est ainsi vu comme une dynamique. Il considère que la participation des femmes est indispensable au développement et qu'il existe un lien entre l'*empoderamento* des femmes et leur participation au développement durable. À partir des années 1985, la revendication de l'*empoderamiento*, ou prise de pouvoir, met l'accent sur le renforcement de la confiance en soi, de l'estime de soi individuelle et collective. Elle critique les précédentes approches du développement et du mouvement féministe occidental qui ont tendance à homogénéiser les femmes du « tiers-monde » et à en faire des victimes. Elle rappelle les causes de l'oppression des femmes, localisées dans le patriarcat et les dépendances coloniales. Elle critique l'usage qui est fait par les institutions internationales de la notion d'*empowerment*, lesquelles ont tendance à la séparer de la notion de changement des structures économiques et sociales, à la réduire à une capacité individuelle de se prendre en charge et à oublier la notion de *leader* en tant que représentant d'un groupe d'opinion porteur de changement.

L'association propose une méthodologie à partir de ce concept pour l'élaboration d'une stratégie d'intégration du genre dans le cycle du développement. Cette méthodologie permet une approche transversale des enjeux de genre et de développement, non seulement technique, mais elle met également en évidence l'importance de l'autonomisation et de l'estime de soi des différents acteurs et actrices dans le cadre d'un développement durable[20].

Un aspect intéressant de la démarche consiste à associer systématiquement les hommes dans ce travail de développement. Par ailleurs des études montrent que les hommes sont autant violentés que les femmes, ces dernières surtout dans les espaces privés, leur foyer, les hommes dans les espaces publics.

Les formations, comme la plupart des formations proposées par le CISP, adoptent une pédagogie participative. La transmission des connaissances, comme en matière de biologie, de psychosociologie, de sociologie et d'histoire est associée à une pédagogie ludique qui fait appel aux jeux de rôle, aux tests, à la projection de vidéos et autres supports qui favorisent la mise en question de ses propres perceptions et l'assimilation des contenus. Un livret du guide de l'animateur est proposé ainsi que des fiches et des jeux afin d'aborder, avec les enfants et les jeunes, les questions de genre, d'égalité entre hommes et femmes, l'homophobie et l'hyper-sexualisation.

Ainsi, par exemple lors d'une session de cinq jours, la distribution de cartes publicitaires représentant des hommes et des femmes permet aux participants de faire l'inventaire des différents stéréotypes attachés à l'individu masculin et à l'individu féminin. Par exemple l'expérience psychosociale du pyjama jaune proposée à deux groupes montrant la même image d'un bébé qui pleure, le premier groupe s'étant fait dire que le bébé est une fille, le second qu'il s'agit d'un garçon, aboutira à deux types différents de réponses. La petite fille qui pleure a du chagrin ou fait un caprice, il faut la consoler ou la câliner. Le petit garçon qui pleure a faim ou il est en colère, il faut lui donner à manger. Une telle expérience permet de

---

[20]. Les propos relatifs à l'action du « Monde selon les femmes » sont issus des différents cahiers *Les essentiels du genre,* publiés par l'ONG en Belgique avec le concours de la Direction générale de la coopération au développement.

prendre conscience du fait que la socialisation différenciée selon le genre est des plus précoce.

Les véhicules des stéréotypes sont innombrables et envahissent toutes les sphères de la vie sociale depuis les jouets en passant par le langage, la culture, les médias, la famille, l'école, les choix professionnels et le monde du travail.

Des tests relatifs au langage montrent que la langue n'est pas neutre du point de vue du genre ; elle reflète la hiérarchie sociale et forge nos esprits. Par exemple, en grammaire française, les adjectifs s'accordent en nombre et en genre et le masculin l'emporte sur le féminin ; et notre inconscient hiérarchise socialement les deux notions. Les études portant sur le développement du cerveau montrent que tous les cerveaux ont le même potentiel de départ, mais évoluent différemment selon les activités menées par les garçons et les filles. Ainsi 90 % des connexions des synapses se forment au cours de la vie, l'intériorisation des stéréotypes jouant beaucoup dans la construction des connexions.

L'abord des stéréotypes dans la vie professionnelle permet d'identifier des mécanismes tels que « l'ascenseur social », « le plancher collant », « les parois de verre » et « le plafond de verre » qu'on rencontre dans l'ensemble des champs professionnels et qui limitent les possibilités de développement professionnel des femmes.

Un exercice est proposé aux participants auxquels il est demandé de choisir les qualités attribuées aux héroïnes algériennes. Leurs réponses correspondent précisément à l'*empowerment*.

Le deuxième module de formation aborde la question des croyances, religieuses ou non, et des valeurs dans leur rapport à la question du genre, puis le rapport entre celui-ci et la violence, avant de proposer une stratégie d'approche pour le changement, avec l'utilisation de différents outils. Il se réfère à la Déclaration et au programme d'action de Pékin (Quatrième conférence mondiale des Nations unies sur les femmes de 1995, art. 24). Cet article stipule : « La religion, la pensée, la conscience et la conviction peuvent effectivement contribuer à la satisfaction des besoins moraux, éthiques, et spirituels des femmes et des hommes et à l'accomplissement de leur plein potentiel dans la société. Il faut toutefois reconnaître que toute forme d'extrémisme peut exercer un effet négatif sur les femmes et conduire à la violence et à la discrimination. »

À partir d'un dessin par chacun se représentant avec ses proches et ses groupes d'appartenance avec leurs croyances et leurs valeurs, ressort, à travers la diversité des situations, un accord sur trois valeurs : le respect, la prise de conscience, le désir de partager et d'agir. Le socle non négociable sur lequel les groupes se mettent d'accord est le suivant : la liberté d'expression non négociable, mais constructive, dans le cadre démocratique, le respect de l'autre et de sa sensibilité, le dialogue, la tolérance, notamment à l'égard de la laïcité, l'égalité dans la prise de parole, l'équité entre les hommes et les femmes, le travail de groupe et le sens de la solidarité ainsi que la prise en considération des pressions subies par chacun. »

Sont posées des questions relatives aux éléments liés aux croyances et aux valeurs qui renforcent ou fragilisent les appartenances. D'autres concernent les pensées et les références qui circulent dans les familles quant aux relations entre hommes et femmes. D'autres enfin questionnent l'influence des croyances et de la religion dans l'action sociale et politique de chacun. Au terme de ces réflexions, il ressort que les participants se sentent dans une dynamique qui leur permet de revoir leur vécu et de l'analyser objectivement afin de comprendre les comportements stéréotypés que chacun effectue quotidiennement sans prendre en considération l'injustice envers autrui et parfois envers soi-même qui les sous-tendent.

La question de la violence est abordée à partir de multiples données mondiales chiffrées quant aux violences dont les femmes sont victimes et aux formes différentes qu'elles prennent. Loin de les réduire, la mondialisation, par exemple, a augmenté leur exploitation économique et sexuelle. Est également rapportée une étude canadienne qui met en lumière huit facteurs qui permettent d'en comprendre les ressorts : comme le pouvoir patriarcal dans lequel la violence est utilisée pour rétablir la hiérarchie, le fait que les croyances soient vécues comme un privilège, le rôle des coutumes, traditions et croyances permissives de façon explicite ou implicite, légale ou non quant à l'exercice de la violence, le paradoxe du pouvoir lorsque la violence, dans une situation de fragilité, devient un moyen d'affirmer son identité, l'armure psychologique de la masculinité, en retour de celle-ci la pression psychologique qu'exerce la masculinité, la reproduction de la violence vécue, le rôle enfin de la pornographie.

Les violences ayant, comme le découvrent les participants, de nombreuses causes liées entre elles, la nécessité du travail en réseau pour lutter contre les violences relatives au genre est mise en avant. L'identification des discriminations et des stéréotypes vécus dans l'indifférence pour les uns, et dans la souffrance pour les autres, permet à chacun de se réconcilier avec autrui et avec soi-même en ayant une vision plus humaniste et plus juste.

L'évaluation au cours de laquelle les participants sont invités à exprimer leur ressenti par rapport au contenu de l'ensemble de la formation se fait dans un climat favorisant une régression positive qui permet un retour vers l'enfance où le gribouillage est autorisé. « Les belles expressions témoignent non seulement de la satisfaction par rapport au contenu, mais aussi d'acquis réparateurs et constructifs. »

« L'Université d'automne »

L'Université d'automne qui s'est tenue à Tichy du 26 au 28 novembre 2015 s'inscrit dans la jonction entre le projet DEM-A-R (DDH 4) et le projet

« Le Monde selon les femmes ». Elle a eu pour objectif de mettre en réseau les jeunes intéressés ou engagés sur les droits humains en général, en vue de les sensibiliser spécifiquement sur les problématiques liées aux droits des femmes et, de cette manière, mettre en place les prémisses d'un plaidoyer pour prévenir les conduites discriminatoires et de violence à leur encontre. Les connaissances acquises par les participants lors des présentations en plénière ont été ensuite débattues dans les ateliers et confrontées aux comportements et perceptions de chaque participant.

Partenaire de ces journées, avec la fondation Friedrich Ebert, l'Étoile culturelle d'Akbou, la LADDH et le CIDDEF (Centre d'information et de documentation sur les droits de l'enfant et de la femme), le CISP annonce la création, par ce centre, de la Fondation pour l'égalité.

L'Université d'automne organise une table ronde sur la place des femmes dans la société, sur les rapports de pouvoir entre les hommes et les femmes, sur la manière dont le rapport hommes/femmes façonne la société, comment en retour celle-ci façonne ces rapports. Elle travaille sur des thèmes déjà abordés par « le Monde selon les femmes » et qui les complètent, comme celui des violences faites aux femmes dans l'espace privé et des protections prévues à cet effet. On apprend ainsi que 60 % des agressions surviennent au domicile. Leurs auteurs peuvent être tout membre de la famille et de la belle-famille. Le privé demeure privé dans les cas de violence, police ou gendarmerie n'intervenant pratiquement jamais. Deux questions sont alors posées : Quelles sont les prises en charge possibles pour les femmes victimes de violence ? Pourquoi la loi pénale en matière de violences conjugales est-elle si peu appliquée ?

Elle aborde aussi la question de la rue, celle du harcèlement qui met en question la liberté de circulation des personnes, le droit de rendre visible et d'exprimer son existence. Qu'elle soit voilée ou non, la femme est objet de harcèlement dans la rue, en Algérie ou en Egypte, par exemple, où une recherche sur le sujet montre que les hommes les harcellent parce qu'elles sont tentatrices ou diaboliques, le cherchent, ou portent des vêtements indécents. Ils justifient leur acte par la frustration sexuelle ou comme moyen d'affirmer en public leur virilité. La ségrégation de tous les espaces publics ne met pas fin au harcèlement. Celui-ci a des conséquences psychopathologiques importantes : peur, phobie sociale, stress, hypervigilance, dépression, troubles alimentaires. Plusieurs auteures voient dans le harcèlement un contrôle de la mobilité des femmes et, par-là, de leur sexualité pour éviter toute relation sexuelle en dehors du mariage légal. Sont ensuite abordés les moyens mobilisés dans différents pays pour lutter contre le harcèlement : la loi, les films, la création de collectifs proposant différentes actions, l'éducation des filles et des garçons.

La question de la place des femmes dans l'islam est aussi abordée ainsi que les féminismes musulmans. Qu'est-ce que le féminisme musulman ?

Quelles sont les grandes catégories de ce féminisme ? En quoi les féministes musulmanes sont-elles différentes de leurs homologues non musulmanes ?

Youssef Seddik, philosophe et anthropologue tunisien, propose d'aborder la question du statut des femmes dans l'islam comme si le texte sacré était arrivé aujourd'hui et qu'on décide de le discuter. Ceci impliquerait une toute autre grammaire pour réfléchir sur les fondements des normes et des comportements afin de les accepter ou de les refuser dans le contexte d'aujourd'hui, non dans celui du VIIe siècle. Il propose notamment de poursuivre la piste qu'offrent les termes qui qualifient les femmes : en arabe le mot *nissa* (femmes) ne dérive pas du mot femme au singulier *(i)mra'a*. Il n'y a pas de pluriel pour *(i)mra'a* parce que ce terme signifie grammaticalement et métaphoriquement, que la Femme est égale à l'Homme. Il observe que chaque fois que le Coran parle de *nissa*, qui n'a pas de singulier, la référence est toujours datée, alors que chaque fois qu'il parle de la femme *(i)mra'a*, la référence est universelle. Les doctes consultés sur ce point n'ont pas d'objection à formuler. Il insiste également sur le fait que le mot *chari'a*, au sens de législation, et personne ne le prend en considération, n'existe nulle part dans le Coran, sinon une seule fois dans un sens purement métaphysique. Cette question de la *chari'a* est une illusion de lecture, maintenue par le dogmatisme des *Fouqaha*.

Ghalia Djelloul, sociologue, travaille sur le fait religieux comme fait social et sur la manière dont les acteurs s'emparent du Coran pour dessiner des identités, des courants dans la société, et particulièrement les mouvements féministes musulmans. Elle en dresse une cartographie contextuelle, à la fois géographique et historique. Ce féminisme n'a pu naître en Égypte que parce que d'autres féminismes auparavant ont permis l'accès des filles à l'école et aux études. Les intellectuelles du féminisme islamique se situent contre ou dans le sillage d'un islam politique qui veut faire de l'islam un fait totalisant, lors du moment de la *sahoua*, c'est-à-dire de l'émergence de l'idée du réveil islamique. Déçues par les reculs qu'engendre ce réveil, elles produisent des écrits, des réinterprétations à partir des textes considérés comme sacrés. Leur mot-clé : l'égalité absolue entre les hommes et les femmes est ancrée dans les textes. Elles se battent contre deux idées reçues. La première est celle selon laquelle le féminisme ne pourrait pas être islamique. Elles adressent leur critique au féminisme universaliste né dans des contextes laïcs où on peut faire l'économie du débat laïc/religieux. La seconde est que l'islam ne peut pas être féministe, critique qu'elles adressent à des siècles d'interprétation faite par des hommes dans des contextes patriarcaux. Selon le lieu où elles se situent sur le globe, les féministes islamiques n'ont ni les mêmes pratiques, ni les mêmes priorités, les unes investissant les espaces religieux et revendiquant leur place et l'égalité, d'autres investissant les tribunaux ou les organisations de droits humains, lorsqu'est légitimée une loi qui discrimine les femmes au nom du religieux.

Ces interventions ont suscité un débat important, nourri par l'expérience militante des différents participants, notamment des féministes laïques, apportant leurs connaissances sur les différents mouvements féministes, sur la nécessité de construire des alliances et sur le champ qu'ouvrent les relectures du Coran en matière de lutte pour l'égalité.

Au cours de la deuxième journée, plusieurs interventions mises en débat sont relatives à l'analyse du droit, le droit constitutionnel, le code de la famille et la question de l'héritage. Celle-ci a eu pour point de départ la Convention sur l'élimination de toutes les formes de discrimination à l'égard des femmes (CEDAW) en 1979 et ratifiée par l'Algérie en 1996. Elle a la particularité d'avoir repris toutes les conventions éparses (concernant l'âge au mariage, les droits politiques, la nationalité de la femme mariée), sur les sujets que la Commission des droits des femmes mise en place par les Nations unies en 1946 avait identifiés. Certains de ces droits, bien que considérés comme indivisibles et interdépendants, font l'objet de réserves de la part des pouvoirs publics algériens sur les articles qui portent sur la définition des discriminations et l'engagement de l'État à prendre des mesures pour les lever, sur la reconnaissance au même titre qu'a l'homme de la capacité juridique, le droit de conclure des contrats, la liberté de circulation, et les droits de la femme dans sa famille : droit de se marier, de choisir son époux, de conclure son contrat de mariage, tous les droits contenus dans le code de la famille.

En matière de droits politiques, l'Algérie a ratifié la Convention des droits politiques adoptant des mesures temporaires, en 2008, pour permettre aux femmes d'exercer leurs droits politiques et de lever la discrimination dans le taux de leur représentativité (actuellement ce taux est de 20 % au niveau communal, et jusqu'à 50 % dans le cas d'une représentation à l'étranger). En matière de droits économiques et sociaux la Constitution est en conformité avec la CEDAW. Toutes les recommandations du comité de la CEDAW à l'État algérien portent sur la levée des réserves et sur les droits des femmes dans la famille.

Amine-Khalel Hartani, professeur de droit à l'université d'Alger, après avoir montré qu'il n'y a pas d'incertitude liée à la hiérarchie des normes juridiques en Algérie, pose trois questions : Quelle est la place de la religion en tant que source dans la Constitution ? Quelle place le droit coutumier et la religion occupent-ils dans le système juridique ? Est-ce que la religion va disputer le sommet de la pyramide à la Constitution ? C'est une réponse en termes d'ambivalence, de paradoxe et d'ambiguïté qui s'impose : la source principale, selon la Constitution, reste bien la loi, et ce n'est qu'en l'absence de dispositions légales qu'interviennent la jurisprudence et les autres sources du droit, qui restent des sources supplétives ou subsidiaires. Mais « l'islam est religion d'État », les droits politiques ne peuvent être contraires à la morale islamique, le Président de la République doit être de confession musulmane, doit respecter et glorifier la religion islamique. Le droit algérien doit donc pouvoir respecter l'islam et les droits de l'Homme.

En ce qui concerne le code de la famille, Yamina Houhou, professeure de droit, et Said Djabelkhir, chercheur en sciences islamiques, déclinent les discriminations envers les femmes qui sont inscrites dans la loi : l'obligation de la présence d'un tuteur pour la femme lors du contrat de mariage, la répudiation unilatérale de la part de l'homme, la polygamie, l'autorité paternelle qui rend la mère étrangère à ses enfants sur le plan juridique. En matière d'héritage, suivant le Coran, la loi prévoit que les femmes ont droit à la moitié de ce qui est destiné aux hommes. Cette situation a été justifiée par le fait qu'elles n'apportaient pas de richesse dans la famille, les hommes détenant la responsabilité de celle-ci. Cette justification ne tient plus aujourd'hui, les femmes participant à la création de la richesse. En ce qui concerne cependant la suppression du devoir d'obéissance de la femme envers son mari, la loi indique que l'époux n'est plus de façon systématique le chef de famille, ce qui ouvre une possibilité de travail du côté des magistrats civils, compte tenu du fait que les modalités actuelles du recours devant le Conseil constitutionnel rendent le changement quasiment impossible.

La troisième journée est consacrée au changement relatif à la place des femmes tant dans la vie politique que dans la vie économique. L'Algérie, en raison de l'entrée en vigueur des quotas au sein de l'Assemblée nationale populaire qui permet aux femmes d'entrer en politique peut être considérée comme « une championne de la représentativité politique des femmes. » Cependant, comme le raconte une intervenante, Dalila Fourar qui a exercé plusieurs mandats législatifs, l'exercice effectif des femmes au niveau de l'assemblée exige qu'elles accèdent à des postes de responsabilité où se prennent les décisions, ce qui représente un parcours de combattant aux multiples embûches. Soulignant le fait que les députées travaillent plus que leurs homologues hommes et sont plus sensibles aux questions relatives au genre, il serait important, conclut-elle, de les accompagner dans le cadre d'un réseau.

Amina Merah, statisticienne, présente une recherche sur les mutations du rôle économique de la femme en milieu urbain, où elle montre le rapport qui existe entre un niveau d'instruction de plus en plus élevé et une contribution de plus en plus grande au revenu familial, même si le taux d'emploi des femmes est difficile à connaître (entre 17 % et 35 % compte tenu de l'importance du travail féminin non déclaré). Elles se retrouvent ou bien dans des emplois qualifiés ou dans des emplois de misère, comme femmes de ménage, malgré un niveau d'études qui leur permettrait d'accéder à mieux. Quant aux femmes qui demeurent au foyer, elles disent « ne rien faire » tant le travail à la maison, pour la famille et la belle-famille demeure invisible. Sont soulignés l'importance des emplois féminins non déclarés à la Sécurité Sociale, le harcèlement au travail, l'enfer du travail dans les fabriques-garages et les ateliers clandestins, la contractualisation comme « cimetière du syndicalisme » et les multiples difficultés rencontrées pour concilier travail et vie familiale…

Les participants soulignent le manque de connaissances que la société algérienne a d'elle-même. Des recherches notamment sur les effets de la polygamie sur les femmes et les enfants, sur ce que deviennent les femmes diplômées, au regard de la faiblesse de leur taux d'engagement dans certains métiers, seraient nécessaires, tout comme le seraient des recherches sur la désertion par les hommes des métiers dans lesquels les femmes s'engagent.

Meriem Ait el Hara abordera ensuite l'engagement artistique au féminin. Les femmes sont-elles libres au niveau de l'expression artistique ? En quoi l'art peut-il aider le combat des femmes pour plus d'égalité ? Si l'école des Beaux-Arts était considérée dans les années quatre-vingt comme une école de prostitution, les choses ont changé, même si la femme artiste a du mal à être prise au sérieux. Elle évoquera sa surprise et son intérêt pour les résidences d'artistes proposées par le CISP et l'importance de travailler avec les enfants.

Remarque :

Nous nous permettrons ici d'ajouter à titre de complément des exemples relatifs à la relecture du Coran :

1. On évoquera ici les programmes des manuels scolaires tunisiens d'éducation religieuse rédigés à l'époque d'Habib Bourguiba, destinés à la formation des jeunes fidèles dans le but de les sensibiliser à l'esprit de la *salifiyya*, un mouvement réformiste arabo-musulman qui prêche, à la fin du XIXème siècle le retour à la doctrine originelle et la réconciliation de la foi et de la science. Ces manuels sont des compilations d'articles et des extraits d'ouvrages variés de nombreux auteurs, dont le savant et historien du quatorzième siècle Ibn Khaldun, le théologien du 9ème, 10ème siècle irakien Abou Al Asham Al Ashari et d'ouvrages de réformistes modernes. Ils prennent en considération différents courants religieux, notamment des courants sunnites et chiites. Dans un chapitre intitulé « Le renouveau et les mouvements de réforme », un article présente l'instruction comme l'ennemi de la dictature, et la réflexion un commandement religieux : « Le despote ne craint pas toutes les sciences, mais seulement celles qui ouvrent l'esprit et éveillent en l'homme la conscience de ses droits et de son absence de droits, ainsi que les moyens d'acquérir et de préserver ses droits. » Il fait aussi l'éloge du savoir profane : « Le savoir élève les nations, tandis que l'ignorance les affaiblit et en fait la proie des errances du fanatisme, que ce fanatisme soit d'ordre idéologique, clanique ou confessionnel. » Le manuel fait l'éloge de la liberté individuelle comme condition de toute connaissance : « Le développement culturel dans tous les domaines est révélateur de la bonne santé de la société. Et la liberté de pensée est une

composante, voire même le fondement de la liberté d'opinion et d'expression. N'ayant d'autre Seigneur que Dieu, l'homme naît libre, c'est pourquoi il doit vivre et mourir libre. » Se référant à un verset qui énonce : « qu'ils se consultent entre eux à propos de leurs affaires », le manuel en déduit le fait que la consultation suppose la liberté d'expression et la garantit. La pluralité des opinions nécessite la reconnaissance de l'opinion inverse dans un esprit de liberté et de tolérance totale.

2. Depuis une vingtaine d'années des universitaires et des militantes pratiquent l'interprétation – *ijtihad* – des textes musulmans originels, leur objectif étant de se débarrasser de toute la jurisprudence patriarcale accumulée au fil des siècles. Universitaires et militantes de terrain ont créé des organisations internationales comme *Women's Initiative in Spirituality and Equality* (WISE) à Londres, ou le réseau *Musawah* (égalité) lancé en 2009 par la puissante *Sisters in Islam* de Malaisie. Les islamiques ont aussi établi des passerelles avec les féministes laïques qui ont souvent été pionnières. C'est ensemble que les féministes de tout bord ont obtenu le droit de vote féminin en 2002 à Barhein et en 2005 au Koweit, ainsi que la réforme du code de la famille au Maroc.

Le Certificat des droits de l'Homme

Instrument par excellence de la promotion des droits humains par le CISP en Algérie, ce certificat, un titre académique universitaire délivré par l'université catholique de Lyon, représente l'aboutissement d'un travail pour ceux qui en suivent jusqu'au bout les formations, avec la rédaction d'un mémoire sur un sujet particulier relatif aux droits de l'Homme. Il représente en même temps un point de départ en tant qu'il permet à ceux-ci de se lancer outillés dans la défense de ces droits, ou dans la pratique démocratique dans les lieux où ils s'investissent déjà, ou dans ceux dans lesquels ils s'investiront. Aussi ce certificat dans son contenu reprend-il les multiples thèmes abordés dans d'autres formations, le droit dans ses différentes composantes, les instances internationales relatives aux droits de l'Homme de façon spécifique. Il fait également appel aux mêmes disciplines en sciences humaines susceptibles d'éclairer les champs de l'action à mener. Le certificat intègre des modules enseignés dans le cadre du renforcement des associations, comme celui de la formation à la Gestion positive des conflits, dans le but de former des démocrates, c'est-à-dire des personnes capables de fonctionner de façon démocratique au quotidien, là où elles s'engagent.

Est actuellement en cours de formation la cinquième promotion des bénéficiaires de celle-ci. Ce certificat a été précédé, lors des années antérieures, par des universités d'été destinées à sensibiliser des jeunes sur les questions qu'aborde le certificat.

Par définition l'espace démocratique du politique est « un lieu vide », pour reprendre la formule de C. Lefort, au sens où il est un espace de création continu de cet espace commun par excellence que représente le politique. Et chaque décision inaugure quelque chose de nouveau. C'est pourquoi chaque société construit ses propres règles de fonctionnement social. En ce sens Charles Kabeya, directeur pédagogique du certificat des droits de l'Homme, lors de la première session de formation adressée aux participants de la troisième promotion du certificat, affirme en conclusion de son intervention introductive : « À partir de cultures particulières on doit être capable de produire des démocraties qui ne soient pas de pâles copies des démocraties occidentales : le défi aujourd'hui c'est l'invention. »

C'est à ce défi que ce certificat souhaite répondre en donnant aux participants les outils et les connaissances qui leur permettent de construire petit à petit, et par eux-mêmes, la société à laquelle ils aspirent. Dans ce but, « c'est d'abord le savoir qu'ont les Algériens de leur propre société qu'il s'agit de transmettre », ajoute le directeur pédagogique. « C'est aussi l'acquisition d'un savoir-faire, d'un savoir méthodique afin qu'ils puissent découvrir par eux-mêmes quoi faire. [...] Je fais une articulation entre les enjeux des droits de l'Homme et chacune des disciplines particulières. Par exemple avec l'histoire : l'identité algérienne n'existe pas comme telle, elle existe dans le projet qu'on se donne et si les droits de l'Homme y ont une place[21]. »

Dans cette optique, l'équipe pédagogique avec les membres du CISP et ceux de la LADDH a cherché à cerner les problèmes que les acteurs eux-mêmes mettaient en exergue, telles les questions de violation des droits de l'Homme, de gouvernance, des rapports hommes/femmes, des réalités religieuses. Elle a aussi cherché à identifier les aspirations qui étaient portées par les jeunes, pour les accompagner et mettre en projection leur expression, de les traduire en problématiques et en enseignements. Elle a fait appel à des intervenants, pour la plupart algériens : des universitaires, juristes, historiens, sociologues, à des journalistes et à des praticiens qui ont une expertise de terrain, ce qui a permis un regard croisé des expériences, des connaissances et des approches.

Une partie importante des modules de formation est consacrée aux intervenants qui apportent les connaissances disponibles sur la situation actuelle de l'Algérie et sur son histoire, dans de multiples domaines. Ces connaissances sont un préalable à la question des objets et des moyens du changement.

D'année en année le contenu des formations s'affine. Il connaît des variations en fonction des demandes et des besoins qu'expriment les participants, ou bien en fonction des difficultés rencontrées :

---

[21]. Entretien avec C. Kabeya.

« Nous avons beaucoup évolué dans la construction du certificat, les thèmes ne sont pas sortis d'un chapeau, mais des interrogations des jeunes. On a testé, il y a des cours qu'on a laissé tomber. [...] On a fait du sur mesure. Par exemple, on a introduit cette année une formation en psycho-sociologie, j'en sentais le besoin : on veut la démocratie avec des démocrates ; le changement social implique d'abord de se changer soi-même et de se remettre en cause. Il y a aussi l'exemple de l'intégration d'une formation sur l'exégèse du Coran ; celle-ci n'était pas prévue au départ.[22] »

Le vice-président de la LADDH observe à son tour que, si au début les mémoires étaient très « militants », un vrai travail de recherche s'est mis en place sans préjugés et avec un travail sur soi-même. Ont été en effet inclus dans ce but, dans les formations, des modules sur les valeurs et les comportements, sur l'estime de soi, la gestion positive des conflits de façon démocratique et le travail de groupe. Sur l'ensemble des jeunes qui ont suivi le cycle et ont présenté des mémoires, dit-il, il voit aujourd'hui des *leaders* au sein de la société civile. Ils sont coordinateurs ou chefs de projets au sein d'ONG locales ou internationales, et ils arrivent à être des *leaders* d'opinion au sein de leurs associations. On les retrouve dans toutes les activités et les initiatives, et aussi dans un travail de réseau. C'est donc une réussite, même s'il y a eu des déperditions. Il faut, conclut-il « consolider cet acquis pour arriver à un maillage, un réseau national, pas seulement de défenseurs des Droits de l'Homme, mais aussi des professionnels des droits de manière générale. »

Lors de la première session dédiée à la question de la gouvernance, le responsable pédagogique de la formation inaugure celle-ci en proposant notamment une définition de la notion des droits de l'Homme centrée sur l'éthique :

« Il s'agit de faire grandir deux choses : l'humanité qui est en chacun de nous et l'humanité qui est entre nous. Les droits de l'Homme ne se réduisent pas au politique ; ils engagent chacun à œuvrer pour le droit de l'autre, il ne s'agit pas de défendre d'abord mes droits, mais d'abord ceux des autres. Si par exemple je pense, si je suis médecin, qu'il faut construire un hôpital à tel endroit, je dois m'y employer. En cela les droits de l'Homme dépassent la question de l'État. C'est une manière d'être dans la société, de vivre la solidarité dans la société[23]. »

Il s'agit donc bien de ne pas dissocier la qualité des rapports sociaux concrets des droits humains dans lesquels ils s'insèrent : la liberté d'expression, l'égalité, la solidarité...

---

[22]. *Ibidem.*
[23]. *Ibidem.*

« De même, la dignité des droits de l'Homme vient moins de Dieu ou des ancêtres, mais de nous-mêmes, c'est-à-dire de la manière dont nous prenons soin les uns des autres. La notion de Droit implique aussi la notion de droiture qui renvoie à la sincérité avec soi-même et celle-ci doit être objectivée socialement par un débat qui permette de se prononcer sur le fait qu'elle sert ou non les droits de l'Homme. »

Le certificat aborde de multiples questions mises en débat dans des ateliers relatifs aux droits de l'Homme telles qu'elles se déclinent au cours de la troisième promotion (2014-2015).

La première session est consacrée à la « gouvernance » relativement aux droits de l'Homme. Y sont abordés les thèmes suivants : famille et société, violence, autorité et pouvoirs, les droits de l'Homme et la non-violence ; la problématique actuelle de la gouvernance par les droits de l'Homme, l'approche des instruments internationaux et des mécanismes de protection des droits de l'Homme, l'imaginaire artistique et le changement social ; enfin la terminologie juridique, le droit administratif et la citoyenneté.

La deuxième session a été organisée autour de la question : « Jeu des pouvoirs et gouvernance d'État. »

Deux journées ont été consacrées à la construction du rapport au politique dans l'histoire algérienne, aux droits économiques, sociaux et culturels (DESC), au Pacte international relatif aux droits économiques, sociaux et culturels (PIDESC). Elles ont aussi été consacrées aux lois : – élaboration, constitutionnalité, contrôle de constitutionnalité, puis aux droits de l'enfant avec la nécessité de travailler avec les spécialistes du droit, enfin à l'information : un droit pour qui, comment et pourquoi ? Une sociologie de la société civile algérienne a également été abordée.

La troisième session est consacrée à la question des religions : le sacré, la culture et le droit : socio-anthropologie du phénomène religieux, anthropologie coranique/islamique et droits de l'Homme, le féminisme et la théologie de la libération dans les pays vivant sous les lois islamiques, judaïsme, catholicisme et droits de l'Homme.

Quant à la quatrième session, elle est ordonnée autour du thème : stratégie et coût du changement social : la transition démographique et ses conséquences sociales, l'identification et la construction des acteurs du changement social, la dynamique socio-économique du changement, la stratégie et le coût du changement, la révolution tunisienne et les leçons à en tirer, le droit comme outil de changement social ainsi que les femmes et le changement social.

Lors de la première session « Quelle « gouvernance » pour les droits de l'homme ? C. Kabeya montre que la notion de « gouvernance » actuelle, telle qu'elle est portée par les Plans d'ajustement structurel et par la Banque mondiale – qui a inventé le terme contemporain de gouvernance – véhicule une représentation de la démocratie réduite et utilitaire. Centrée sur l'État, cette gouvernance ignore la société, instrumentalise la démocratie pour obtenir la liberté du marché, poursuivant ainsi le plan de l'économie coloniale. De son côté le Programme des Nations unies pour le développement, (PNUD) offre une définition plus large de la gouvernance démocratique en incluant les thèmes du développement, du parlementarisme, la révision des systèmes électoraux, les droits de l'Homme, le pluralisme de la presse, l'indépendance de la justice, la décentralisation, le développement local et la réforme de l'administration locale. Si la recette est unique et si le modèle relève d'un économisme partial, ces instances internationales changent, l'ONU particulièrement, les rapports de force ont changé et le développement de la société civile devient possible. L'éthique demande de prendre en compte ce qui existe et de se faire entendre de ces structures.

L'intérêt de l'approche des instruments internationaux, que développe et précise le vice-président de la LADDH, est d'abord de faire l'inventaire de ces instruments, des conventions et des protocoles facultatifs destinés à la protection des droits de l'Homme, des multiples comités chargés de surveiller l'application des traités ratifiés par le pays. Il est aussi de faire la liste de toutes les instances auxquelles les ligues des droits de l'Homme peuvent s'adresser : par exemple l'Union africaine qui dispose d'un référentiel, la Charte africaine des droits de l'Homme, et la Cour africaine des droits de l'Homme et des peuples. Il y a aussi la possibilité, ouverte à la société civile, de présenter un contre rapport alternatif au rapport qui doit être fait tous les quatre ans sur la situation des droits de l'Homme que chaque gouvernement des 193 pays concernés s'est engagé à présenter au Conseil des droits de l'Homme. Il y a encore le système des plaintes déposées au Conseil des droits de l'Homme.

Un autre module est consacré à la terminologie juridique, au droit administratif et à la citoyenneté. Il aborde le concept de droit, la hiérarchie des normes, la séparation des pouvoirs. Il fait un tour d'horizon du droit administratif algérien, de ses institutions et de leur fonctionnement avec notamment la question du recours administratif.

L'historien Daho Djerbal expose les défis majeurs auxquels doit faire face la société algérienne d'aujourd'hui : celui de l'héritage institutionnel de la période coloniale, c'est-à-dire de la destruction systématique des institutions politiques, administratives, juridiques ou religieuses antérieures et la francisation de ces institutions, l'héritage également d'un droit et d'une justice d'exception. Lors de l'indépendance, l'Algérie ne possède pas de projet de droit propre et proroge une conception du droit qui enracine ses pratiques dans une culture juridique de l'utilitarisme et de la répression, dans son double dispositif administratif et militaire. La lente interpénétration entre systèmes de valeurs et règles de droit ne s'est pas faite. Se posent donc les conditions d'une fondation démocratique. Le deuxième défi concerne la représentation que les Algériens ont d'eux-mêmes, de leur identité : « Ce qui spécifie la violence coloniale et ses différentes formes d'héritage c'est la désappropriation, la destitution du propre (langue, histoire, culture), un processus d'évidement de soi. » Le chantier est celui de la reconquête de soi collective et individuelle dans le pluralisme. Le troisième défi a trait à la mutation démographique de l'Algérie et aux nouveaux liens sociaux qu'elle engendre. La mutation c'est le passage d'un régime démographique traditionnel, où la fécondité et la mortalité sont élevées, l'espérance de vie peu élevée, à un régime moderne où la fécondité et la mortalité sont beaucoup plus faibles. Delà une forte différenciation entre les générations, en termes d'exposition aux modèles économiques et culturels et d'accroissement de la concurrence sur le marché du travail. D'où aussi, avec la scolarisation des filles et, avec un revenu familial de plus en plus en plus à dominante féminine, un bouleversement de la place des femmes dans la société, non accepté par les structures mentales, juridiques, politiques et traditionnelles. Le développement de la violence contre les femmes, aujourd'hui, témoigne de la mise en place d'un nouveau lien social, refusé par ceux qui s'appuient sur les lois et coutumes traditionnelles pour ne pas le reconnaître. Comment faire pour adapter et mettre en concordance des traditions et des coutumes et ce phénomène nouveau ? Tel est cet autre défi.

L'art en tant qu'acte politique, puisqu'il porte comme celui-ci une vision du monde, a aussi sa place dans les formations. L'art est ici appréhendé en tant que réalisation de la beauté, comme moyen de faire reculer la violence et comme moyen d'émancipation. Personne en éveil, l'artiste produit une vision du monde individuelle ou collective porteuse de mouvements sociaux. Se référant à K. Marx, à L. Tolstoï et à J.-P. Sartre, Atiqa Belhacene, historienne d'art, montre que pour le premier, l'activité artistique est une manière effective de libération de l'être humain, au sens le plus large, de l'humanité ; pour le second l'art n'est rien qu'un lien social, un lieu de rencontre contribuant à l'enrichissement de l'expérience affective de l'humanité toute entière. Pour J.-P. Sartre l'écrivain est dans l'engagement qu'il partage avec le lecteur, il ouvre de nouvelles visions du monde, tout en restant dans son propre temps, et l'écriture devient un instrument de libération.

Nous verrons plus loin que les militants formés au certificat des droits de l'Homme s'investissent activement dans les associations, nombreuses, qui agissent pour le développement de l'expression artistique et culturelle, pour l'accès à la culture et qui portent à travers leur action le message des droits humains.

La deuxième session est consacrée au « jeu des pouvoirs et à la gouvernance d'État. »

Dans un pays qui a connu quatre siècles et demi de domination étrangère, celle des Ottomans, puis celle des Français, s'est posée avec la guerre pour l'indépendance une double revendication, de liberté ou de libération, celle aussi de fonder un État souverain national. Retraçant l'évolution à travers différentes séquences de l'histoire algérienne depuis la lutte pour l'indépendance, Daho Djerbal montre comment s'est posée la question démocratique, celle de la citoyenneté et de l'appartenance à l'État et à la nation. Il retrace la création et l'évolution des différents mouvements et partis engagés dans la guerre de libération : celles du Parti du peuple algérien (PPA), celles du Parti communiste algérien (PCA), de l'Union démocratique du manifeste algérien (UDMA), la création du Mouvement pour le triomphe de libertés démocratiques (MTLD) et de l'Organisation spéciale (OS). Il aborde ensuite la question de la représentation politique et celle du passage à la lutte armée, la période d'après 1954 avec l'Armée de libération nationale (ALN) et le Front de libération nationale (FLN). Puis il retrace l'histoire de l'héritage de la disqualification des partis politiques et du politique par les porteurs d'armes et les activistes jusqu'à aujourd'hui, avec les différents coups de force qui se sont succédés en 1962, en 1965 puis en 1992.

Se pose alors la question de la voie démocratique, des fondements institutionnels de la démocratie et de l'émergence du sujet de l'histoire en tant que sujet-citoyen, étouffé par l'histoire de la formation d'un sujet qui serait le peuple en armes et à l'intérieur du FLN devenu parti unique. Comment sortir de cet héritage, résoudre ces questions par le débat ? Comment imposer une culture du politique par la voie pacifique de la tolérance, de la multi-appartenance ? Parallèlement à la libération du pays, la société algérienne a connu un processus d'individuation avec le passage progressif de la société paysanne dominante et généralisée à une société où l'individu commence à apparaître en tant qu'individu singulier, et non pas comme un élément constitutif de la famille élargie, du *taddert*, de la *dechra* ou du *douar*.

Par rapport à de tels bouleversements et aux questions posées, il y a une possible issue par les droits de l'Homme pour jeter les fondements de l'État démocratique, faire respecter par la lutte quotidienne la liberté et la dignité de chacun.

Plusieurs modules sont encore consacrés au droit. Les uns concernent les droits économiques sociaux et culturels (DESC). Après un exposé sur les moyens possibles formels, tels ceux que prévoient l'Organisation internationale du travail et les moyens informels qui favorisent le dialogue social et la négociation, est posée la question des mécanismes démocratiques à inventer pour répondre aux problèmes économiques. Est affirmée la nécessité de prendre les risques qui permettent de voir reconnaître la légitimité des droits économiques, sociaux et culturels tels qu'ils sont énoncés par les droits de l'Homme avant qu'ils soient légalisés, la nécessité également d'espaces d'échanges et de débats pour que les différentes forces sociales, salariées ou non, accèdent à une visibilité sur les différentes façons de voir le devenir de l'économie.

Un module est consacré à l'élaboration des lois, à leur rapport avec la Constitution et au contrôle de constitutionnalité.

Il apparaît que la séparation des pouvoirs est plus fonctionnelle que réelle tant au niveau du pouvoir judiciaire que du pouvoir législatif, avec des aménagements, depuis 1996, qui permettent à l'exécutif de promulguer des lois sans passer par le Parlement. Est aussi évoquée la disparition, dans la Constitution, de la liberté de culte.

Un module est consacré aux droits de l'enfant, ainsi intitulé : les droits de l'enfant et la nécessité de travailler avec les spécialistes du droit. La Convention internationale des droits de l'enfant (CIDE) a été ratifiée par l'Algérie en 1992, mais des déclarations interprétatives en limitent considérablement la portée. Celles-ci sont relatives à la liberté d'expression, à la liberté de penser, de conscience et de religion, au droit à la vie privée et à l'accès à l'information, au nom de la morale islamique, du code de la famille et du code de l'information, « de telles interprétations représentant une atteinte au principe de la hiérarchie des normes. » Cette convention n'évoque pas seulement la protection de l'enfant, elle considère celui-ci comme un sujet de droit disposant des mêmes droits que l'adulte et lui reconnaît la qualité de citoyen. La mise en conformité de la législation et des pratiques avec la Convention « demande un travail considérable qui suppose un changement de vision de l'adulte sur l'enfant », une évolution des institutions concernées, une modification des lois, comme par exemple celle du mariage coutumier des filles de moins de 18 ans encore validé par le code de la famille, le passage de la puissance paternelle à l'autorité parentale, l'application par les juges de la déchéance de la puissance paternelle en cas de maltraitance, laquelle est prévue par la loi.

Le module suivant aborde le droit à l'information, en reprenant les différentes déclarations et pactes internationaux qui le consacrent et que l'Algérie a ratifiés. Cependant la loi ne définit pas réellement le droit à l'information pas plus qu'elle ne définit la liberté d'informer. L'autorité de régulation de la presse écrite, chargée notamment de l'attribution d'une carte de presse professionnelle, n'existe toujours pas. L'article 84 restreint l'accès aux sources de l'information dans de nombreux cas, notamment lorsqu'il est question de défense, de secret économique stratégique, de politique étrangère ou des intérêts économiques du pays. En ce qui concerne la déontologie professionnelle, des dispositions existent parfois, assez vagues, sur les obligations du journaliste, tels que le respect des symboles de l'État, le fait de ne pas porter atteinte à l'histoire nationale, de ne pas faire l'apologie du colonialisme, du racisme, de l'intolérance et de la violence.

On notera que lors d'une réunion consacrée au journalisme et soutenue par le CISP, où étaient présents des journalistes et des représentants de diverses associations, une conclusion pessimiste a été avancée : les journalistes n'arrivent pas à s'organiser entre eux, parce que le métier de journaliste n'est pas pratiqué comme tel selon ses règles, l'autocensure n'a pas disparu et les sujets de société sont rarement abordés. Les journalistes ne parviennent pas à demander aux représentants du pouvoir des conférences de presse. Est déplorée, ici aussi, l'absence de connaissance de la société algérienne par elle-même et la faiblesse de la présence des sciences humaines qui permettraient de combler ce « trou noir ». Cependant les participants notent qu'une nouvelle génération de journalistes est née, formée aux droits de l'Homme et qui travaille à partir de Facebook.

Un module est consacré à la sociologie de la société civile algérienne. Énonçant l'idée qu'il existe un besoin de continuité dans l'histoire d'une société, le sociologue Brahim Salhi déplore le fait qu'il y ait peu de travaux sur cette question, ce qui conduit à l'absence de lisibilité de la société civile algérienne. Celle-ci serait amorphe, peu structurée, peu organisée, à quoi s'ajoute le présupposé d'un manque de représentativité des associations, de telles représentations étant relayées par le discours médiatique avec des effets ravageurs. Il y a pourtant des ressorts de bout en bout dans l'histoire de cette société, dès la période turque. L'architecture politique et administrative mise en place par les turcs ne contrôlait pas tout le territoire, et les conflits se réglaient par la négociation, l'intermédiation, avec des acteurs communautaires. La fin des années vingt connaît une éclosion des associations, un champ associatif et syndical structuré, qui se construit dans le sillon d'un projet politique global qui est celui de la contestation de la domination coloniale et de l'accès à l'indépendance. Ce sont souvent des associations d'éducation, mais aussi sportives qui émergent, dont l'intervention sera très forte, qui visent l'égalité de l'accès à l'école par rapport aux européens comme vecteur d'émancipation et aussi l'égalité dans la représentation politique. Existent aussi des organisations comme les Conseils des *ksour* dans le M'zab, ou les organisations villageoises en Kabylie qui interviennent lors des conflits ainsi que des comités plus informels.

À partir de 1962, la société civile perd sa réalité, étant absorbée par l'État et ses appareils de contrôle. Plus tard, après le jaillissement des années qui ont suivi 1988, il y a une reprise en main des destinées dans tous les secteurs, mais la période des années quatre-vingt-dix a perturbé une société civile qui commençait à s'organiser.

Les « citoyens organisés » souffrent actuellement d'un déficit de légitimation et de légitimité ; n'étant pas reconnus comme acteurs, ils sont aussi délégitimés dans la société. Neutraliser la construction de l'architecture de la société civile laisse la place aux actions de revendications violentes.

Dans le premier module de la troisième session intitulée : « Religions et droits humains, protection des droits de l'Homme et humanité », le directeur pédagogique du certificat propose une analyse socio-anthropologique du phénomène religieux et du lien qui existe entre le sacré, la culture et le droit.

Les archéologues nous montrent que la religion est liée à l'humanité de l'homme, à la confrontation de celui-ci à la mort et à la question qu'il se pose d'un au-delà. Dans le rituel universel de l'accompagnement des morts apparaît l'espoir de retrouvailles dans cet au-delà. Ce but final commande la manière de vivre ici-bas. Selon Coppens, si ce culte a été premier, le phénomène religieux est à l'origine de la culture et du droit et, selon cette logique, des droits de l'Homme. La religion crée une communauté particulière, la communauté des croyants qui ne recouvre pas toujours la communauté de citoyenneté. L'ambition universelle de certaines religions peut casser la solidarité citoyenne que l'État veut instaurer, ce qui rend problématique la relation entre les religions et les droits de l'Homme. Cependant il y a toujours eu une interaction entre le religieux et le politique, le citoyen étant aussi le croyant. Toute religion étant un projet social est naturellement en concurrence avec l'État. Comme en matière de développement, c'est à chaque société d'inventer son modèle de cohabitation du politique et du religieux.

À partir d'une démarche phénoménologique, le philosophe Ahmad Aminian interroge la manière dont le Coran considère et définit l'homme en tant que tel et les droits qu'il lui attribue. Il propose à partir de là une analyse de la relation entre ces droits et les droits de l'Homme. Distinguant l'islam fondamental, ou essentiel du Coran, de la notion l'islamique qui fait référence à ses conséquences historiques et existentielles à l'intérieur de l'histoire, dont fait partie la construction de la *chari'a*, l'auteur montre que le Coran est un élément constant, la notion islamique un élément variable, et qu'existe depuis 150 ans une confrontation entre la modernité et le monde musulman, ce qui induit une crise de loyauté dans les pays musulmans face à leur tradition religieuse. Très importante, cette crise conditionne leur comportement. Pour la civilisation islamique existe une forte conviction, quel que soit le courant auquel les interprètes du système coranique se réfèrent, qu'on peut y trouver la rationalité, la liberté, la légalité, la métaphysique ou l'histoire. Des éléments fondamentaux sont communs aux droits de l'Homme et à la pensée musulmane. Pour un musulman, la fraternité est première, tandis que dans la modernité c'est la liberté qui occupe la première place, la fraternité venant en troisième lieu. Inversement la liberté occupe la troisième place pour le musulman, l'égalité étant aussi importante dans les deux systèmes de pensée. Mais, à l'intérieur de l'Islam en tant que civilisation, s'est toujours manifestée une dualité fondamentale, d'une part celle des principes de gouvernement, d'une communauté tribale et ethnique transformée en une communauté religieuse restreinte et, d'autre part, ceux d'une société développée, complexe et historique, comme l'empire perse et l'empire byzantin. Ainsi le système juridique et l'État de droit dans l'Islam ont été imprégnés de la conception simpliste d'une éthique tribale en même temps que du système judiciaire et organisationnel des deux grands empires de jadis.

Le module suivant aborde « le féminisme et la théologie de la libération dans les pays vivant sous la loi islamique. »

Wassila Tamzali distingue trois points essentiels à aborder : la « religion et les femmes », « la religion et les droits des femmes », enfin la « religion et le féminisme », souvent objets d'amalgames, et souligne que de tout temps on a demandé aux femmes d'être les gardiennes de la tradition, en confondant souvent la tradition et la religion.

En islam, la question de la religion en regard des droits des femmes est traitée de façon différente par les quatre écoles juridiques. Dans un premier temps l'interprétation de la *chari'a* par le patriarcat est contestée par les militants des droits de l'Homme. Apparaît dans un second temps « la théologie de la libération » qui s'intéresse à une relecture du Coran. Des femmes théologiennes relisent le Coran dans une perspective d'affirmation des droits des femmes et de la dignité des femmes. Dans ce bloc « la religion et les droits des femmes », il y a une démarche laïque et un mouvement, le féminisme islamique. Il y a également depuis plus d'un siècle une analyse menée par des penseurs du Coran qui ont essayé de dégager la raison critique de l'islam.

Relativement à la question des droits des femmes un travail a été mené, un travail d'interprétation positive de la religion avec un argumentaire religieux. Il y a aussi le féminisme, en tant qu'idéologie de la libération et non comme théologie de la libération. Doivent donc être posées les questions de l'égalité et de la liberté, tandis que l'ensemble des questions concernant la famille et la religion doivent être passées au crible de la question de la liberté.

Suit un module intitulé « judaïsme, catholicisme et droits de l'Homme », animé par C. Kabeya.

L'expérience de la sortie d'Égypte lors de l'Exode, est à l'origine d'une conviction forte dans le judaïsme d'un Dieu avant tout libérateur. Cette libération ne se situe pas, comme dans l'islam, dans la méta-histoire, mais dans l'histoire et celle de l'Égypte ancienne. Ce Dieu libérateur est aussi un Dieu législateur (les dix paroles ou commandements).

Il y a dans le judaïsme l'idée que l'homme peut discuter, négocier avec Dieu, comme l'a fait Abraham. Le judaïsme est une religion tribale. Très élitiste et très solidaire, elle est très soucieuse de justice, mais à l'intérieur de la communauté. Chez les chrétiens qui ont hérité d'une partie de l'histoire et des croyances juives, l'Ancien Testament est l'une des sources fondamentales du rapport entre la foi catholique et les droits de l'Homme. De façon générale, le Christ est celui qui réalise le mieux dans sa vie le respect des droits de l'Homme, notamment par l'amour qu'il manifeste pour les pauvres, les malades, les sans droits… La révolution industrielle va jeter sur les routes des familles de pauvres et l'Église catholique va entrer naturellement dans la défense du droit humanitaire. C'est à partir des droits économiques, sociaux et culturels que l'Église catholique va entrer dans les droits de l'Homme et, à partir de là, des droits civils et politiques. Cependant elle va se convertir très tardivement à la démocratie. En 1965 le pape Paul VI prononce un discours sur la paix, l'égalité et la justice aux Nations unies. L'Église accepte de collaborer avec les organisations internationales. Une idée importante émerge au sein de l'Église catholique : la paix n'est pas « que le silence des armes », elle doit s'articuler avec la justice sociale.

La quatrième et dernière session de formation du certificat concerne la stratégie et le coût du changement social.

Cette session est plus technique que les précédentes. Tout en faisant appel aux acquis de différentes disciplines sociales et humaines, elle vise le changement social qui, lui-même, est hautement problématique. Qu'en est-il d'abord de la transition démographique et de ses conséquences sociales en Algérie ? Peut-on identifier les stratégies des acteurs en la matière ? Comment concevoir le droit comme un outil de changement social ? Quelle place tiennent les femmes dans ce changement ?

La maîtrise de la démographie d'un pays apparaît comme une condition d'accès aux droits de base, bien que les crises économiques puissent avoir d'autres causes. En Algérie la politique démographique, après avoir été nataliste dans les années 1970, vise au début des années 1980 à abaisser le taux d'accroissement démographique de 3 % à 2 % vers l'an 2000. Un programme de planification familiale a été lancé grâce au réseau des centres de protection maternelle et infantile, alors même que cette question était taboue. Selon les prévisions, la baisse de fécondité ne devrait se faire sentir qu'à partir de 2030, ou à partir des années 2020 si on considère l'élévation rapide de l'âge moyen au premier mariage, un record absolu dans le monde arabe. Reste à connaître les réponses économiques qui seront données au phénomène et leurs capacités à absorber la demande sociale.

Le second module de la session s'intitule : « Identification et construction des acteurs du changement social ».

S'appuyant sur différents auteurs, le professeur de droit Messaoud Babadji observe que la majorité des Algériens aspire à des changements vers plus de développement et plus de libertés, et de manière pacifique, compte tenu de l'histoire de l'Algérie dont le système politique est caractérisé par un régime autoritaire et rentier. L'autoritarisme à lui seul n'explique pas le mal-développement, puisque des pays comme la Turquie, la Corée du Sud et la

Chine ont pu, malgré le caractère autoritaire de leurs régimes, construire des économies viables. La différence avec l'Algérie est que ces pays ont opté pour des économies productives et non rentières. La rente en tant que « rapport social dominant » ne favorise pas l'émergence du citoyen de la société moderne, mais produit le client de la société archaïque précapitaliste. Ainsi les hommes d'affaires se mettent dans une position d'obligés, pour de multiples raisons dont l'instabilité institutionnelle et le flou politique, sachant qu'aucune institution ne leur garantit sa protection et que le droit a déserté les cours de justice depuis longtemps. Considérant la faiblesse des acteurs classiques du changement, syndicats, presse, courants politiques, les enjeux pour le pays apparaissent considérables. Le maintien du *statu quo* est mortel pour le pays avec des risques certains d'implosion. Pour s'en sortir, l'Algérie doit engager trois ruptures : premièrement une rupture idéologique avec l'abandon du populisme islamo-nationaliste et la promotion de l'individualisme, de la citoyenneté, des droits de la personne humaine et de l'égalité homme-femme. Deuxièmement une rupture politique, avec la fin du jacobinisme et de l'autoritarisme qui lui est inhérent, par la refondation de l'État, avec la séparation et l'équilibre des pouvoirs, une large décentralisation avec la libre administration des collectivités locales et la création de régions. Troisièmement une rupture avec l'économie rentière et la corruption qui lui est inhérente, par une transition libérale avec la mise en place d'une économie productive, créatrice de richesse, et les mécanismes d'une concurrence libre et non faussée.

Le troisième module aborde la « dynamique socio-économique du changement, la stratégie et le coût du changement ».

En termes de stratégie et de coût du changement s'impose, selon Leila Tadj, analyste institutionnelle, la décision d'aborder la dynamique socio-économique du changement au travers du triptyque « droits humains-développement-changement » pour esquisser les voies des possibles tant au niveau individuel que collectif.

Droits humains et développement sont intrinsèquement indissociables. Le développement exige le respect des droits civils et politiques et favorise l'exercice d'une démocratie participative, condition indispensable au plein respect des droits économiques sociaux et culturels. L'action solidaire et non-violente en faveur des droits humains et du développement dépasse de très loin les considérations de frontières, de souveraineté nationale et de l'exclusivité de la contestation comme expression de la mobilisation citoyenne.

L'approche développement par les DESC au plan pratique ne peut avancer que si elle est chargée de valeurs, d'authenticité, de simplicité et que si elle est contextualisée, c'est-à-dire rapportée à la situation des DESC en Algérie. Véritable semence exceptionnelle formalisée dès 1963, l'approche par les DESC s'est révélée comme un instrument efficace et puissant au service de la dignité humaine et de la justice sociale. Pour accroître son efficacité, il faut renforcer la complémentarité des dimensions politique et juridique des luttes, l'articulation des différentes mobilisations qui ont lieu autour des DESC et approfondir la réflexion sur l'approche par les DESC. Les instruments internationaux traduisent l'importance du processus de leur implantation qui reste une véritable source d'opportunité pour faire évoluer les institutions, car le changement du cadre législatif impacte la façon d'être acteur par la codification des règles du jeu. Le processus en cours d'harmonisation de la législation nationale avec les instruments juridiques internationaux ratifiés constitue une étape clef dans la consolidation de l'État de droit. La réduction in fine des solidarités traditionnelles du fait des protections contre les multiples risques mises en place implique *de facto* le renforcement des liens avec les institutions publiques et leurs représentants. L'importance du processus d'implantation de ces instruments reste une véritable opportunité pour faire évoluer les institutions et leurs bénéficiaires.

Au cours du quatrième module Ahmed Galaï, vice-président de la Ligue tunisienne des droits de l'homme, déroule les différentes étapes de la révolution tunisienne et analyse le consensus qui s'est construit entre les partis politiques, les ONG et des personnalités au sein d'un mécanisme élaboré de dialogue civil.

Ceux et celles qui ont fait la révolution, il faut le souligner, ont voulu mettre les droits de l'Homme au cœur de la transition démocratique et de la révolution et tout bâtir autour de ce paradigme. Il y a eu dès le départ une volonté de mettre la législation en conformité avec le droit international – ratification de différents textes –, mais aussi la libération des prisonniers politiques, notamment des islamistes, et la levée de l'interdiction de la Ligue tunisienne des droits de l'homme. Une instance de réforme regroupant toutes les sensibilités politiques et associatives du pays, les corps de métier, les jeunes, les femmes, etc., a préparé la transition démocratique et a passé la main à l'actuel Parlement. La société civile, coalisée en force de pression, a imposé une feuille de route aux politiques et joué le rôle de médiateur entre les différentes parties. Chaque fois qu'a été engagé un débat sur des questions centrales telles que l'islam, religion d'État, les femmes, les instances constitutionnelles, la formation du Conseil de la magistrature, du Conseil des droits de l'Homme et du Conseil législatif transitionnel, cette instance a obtenu gain de cause. Si les défenseurs des droits de l'Homme n'ont pas réussi à imposer toutes leurs vues, en particulier l'abolition de la peine de mort, plusieurs articles de la Constitution représentent des points forts et une avancée réelle.

Suit le module relatif au « droit, outil de changement social ».

Réfléchir au droit comme outil de changement, estime C. Kabeya, c'est réfléchir sur le rapport qu'il y a entre droit et changement social. Dans cette perspective il oppose plusieurs conceptions du droit – hors des conceptions classiques de celui-ci –, la conception transcendantale du droit dans laquelle on donne des droits et des devoirs « par avance ». Il s'agit d'un droit conservateur qui ne permet pas d'être remis en question. C'est cette conception du droit qui prévaut en Algérie. Il y a aussi le droit par le bas, le droit négocié avec la société, un droit horizontal. La production de ce droit tient compte des relations de proximité et des solidarités mécaniques ou organiques. Il est d'abord symbolique et ne peut se créer que par consensus. Ce droit devient instrument de changement social lorsqu'il y a un dialogue et une négociation entre les droits. Un tel droit ne peut être que temporaire. Le droit en tant qu'outil de transformation sociale est un droit qui épouse d'une part les contours des luttes sociales au sein de la société, d'autre part le désir de changement. Il ne se réduit pas à sa dimension collective, mais tient compte des individus et de leurs souffrances. Il en est ainsi par exemple de la théologie de la libération en Amérique latine, où un mouvement sociopolitique vise à rendre dignité et espoir aux exclus et aux pauvres.

Pour le droit par le bas, c'est la société qui modèle l'État et pas l'inverse, tout comme c'est la société qui modèle la religion et non l'inverse.

Dans le dernier module « femmes et changement social », la sociologue urbaniste Cherifa Hadjidj aborde les différentes disparités régionales, celles qui différencient les villes et les campagnes, un exode rural massif et brutal sans que les nouveaux citadins disposent des codes urbains. Elle identifie aussi le phénomène de « desserrement urbain ». Ces deux phénomènes permettent de comprendre les inégalités face à l'école, aux soins, à l'offre de consommation des biens, les efforts ne se portant pas là où sont les populations. Ces inégalités se conjuguent avec celles qui sont liées au genre. Bien que l'école ait bouleversé la société algérienne et que les femmes soient majoritaires à passer le baccalauréat, et plus nombreuses encore à l'université que les hommes, elles mettent plus de temps à trouver du travail, montent moins facilement dans la hiérarchie professionnelle et demeurent cantonnées le plus souvent dans les activités situées dans le prolongement des activités domestiques comme la santé, l'éducation et les services.

Malgré tous ces changements, malgré le développement des familles nucléaires, la société demeure patriarcale et la femme comme individu a beaucoup de peine à émerger.

Parallèlement aux formations au certificat des droits de l'Homme sont proposées des formations de formateurs à la défense des droits humains.

L'« Exonération » et le « vivre ensemble »

La question du vivre ensemble en Algérie se pose avec acuité et bien des difficultés après la décennie noire et les vagues de répression. La réconciliation a-t-elle un sens ? Si oui comment procéder ?

Le CISP a publié différents textes sur la question qui décrivent au Rwanda et en Afrique du Sud les actions mises en œuvre pour tenter de favoriser un futur qui ne s'abîme pas dans la répétition ainsi qu'une réflexion sur l'oubli. Ces textes invitent les acteurs à la réflexion. Ils sont complétés par une formation/action qui s'est déroulée en cinq journées, d'avril à juillet 2011, en association avec la fondation Friedrich Ebert. Cependant, par la suite, ce projet sera mis en veilleuse faute de temps et de moyens suffisants. Cet ouvrage et ces journées présentent l'intérêt pour le lecteur de comprendre comment une démarche, construite à partir de la capitalisation d'expériences multiples, peut contribuer à la possibilité de vivre ensemble après des guerres civiles ou des guerres entre ethnies ou ethnicisées, comme en ex-Yougoslavie par exemple. Il s'inscrit dans la loi qui ouvre un espace de réconciliation nationale.

Ont participé à ces journées des psychologues, des professionnels du soin, de l'éducation et de la santé, des éducateurs engagés, des militants du milieu associatif ainsi que des citoyens aux profils divers (journaliste, personnel d'ambassade ou d'institutions de l'ONU, éditeur) en provenance d'Alger, de Tizi-Ouzou et de la région de Boumerdès, avec le psychiatre J.-M. Lemaire et la participation de C. Kabeya, professeur de droit.

L'objectif de ces trois journées est d'essayer de penser ensemble – en partant de situations très concrètes – comment construire des dispositifs thérapeutiques d'accompagnement, dont l'échelle resterait à déterminer, dans une Algérie émergeant d'un conflit interne d'une grande violence. Exercice difficile, qui pose la question de la cohabitation de gens impliqués à divers titres (voire sans titre) dans des relations destructrices. Exercice requérant une progression prudente, « de proche en proche », parce qu'il interroge le « vivre ensemble » jusqu'aux voisinages les plus problématiques. Ainsi, sur la base d'exemples précis, les présents pourront se familiariser avec les grandes lignes de la méthode proposée par la « Clinique de Concertation » et le Travail Thérapeutique de Réseau tout en l'ajustant au contexte algérien actuel, en la transformant et en la renouvelant.

Il s'agit de passer du contexte familial au contexte collectif et de parier sur le collectif dans un contexte algérien où les polarités sont encore diffuses.

Dans un tel contexte, cette démarche aura toujours le souci de localiser les liens fragilisés afin de les consolider. Elle aidera à repérer là où subsistent des relations du donner-prendre, là où les liens ont une qualité particulière, là où celui qui donne à un autre est reconnu et honoré d'avoir payé de sa personne, là où, malgré la destruction, des îlots de confiance ont subsisté.

> « Notre survie dépendait de la capacité à comprendre ce que les autorités attendaient que nous fassions et du partage de cette compréhension avec chacun d'entre nous. Il aurait été très difficile, voire impossible, pour un homme seul, de résister. Je ne sais pas ce que j'aurais pu faire si j'avais été seul... Nous nous soutenions les uns les autres et puisions notre force chez chacun de nous. Quoi que nous sachions, quoi que nous apprenions, nous le partagions, et ce partage multipliait le courage que nous avions individuellement.[24] »

La « Clinique de Concertation », qui parie ainsi sur le collectif et se soucie de justice relationnelle, s'est, on l'a dit, construite au gré d'expériences nombreuses. En Algérie par exemple, travailler à l'accompagnement des détresses après le séisme de 2003 a en quelque sorte été une « chance » : on a pu voir des professionnels inventer des manières d'approcher les gens dans le collectif qui avaient des effets thérapeutiques permettant une évolution notable.

Avec la loi sur la Réconciliation nationale de 2002, les polarités sont restées diffuses en Algérie, sources de tension et de malaise, perpétuant des situations extrêmement dangereuses. Mais les Algériens ont réussi à maintenir des zones de confiance et de liens, et c'est à partir de ces zones-là, même réduites, qu'on peut essayer de travailler pour améliorer le futur.

La « Clinique de Concertation » qui s'est tenue à Bou Ismail (village situé sur la côte ouest algérienne, à une heure de la capitale) en 2000 en donne une illustration encourageante. On y voit un groupe de professionnels (psychiatres, psychologues, travailleurs sociaux, fonctionnaires de l'administration) – qu'on peut considérer comme un échantillon de la collectivité algérienne – activé à l'origine par un psychologue en formation à la Thérapie familiale, être confronté à la difficulté d'accompagner une ancienne *moudjahida* âgée de 68 ans, qui élève ses petits-enfants après que sa fille et son gendre aient été assassinés en 1996, au cours d'une attaque terroriste. Cette dame, ainsi que sa famille, se retrouvent en quasi-rupture avec les services sociaux et associations censés l'aider. Au cours de la « Clinique de Concertation », le groupe de professionnels parvient petit à petit à approcher de très près une situation où, sur fond de malheur, il va devenir possible de repérer des mécanismes résiduels auxquels s'accrocher pour leur donner de l'épaisseur. Alors que la grand-mère était auparavant dans la fuite face à des services publics perçus comme prédateurs, un processus de reconstruction s'amorce progressivement par la suite : les services accentuent leur collaboration entre eux et avec la famille, le groupe

---

[24]. Nelson Mandela.

de travail de proximité qui existait déjà à Bou Ismail prend le relais du travail collectif.

L'expérience de Bou Ismail (tout comme les autres « cliniques de concertation » organisées à Tizi-Ouzou et dans la région de Boumerdès) démontre que le micro-collectif a des effets collatéraux positifs au-delà de son périmètre. Ainsi, on sait : qu'il est possible d'ouvrir prudemment la question du « vivre ensemble » en Algérie dans des groupes de réflexion élargis de 50 à 60 personnes autour de situations qui poussent à élargir au-delà du périmètre de la famille. Cela indique aussi que les Algériens sont préoccupés de justice relationnelle.

Tout travail n'est cependant envisageable qu'à condition de renoncer à un discours général et de progresser « de proche en proche » au cœur des relations rencontrées. Travailler « de proche en proche » est en effet un principe régulateur et fondateur de la « Clinique de Concertation », théorisé par Patrice Maniglier, philosophe français, au Congrès international de la « Clinique de Concertation » à Paris en 2006.

> « L'une des grandes vertus des cliniques de concertation est précisément d'avoir en quelque sorte conjuré cette tentation de la totalisation grâce à son dispositif. On ne va pas d'une totalité (l'individu en étant une) à une autre (famille, société, etc.), mais on laisse précisément les relations déterminer elles-mêmes, localement, leur propre extension. On peut bien déplacer l'espace du problème, mais on ne peut le faire que de proche en proche, par voisinage, en rajoutant une relation, et sans jamais sauter au niveau du « Tout » (P. Maniglier, 2006).

Il s'agit donc d'étudier comment construire « de proche en proche » une méthode de travail mobilisant un collectif dont l'échelle restera à cerner au cas par cas. Collectif qui, chaque fois, aura pour but de mettre en place un processus œuvrant, non pas tant à corriger le passé qu'à améliorer le futur. Ce processus est nommé, en Thérapie contextuelle, l'exonération, l'un des enjeux majeurs étant d'identifier, chaque fois, la juste échelle d'intervention qui permette d'enclencher une dynamique reconstructrice.

L'entonnoir renversé : un porte-voix en direction du collectif

Les modèles médicaux qu'on propose aux professionnels, en particulier en psychiatrie, fonctionnent tel un entonnoir qui rétrécit la réalité pour mieux la maîtriser. On réduit la complexité d'un mal pour, espère-t-on, accomplir le geste qui sauve, à l'abri du regard et de l'écoute des autres. Pierre Michard[25] souligne pourtant que « ce qui a été détruit dans le collectif doit se reconstruire dans le collectif. » On peut affirmer que c'est particulièrement vrai dans les situations de détresses multiples, quand les liens garantissant la

[25]. Pierre Michard est philosophe de formation, docteur en psychologie clinique et thérapeute contextuel.

survie de la collectivité ont été gravement endommagés. Dans ce cas, la compression de la situation – qui conduirait à une prise en charge exclusivement psychiatrique et cloisonnée des troubles du garçon de la famille, par exemple – est loin d'être indiquée. C'est pourquoi, depuis des années, la « Clinique de Concertation » retourne l'entonnoir et le transforme en porte-voix en direction du collectif, faisant le pari que ce collectif activé par la détresse peut être reconstructeur. Pour cela, il faut encourager les travailleurs sociaux à porter les ressources sur le lieu des détresses plutôt que de vouloir à tout prix le contraire : il faut sortir de son bureau, se déplacer vers les lieux de réunions reconnus par la population comme des espaces où se préservent et se consolident les liens, ne pas hésiter à aller voir ce que les gens déploient pour survivre au traumatisme. En poussant la porte des réseaux pour trouver des solutions à leurs difficultés, les familles en détresses multiples interpellent les professionnels sur des questions aussi complexes que celle du « vivre ensemble » après une tragédie nationale. Cela implique d'être attentif à ce qu'elles choisissent comme dispositif d'accompagnement et de renoncer à leur imposer un mode d'intervention préconçu et de repérer à quelle échelle ces familles nous demandent de travailler.

Passer de l'assistanat à l'accompagnement

En ayant cette vigilance et cette disponibilité, en s'attachant au quotidien d'une personne en détresse, aux relais qui s'établissent, on se donne les moyens de modifier « de proche en proche » le rapport d'assistanat – ce dernier pouvant transformer le réseau en réseau prédateur. S'il est nécessaire au début, le rapport d'assistanat ne doit pas faire oublier les ressources résiduelles que peut conserver une personne, même maltraitée intentionnellement. Il s'agit donc de veiller à introduire le plus rapidement possible une proportion toujours plus importante d'accompagnement dans une action à portée thérapeutique. Ce faisant, on fait des personnes qui ont subi le préjudice les sujets de leur renaissance.

Il est en effet possible de parier sur le processus reconstructeur suivant : un professionnel apporte d'abord son assistance à A, mais bientôt A est en mesure de devenir partenaire d'une croissance et d'un chemin fait ensemble, puis d'exprimer le désir d'une aide différente de celle proposée par le professionnel. A sera vite en mesure d'identifier ses besoins mieux que ce dernier, et, de plus, il deviendra peut-être celui qui l'accompagnera vers B, autre personne en détresse. Lors du travail effectué dans les camps de réfugiés en ex-Yougoslavie, on a pu voir que les familles avec lesquelles on a réussi ce passage à l'accompagnement deviennent elles-mêmes des accompagnants vers des familles plus vulnérables (*op. cit.*, 1996).

La bienveillance d'un collectif multidisciplinaire ouvert, prêt à la déconcertation et immunisé contre l'excès de savoir

Le thérapeute n'est pas le seul à pouvoir renverser l'entonnoir pour l'utiliser comme porte-voix : l'enseignant, le travailleur social, le juriste, le militant associatif sont à même d'en faire autant. Réunir un groupe comme celui de cette formation n'obéit pas à une collectivisation totalisante, postulant d'emblée que tout le monde est bienfaisant. Il s'agit plutôt, face à une situation de détresses multiples, de rassembler « de proche en proche » une masse critique de personnes suffisamment bienveillantes et susceptibles de sélectionner des informations correctement énoncées pour faire le tri entre le principal et l'accessoire, en attirant l'attention sur les ressources relationnelles que la situation contient en elle-même. Il s'agit de multiplier les facteurs favorisant un processus de reconstruction.

Un des moyens de garantir cet effet bénéfique est de maintenir l'ouverture absolue du collectif à tout « intrus ». Cela permet d'éviter la tentation totalitaire (un groupe, par exemple, qui ne serait constitué que de psychiatres) de confiscation d'un savoir sur un autre. En effet, confronté à une situation de détresses multiples, le professionnel se retrouve le plus souvent déconcerté, dépassé. Il se sent démembré, perdu, déprofessionnalisé. Celui-ci est alors tenté de s'appuyer sur le savoir qu'il a appris (pour un thérapeute, par exemple : la psychanalyse, l'approche systémique, le comportementalisme, ou la thérapie contextuelle), et, dans cette situation de débordement systématique, de se réfugier dans un « excès de savoir ».

Sans nier l'utilité de sa formation, des études qu'il a menées, on peut (grâce à une transformation de soi qui est loin d'être évidente) essayer pourtant d'accepter cette déconcertation, et s'intéresser à ce moment de suspension dans lequel les préjugés, les projets et projections sont mis en arrêt. On peut même aller jusqu'à considérer que ce moment déconcertant constitue une ressource pour favoriser une suspension du jugement (comme l'*époché* chez les phénoménologistes[26]). Par exemple, quand une famille vient trouver un juriste et lui expose massivement toutes ses souffrances en lui demandant de résoudre ses problèmes, le juriste est totalement perdu. L'idée est de considérer ce moment de perplexité comme un moment béni dans lequel il est possible de réorganiser l'équilibre entre les savoirs. Car, se tournant vers le groupe, le juriste pourra activer d'autres professionnels, une assistante sociale, un psychologue, tout le réseau qu'il a tissé et cultivé, pour qu'ils l'aident à accompagner la famille. Et dans sa concertation avec eux, il élaborera un savoir nouveau.

Sa préparation implique que des professions et des savoirs différents acceptent désormais l'intrusion du regard de l'autre dans leur savoir

[26]. « La réduction phénoménologique » ou *épochè* chez Edmund Husserl consiste à mettre entre parenthèses la conscience fondamentalement orientée que tout individu a d'une chose, à la suspendre pour dégager l'essence même de la chose.

constitué : par exemple, qu'un enseignant qui assure une formation professionnelle auprès d'une personne soignée puisse faire intrusion dans le savoir du psychiatre et lui indiquer que le traitement qu'il prescrit à « son malade » empêche l'élève qu'il est aussi de suivre la formation.

Construire un projet se fait en organisant le relais entre le professionnel mis aux limites de sa mission et celui qui entame la sienne. De la sorte, ceux qui possèdent un savoir apprennent à « vivre ensemble », à tout le moins à « travailler ensemble ». En inversant les choses, la « Clinique de Concertation » rend impossible la confiscation des savoirs au détriment de nos concitoyens.

Associer le politique au collectif et essayer de construire des espaces praticables

Dans cette quête d'un collectif soutenant susceptible de favoriser une dynamique reconstructrice, il est impératif de veiller à la participation des politiques.

Cette démarche, même clinique, a pour ligne de mire la « Triade Concertative »[27] et sollicite toujours le regard des politiques ; elle ne se réalise jamais à leur insu. Il s'agit de travailler dans une recherche, voire une revendication de l'avis et de l'évaluation des responsables politiques. La « Clinique de Concertation » n'a pas l'ambition de se substituer au politique, mais elle est une proposition de travail qui comporte des éléments stratégiques : « les imperfections des professionnels sont au service de la perfection des politiques ».

Sans prétendre remplacer les responsables politiques, elle a incontestablement une portée politique : la transformation qu'elle préconise est par essence politique puisqu'elle propose la métamorphose d'un rapport où ceux qui sont réputés avoir le pouvoir – les politiques, les soignants – sont petit à petit amenés à changer leur façon de travailler avec les usagers, en les considérant comme des sujets et qu'elle suggère de passer de l'espace confiné du bureau à l'espace ouvert de la Cité. Pour ce faire, il faut cesser de diaboliser les services publics (Cf. le débat autour de la remarque faite par Ghania Mouffok à cette occasion[28]). Nombre de situations révèlent au contraire une disponibilité inhabituelle et intéressante des dits services, alors même qu'ils sont remis en cause et interpellés.

---

[27]. Voir rapport de Catherine Mariette et schéma afférant à ce concept.

[28]. Ghania Mouffok prend soin d'avertir le Dr J.-M. Lemaire : en Algérie, dire « les services » tout court, sans adjectif – terme que, pour sa part, il utilise pour désigner les services sociaux de l'Etat –, a une toute autre connotation. On dit « les services » pour désigner la sécurité militaire, ce qui implique l'expression d'une méfiance, d'une crainte, d'une suspicion. Pour plus de détails, voir rapport de C. Mariette.

Le livre de Ghania Mouffok[29] sur le travail de travailleurs sociaux dans des régions gravement affectées par la violence des années 90, où se pose aujourd'hui avec acuité la question du « vivre ensemble », révèle la complexité de la situation. Sur l'injonction d'organes officiels, ces travailleurs sociaux devaient approcher des familles en détresses multiples pour évaluer si elles étaient habilitées à bénéficier d'un soutien financier. L'État, qui dicte les règles du « vivre ensemble », n'a pas les moyens d'accéder à chaque famille. Il doit déléguer, demander à des structures plus locales de veiller à l'application du projet qu'il essaye de réaliser (en l'occurrence l'application de la Charte pour la réconciliation nationale). Ces institutions locales (la *wilaya* ou l'assemblée populaire communale) ne peuvent, elles non plus, accéder à chaque famille : elles délèguent à leur tour et font appel aux travailleurs de proximité – thérapeutes, travailleurs sociaux, enseignants, pharmaciens, professionnels de l'aide, du soin, de l'éducation et du contrôle, ceux qui, selon Freud, exercent des « professions impossibles », qu'ils ont choisies au nom d'engagements particuliers qui les mettent en contact régulier avec les personnes en détresses. Ghania Mouffok montre à quel point il n'a pas été simple pour eux de se présenter aux familles avec un tel mandat.

C'est pourquoi il faut essayer, en ajustant notre échelle en permanence, de tendre vers la construction d'espaces collectifs permettant une négociation entre ceux qui décrètent d'une part, et ceux qui mettent en application ces décrets d'autre part. C'est d'autant plus vrai dans le cas de la politique de Réconciliation nationale, où il n'est ni souhaitable ni utile de dénoncer « l'État » algérien dans sa globalité, ou de postuler que telle institution (par exemple l'armée) refusera d'être représentée dans les collectifs mis en place. Les écrits du professeur de droit Ammar Belhimer[30] identifient le cadre légal de la Réconciliation nationale : les réparations, les mesures de grâce, les contreparties, les organes compétents pour les réaliser. Un tel travail plante le décor : à nous, professionnels, de l'animer. Nous devons construire ces espaces en partant du plus praticable au moins praticable. Ni l'État, ni les pouvoirs locaux, ne sont indifférents à la question, ils cherchent à créer les conditions du « mieux vivre ensemble » de manière plus ou moins réussie. C'est aux professionnels de contribuer à le construire.

À la recherche de l'échelle pertinente d'action… pour enclencher le processus d'exonération

[29]. Voir le livre *Apprendre à vivre ensemble* sous la direction de Ghania Mouffok, éd. Barzakh/ CISP, printemps 2011.

[30]. Voir son texte « La réconciliation nationale en Algérie » disponible dans le livre cité ci-dessus : *Apprendre à vivre ensemble*.

Comment déterminer la taille du collectif à mobiliser ? Quelle est l'échelle d'intervention adéquate ? Comment travailler ensemble à l'identification des collectifs pouvant permettre ce travail de reconstruction ? Peut-être existe-t-il des dimensions collectives encore bien vivantes en Algérie (celle de la famille, du quartier, du village, du clan ?), sur lesquelles le groupe pourrait s'appuyer pour entreprendre ce travail[31]. Sans doute sont-elles encore présentes dans la société, bien que négligées, voire gommées par l'État centralisateur.

Cela permettrait d'avoir une idée de ce que nous pourrions proposer dans un avenir à moyen terme. Où, quand, comment travailler pour trouver des alternatives à la vengeance ? Dans quel espace pourrions-nous activer le processus d'exonération, ce travail de reconstruction fondé sur la reconnaissance du mal fait à l'aune de celui qui en vit les conséquences, et sur le renoncement aux actions violentes compensatrices ? À quelle échelle d'intervention pourrions-nous mener ce travail où il serait possible d'énoncer les choses dans un premier temps, de survivre à leur énoncé dans un second temps ?

Mettre en place le processus d'exonération

Les situations extrêmement graves et répétitives rencontrées dans la société algérienne requièrent des manières de travailler inventives et construites dans une démarche participative.

« L'exonération », concept issu de la Thérapie contextuelle, est un processus qui implique l'auteur du dommage infligé et celui qui en vit les conséquences (que l'on appelle trop souvent la victime sans lui avoir demandé si cette désignation lui convenait). Le thérapeute contextuel s'insère d'emblée dans un travail difficile à mettre en place, un travail sur la relation endommagée, voire détruite, par un acte de violence. L'auteur de l'assassinat d'un jeune homme et le père de celui-ci ne peuvent se mettre à travailler directement ensemble. Certains dommages ne peuvent être réparés directement, sauf à entrer dans une dimension tellement sacrificielle qu'elle active les zones improbables de l'effacement, de l'oubli, de la fuite ou de la peur. Pour entamer un travail d'exonération entre celui qui a causé un préjudice et celui qui l'a subi, le choix de la taille d'un collectif soutenant et praticable est important : lorsque l'on tente de pratiquer l'« inversion de l'entonnoir », combien doit-on être pour contenir ce travail d'exonération ?

Le travail d'exonération exige de ne pas chercher à effacer le tort infligé. Au contraire, il faut mettre en chantier un processus qui pousse celui qui a infligé le tort à prendre conscience des conséquences du dommage du point de vue de celui qui en vit les conséquences.

---

[31]. Dans les travaux de Germaine Tillon ou de Jeanne Favret-Saada, ces dimensions semblent encore très visibles.

C'est une première étape. Aucun des deux protagonistes n'est libre l'un de l'autre. Si l'auteur du préjudice met en scène une reconnaissance spectaculaire dans une demande de pardon, mais que la victime n'en perçoit pas la portée, cela ne compte pas. Il se pourrait, par contre, qu'une attitude peu spectaculaire, mais engagée, soit ressentie par l'autre comme une démarche consistante.

Une autre étape s'appuie sur ce que Nagy suggère quand il dit : « la thérapie contextuelle m'a libéré de la nécessité de l'altruisme ». La dette existentielle demeurera éternellement entre les protagonistes. Mais l'objectif est d'amener celui qui subit les conséquences du dommage à pouvoir renoncer, au nom de l'avenir, à infliger un tort égal à celui qui en est l'auteur, évitant ainsi de s'enfermer dans la répétition. Cette opération, soutenue par le thérapeute contextuel, peut libérer les deux protagonistes d'une recherche sans fin de compensations destructrices.

En thérapie familiale, on est parfois confronté à une situation typique, celle d'un enfant abusé (exploité) par l'un de ses parents. Une maman divorcée, par exemple, aura eu des exigences disproportionnées par rapport à son fils, le chargeant de responsabilités allant au-delà de ce qu'il pouvait supporter ; ou un papa aura eu un comportement incorrect avec sa petite fille quand elle était enfant. La Thérapie contextuelle considère les deux comptes de la balance relationnelle, ici entre un parent et un enfant. Énoncer le tort commis par le parent en présence de l'enfant n'a de valeur qu'à partir du moment où cette énonciation tient compte de la perception de l'enfant. C'est seulement à cette condition que l'enfant pourra être libéré de la recherche de compensation destructrice. Il faut que le parent sache que le tort ne sera jamais effacé ni annulé, mais si, au terme du travail clinique, il est exonéré par l'enfant, le risque qu'il recommence diminue.

Le processus d'exonération, qui ne doit absolument pas être confondu avec le fait de concéder des circonstances atténuantes, arrête la spirale destructrice. Il doit être clair dans l'esprit de tous que l'attention accordée au bourreau n'est absolument pas une tentative d'atténuation de sa culpabilité.

Pour un travail clinique, l'exonération plutôt que le pardon[32].

Si l'exonération se révèle très différente du pardon, il n'en reste pas moins que ce dernier concept mérite qu'on l'explore. « Le pardon ouvre la possibilité de se libérer de l'anéantissement. » Dans pardonner, il y a de la gratuité ; comme dans tout ce qui est véritablement humain, on est dans l'ordre du sans calcul, de la liberté absolue. C'est pourquoi seuls les dieux pouvaient pardonner, qu'il s'agisse du Dieu miséricordieux de l'islam ou du Christ sur la croix (« Pardonnez-leur, ils ne savent pas ce qu'ils font »). Ici nous volons le travail des dieux pour le donner aux humains, c'est pour cela

[32]. Le développement qui suit sur le pardon est une contribution de Charles Kabeya.

que nous avons des difficultés. On ne peut exiger le pardon : il est difficile de demander à celui qui a vécu des choses terribles de s'extraire de son anéantissement pour pardonner. Le vrai traumatisme nous amène à visiter la mort psychique. À partir de ce lieu-là, on ne peut pas prononcer des paroles de pardon. Pourtant, dans la lignée de G.W.F. Hegel et S. Kierkegaard, on peut se risquer à dire qu'il faut avoir la force de séjourner en enfer, d'expérimenter l'anéantissement, pour pouvoir se libérer de ce qui l'a causé, et reprendre la marche vers soi.

Faut-il attendre que le bourreau, celui qui a déshumanisé, demande pardon ? Dans la perspective du pardon comme acte gratuit, on n'a pas besoin d'entendre la parole du bourreau demandant pardon. Sinon, cela signifie qu'on l'emprisonne dans son inhumanité et qu'on reste dans la logique d'une déshumanisation réciproque. Lorsque nous refusons de pardonner, nous refusons de relire le besoin de pardonner en chacun de nous. Même le bourreau, puisqu'il partage la même humanité que moi, a fortement besoin du pardon. Pensons à cette expérience de torture vécue à Cuba par Éric Weiss : à un moment donné, il s'adresse à son bourreau en ces termes : « Toi bourreau, mon frère. » Car l'acte de détruire l'Autre laisse une empreinte de déshumanisation sur le bourreau lui-même.

Sortir d'une logique de déshumanisation réciproque

L'acte de pardonner est une loi de vie qui n'est nulle part inscrite. On pense à Antigone : le pardon est au-dessus des lois juridiques des hommes, mais pas de la loi de la vie.

Dans le « vivre ensemble » ou dans son apprentissage, nous oublions souvent d'anticiper sur le pardon, d'y réfléchir avant que les catastrophes ne nous débordent. Nous ne capitalisons pas l'expérience du pardon dans l'humanité pour pouvoir en faire un objet d'apprentissage avant que le mal s'abatte. Comment se préparer au pardon pendant la paix ? Quelqu'un peut-il nous y aider ? On se demande jusqu'où pouvoir aller dans ses convictions, dans la résistance, pour pouvoir réagir presque par réflexe en se préparant au pardon. (Cf le sacrifice des moines de Tibherine). Le philosophe Emmanuel Levinas a réfléchi à cette responsabilité : « Avant même que quelqu'un ne m'appelle, je réponds présent. » J'anticipe sur la présence de l'Autre, je le peux parce que Dieu est sans visage, et s'il est sans visage, n'importe qui peut prendre son visage, et je peux donc pardonner.

On peut anticiper sur le pardon à partir de son propre besoin de pardon. La meilleure façon de pardonner c'est de savoir soi-même qu'on est faillible, qu'on peut se déshumaniser. D'où cette dernière question : comment rester fidèle à moi-même en pardonnant à celui qui m'a fait le plus mal ? On ne le peut que si on sait qu'on ne pardonne pas à l'Autre pour qu'il devienne meilleur, et que soi-même, on n'est pas meilleur que les autres hommes.

On le voit cependant, le pardon, notion noble et intéressante, paraît difficilement opérationnel dans le cadre d'un travail clinique, alors que l'exonération, terme technique[33], est, lui, un outil pratique de la thérapie contextuelle. Toutefois, on reconnaît que pour mener à bien un travail d'exonération avec des gens qui ont causé un mal irréparable, le travailleur de proximité, qu'il soit enseignant, travailleur social ou policier, doit avoir conscience de la part potentiellement odieuse qui est en lui. La question du pardon se pose ainsi à l'intérieur de soi. Travailler au préalable cette question en soi-même peut en effet créer de meilleures conditions pour entamer un processus d'exonération.

Des espaces de débat intermédiaires[34]

Dans les situations concrètes impliquant des protagonistes aux prises avec des relations destructrices, un travail long et difficile s'étend sur un an, un an et demi, peut-être davantage, durée au cours de laquelle les accompagnateurs, les travailleurs de proximité, prennent régulièrement des risques. C'est d'ailleurs la raison pour laquelle le soutien encourageant et validant des autorités politiques est essentiel. Car l'effort de justice relationnelle qui est à l'origine du processus d'exonération ne peut en aucun cas se substituer à la justice codifiée par l'État, laquelle est le plus souvent source de frustration pour tous les protagonistes.

La proposition est donc de créer, à une échelle infiniment plus petite, des espaces intermédiaires de débat plus mobiles que ceux, officiels et rigides, où la justice codifiée est prononcée. Faisant le deuil d'une justice idéale, on tente ainsi de trouver un équilibre entre, d'une part les exigences du droit de revanche, et d'autre part, celles que commande l'amélioration du futur.

Au cours des réunions qui ont suivi ces présentations a été notamment abordée la question des moyens à mettre en place pour soutenir les quelques centaines d'enfants nés « sans nom » pendant la décennie noire, fruits des enlèvements par les terroristes de nombreuses jeunes filles, et soutenir les mères de ces enfants qui vivent dans la détresse et la honte.

Marie-Claire Michaud qui a pu suivre une partie de ces journées évoquera le travail entrepris par les travailleurs psychosociaux sur l'exonération, comment celui-ci passe par un abord indirect de la situation. « Ils vont rechercher des collatéraux très éloignés pour servir de médiation lorsqu'existe un très grave conflit dans une famille. » De même une participante aux journées consacrées spécifiquement à l'exonération

---

33. Le terme renvoie communément aux impôts. En médecine, cela renvoie à l'action d'aller à la selle (pour les philosophes pythagoriciens, l'examen des excréments contribuait à l'interprétation des présages, rappelle le Dr J.-M. Lemaire).

34. Les trois paragraphes suivants terminent la question de l'exonération du point de vue de la Thérapie contextuelle.

évoquera un retour en atelier sur des situations particulièrement difficiles : comment dans un collège où un jeune a tiré sur une jeune fille, une association montée dans ce collège a pu arriver à parler avec les parents des deux jeunes concernés, à les apaiser et à engager un processus d'exonération. À été également évoquée l'aide apportée par le grand groupe à un jeune militaire qui avait été témoin de multiples atrocités.

Les rencontres-débats

À ces différentes formations s'ajoutent bien d'autres actions en matière de promotion des droits humains, en particulier l'organisation de rencontres-débats sur les libertés fondamentales, et ce de façon continue depuis DDH1. Durant l'année 2013-2014, le CISP a organisé trente-six événements à Alger, Akbou, Bejaïa, Oran, et durant l'année 2014-2015 trente-sept événements dans les mêmes villes, auxquelles s'ajoutent celles de Skikda, Mostaganem, et Tamanrasset. Ils ont été préparés avec des associations partenaires, certaines d'entre elles comme FARD (Femmes revendiquant leurs droits), Bel horizon, Le petit lecteur et le Rassemblement algérien des jeunes ayant acquis une place importante dans la région où elles sont implantées. Pour la première année ces rencontres ont touché environ 2400 jeunes engagés, en majorité des relais de la société civile, des membres d'associations, des étudiants engagés, des élus, des membres de partis politiques et de syndicats. Elles ont touché 4000 universitaires.

Ces événements ont consisté en conférences, séminaires et débats, en sensibilisations et informations sur les droits humains et la citoyenneté. Leur animation a été confiée à des partenaires internationaux comme le Centre Omar Khayam et l'Institut des droits de l'homme de Lyon ainsi qu'à des professeurs d'université, des avocats et des chercheurs algériens. Nombre de ces événements ont eu lieu à l'occasion des célébrations de journées mondiales, comme la célébration de la Journée mondiale des travailleurs, en partenariat avec le Collectif de solidarité avec les travailleurs et les syndicats, celle de la Journée mondiale des droits de l'Homme, celle de la Journée mondiale de la femme, celle de l'enfance, ou de journées commémoratives algériennes. Ces journées ont touché plus de 4200 personnes. Elles sont relatives à de multiples sujets, comme la paix, le droit du travail, la peine de mort, la transsexualité, les droits de l'enfant, la liberté de la presse, l'éthique journalistique, les discriminations, la prévention du SIDA, celle de l'obésité, les religions, la liberté de conscience, la géostratégie dans le Machreq-Maghreb et dans le Sahara-Sahel, la Palestine, la puissance américaine, la domination unipolaire et la stratégie des USA dans la zone arabe, le patrimoine kabyle, le mouvement *amazigh*, la transmission de la langue maternelle, la loi de 2012 sur les associations, l'accompagnement des enfants dans la réussite scolaire, les déliaisons sociales qu'engendre la violence. D'autres ont été consacrées à la poésie, à l'éthique et à la beauté, au théâtre comme forme d'engagement des jeunes. Un festival du conte a également eu lieu, tout comme le troisième Forum régional des droits de l'Homme qui a attiré plus d'un millier de personnes.

Trois forum des droits de l'Homme ont également eu lieu, sur le plan national et régional mobilisant de nombreux acteurs, et surtout des médias qui ont contribué à étendre l'impact du travail de la LADDH, où sont intervenus des acteurs des droits humains du Maroc, de Tunisie et de Mauritanie.

D'autres activités en complément des rencontres-débats ont été organisées comme des cafés philosophiques, des cafés littéraires ou des ateliers sur des thèmes d'actualité. Considérés comme des moments importants de socialisation trop peu courants dans ce pays sur les sujets sensibles ou d'actualité, s'y impliquent surtout des membres d'associations, des étudiants engagés, des élus, des membres de partis politiques et de syndicats.

Guide de plaidoyer

À ces activités diverses il faut ajouter l'édition par le CISP d'un guide, rédigé en français et en arabe, de plaidoyer en général qui comporte un plaidoyer particulier pour la promotion des droits de l'enfant créé par Narimane Benmoussa.

Dans le cadre du projet de soutien de l'engagement participatif des acteurs non étatiques et institutionnels dans la prévention de la marginalisation juvénile et pour la promotion et le renforcement des droits des enfants menés par le CISP, des associations d'Alger, d'Annaba et de Djanet ont bénéficié d'un cycle de formation au plaidoyer pour les droits de l'enfant assuré par Messaoud Babadji, professeur de droit à l'Université de Sidi Bel Abbès. Ce guide est destiné aux acteurs de la société civile qui veulent mener une action de plaidoyer pour les droits des enfants en leur en enseignant la technique et en les armant d'outils utiles à cette fin. La formation a abouti à la création d'un groupe appelé « Réseau 42 pour le plaidoyer ».

Le guide est divisé en deux parties : la première s'attache à définir les notions de plaidoyer et à déterminer quelles en sont les étapes ; la deuxième propose des outils utiles à l'élaboration d'un plaidoyer pour les droits de l'enfant.

Les participants ont identifié différentes étapes à suivre dans qui l'élaboration d'un plaidoyer et les ont suivies durant la formation pour la construction de leur plaidoyer en faveur des droits de l'enfant :

1. Thèmes, buts et objectifs : poser les fondements ; l'objectif doit être spécifique, mesurable, accessible, réaliste et temporel.

2. Publics cibles : identifier le soutien et l'opposition : plus il existe de personnes ou de groupes qui aident à atteindre l'objectif, plus la possibilité de réussir devient réelle.

3. Messages : informer, persuader et passer à l'action ; la communication efficace demande notamment une bonne connaissance du public et la capacité de voir le thème ou le problème du point de vue du public – à savoir se mettre à la place de quelqu'un d'autre et voir comment les membres du public peuvent profiter de leur soutien à la cause.

4. Collecte de données : les réseaux doivent comprendre et représenter exactement les besoins, les priorités et les intérêts de leurs groupes de soutien.

5. Appels de fonds : mobiliser des ressources.

6. Entrer en action : développer un plan.

7. Suivi et évaluation.

L'attention médiatique étant un volet capital des campagnes de plaidoyer, le guide définit les conditions auxquelles doivent satisfaire le « message minute », le communiqué de presse, la « pétition » et le « slogan ».

À ce guide il faut ajouter d'autres publications du CISP relatives aux droits de l'Homme et au droit algérien :

- Citoyenneté et État, rédigé par le CISP avec la LADDH. Il s'agit d'une capitalisation des activités de l'année 2006 relative à l'éducation et à la sensibilisation à la citoyenneté et aux droits de l'Homme dans les *wilayate* de Tizi-Ouzou et de Boumerdès.

- « Citoyenneté et reconstruction du dialogue 2006-2008 », publié en partenariat avec l'AFAK dans le Bulletin d'Information, de Pédagogie et de Documentation sur l'Enfance.

- Un regard algérien sur les droits humains, dans le cadre du projet « citoyenneté et reconstruction du dialogue », une capitalisation des activités de la Maison des droits de l'Homme et du citoyen de Tizi-Ouzou entre 2007 et 2008,

- Le guide juridique du citoyen. Pour une citoyenneté active, comprendre les dispositifs juridiques et les procédures judiciaires en matière de droit du travail, de licenciement, de grève, de garde à vue, de divorce, de recours judiciaire, de mariage auxquels s'ajoute la *Kafala*.

Nous mentionnerons plus loin les autres productions éditées par le CISP.

Chapitre 2 : stratégie, outils, méthodes

La conjugaison des actions : un principe de cohérence interne et un effet multiplicateur

Si les formations sont innovantes et originales dans leurs contenus, une autre originalité de l'action du CISP tient à la conception et à l'organisation de son dispositif d'intervention. Il s'agit de la conjugaison de ses actions à différents niveaux, celui des portes d'entrée, celui des partenariats, celui de la vocation des lieux d'accueil et celui du contenu des formations. Quant aux destinataires, ils concernent d'une part de multiples types de groupes, des plus restreints aux plus larges, que ce soit celui des familles, des établissements scolaires, des quartiers, des lieux d'accueil, de la rue, etc., c'est-à-dire le niveau le plus local, d'autre part celui de la constitution de réseaux associatifs, interprofessionnels, de la LADDH, des journalistes, du réseau des avocats considérés comme des médiations entre le politique et les citoyens.

La conjugaison des portes d'entrée

Dès le point de départ de son action, le CISP conjugue plusieurs activités ou portes d'entrée destinées à mettre en œuvre le développement des droits humains en Algérie. Il conjugue sur une même institution ses actions, par exemple en sensibilisant les enfants à leurs droits à l'école, en développant entre eux par le jeu une culture de la paix tout en formant les professionnels de l'école, puis les inspecteurs d'académie à la gestion positive des conflits. Il conjugue également ses interventions sur un même territoire ou quartier, ses interventions avec le plus de partenaires possibles, comme à Alger aux Eucalyptus et à Bab-el-Oued, ou à Akbou, en intervenant à l'hôpital, auprès des jeunes, des enfants des éducateurs de rue, des enseignants, des militants associatifs de la culture, des directeurs d'école, des professionnels du soin et de l'aide, des médecins, des élus, etc. Il intervient également en différents lieux du même territoire pour enclencher les mêmes synergies.

La multiplication des portes d'entrées accroît l'efficacité de l'action et limite les effets de la déperdition inévitable de militants, de bénéficiaires et de partenaires.

Le CISP a également pour principe d'associer, lors des événements ou actions publiques qu'il soutient, le maximum d'associations partenaires disponibles pour leur donner une ampleur maximum et soutenir la mobilisation de ces dernières tout en faisant appel aux médias pour accroître leur impact.

La conjugaison des partenariats : mutualisation des expériences et démultiplication des actions

Les partenaires principaux au long cours des actions du CISP sont sollicités pour croiser leurs actions et travailler ensemble. Par exemple dès DDH1, la LADDH collabore avec l'association AFAK[35] de Boumerdès pour élaborer les dépliants que réaliseront les enfants dans les établissements scolaires et pour les diffuser. Ou bien les associations affiliées à la Ligue de prévention et de sauvegarde de la jeunesse et de l'enfance (LPSJE) situées dans les régions défavorisées participent à la diffusion et à l'information sur les droits humains et organisent le séjour des troupes théâtrales de l'association AFAK. À la fin du programme DDH1, la *wilaya* de Boumerdès est devenue un partenaire du CISP et celui-ci note que des liens de confiance ont été tissés entre ses trois partenaires. Lors de la fin de la première année de DDH4 qui associe de nombreux nouveaux partenaires, le CISP note :

> « Comme pour le premier projet, les relations de partenariat sont excellentes, en particulier avec l'arrivée de l'Étoile culturelle d'Akbou, un partenaire très structuré qui a pu faire bénéficier les autres partenaires de son expérience de gestion et de son dynamisme. Les relations entre l'ensemble des partenaires ont été excellentes, empreintes de respect, de responsabilité et de compréhension mutuelle. La socialisation des nouveaux partenaires du projet s'étend, effectuée dans un temps record. Des liens d'amitié et de solidarité se sont tissés au fil des réunions et de la mise en œuvre d'activités communes. Au regard des résultats probants de cette coopération, les partenaires ont décidé de maintenir leurs relations après le projet, de soutenir la dynamique de réseau qui en a résulté et de travailler ensemble sur des thématiques transversales. »

Le CISP entend soutenir ses partenaires notamment en recherchant avec eux d'autres financements afin de continuer ce travail commun et de l'élargir, ou en les aidant à obtenir leurs propres financements.

Nous présenterons plus loin le développement de ces partenariats croisés. Ce partenariat permet de mutualiser les expériences et s'avère un moyen majeur de démultiplication et de diffusion des actions.

Témoigne de la diffusion des actions du CISP la rapide progression du nombre des associations qui bénéficieront des formations, qu'elles soient ou non déjà devenues des associations partenaires ou dont la vocation est de le devenir, comme nous le verrons également plus loin.

---

[35]. AFAK se traduit par espoir ou horizon.

La vocation plurielle des lieux d'accueil et d'action

La conjugaison des actions signifie également la vocation plurielle des lieux où le CISP porte son soutien. Par exemple la Maison des droits de l'homme et du citoyen, à Tizi-Ouzou, abrite un fonds bibliographique relatif aux droits humains. Elle est aussi un lieu de réunion et abrite des consultations juridiques aussi bien que psychologiques pour les familles en détresse. Le Centre de documentation des droits de l'Homme de Bejaïa est un lieu de réunions de militants de tous ordres, un centre documentaire sur les droits de l'Homme et un lieu de conférences publiques. Il accueille également une consultation juridique pour les familles en grande difficulté, conjuguant la proximité avec celles-ci et l'éveil aux droits de l'Homme.

La conjugaison des contenus des formations

Le dispositif d'intervention du CISP conjugue la thérapie des familles en détresse et l'apprentissage de la démocratie en leur sein, celui-ci étant la condition de celle-là. Il conjugue la dimension thérapeutique et les formations, en réparant les séquelles des traumatismes et des dégâts que la guerre contre les civils a provoqués, comme la méfiance ou la peur entre les citoyens. Il organise de façon systématique des formations où se rencontrent des personnes venant de régions et d'institutions différentes, tout en conjuguant dans ces formations l'apprentissage d'un fonctionnement démocratique et de techniques spécifiques, tels l'apprentissage de la rédaction d'un projet ou celui de l'usage des techniques de vidéo. Par exemple, il conjugue dans la formation des militants associatifs l'apprentissage de ces techniques avec une formation sur l'engagement ; les bénéficiaires des formations au certificat des droits de l'Homme sont formés au droit international relatif aux droits de l'Homme et au fonctionnement des institutions internationales susceptibles de sanctionner leur violation ; ils sont également formés à la Gestion positive des conflits. Les juristes qui accueillent des familles en détresse dans des consultations juridiques sont formés au Travail Thérapeutique de Réseau afin d'être outillés pour adresser et accompagner les familles en détresses multiples dans les structures adéquates. Les professionnels de l'école sont formés à la communication non-violente avec les élèves, ou à l'usage des jeux destinés aux enfants, pour les amener à communiquer entre eux de façon non-violente. Ils peuvent suivre parallèlement une formation au Travail Thérapeutique de Réseau.

Le contenu des différentes formations abordé plus haut montre les similitudes qu'on peut relever entre elles ainsi que leur complémentarité. Outre le rôle de l'éthique et d'autres éléments communs déjà mentionnés on peut ajouter l'importance accordée à la créativité, au rôle du conflit et à la non-violence, à l'expression de soi et de ses émotions, au prendre soin d'autrui, à l'importance du plaisir dans l'action, à l'engagement et à la responsabilité, à l'analyse critique, au refus des logiques d'analyse linéaire et des causalités uniques. C'est aussi l'importance accordée aux stéréotypes, au savoir sur soi et sur la communauté régionale et nationale dans laquelle on vit, etc.

Jeter des ponts avec le politique et favoriser ses engagements

L'éthique relationnelle au fondement de l'action du CISP implique une conjugaison des actions autant que possible avec le politique, en tant que lieu par excellence de l'espace commun : « Il s'agit d'aller chercher l'État là où il peut donner », résume J.-M. Lemaire. C'est là l'importance de la « triade concertative » définie plus haut et de l'équilibre à établir dans ses trois composantes, le politique, la famille, les professionnels, constamment présente dans la démarche de la « Clinique de Concertation » et plus largement de façon systématique dans la démarche du CISP.

Constatant dans les trois régions où intervient le CISP au départ, Alger, Tizi-Ouzou, Boumerdès, le manque de confiance des populations, de la société civile et du milieu associatif envers les institutions publiques, les autorités, les partis politiques, laquelle se concrétise par leur refus de travailler avec eux, le CISP va déployer des efforts systématiques pour opérer des rapprochements et créer ou recréer du lien.

Dans ce but, dans la plupart de ses actions, lorsque les thèmes abordés ne fâchent pas trop directement les autorités, le CISP prend soin d'informer systématiquement les institutions et les politiques concernés du contenu de ses actions, ne serait-ce que pour obtenir, par exemple, les autorisations nécessaires au suivi par les professionnels des formations proposées. Il les invite aussi à y participer.

Les institutions parfois interdisent à leurs employés de suivre les formations. On relatera ici comment, selon une intervenante, l'équipe de « Mémoire de femmes » et les participants aux rencontres se sont fait accepter dans le Grand Sud :

> « À Gardhaïa il y avait des professionnels d'Ouargla, de Touggourt, d'El Oued, de Gardhaïa et d'Hassi Messaoud. Une femme qui travaillait à la mairie d'Hassi Messaoud avait accueilli des femmes qui fuyaient les massacres. Il y a eu une ruée sur elle et sur sa collègue. Elles ont appelé leur hiérarchie pour dire qu'on voulait les interviewer. « Rentrez immédiatement » leur a-t-elle répondu. En fait elles ne l'ont pas fait tout de suite et sont revenues dans le groupe. Jean-Marie Lemaire a réaffirmé fortement qu'on n'était pas là en clandestin, qu'il fallait partager ce qu'on faisait en prévenant les autorités, qu'on était là pour rechercher les éléments de fierté et non pas dans la dénonciation ; il a raconté le travail fait au Kosovo. Il s'agissait de créer les conditions de sécurité pour les membres du groupe et d'apprivoisement mutuel, pour que les professionnels se sentent invités. Ça a apaisé les choses et elles ont obtenu le droit de rester jusqu'à la fin. À Touggourt, on a eu la visite du maire. Il savait exactement pourquoi on venait. Les gens de l'association référaient au maire ce que l'on faisait. Il y a

un contrôle social énorme qui peut être très enfermant, mais, si on s'associe au pouvoir, on peut être accepté. On ne venait pas critiquer ou juger ; on n'était en tout cas pas dans la dénonciation, même si on ne validait pas tout. Un représentant du *wali* est venu au dernier module à l'hôtel où il avait lieu. « Qu'est-ce qui se passe donc ? » a demandé le responsable de l'hôtel qui nous a dit, plus tard, que ce qu'on faisait était bien. »

C'est ainsi qu'institutionnels et politiques ont été invités et ont été présents, avec la presse, par exemple lors de la journée de clôture d'un cycle de formation à la « Clinique de Concertation ». Étaient présents des membres des directions de l'Éducation nationale, de la Santé, de l'Action sociale, de la Sûreté, des chefs politiques de Tizi-Ouzou aux côtés d'universitaires ainsi que de membres des centres d'orientation scolaire et professionnelle.

Les actions concernant, par exemple, le soutien aux familles sinistrées et aux professionnels débordés par l'ampleur de la tâche, lors du tremblement de terre de Boumerdès ont été accueillies avec soulagement par les APC concernées qui leur ont aussi apporté leur aide. C'est ainsi que plus tard des chefs de *wilaya* et des élus locaux ont suivi des formations proposées par le CISP, que des membres de direction ainsi que des inspecteurs de l'Éducation nationale en ont également suivi et que des directions de plusieurs ministères ont demandé au CISP de former leurs professionnels.

Par ailleurs le travail en partenariat favorise l'accès du CISP aux institutionnels et aux politiques, ces partenaires jouissant d'une légitimité et d'une réputation bien établies et travaillant eux-mêmes en partenariat avec les institutions publiques, les centres de jeunesse et les directions de l'éducation. Ces partenariats croisés ont pour effet de renforcer les liens entre chacun. Dès son rapport d'activité sur l'action de DDH1, le CISP note ainsi que se sont renforcés les liens entre la LPSJE et les directions des *wilayate*, de l'Éducation nationale, de la Santé, de la Solidarité et de la Jeunesse et des sports. Ces liens ont pu se renforcer encore depuis.

Plus généralement le but du CISP, dès son premier projet, vise à « soutenir la croissance d'une culture des droits de l'Homme et du respect de l'autre à travers la transmission de la connaissance, le renforcement des compétences, le renforcement de la protection et de l'assistance aux victimes de violences et de préjudices. Ce processus permettra la reconnaissance des familles ayant subi des violences ou des préjudices de la part des autorités en facilitant le processus de dialogue avec les autorités algériennes. »

C'est ainsi que lors du programme DDH2, la *wilaya* de Boumerdès en est un des partenaires associés. Pour le programme de création d'une « pépinière de jeunes citoyens sur Akbou et Biskra », en 2013, une soixantaine d'élus communaux font l'objet d'une sensibilisation à l'intérêt de la création de CCJ dans leur commune. Les autorités locales, présidents et élus des assemblées populaires communales, députés et chef de la *daïra*, ont non seulement adhéré à la concrétisation du projet, mais se sont approprié l'action en mettant tous les moyens nécessaires à la mise en place des CCJ, en facilitant toutes les démarches administratives et en donnant tous les moyens matériels et financiers à leur disposition pour se faire.

Les institutions nationales et locales, à travers leurs structures déconcentrées de l'Éducation, de la Jeunesse, de l'Action sociale, de l'Environnement, de la Formation professionnelle, de la Conservation des forêts, de la Sûreté de la *daïra*, ont été parties prenantes dans la plupart des activités mises en œuvre, soit dans le cadre des CCJ, soit dans les temps de formation, et même dans les actions de mise en réseau des professionnels en lien avec la Jeunesse et les sports.

Les services de la Sûreté de la *daïra* d'Akbou ont porté un intérêt particulier à toutes les actions entreprises par le Centre d'écoute et d'animation des jeunes de Sidi Ali à Akbou, portées par l'Étoile culturelle d'Akbou et le CISP. Ce centre est situé dans un quartier de 8000 habitants totalement dépourvu d'infrastructures d'accompagnement et de prise en charge des jeunes. Il a été mis à disposition par la direction de la Jeunesse et des sports de la *wilaya* de Bejaïa. Le CISP a pris à bras le corps cette initiative avec une équipe composée d'un psychologue, de la directrice du centre et de trois animateurs bénévoles formés à la gestion positive des conflits, pour offrir plusieurs activités culturelles et artistiques ainsi que des sorties pédagogiques. S'y ajoutent l'informatique, l'écologie, la lecture, l'éducation à la citoyenneté, la gestion positive des conflits et l'éveil aux droits des enfants. En même temps les animateurs du centre interviennent chaque semaine dans les six classes de l'école primaire située à proximité du centre pour former les enfants à la communication non-violente, à travers des « jeux de coopération », pour réduire la violence dans cet établissement et développer l'estime de soi des enfants.

Nous verrons plus loin que nombre de personnes formées par le CISP, en particulier chez ses principaux partenaires comme la LADDH, l'Étoile culturelle d'Akbou et d'autres, reproduisent la stratégie d'action du CISP en intervenant dans différents lieux à la fois, en exportant d'un lieu à l'autre l'expérience acquise et en utilisant des voies d'entrée et des médiations différentes.

À Akbou, par exemple, à l'École du jeune citoyen – ou école de la deuxième chance – où les jeunes sont formés à la citoyenneté, et les encadrants à la gestion positive des conflits, l'ÉCA conjugue son travail avec le Centre d'écoute et l'école située à proximité tandis qu'elle soutient la création et le fonctionnement de centres communaux des jeunes dans trois zones différentes, en formant les différentes parties prenantes à un travail de sensibilisation. Parallèlement des psychologues, des juristes et d'autres professionnels qui interviennent dans l'École du jeune citoyen et dans d'autres lieux d'accueil sont formés à la « Clinique de Concertation » et au Travail Thérapeutique de Réseau.

Le dispositif d'intervention du CISP est précisé, affiné – par exemple en favorisant le développement des petites associations à partir des subventions en cascade – et élargi au cours des différents programmes du CISP et touche des territoires toujours plus étendus.

Utilisant le levier de l'éthique relationnelle, ce modèle, dans la mesure où il conjugue simultanément de multiples actions dans un réseau associatif et institutionnel toujours plus vaste, maximise les ressources relationnelles mobilisables et les ressources organisationnelles, pour représenter un coût économique minime au regard de ses effets curatifs, préventifs et formateurs.

Concentration et dispersion des lieux d'intervention

À propos de l'extension des territoires où se porte l'action du CISP se pose la question d'un choix pour celui-ci, comme l'a mentionné un de nos interlocuteurs : faut-il privilégier cette extension à l'occasion des demandes adressées au CISP ou concentrer ses forces sur un territoire, comme celui de la Kabylie par exemple, où le CISP peut s'appuyer sur plusieurs partenaires importants ? Faut-il privilégier le développement des petites associations dispersées sur le territoire du pays jusqu'à ce qu'il soit établi qu'elles puissent se passer du soutien du CISP ou concentrer l'effort sur le développement des grandes en soutenant leur extension ? Des actions multiples déployées en faisceaux, bien intégrées et appropriées par leurs bénéficiaires peuvent servir et servent effectivement de point de départ à cette extension et sont en situation de ne plus avoir besoin du soutien du CISP. Pourtant ne pas répondre aux demandes, c'est décourager des militants isolés et ne pas répondre aux demandes et besoins immenses exprimés. Par ailleurs des actions dispersées sont plus coûteuses en moyens humains, en temps, en déplacements et démultiplient le travail de suivi. Le CISP a opté pour le croisement de ces deux options. La stratégie d'intervention du CISP qui consiste à conjuguer sur un même territoire l'ensemble de ses outils et le pari sur lequel elle repose, son développement de proche en proche et les synergies qu'il engendre, s'avère particulièrement efficace.

Ainsi le CISP a-t-il pu déployer son activité tant de l'Est à l'Ouest que du Nord au Sud du pays, dans la région des Hauts Plateaux, à Djanet, à Tamanrasset, à Touggourt, à Gardhaïa.

Les outils de la démarche du CISP : proximité, travail de terrain et méthodes pédagogiques hétérodoxes

Participation active, coconstruction, coformation et travail de terrain

Si dans les différentes formations des exposés théoriques sont nécessaires et des connaissances factuelles importantes à transmettre, comme sur le droit international et les différentes instances internationales en matière de droits humains, d'une façon générale la participation active des présents est intégrée aux formations, dans la plupart des cas sous forme d'ateliers. Y sont discutés en groupe, par exemple les possibilités d'action qu'ouvrent ces exposés, ou bien sont mises en scène, par les participants, les situations qui visent à modifier les perceptions et les attitudes. Le principe de la co-construction n'est pas seulement la mise en œuvre d'un principe de fonctionnement démocratique du groupe, c'est aussi un principe d'efficacité qui accélère tant l'assimilation que l'appropriation des contenus et des manières d'être dispensés.

> « Nous nous organisons dans les formations pour que l'autre ait sa place. Ce sont des formations-actions, pas la transmission d'un savoir universitaire. Les personnes en formation participent, on reprend leur savoir-faire, on le reformule à partir de l'apport d'éléments plus théoriques. C'est une formation-action. Le participatif et l'actif c'est compliqué. Avec Eveline on a énormément travaillé à une vision du travail commun participatif. Il faut les impliquer, trouver les exercices pour qu'ils soient dans ce qu'ils vivent. Par exemple, sur la consommation de l'alcool ou la toxicomanie, on ne l'aborde pas dans le cadre de la religion, mais on doit le discuter depuis le point de vue de celui qui le vit. Nous avons un point de vue scientifique qui est détaché d'une vision religieuse. La question c'est comment l'approcher sans conflit, dans une approche ouverte sur ce qu'on amène, en maintenant toujours l'humain. Avec Jean-Marie Lemaire on ne fait pas une formation dans un seul lieu, mais toujours dans au moins deux lieux. C'est intéressant parce que ça s'enrichit mutuellement. C'est une stimulation réciproque, des idées qui se partagent. Ça marche bien. À un moment, vers les débuts, on prenait toujours des coformateurs, c'était très riche, mais ça demandait du temps de préparation. On n'a pas pu continuer », dit Damien Bael un psychologue formateur belge qui intervient dans les formations à l'animation des professionnels et des jeunes dans le cadre du programme « Graine de citoyen » et dans les formations à la « Clinique de Concertation ».

« Dans tout ce qu'on fait, il y a une coconstruction extraordinaire. On n'arrive pas avec la posture de celui qui sait. On part toujours des situations qu'ils nous apportent, pour qu'ils puissent toucher du doigt la démarche. Il y a déjà le fait de dessiner ensemble la situation. Du fait de travailler ensemble, ça fait émerger quelque chose. En fait c'est de la création », dit Pascale Querouil, une formatrice à la « Clinique de Concertation ».

Sabrina D., psychologue, présidente de l'association École et famille et partenaire avec le CISP pour plusieurs projets dit ainsi :

> « La formation qu'on a faite c'était sérieux. Il y avait des exigences à respecter par rapport à l'absentéisme, car c'est vrai qu'il y avait des gens qui s'arrêtaient en cours de formation. On participait financièrement au niveau de la *Médina* et on devait justifier nos absences auprès d'Eveline qui devaient être validées ; chacun de nous travaillait sur le terrain, devait amener des situations, animer des journées de sensibilisation autour de la question du Travail Thérapeutique de Réseau et de la « Clinique de Concertation ». Mais par rapport à DEM-A-R, ce n'était pas la même formation, il s'agissait de former des personnes relais. Dès le début j'ai été une personne relais très active.
>
> Pour DDH2 c'était vraiment participatif. Pour chaque module on avait trois jours de formation théorique et deux jours de travail sur le terrain, à chaque fois sur Boumerdès et Tizi-Ouzou. C'était un engagement, comme on a fait à Blida. Les gens avaient des échos. On proposait des situations apportées par les bénéficiaires.
>
> Pour DEM-A-R., je ne m'attendais pas à ce que les bénéficiaires adhèrent. Au début ils étaient dans l'opposition ; ils ont cette approche académique, cette rigidité du cadre thérapeutique et je vois qu'ils adhèrent. La vision de la SARP (Société algérienne de recherche en psychologie) m'a surprise. La preuve, la dernière fois, ils ont amené une famille et ils ont mis une salle à notre disposition… »

Le principe de la participation active des bénéficiaires est, pour les formateurs, l'occasion d'apprendre aux jeunes à débattre. Dans son rapport sur plusieurs interventions relatives à la question du genre, Ghalia Djelloul écrit :

> « Les jeunes ont été attentifs et ils ont fort apprécié l'aspect participatif de type « forum ouvert ». Ce dispositif qui reposait sur des questions-réponses et la forme de débat que j'ai tenté de mener semblait être une première pour eux, car la pédagogie dans l'espace scolaire ne contient apparemment pas de tels espaces d'échanges. […] Nous avons laissé durer les échanges en sous-groupes, car les femmes avaient beaucoup de choses à dire et plus on les laissait débattre, plus elles se sentaient impliquées dans le processus. »

Mais, si dans les formations à la « Clinique de Concertation » aux droits humains de la première génération, à l'apprentissage de la gestion des associations, à l'engagement, la capacité à débattre s'acquiert plus ou moins facilement, dans les sessions réunissant des jeunes femmes et des jeunes hommes sur la question du genre, sujet particulièrement délicat, notamment parce qu'il croise les croyances religieuses, la question du débat se pose frontalement. Elle note ainsi :

« La plus grande difficulté a résidé dans une éthique du débat inexistante, à savoir apprendre à écouter, à respecter le développement de l'argumentation jusqu'au bout et à essayer d'intégrer le point de vue de l'autre avant de réagir. Cette formation a montré le besoin d'apprendre à débattre, c'est-à-dire à échanger en argumentant et en prenant en compte les avis des uns et des autres dans la discussion, et non pas à chercher à imposer son point de vue à coups d'arguments religieux qui bloquent le débat et la capacité de réflexion individuelle. »

La question du genre révèle en fait, au-delà de l'importance de ses enjeux particuliers, la nécessité plus générale de l'apprentissage du débat dans la pratique citoyenne.

L'expérimentation est considérée comme le moyen essentiel d'appropriation des contenus ; elle est liée aux yeux des formateurs au caractère indissociable de la théorie et de la pratique, et tout autant, compte tenu de la philosophie de la démarche, au lien entre les savoir-faire et les savoir-être.

Expérimenter, être dans ce qu'on vit, s'impliquer, signifie une mise en situation de soi-même dans ce qui est transmis, et donc aussi un regard critique sur soi et sur ses comportements, comme le montreront plus particulièrement les formations sur le genre.

Une autre originalité de la démarche du CISP, qu'ont relevée plusieurs de nos interlocuteurs, lorsqu'ils comparent les formations reçues au CISP avec celles qu'ils ont reçues dans d'autres lieux, d'autres ONG, réside dans la diversité des horizons d'où viennent les formateurs. Ces voix étrangères multiples auxquelles se joignent les différentes voix algériennes, par les sensibilités différentes qu'elles apportent, ont représenté pour ces participants un atout et un intérêt supplémentaire des formations. Cette multiplicité représente une autre forme de coconstruction et un principe d'ouverture dans les contenus.

Quant au travail de terrain, il concerne toutes les formations-action : thérapie contextuelle, « Clinique de Concertation », Travail Thérapeutique de Réseau, « Gestion des détresses multiples et sévères ». Les formations intègrent dans les séances des situations issues du travail de terrain qui y sont présentées et discutées. De module en module de formation, des situations sont apportées par les participants et les discussions sont renvoyées aux concepts et aux manières de faire.

Le travail de terrain signifie également porter le message du droit et des droits humains à la portée des personnes qui habitent loin des villes où sont dispensées les formations. Il concerne aussi le certificat des droits de l'Homme à travers le mémoire demandé aux participants en fin de formation.

Par exemple les juristes qui offrent des consultations gratuites ont toujours mis en place des espaces de parole et organisé des conférences dans les zones rurales, afin de sensibiliser les femmes des villages aux garanties qu'offre le droit et leur montrer l'intérêt de ces consultations. Les jeunes formés aux droits de l'Homme organisent des journées de sensibilisation aux droits humains avec des caravanes incluant des tournées culturelles, théâtrales, dans les zones rurales entourant les lieux, villes ou villages où ils habitent. Des caravanes ont circulé également pour diffuser le message sur les droits des enfants.

Des outils pédagogiques hétérodoxes

Un des soucis permanent du CISP concerne la pédagogie des formations. Leur contenu, quand elles sont nouvelles, ardues ou dérangeantes, doivent pouvoir être présentées de façon plaisante et active. Le CISP veille particulièrement au choix des formateurs : si par exemple les formations à la Gestion positive des conflits s'avèrent « souvent très carrées », on privilégiera pour de nouveaux projets des formateurs plus « ouverts » et qui sauront mieux, par leur pédagogie, faire passer leur message. Les responsables du CISP sont, dans leurs réunions de copilotage avec leurs partenaires, souvent à la recherche de formateurs « qui sortent des ressources traditionnelles très intellectuelles. »

Le jeu y est fréquent, associé sous différentes formes : les jeux de rôle dans les formations à la thérapie contextuelle, le travail en petits groupes à partir de jeux dans la formation à la communication associative, les jeux proprement dits dans les sensibilisations aux droits des enfants et à la philosophie pour enfants, l'utilisation, pour un travail de sensibilisation aux situations de discriminations à l'égard des femmes, de jeux de cartes représentant ces situations.

Les modules de formation qui durent plusieurs jours en résidence prévoient en soirée des « activités à compensation », comme le théâtre ou d'autres formes d'animation. Dans le même esprit ces formations en résidence doivent s'accompagner de conditions de travail confortables et accueillantes.

Voici deux appréciations sur les effets de la pédagogie active : « Pour moi la méthode utilisée était très bien et très agréable. J'ai eu l'impression qu'on était en récréation tout le temps, tout en travaillant beaucoup », dit une bénéficiaire de la formation à la thérapie contextuelle.

Et Zouina H., chef de projet du « Monde selon les femmes » :

> « J'ai suivi entre autres une formation sur les stéréotypes, les discriminations de genre. J'ai été étonnée par le caractère très ludique des formations. Et ce sont des formations très actives. C'était très nouveau pour moi. Ici on est très carré. C'était une nouvelle méthode. Les participants sont obligés de rester éveillés à tout moment, on ne peut pas s'ennuyer. Et c'était nouveau aussi dans le contenu. »

On évoquera la pédagogie active utilisée lors de la formation d'une trentaine d'inspecteurs d'académie, destinée à accueillir dans les établissements scolaires de leur ressort des projets relatifs à la citoyenneté à travers la formation des enseignants. Ces formations se sont déroulées sur trois modules de deux à trois jours.

Le premier module a été animé par une éducatrice belge, spécialisée dans le travail de rue, Florence Buseyne, qui a suivi plusieurs formations, dont l'une à l'Université de paix de Namur. Les deux autres modules sont repris par une formatrice algérienne du CISP. Voici comment elle les présente :

> « J'ai participé en 2014 à la formation d'une trentaine d'inspecteurs d'académie. Ma méthodologie est toujours la même. C'est très drôle. Je voulais les bousculer sans les bousculer. J'acceptais le protocole, mais avec quelques conditions, comme le fait de se réunir assis en rond et sans table. Ça crée toujours la révolution, parce que ça change leurs rapports entre eux. J'avais tout retiré dans la salle, sauf des coussins et une table avec du café. L'idée est : comment travailler ensemble de façon naturelle ? L'accueil détermine beaucoup de choses. Je lançais des sujets et, petit à petit, ils ont réintroduit des choses, des meubles, ce dont on avait besoin. Puis j'ai introduit des jeux de coopération qui se sont avérés très intéressants ; 80 % des participants ont joué le jeu dès la première matinée : tu te fais vite des alliés qui portent plus loin les autres et qui te permettent d'obliger ceux-ci à aller plus loin.
>
> On a travaillé ensemble sur l'exposition « Rue du monde » sur les droits de l'enfant, construite en Belgique, qu'on avait travaillée avant avec AFAK à Akbou pour l'adapter et la traduire. On a discuté la manière de l'introduire dans les écoles et, à partir d'un *power-point*, comment l'utiliser. On a travaillé surtout la question du lien avec leurs programmes. J'ai beaucoup travaillé là-dessus parce que, s'ils ne sont pas rassurés, ça ne peut pas marcher.
>
> J'ai travaillé sur la mise en place des CCJ (Conseil communal des jeunes) avec Damien comme leader sur quatre CCJ qui fonctionnent et deux en cours de construction. Ce qui me concerne particulièrement c'est le lien, le maintien de la motivation, la place qu'on donne réellement aux jeunes, parce qu'on leur donne généralement d'office telle place. On a réuni des personnes de 16 à 67 ans, les jeunes, les encadrants, des jeunes, des responsables de *wilayate* et des responsables institutionnels. La porte d'entrée c'est l'auto-socio-construction par des jeux. J'ai disposé les chaises en causeuses deux par deux en mélangeant les participants. Certains voulaient bouger les chaises, mais ma consigne était assez stricte. Je lance telle idée, elle est discutée dans les causeuses et on retourne dans le grand groupe. Il en sort les questions collectives qu'on veut discuter dans le grand groupe. Ça a déclenché des choses, ça a mis en lumière les nœuds qu'ils ne comprenaient pas ; ils n'avaient jamais fait ça et avaient peur que ça les oblige à ceci, que ça ouvre sur cela. À un moment j'avais écrit au tableau les réponses auxquelles je m'attendais sur toutes les raisons de ne rien faire invoquées par les chefs de *wilayate* : on ne peut pas faire à cause des sous, toutes les

lamentations possibles, tous les gros clichés. Ça a déclenché des fous rires. Ça, ça permet de dénouer des choses et d'aller plus loin.
On a fait ça plusieurs fois pour remettre du souffle, de l'énergie dans tout ça. Le but c'est comment entretenir à long terme un projet sans lui mettre un cadre fermé. Quand je le fais, c'est dans l'espoir de laisser des bases. Après, ce qu'ils en font leur appartient. Quand je reviens, je constate que certains ont fait des choses audacieuses, d'autres ont fait du copié-collé... »

L'adaptation des actions et formations du CISP au contexte algérien

Il nous paraît utile d'aborder la question de cette « adaptation » en citant l'un des formateurs, Ahmad Aminian, philosophe, historien des religions, orientaliste, chercheur à l'Université libre de Bruxelles sur le dialogue inter-civilisationnel, sur la convertibilité des valeurs.

« Je suggère qu'on développe le fait que les formateurs intègrent la culture du pays d'une manière critique. Je trouve personnellement qu'il y a un décalage entre ce qu'est le pays réel et les formations proposées. Les Occidentaux viennent avec certains *a priori*, des a *priori* légitimes. Pour moi, il y a un discours à coconstruire. Il faut plus de dialogue, de compréhension, de communication, de proximité. Les formateurs doivent se former par rapport à ce pays. Tu crois qu'ils ont compris ; en fait non. Il faut une manière d'aborder les choses. Je ne peux pas les aborder ici comme je le fais en Belgique. Quand tu vois autant de femmes voilées, tu dois te poser des questions. Tu ne peux pas aborder les droits de l'Homme comme ça. Il y a la méthode, la manière de le faire. Les formateurs algériens c'est pareil, ils ne connaissent pas leur histoire. Ils sont piégés eux-mêmes par le discours qu'il y a ailleurs depuis quatre-vingt ans ; c'est pourquoi ça ne marche pas. On n'arrive pas à établir un bon dialogue. [...] Pour moi, la domination c'est le fait qu'on ne définisse pas les choses comme il faut. Toutes les dominations sont des dominations multilinguistiques, de langue. Tu parles français, tu es dans une tradition francophone. Moi je parle français, tu comprends quand je prononce les mots ; j'ajoute des choses aussi (étant étranger), mais toi tu ne les vois pas. Et moi c'est pareil. C'est la double perversion. Par exemple on parle, nous, d'association. En algérien ça veut dire rassemblement. Ce n'est pas la même chose. C'est pourquoi les Orientaux comprennent les concepts et les valeurs occidentales de manière mutilée. Comme leur raisonnement est mutilé, la vision est mutilée, et comme tout ça est mutilé, le dialogue est mutilé aussi. Je leur dis : vous avez la modernisation, mais vous n'avez pas la modernité. C'est ça, le regard mutilé. Le problème est là. Ce n'est pas seulement ici ; c'est pareil au Maroc, en Iran, en Azerbaïdjan...
Je me sens bien au CISP, j'y discute bien, en même temps je suis critique par rapport à toutes ces ONG qui viennent du Nord. Il faut aborder les choses autrement, pas dans un processus raciste, ni paternaliste. Il faut apporter un esprit critique. Que faut-il faire ? Créer des espaces de convertibilité. Pour ça, il faut faire un travail de déconstruction pour aller vers une autre

construction. Selon un modèle d'étude que j'appelle IHV, c'est-à-dire Interactivité Humaniste Participative, ce qui rejoint les valeurs et le travail du CISP : l'humanisme d'abord, la démarche démocratique, participative, les droits de l'Homme, l'action humaine. Je me bats vraiment pour arriver à construire un autre discours ; là les valeurs restent intactes, et c'est ça qui m'intéresse. Eveline m'a demandé d'intervenir sur la sexualité coranique dans l'anthropologie coranique, parce qu'un certain nombre de valeurs sont adaptées, d'autres non. La sexualité dans l'idée des droits de l'Homme c'est bien, mais il faut savoir d'abord s'ils sont contre la définition de l'Homme dans le Coran.
J'ai fait une étude phénoménologique, j'ai fait plusieurs formations du CISP et de l'Étoile culturelle d'Akbou sur l'interculturalité à Akbou... »

Outre la question de la langue et donc du sens de l'action proposée, plusieurs interlocuteurs se posent la question de l'adaptation des formations/actions au contexte algérien. Ainsi s'explique le « semi échec » rencontré par l'association Tudhert dans les débuts de sa démarche de création d'un conseil communal des jeunes :

– « La plupart du temps les formateurs viennent de l'extérieur ; ils nous parlent de leur expérience, de leur vécu. Des fois on se retrouve avec des choses qu'on ne peut pas appliquer directement. Après il faut bien sûr reformuler tout ça dans notre tête pour l'appliquer correctement. »

– « Les CCJ en France ou en Belgique, ils ont un vécu, une expérience, chez nous c'est tout nouveau. Au début ça n'a pas marché, on manquait d'outils, on n'a pas réussi à fédérer les gens autour de l'idée d'un CCJ. C'était dans le cadre d'un projet avec la Fondation pour le futur. En fait on n'avait pas les idées claires ; on n'a pas pu. On a vraiment commencé à travailler avec le projet « Pépinière de jeunes citoyens. »

Deux formateurs de l'Université de paix de Namur à la Gestion positive des conflits évoquent leur « naïveté » lors de leur arrivée en Algérie, les impairs qu'elle a occasionnés, mais aussi les barrières qu'elle a fait tomber malgré eux :

« Au départ nous avions de la naïveté. Nous venions porter la bonne parole dans un pays où les gens n'étaient pas au fait de ces techniques. Il y avait cette idée qu'avec les séquelles des années de plomb, il y avait une plus forte pertinence à intervenir dans ce pays. [...] Il y avait aussi la question de la maîtrise de la langue française. On avait des traducteurs. Par exemple, ici, on parlait de trois émotions : la colère, la joie, le plaisir. Or, en arabe la notion de plaisir s'entend dans le sens purement sexuel. On s'est arrêté là-dessus. Si on n'avait pas fait attention... ! C'est une richesse et une difficulté. On a eu des groupes lourds de ce point de vue avec des Kabyles, des Arabes et des francophones. Ils débattaient pas mal entre eux sur des mots. On avait besoin de traducteurs, même si nos outils ce ne sont pas des cours, mais des jeux de rôles, des exercices pratiques, des groupes autonomes. [...]
Paradoxalement mon côté naïf a été productif. Je leur ai demandé de se prendre par la main et de faire des nœuds. Ça a dû être très, très dur ; c'est

terrible de se toucher entre hommes et femmes ! Cécile a fait des jeux de coopération où ils devaient s'asseoir sur les genoux les uns des autres. Ils l'ont fait pour nous faire plaisir. Ils rigolaient comme des fous, mais ça a dû être terrible. Une fois – je serre la main à tous les participants en arrivant – j'ai vu que le mari d'une participante était là, j'ai compris que je ne devais pas lui serrer la main ! À la fin d'une formation on avait un jeu de rôle où une jeune fille a dit : « Je vais enlever mon voile, mais je vais le mimer parce que mes parents sont contre. »
À Bab el Oued, un professeur de gymnastique, un barbu m'a dit : « Tu pourras dire que tu as serré la main à un terroriste ». Jamais ils ne nommaient ces années de terrorisme. Il n'y avait pas de mots, mais un poids, une émotion énorme. Cécile a eu dans un petit groupe un professeur dont treize élèves de sa classe, la même année, ont été assassinés. On s'est dit que nos outils, là, avaient un sens ; on mettait les pieds dans le plat, mais sans le faire exprès. Dans le groupe ils ont pu dépasser des barrières ; ils s'étaient compris. Mais on n'a jamais tout su. [...] Il y en a certains qui nous ont dit que ces formations ont été une occasion de casser des tabous. Ça nous a été dit, mais difficilement. »

Naïveté, impairs et mise des pieds dans le plat n'ont pas empêché ces formations d'être bien accueillies, comme nous le verrons plus loin, de susciter des demandes en divers lieux et d'être reprises par des formateurs relais, formés par les intervenants de l'Université de Paix.

On observera ici que la « lourdeur » des séances, en raison de la présence de traducteurs qui débattent entre eux du sens des mots, correspond à la création de ces espaces de convertibilité qu'A. Aminian appelle de ses vœux selon la démarche qu'il préconise : l'interactivité humaniste participative. Ces débats dans les débats sont des occasions supplémentaires de partage, de création d'espaces communs.

La coordinatrice algérienne de plusieurs projets du CISP où elle a travaillé pendant sept ans observe une évolution des orientations de celui-ci :

« Ses actions s'appuient maintenant davantage sur l'accompagnement de la société civile : il développe des actions plus concrètes, plus pratiques grâce aux subventions en cascade. J'attire l'attention à ce propos sur la nécessité d'accompagner dans la proximité la gestion de ces projets, d'adapter les outils au langage des bénéficiaires, d'être à leurs côtés. »

Lors du projet d'intervention psychosociale après le séisme en Algérie, les formateurs sollicités, algériens et étrangers ont travaillé en binôme. À l'occasion de l'évaluation de cette intervention par un organisme extérieur au CISP à la demande de celui-ci, figurait une question concernant les questions qu'ils auraient souhaité qu'on leur pose.

Les formateurs étrangers auraient aimé qu'on leur pose les questions suivantes :

- Qu'avez-vous appris pendant votre séjour/formation en Algérie ?

- Que pouvez-vous dire que cette formation vous a personnellement appris et apporté ?

Ils notent que le questionnaire aurait dû être préparé avant les interventions, discuté en groupe et envisager l'articulation avec le travail de terrain des participants ainsi que l'impact sur les autorités locales.

Chez les formateurs algériens reviennent deux questions relatives au thème de l'adaptation au contexte algérien :

- Pensez-vous que les formateurs étrangers sont capables d'adapter leurs compétences et leurs connaissances de façon à les transmettre aux participants ?
- Le contenu de la formation correspond-il à la réalité du terrain ?

Est aussi posée la question de l'existence d'un équilibre entre les aspects théoriques et pratiques.

Si la question de l'adaptabilité de leurs formations au contexte algérien est posée de façon indirecte par les formateurs étrangers, l'évaluation fait ressortir l'insatisfaction des formateurs algériens à propos de leur fonctionnement en binôme avec ceux-ci. Cette insatisfaction est liée au fait que la formation est réalisée et conçue, selon ces derniers, par les formateurs étrangers. Ils ont eu à « se greffer sur des formations déjà préparées, ont participé à un programme sans en connaître ni les fondements ni les objectifs et ont servi à légitimer ce dernier ». Les auteurs de l'évaluation notent qu'il est néanmoins difficile de faire des généralités compte tenu du peu de résultats obtenus (en raison de la rapidité avec laquelle a dû être effectuée l'évaluation, réalisée en outre en cours de programme et en « semi-urgence ».

Ce type d'insatisfaction et de critiques ne reviendra généralement plus dans les évaluations extérieures ultérieures. Nous verrons, au contraire, que tant le mode participatif des formations que les relations avec les partenaires et les bénéficiaires, le principe de coconstruction et de coformation à tous les niveaux sont relevés spontanément avec une grande satisfaction. Néanmoins des critiques émaneront de plusieurs personnes sur l'absence en certains cas d'écriture en commun de projets associatifs en raison des dates butoir de dépôt des projets auprès des financeurs et du travail généralement effectué en urgence par le CISP.

Si l'approche de la Thérapie contextuelle est adaptée au contexte algérien comme nous le préciserons plus loin, il en est de même des formations à la « Clinique de Concertation » et à la « Gestion des détresses multiples et sévères », par voie de conséquence, puisque ces dernières sont le prolongement de la thérapie contextuelle. Outre ce qui a été mentionné s'agissant des valeurs mobilisées par la thérapie contextuelle s'ajoute, du moins dans le contexte de la Kabylie, la référence à la pratique de la concertation comme pratique traditionnelle, par les professionnels et militants formés à la « Clinique de Concertation ». C'est ce que montre la recherche évaluative effectuée par Hassiba Laidli (2006), concernant le projet du CISP « Citoyenneté et reconstruction du dialogue » de 2006-2008. L'auteure relève dans l'analyse des réponses aux questionnaires d'évaluation que revient souvent le fait que « la concertation est l'un des principes fondamentaux dans la culture kabyle, c'est ce qu'on désigne par *Tadjmaït.* » Elle relève également que la plupart des participants à qui on a demandé si la formation les avait surpris, ont répondu qu'ils l'avaient été effectivement « face au rapprochement et à la ressemblance d'une démarche traditionnelle avec des concepts retrouvés au niveau de la formation », tels que « la clinique de concertation et le travail clinique de réseau. », et elle insiste en résumant sur la « parfaite adéquation des principes régis par le programme de la formation avec le contexte socioculturel algérien, ce qui a été largement souligné par le nombre et le contenu des réponses » (p.41).

Ceci est si vrai qu'il a été parfois difficile d'identifier de façon précise l'apport du CISP dans la pratique de militants associatifs kabyles tant ces différents aspects culturels vont pour eux de soi.

Plus cruciale et délicate est l'abord, notamment du rôle de la religion dans les rapports hommes/femmes en particulier, et plus largement la question des violences qui ont eu lieu pendant la décennie noire ou depuis.

C'est pourquoi la question des rapports hommes/femmes est abordée dans les formations au certificat des droits de l'Homme non pas de front, mais indirectement à travers le rapport entre frères et sœurs, les femmes et l'héritage dans la tradition, la femme dans le Coran ou bien, lorsqu'il s'agit de violences, par le recours à des médiations diversifiées en fonction des contextes.

Une intervenante déjà citée, Gahlia Djelloul, chercheuse en sociologie à Louvain, évoquera des débats très « explosifs » lors de ses interventions relatives à sa recherche sur la mobilité des femmes dans des banlieues d'Alger, qu'elle impute au fait que, bien qu'ayant des attaches familiales en Algérie, elle est perçue comme une étrangère :

> « Sous un air plutôt inoffensif, quand on parle de la mobilité spatiale des femmes algériennes, en fait on parle de violences, celles que vivent les femmes dans les espaces publics. Du coup dans un groupe mixte, on s'adresse à un public de harceleurs, de violeurs, à des personnes qui sont potentiellement dans l'agression et qui parlent à des personnes agressées. [...] Quand on est placé dans ce système où certains sont placés en position de dominants et d'autres de dominés, en fait on remet en question un pouvoir, aussi il y a des résistances énormes de la part des hommes, mais aussi de la part des femmes et, dans un espace de pouvoir comme celui-là, les hommes remplissent l'espace avec leurs voix, et des filles parlent très bas. Je dois gérer ça. Leur ayant dit que j'étais en partie étrangère, c'est justement la

perception que ce que je disais était extérieur, leur était étranger, qui m'a été retournée : Je suis en train de leur inculquer des valeurs qui ne sont pas les leurs, qui sont immorales et qui sont les valeurs de « là-bas ». Il y a eu du coup un blocage sur le plan identitaire et, de ce fait, un autre élément du caractère explosif du sujet, un blocage avec le recours à l'argument religieux : « Mais nous on est musulman », « Mais le Prophète n'a pas dit ça », « Nous on n'est pas comme eux, là-bas, ça doit être comme ça et on n'a pas à mettre ça en question ». [...] À Sidi bel Abbès il y avait un participant particulièrement virulent et très en colère qui essayait de couvrir ma voix et, en fait, de saboter l'atelier. Les autres participants s'y sont mis en parlant plus fort que moi, me disant : « Mais nous on est musulman, tout ça ce n'est pas pour nous ! » En fin de journée je suis allée parler avec lui, il m'a dit qu'en fait j'avais réveillé chez lui un traumatisme. Ce n'était pas au niveau discursif qu'il se situait. Il m'a dit que la manière dont je parlais de l'islam était super, que s'il y avait des gens qui parlaient comme moi de l'islam on serait beaucoup mieux en Algérie. »

Elle raconte comment elle a progressé d'intervention en intervention et comment elle a compris que ce qui marchait, c'était d'entrer dans le sujet par la porte des valeurs et de faire appel à un raisonnement éthique :

« Pouvoir dire ce à quoi on croit, pourquoi on y croit, qu'est-ce que ça apporte à la société, quel est le bien collectif ; en posant ces questions-là, ils pouvaient exprimer tous les mots qu'ils voulaient, les sources pouvaient être différentes, religieuses ou non, ils pouvaient donner une lecture politique. L'engagement fait appel à ce à quoi ils croient profondément. Du coup, aborder ensuite la réalité qu'ils vivent avec la grille de cette valeur qu'ils ont exprimée eux-mêmes, avec leurs mots, ça a beaucoup plus de sens. Et la réussite ça a été de leur faire imaginer un autre monde, de les faire rêver d'autre chose. »

C'est ainsi que J.-M. Lemaire aborde la « Clinique de Concertation » en partant de l'alliance qu'il faut faire avec les détresses multiples et sévères :

« Si on veut un changement, il faut faire une alliance avec les détresses multiples et les plus sévères. Il y a là les facteurs de changement les plus radicaux. [...] Eveline a eu l'idée de travailler avec les femmes algériennes sur les événements de Hassi Messaoud, de mener un travail dans le cadre contextuel. Au premier module étaient présentes des femmes qui avaient des idées préétablies sur ce qu'il fallait faire : recueillir des témoignages, dénoncer. Mais notre projet était tellement à l'écart de ce qu'elles voulaient faire qu'elles sont parties. [...] Il faut abandonner ces polarités machisme/femmes, ces démarches va-t-en guerre pour pouvoir travailler ensemble et penser que ces rapports ne sont pas nécessairement des rapports de pouvoir et de domination, comme la dialectique du maître et de l'esclave d'Hegel est là pour nous le rappeler. On n'a rencontré dans le Sud aucune difficulté avec les professionnelles. On a pu travailler avec plus de souplesse dans le Grand Sud qu'ailleurs sur ces polarités. Certes il y a là un respect des valeurs du Coran plus pesant, mais un espace de liberté plus grand qu'ici (en

Belgique ou en France), en raison des garanties qu'imposent les rituels. Il est plus facile de se mouvoir dans des contours suffisamment nets que dans des contours flous. Les impositions mozabites ne sont pas déguisées. »

Un membre de l'équipe de « Mémoire de femmes », Emmanuelle de Keyser, qui travaille avec J.-M.-Lemaire dans le Sud, évoque la nécessité, si on veut faire alliance avec les détresses multiples et sévères d'aller vers celles-ci. C'est ainsi que lors de cette formation il n'était pas question que les formateurs du Sud viennent à Alger et fassent 600 kilomètres de voyage pour suivre le troisième module de la formation ; il n'était pas question d'envisager ce module s'il n'avait pas lieu dans le Sud. Elle évoquera les multiples détours nécessaires au soutien des personnes qui ont subi de multiples traumatismes et de celles qui en ont été les auteurs :

« On parle de situations de grandes violences dans le Sud sans voir leur rapport avec la décennie noire. Je vois à quel point cela a affecté l'identité des gens dans leurs rapports entre eux, toutes les histoires de violences dans les familles, entre des collègues, la façon dont elles sont perçues, vécues, toutes les empreintes qu'elles ont laissées. D'avoir vécu dix ans de terreur qu'est-ce que ça modifie ? La peur dans notre manière d'être, avec, en outre, une actualité qui a banalisé cela au quotidien. Et tout à coup ces exactions à Hassi Messaoud, certaines femmes violées, empalées, massacrées ou laissées pour mortes ; des jugements qui n'ont pas puni les auteurs, ces femmes spoliées, avec, en plus, des lectures différentes amplifiées par les médias. Nous voulions comprendre, voir pourquoi elles avaient, dix ans plus tard, refusé toute aide des associations[36]. Nous voulions reconnaître les ressources de ces femmes, ce qu'elles ont pu reconstruire, voir les hommes, les jeunes hommes qui n'ont pas dit, pas fait, pas protégé ces femmes. Si on s'intéresse à la question de la responsabilité, ces femmes ont des enfants, les auteurs aussi qui coexistent dans les écoles, dans un pays où l'honneur et la réputation sont si présents. Où, comment retrouver la fierté ? Comment reconstruire ? Nous voulions soutenir les professionnels qui ont accompagné les victimes et les auteurs, victimes d'eux-mêmes et dans une légitimité destructrice. Comment sortir de la sidération et de la situation de pauvre victime ? Nous voulions mettre en culture les ressources qui restent. [...] On a travaillé le troisième jour en petit groupe sur le « sociogénogramme » ; il y a eu un partage total ; ils se sont emparés de tout sans réserve, c'était nouveau pour moi. En France ce sont des combats d'écoles, de sectes : « On n'expose pas les gens comme ça ! »... Là ça a été très rapide et ça s'est amplifié de module en module. Lors du quatrième module on a touché du doigt le sujet : une femme qui avait été violentée par plusieurs hommes. Il s'agissait de préserver l'honneur de la famille. Tout se partageait dans le secret et c'était très douloureux. Le psychologue a mobilisé un ami du père du voisin pour

[36]. Le livre de Rahmouna Salah et Fatiha Maamoura, (2010), décrit entre autres les très longues et vaines démarches entreprises par les femmes victimes à tous les niveaux possibles, des pouvoirs publics aux associations et aux tribunaux, pour faire reconnaître ce qu'elles avaient vécu et obtenir réparation.

aller vers la jeune femme sans déshonorer la famille, qui pouvait rencontrer les jeunes hommes. Le lendemain un retour a été fait à Jean-Marie absent ce jour-là de ce que nous avions fait la veille : une multi médiation qui avait évité la présence directe des uns et des autres, qui permettait de reconstruire une autre histoire sans réduire les personnes à auteurs et victime. »

La « verbaliste » des séances, Catherine Mariette, qui suit depuis des années le travail des équipes de formateurs à la « Clinique de Concertation » et au Travail Thérapeutique de Réseau évoque une séance qui l'a marquée :

« Il y avait beaucoup de monde à cette formation. Toutes ces femmes voilées qui, quand elles prenaient la parole, montraient qu'elles avaient tout lu,' et qui intervenaient avec une finesse et une intelligence ! Ils ont une formidable soif d'apprendre. Tout le monde était au diapason de ce qui se passait, il y avait une très très grande écoute, autant de la part des personnes directement concernées par la famille présente que des personnes non directement concernées. Celles-ci trouvaient des gestes de tous les jours vis-à-vis de la petite fille, agressive, pour l'apaiser. Il y avait une grande délicatesse par rapport à la question de la circulation de l'information. C'était un havre de paix et d'ancrage. »

Savoir-faire, savoir-être et savoir-vivre. Principes régulateurs, accueil et ouverture

« Un droit dont aucune force n'est en mesure de sanctionner la validité peut se trouver réduit à l'état de fantôme. En fait la seule réalité des droits de l'Homme face au crime, c'est la force de conviction qui leur est attachée, elle-même fonction de la crédibilité de celui qui les énonce », affirme Jean Ziegler (2016, *op. cit.*).

L'analyse de la démarche du CISP mise en œuvre pour donner une réalité à ces droits montre bien en quoi la crédibilité de ceux qui les énoncent est fondamentale, principalement liée à la fidélité de leur savoir-être à leurs convictions. Cette fidélité est la condition de l'appropriation par autrui de ces droits et de l'extension de leur réalité. Tocqueville (1963) – comme d'autres auteurs cités –, voit la démocratie tout autant comme un régime politique que comme un régime éthique, il y voit aussi « une manière d'être, de penser et de se comporter ». Ce sont bien ces différentes « manières » que les formations tentent de diffuser.

La nature de l'accueil des personnes avec lesquelles le CISP travaille fait partie des moyens qui favorisent l'appropriation, la reproduction et la diffusion de son message et de son action. Quels que soient ceux-ci – la formation à la thérapie contextuelle ou à la « Clinique de Concertation », une formation à la Gestion positive des conflits, une réunion avec les partenaires, une réunion de copilotage des actions envisagées – les personnes rencontrées sont unanimes sur la qualité de cet accueil. « On se sent tout de suite à l'aise », « l'accueil est chaleureux, simple et convivial », « on se sent chez soi », « c'est comme en famille. »

En voici l'expression la plus fréquente :

> « Le CISP encourage toute forme d'organisation. Nous nous y sentons chez nous parce qu'il y a un climat de liberté malgré nos différences. On arrive à discuter, à communiquer, il n'y a pas d'animosité. Surtout il y a la liberté d'expression ; on peut dire tout ce qu'on veut. Il y a aussi leur humanisme, leur souci du bien-être de l'autre, leur altruisme aussi [...] On trouve les formations très intéressantes sur le plan qualitatif. Même la forme, le fait de participer, d'être actif, permettent de passer de très bons moments. On y trouve du plaisir. »

La nature de cet accueil participe de la conjugaison du « fonctionnel » et de « l'existentiel » évoquée plus haut : le fonctionnel renvoie à la fonction du professionnel, à l'institution qu'il représente ; l'existentiel renvoie à des éléments de nature personnelle tels que la manière de se présenter en disant « j'ai deux enfants de tel âge » et à des éléments culturels tels que l'hospitalité. L'accueil vise à atténuer la barrière qui existe habituellement entre la dimension fonctionnelle et la dimension existentielle et à honorer la famille, le professionnel ou le visiteur. Il participe des « principes régulateurs », de la démarche de la « Clinique de Concertation » comme des autres actions et formations du CISP. Il favorise l'établissement de la confiance entre les participants et une plus facile identification des uns aux autres.

On donnera un exemple de l'effet de l'application d'un de ces principes régulateurs : un psychologue de l'Éducation nationale est réquisitionné en 2006 dans le cadre de la Réconciliation nationale pour faire une enquête sociale sur les « familles de terroristes dont l'un des leurs a été abattu ». Il s'agit d'évaluer si elles peuvent bénéficier d'une indemnisation. Cette tâche est particulièrement délicate et risquée. Il évoquera les effets de la manière de s'asseoir lors de ses visites dans les familles :

> « La formation du CISP à la « Clinique de Concertation » nous a aussi appris à ne rien négliger, même des choses qui semblent minimes, mais qui peuvent apporter beaucoup, qui donnent du sens. Par exemple la manière de s'asseoir : j'ai appris à me mettre au niveau des familles, alors qu'elles vous posent des chaises pour vous honorer. Et voilà, vous êtes là, vous dominez ! Je refuse et je m'assois à côté du papa, je me mets à sa hauteur... C'est beaucoup, c'est une sorte d'humilité, c'est du respect. Je ne viens pas en disant : « Je suis l'autorité, donnez-moi des renseignements. » Cela nous a appris la modestie, l'écoute, comment créer du lien, le respect des émotions... »

Ghania Mouffok, (2011, p.142) journaliste, commente ainsi ce qu'elle a observé à propos de cette manière de faire :

« La « Clinique de Concertation » me semble possible parce qu'on change le rapport entre soignant/soigné. Quand je travaille avec les agents sociaux, je vois bien ce que leur a apporté la formation à la « Clinique de Concertation ». Cela a changé leur rapport à l'autre ; leur perception des familles a changé. Un professionnel travaillant avec des familles ayant eu à faire avec le terrorisme me disait : "Quand on entre dans la famille, pour nous honorer, on nous donne une chaise, alors que tout le monde est assis au sol. Avant, j'aurais pris la chaise." Cet apprentissage leur a permis d'instaurer quelque chose de l'ordre de l'égalité, comme de refuser la chaise et de s'asseoir au même niveau que la famille. Les relations de pouvoir sont remises en cause parce qu'on considère que le soigné a quelque chose à dire sur la manière dont il est pris en charge. C'est dans ce sens que la « Clinique de Concertation » est politique, dans un pays comme le nôtre, très hiérarchisé, où le pouvoir c'est l'État, l'administration. »

On illustrera les effets « par ricochet » des manières d'être : l'animateur du café littéraire de Bejaïa ne connaît le CISP qu'à travers des membres de la LADDH avec lesquels il travaille depuis sept ans pour organiser des débats. Il regrette d'ailleurs de ne pas travailler davantage avec eux : « c'est extrêmement peu, nous pourrions faire ensemble des choses extraordinaires ! » Il insistera à plusieurs reprises sur le désintéressement des membres de la Ligue et sur l'accord qui existe entre leurs objectifs et leur pratique :

« Je salue l'existence de la Ligue, notre société a tellement besoin d'une Ligue qui défende les citoyens d'une manière désintéressée. Ce qui m'a frappé chez eux c'est le respect des autres. C'est totalement désintéressé, c'est exceptionnel, il y en a tant qui font semblant [...]. C'est par ricochet que je constate le rôle du CISP à travers leurs formations. C'est le respect de la dignité de l'homme, le respect des autres, de leurs idées, c'est un respect manifeste, le respect exprimé d'une manière concrète. »

« François Bazier de l'Université de paix aux côtés duquel j'ai appris à former en communication non-violente a été pour moi une grande ressource. Il a été un modèle pour moi dans son comportement de tous les jours, fidèle aux valeurs qu'il transmettait. J'ai appris cette fidélité entre ce que je dis et ce que je fais », nous dit la coordinatrice entre autres du DDH1 entre 2007 et 2009 à propos de la Gestion positive des conflits. »

« Tout me plaît dans ce que j'ai appris, le formateur nous a appris comment transmettre les informations, il nous a appris la création de projet, l'engagement. Il nous a transmis un savoir-faire et un savoir-vivre. C'est tout un processus, c'était agréable et ça m'a étonnée », nous dit une animatrice travaillant dans une ADS (agence de développement social).

« Le plus intéressant dans les formations que j'ai reçues ça a été d'être sur le terrain, d'apprendre à conjuguer le savoir-être et le savoir-faire, la rencontre avec toutes ces personnes à travers le pays », dit un formateur et coordinateur du volet « Graines de citoyen ».

Le président de l'Étoile culturelle d'Akbou précise l'impact qu'a cette conjugaison des savoir-faire et des savoir-être et celui qu'il pourrait avoir :

> « Il faut mettre ensemble les savoir-faire et les savoir-être. Les jeunes n'ont pas accès au débat, au dialogue. Le dialogue est vraiment méconnu dans les pratiques associatives. Nos jeunes sont violents dans la communication. Dans un groupe, on ne fait pas attention aux autres, on est indélicat. On ne tient pas compte des autres dans notre discours et sa construction. C'est un manque de respect de l'autre. L'école n'est pas un lieu serein ; les jeunes sont violents, et, à la limite, chez eux aussi. Ça a commencé à changer quand on a fait des échanges en France surtout, et en Italie. Voir ce qui se passe ailleurs leur a permis de relativiser leur vécu pour être au diapason ; quand ils sont à l'étranger, ils sont obligés de faire l'effort de paraître. Ici on n'a pas de discours sur le savoir-être, c'est une tare. Et les jeunes sont toujours dans la sous-estimation d'eux-mêmes. Nous leur apprenons comment être avec les professionnels et les animateurs. Puis, avec le CISP, sont arrivés la « Clinique de Concertation », l'éducation à la citoyenneté, la Gestion positive des conflits, la philosophie pour enfant. C'étaient des programmes révolutionnaires, des programmes sur le savoir-être. On est entré dans les écoles avec tous ces concepts, cette démarche globalisante ; les jeunes ont absorbé ce climat de travail dans la coopération, la tolérance et le savoir-être plutôt que dans la compétition et la violence.
> Mais ce changement c'est une goutte d'eau dans la mer. Si on avait une école de la deuxième chance par commune, l'Algérie avancerait de dix ans ; et si ces programmes étaient intégrés dans les structures de la culture et de la jeunesse ce serait une avancée de vingt ans. »

Un militant des droits humains témoigne ainsi devant les participants de la quatrième promotion de la formation au certificat des droits de l'Homme :

> « Durant le cycle de formation, la session portant sur le changement social s'est déroulée dans une conjoncture où tous les Algériens aspiraient à un changement ; c'est une session qui a donc attiré l'attention. Et je pense que ce qui a été apporté aux participants avant tout, c'est qu'il fallait changer certaines idées reçues, et qu'en tant que militants des droits humains, il fallait changer certaines pratiques en nous-mêmes. »

Ces quelques extraits illustrent la cohérence des formations assurant le couplage de la transmission des savoir-faire et des savoir-être. L'importance du changement dans les manières ou savoir-être est un résultat quasiment constant relevé tant dans les évaluations antérieures que dans ce travail. Il concerne l'ensemble des programmes et des actions, qu'elles visent des hommes ou des femmes adultes, des jeunes gens ou des enfants. Ce résultat montre que l'éthique relationnelle est bien au centre du projet du CISP dans sa globalité et que sa mise en pratique, son vécu, sont bien la condition d'une implantation véritable des droits de l'Homme en Algérie.

Un autre aspect fondamental de la démarche est son principe d'ouverture. Ce principe est lié à la dimension politique de l'action, il vise à éviter le repli sur le groupe comme lieu d'appartenance et d'identification première à l'exclusion d'autres groupes. Comme le développe É. Tassin déjà cité (*op. cit.*, p. 130-132) :

> « L'action citoyenne déployée en un espace public se détache de l'identité culturelle communautaire pour accomplir sa visée politique et s'ouvrir à son horizon propre : le monde commun, susceptible de recueillir les différents styles de vie qui entrent en contradiction les uns avec les autres sur le terrain des identifications culturelles communautaires. Il s'agit donc de ne pas confondre l'être en commun d'une collectivité donnée, qui obéit à une logique identitaire, avec l'agir ensemble qui répond à des normes éthico-juridiques et vise, au travers des luttes politiques, la reconnaissance de droits. Il faut également dissocier qui je suis et qui se révèle dans l'action avec d'autres de ce que je suis et qui résulte de mes affiliations natives ou convenues. Toute véritable politique est une politique du monde, du cosmos, une cosmopolitique, non pas au sens d'une mondialisation des rapports humains ou de l'institution d'une société civile universelle – ce qui obéirait encore au principe communautaire, mais au sens où les républiques sont les lieux d'un monde commun, possible et postulé, plutôt que les havres de communautés identificatoires fermées. »

C'est dans cette perspective que le CISP s'emploie à maintenir un principe d'ouverture : c'est ainsi le cas du principe de la présence de « l'intrus » dans les réunions du Travail Thérapeutique de Réseau et dans celles des « Cliniques de Concertation », destiné à éviter le repli identitaire et l'entre soi. L'incitation constante à étendre les réseaux participe de la même volonté. Former, faire travailler ensemble des membres d'associations aux objectifs multiples et venant de différentes régions du pays, comme faire travailler ensemble des partenaires multiples qui intègrent constamment la présence de nouveaux venus produit les mêmes effets. Le pluralisme le plus large possible est un gage d'ouverture.

La culture, l'art, messagers et accomplissement des droits de l'Homme.

Pour de nombreux partenaires et bénéficiaires des actions et formations du CISP, la culture n'est pas seulement l'un des droits de l'Homme dits de la deuxième génération – et nombreux sont les bénéficiaires qui militent en faveur de l'accès à la culture pour tous –, c'est aussi une médiation privilégiée pour la diffusion d'une culture des droits humains. La médiation de l'art permet de dépasser la méfiance ou le rejet vis-à-vis du politique ou d'un message qui pourrait être perçu par leurs destinataires comme étranger à la culture algérienne. L'art peut aussi paraître moins dangereux aux yeux des autorités que d'autres moyens d'expression. En outre, sa réception mobilise l'ensemble des ressources de la psyché, intellect et sensibilité, son message étant ainsi plus facilement accessible. C'est évidemment vrai concernant l'activité culturelle de l'Étoile culturelle d'Akbou, l'un des partenaires les plus importants du CISP, c'est aussi le cas de nombreuses associations qui portent à travers des activités culturelles le message des droits de l'Homme en général, ou le message des droits de la femme ou du droit des enfants, plus particulièrement. C'est le cas par exemple du club universitaire « Le Banquet de Platon » de Sidi bel Abbès en voie de transformation en association. Il défend « les valeurs citoyennes, culturelles, artistiques, définit des plans d'action avec différentes campagnes pour promouvoir les identités, au niveau local et national. » Actuellement il anime des programmes pour les jeunes : sept ateliers artistiques, mais aussi des ateliers littéraires, scientifiques et du sport.

C'est également le cas de l'association « Le sage », ou « le scientifique » une des premières associations créées en Kabylie après les événements de 1988. Elle a d'abord organisé des cours par correspondance sur la langue berbère, des cours d'informatique et créé des films de fiction. Plus tard, à la suite de la production d'un film sur la violence conjugale, son président a suivi entre autres une formation à la gestion positive des conflits au CISP et à la gestion des associations. Militant des droits de l'Homme, il associe son message à la musique, au théâtre et à « l'occupation de la rue. »

Le CISP accompagne différents projets en ce sens. Les actions développées à Bab el Oued et aux Eucalyptus le montreront.

Parmi ses projets, le Centre de documentation des droits de l'Homme de Bejaïa prévoit des séances destinées à la diffusion des grands poètes algériens et de grands poètes d'autres pays.

Comme l'écrit le poète arabe syrien Adonis (2015), l'art est une vision du monde et un rapport avec le monde. Il se demande, entre autres, pourquoi les pays arabes ont négligé l'enseignement des grands poètes et observe que ceux-ci, lorsqu'ils ont été enseignés, ne l'ont pas été correctement. Pour H. Arendt, l'œuvre d'art est un instrument d'exploration du réel ; la poésie est de tous les objets de pensée, le plus proche de la pensée, le poème relevant plus de l'œuvre d'art que de l'objet. « Les seuls à croire au monde sont les artistes », écrit-elle aussi. « La persistance de l'œuvre d'art reflète le caractère persistant du monde, l'art étant la patrie non mortelle des êtres mortels » (*op. cit.*, 1999, p. 198). Et comme le dit un de nos interlocuteurs militant associatif très investi dans la promotion des droits humains : « Soutenir les valeurs artistiques est bien sûr un acte politique. »

Connaître et s'approprier la culture de son pays, tout comme en connaître l'histoire participe de la construction de l'identité de ses citoyens, de même que la connaissance de l'histoire et de la culture d'autres pays participe de l'appartenance à un monde universel commun, de l'accès à une véritable culture mondiale, plutôt qu'à une identité culturelle refuge.

Enfin l'art et la création artistique dans toutes ses formes sont au plus haut degré des pratiques sociales de paix par excellence. Elles sont tout à la fois recherche de sens, de vérité, de langage, hymne à la vie et au partage.

Une artiste peintre qui se présente comme une « autodidacte » et qui milite dans « Le Monde selon les femmes » a bénéficié d'une formation en résidence d'art pendant une semaine animée par le CISP. Y ont été réunis une quinzaine d'artistes qui ont reçu une formation sur les droits des artistes, l'art thérapie et une intervention sur la théorie et les études de genre. On a vu plus haut que le projet de résidence d'artistes avait pour objectif de faire passer le message de la situation des femmes de façon plus large, plus accessible et de fait plus novatrice. C'est ce qu'illustre cette artiste :

« Je travaille actuellement sur un projet qui me tient à cœur. Ce n'est pas du *street art*, mais des galeries d'art sur la rue, des expositions dehors. On ne peut pas attendre que les gens viennent dans la rue, il faut faire l'inverse. Le sujet c'est l'espace public : comment on évolue dans l'espace public ; l'idée c'est l'appropriation de l'espace public par les femmes, un terrain inconnu des femmes en Algérie. Pour l'instant le public qu'on touche n'est pas celui qui devrait être touché. Les événements artistiques sont réservés à une élite.
Il y a énormément d'événements artistiques sur ce qui se passe au Moyen-Orient, en Syrie, pour les femmes qui ont fait beaucoup parler d'elles. Ils ont un impact plus grand que les manifestations, parce qu'ils sont plus proches de la population, ils émanent du cœur de la population [...].
Je travaille avec des adultes et aussi avec des enfants, c'est beaucoup plus difficile et important avec les enfants. Je le fais dans le cadre du festival du livre de la jeunesse. Ça dure une dizaine de jours en juin. Il y a toujours des ateliers d'art et de musique. Je fais ça depuis quatre ans. J'explique aux jeunes dans les ateliers que l'art n'est pas qu'un passe-temps, qu'ils peuvent l'utiliser comme outil d'expression ou de révolte. Les parents, quand ils viennent, disent au jeune qu'il peut aller dessiner dans la seule optique du passe-temps. Il y a beaucoup de paradigmes dans lesquels on est enfermé. L'idée c'est, en peu de temps, de leur donner une nouvelle approche de l'art. »

Z. H., chef de projet du « Monde selon les femmes » dit aussi :

« La semaine passée il y a eu la Nuit blanche à Oran qu'on a organisée avec Faïza. C'est une exposition où on a tout exposé des œuvres des artistes femmes faites en résidence, dans la rue ; puis le lendemain dans une galerie, la galerie la Civ Oeil, une galerie très connue. Il y a eu un monde fou. Des gens sont venus qui ont posé des questions. Le responsable de la galerie a parlé de la galerie. J'ai demandé la parole et j'ai parlé du « Monde selon les femmes », de la résidence, de notre objectif : la sensibilisation à la question des violences faites aux femmes et à celle des stéréotypes. Il n'y a pas eu de rejet. C'était nouveau. Le côté artistique est une bonne entrée. Il y avait un tableau d'une Iranienne avec des femmes voilées et, à l'intérieur, des femmes à moitié nues. La directrice de l'Institut français m'a demandé si les gens ne seraient pas choqués. J'ai répondu : non tout est autorisé dans l'art. [...] Pour moi, le plus utile parmi les formations, ça a été le travail en résidence et les expositions. »

L'École du jeune citoyen, ou l'école de la 2ème chance à Akbou, dispense des enseignements des mêmes matières que l'école publique. Elle inclut dans ceux-ci un programme visant à transmettre aux jeunes les valeurs de la citoyenneté à travers, par exemple, des cours d'éducation environnementale et propose tout au long de l'année un riche programme d'activités d'éveil culturel et artistique.

Il en est de même du Centre d'écoute et d'animation des jeunes de Sidi Ali à Akbou qui forme ces derniers à l'apprentissage de la communication non-violente et leur offre dans le même temps plusieurs activités culturelles et artistiques : le théâtre, le dessin, le chant-chansons et le conte-histoire, ainsi que des sorties pédagogiques et culturelles.

Plus généralement l'Étoile culturelle d'Akbou est l'exemple phare le plus achevé qu'il nous ait été donné de rencontrer de l'intrication entre culture et droits de l'Homme, de l'art comme porte-voix des droits humains. Le grand développement de cette association, son rayonnement et l'adhésion des populations à ses actions culturelles déployées sur un territoire fort étendu témoignent de la pertinence de cette voie de développement.

Voici ce qu'en dit son président :

« Lors du festival sur la musique on a mobilisé une centaine de bénévoles, des universitaires, des lycéens qui se sont engagés pendant trois mois. Notre force c'est la mobilisation des jeunes. Quand on a besoin d'un renfort, les gens sont là. Pour la promotion de la culture berbère on a l'adhésion sans faille de la population. Elle vient proposer son aide. On a quatre rendez-vous par an. Pour le festival de poésie, par exemple, il y a toute la population de la région qui vient. Pour le festival de théâtre qui a lieu pendant le Ramadan et qui dure une semaine on anime six, sept communes en même temps ; le nombre d'hommes, de femmes et d'enfants qu'on fait sortir de leur village, de leur territoire le plus reculé est très important. Ce n'était pas évident au début. L'an dernier quatre mille personnes se sont déplacées pour le théâtre. Le festival musical de la *Souma* en 2007, le dernier festival de musique qu'on a organisé, a mobilisé pendant huit jours 780 festivaliers, qui étaient venus de trente-huit départements. Il y avait trente groupes de musique, 130 expositions sans compter les ateliers d'art. L'animation a eu lieu sur un territoire de 120 km de diamètre de neuf heures du matin jusqu'à minuit. Voilà l'ampleur de l'action d'une association d'un quartier du coin ! Un concert pour 10 000 personnes à Akbou est de l'ordre de la prouesse. On a toujours été dans le défi constructif. Pour le théâtre, on en est à la onzième édition, pour la poésie, à la neuvième édition.

On a érigé une statue à un poète de trois mètres quarante de haut, un poète qui est au patrimoine de l'UNESCO. On dépoussière des personnalités artistiques. On a fait un hommage à un poète poseur de bombes. Ça génère des discussions hostiles, mais on le fait au nom de la liberté d'expression, au nom de son combat. Le piment de l'activité c'est le débat qu'elle suscite, fût-

il le plus divergent, ce pour faire avancer le combat par rapport à la question de l'identité pour instaurer des valeurs, y compris à travers la presse et pour faire avancer les projets sur l'éducation citoyenne sous toutes ses facettes.
On fait passer tous les messages, la sensibilité à l'éducation aux droits de l'Homme, en matière de santé, d'environnement, à travers la culture, par l'art, le chant, le tableau. Oui, la culture est une porte d'entrée, quels que soient le message et sa virulence. Quand tu fais passer le message par le théâtre, par la poésie, par le tableau, tu instaures une sérénité entre celui qui expose et celui qui regarde. Tu crées une discussion. Celui qui regarde et qui n'est pas d'accord il le dit, mais il le dit avec respect ; il respecte l'homme à travers son produit. Il y a une relation. Quelle que soit leur vision, ils savent que tu as mis du temps pour créer ce produit, il y a un espace de paix, de sérénité, même si les idées de l'un et de l'autre sont les plus éloignées. Sur le sida, par exemple, autant le message à travers des conférences ne passe pas, autant à travers l'art les gens adhèrent mieux, ils viennent. Ils écoutent des messages qui pourraient paraître virulents. »

Le CISP soutient également toutes les manifestations culturelles qui portent le message des droits de l'Homme, des droits des femmes et des enfants à travers les troupes de théâtre itinérantes, les actions libres dans les espaces publics. Il soutient notamment des ateliers sur les droits culturels et artistiques à Constantine et Oran animés par un Algérien musicien, Malik Chaoui, qui travaille pour le compte de l'organisation *Art Watch Africa* qui dépend du réseau africain *Arterial Network*, un réseau peu actif en Algérie. Il a ainsi participé à des conférences sur l'économie créative au Maroc. Participant à la LPSJE, il a été bénéficiaire du programme du « Monde selon les femmes » et est titulaire du certificat des droits de l'Homme. Il a depuis participé à plusieurs événements, conférences et animations d'ateliers. Il est intervenu sur « l'art et l'engagement » et dans l'Université d'automne sur les droits des femmes, notamment.

Il évoque son association avec le CISP et ses effets :

« J'animais un atelier à Alger lorsque ma route a croisé celle d'Eveline Chevalier. Il était pour moi intéressant d'étendre à Constantine le travail mené à Alger. Elle a adhéré tout de suite à ma proposition et, avec Leila, nous avons organisé les mêmes ateliers à Constantine. Cela s'est très bien passé. Puis nous avons discuté d'une prochaine étape, comme celle d'aller du côté de la Kabylie, ou d'Oran, ou dans le Grand Sud.
Nous avons pu organiser en Kabylie et à Oran trois ateliers de concert avec l'Université d'automne. Le bilan a été fait en janvier 2015. L'idée actuellement est d'aller du côté de Tamanrasset.
Nous accueillons tout acteur culturel : artistes, animateurs impliqués dans le domaine de la culture, pas forcément des professionnels. L'objectif est de consolider les choses avec des outils de plaidoyer. Les bénéficiaires doivent être armés aux droits de l'Homme. Les critères appliqués dans la sélection sont la motivation bien sûr, des profils diversifiés, de l'intelligence émotionnelle, une responsabilité sociale, de l'apprentissage coopératif… C'est à mon avis une sélection équitable !

Je constate l'intérêt des participants. En effet, les acteurs culturels ne connaissent pas leur potentiel jusqu'à ce qu'ils le traitent. Leur implication est juste extraordinaire émotionnellement et intellectuellement ! Les bénéficiaires disent avoir apprécié ces ateliers culturels. Ils disent avoir beaucoup appris. Par exemple un chercheur en français a transformé son enseignement à l'université de Constantine en mettant en place un atelier interactif et on voit qu'il a adopté le contenu des DDH ; on sent l'appropriation du message par les bénéficiaires.
C'est une approche droits de l'Homme avant tout. Après chaque formation j'ai créé un Facebook pour échanger des choses ; d'autres veulent faire d'autres ateliers ailleurs, eux-mêmes. Ils postulent et publient des articles sur le sujet, ils y voient plus clair sur la scène culturelle et artistique, y compris avec les réseaux sociaux. Les plus grosses difficultés sont du côté des autorités locales, des difficultés avec l'hébergement, des difficultés avec les autorisations. On a annulé par exemple une fête prévue à l'issue d'un atelier à Bejaïa. On l'a juste faite à l'hôtel ! »

M. Chaoui dresse le bilan des actions qui se sont développées à partir des ateliers de Constantine et d'Oran.

« À partir de l'atelier de Constantine, un conteur et écrivain, une journaliste, un designer photographe, un grapheur, deux jeunes réalisateurs, une enseignante de français à l'université de Guelma, une femme peintre, deux militants de Biskra, un entrepreneur dans la communication, intègrent dans leurs activités les concepts de droits de l'Homme, l'un dans son enseignement, l'une dans son association féminine, un autre dans ses documentaires, le grapheur dans ses actions libres dans l'espace public. Dans la maison de production qu'ils ont montée, les jeunes réalisateurs ont intégré pour leur premier film la problématique des droits des personnes handicapées en recrutant pour ce faire des personnes en situation de handicap. Une autre enseignante a intégré la problématique des droits de l'Homme dans des workshops et ateliers de son université, la femme peintre dans la peinture sur la scène culturelle constantinoise, les militants de Biskra dans des publications en ligne. Quant à l'entrepreneure dans son entreprise de communication, elle a intégré le droit à la culture dans des événements culturels et artistiques de proximité à Sétif ; projections de films-débats, concerts, conférences et visites de musées.
À partir de l'atelier d'Oran, un militant a rassemblé à Mascara les acteurs culturels de sa région qui organisent des activités régulières. Un autre à Mostaganem a intensifié son implication dans le domaine culturel à travers ses participations à nombre d'événements et dans ses publications régulières concernant les violations des libertés de création. Un jeune acteur associatif à Oran découvre la pertinence de la culture dans l'approche des droits de l'Homme et travaille régulièrement avec l'Union européenne sur la question à travers le programme « *Houna Shabab* » pour les jeunes acteurs culturels.
Deux participants ont soutenu activement le collectif « *Infidjar*t » et ont créé le collectif « Garage ». De nombreux artistes ayant pris conscience dans cet atelier des violations des droits qu'ils ont vécues orientent maintenant leurs créations sur ce thème. »

Si le CISP soutient ces actions culturelles il en intègre également dans la plupart de ses actions en organisant des productions artistiques diverses pour clore ses journées ou cycles de formations. La LADDH en fait autant et toutes ces synergies et ces exemples font des émules :

> « Pour moi la LADDH est un exemple, parce que j'essaye d'allier, comme à la Ligue, le sport, l'art, l'amitié. J'organise des journées touristiques avec du monde qui vient de partout. J'organise des soirées artistiques, culturelles, des fois avec du théâtre ou de la musique. D'autres se mettent à m'imiter et à organiser des soirées », dit ainsi Dalila B., juriste, qui a aussi, auparavant, travaillé dans une agence de tourisme.

En ce sens l'action du CISP avec ses multiples partenaires participe au développement de la culture algérienne et à son ancrage dans la société civile, tout en permettant à celle-ci d'accéder à cette modernité que signifie la mise en œuvre des droits humains. En donnant aux citoyens les moyens de s'approprier une culture commune, de la développer, de la créer, de la vivre collectivement, elle contribue aussi à la construction d'une identité commune. Comme l'observe C. Castoriadis :

> « Si l'on peut évoquer une société particulière, il faut bien parler de son identité, laquelle suppose une représentation de soi comme quelque chose. Les membres de la société en question se sentent ainsi participer d'une communauté spécifique. La société, ou le social historique forme un niveau d'être, spécifié chaque fois par ses significations imaginaires. Cette représentation de soi va de pair avec une valorisation de ses significations propres : à cette représentation est indissolublement lié un se vouloir comme société et comme cette société-là, et un s'aimer comme société et comme cette société-là » (P. Caumières, *op. cit.*, p. 77).

Si la génération actuelle des Algériens ne connaît pas son passé en raison des multiples ruptures qu'a connu son histoire, ce travail d'appropriation des œuvres culturelles actuelles et passées, tout comme l'apprentissage de l'histoire au cours des formations au certificat des droits de l'Homme permet de construire cette identité en tant que projet et de transmettre ce patrimoine aux générations futures.

Deuxième partie : Résultats, un pari tenu au-delà des espérances

On soulignera un résultat constant qui revient dans les différentes évaluations antérieures des activités du CISP, qu'elles aient été menées par le CISP ou par des organismes consultants extérieurs : les professionnels du CISP ont, sauf exception, toujours atteint les objectifs poursuivis. Pour la plupart des programmes, les résultats ont dépassé souvent et de loin, les prévisions. Comme le résumera un de nos interlocuteurs qui travaille avec le soutien du CISP depuis plusieurs années : « Ce sont des gens qui savent ce qu'ils font. »

Chapitre 3 : la formation d'une élite et d'une avant-garde engagée

Contexte et résilience des associations algériennes

Avant de décrire et d'apprécier ces résultats il est utile de rappeler quelques éléments d'information relatifs à la situation de ceux qui s'engagent en Algérie en tant que partenaires et bénéficiaires des actions du CISP. Il s'agit de personnes jeunes et formées : à l'ancienne société héritée de la colonisation déshéritée et à la scolarité faible s'est aujourd'hui substituée une société où les jeunes sont majoritairement instruits. On observe à partir de 1996 une croissance rapide et régulière des effectifs en graduation et post graduation. Parallèlement on observe dans les années 1992, 1993, 1994 une croissance significative du pourcentage des filles dans les trois cycles de formation confondus : 48,3 % en 1992, 48,4 % en 1993, 48,7 % en 1994. En 2000 le taux des femmes inscrites à l'université dépasse pour la première fois celui des hommes. Après cette date, le taux des femmes dépasse continûment les 50 % du total des étudiants (F. Bekioua, M. Riffaf, 2006). Dans une enquête de 2002, 87,6 % des sondés pensaient qu'une fille devait suivre des études supérieures. En 2010 le ratio femmes/hommes est de 102 dans le secondaire et de 146 dans le supérieur (M. Lazar, S.-M. Nehad, 2014). Cette jeunesse formée est donc maintenant largement représentée en Algérie. En raison de sa place dans la population générale – 38,65 % du pays pour les 15/34 ans, selon le recensement de 2012 –, tandis que les moins de 15 ans représentent près de 30 % de l'ensemble de la population, les plus de 64 ans n'en représentant que 5 %, elle est au cœur de tous les enjeux d'avenir de la société. Elle représente un atout considérable dans la région, un réservoir de population qualifiée important et elle est aussi mieux informée. Cependant du fait même de son ampleur, les enjeux de son intégration sont énormes. D'autant plus qu'à partir de 1996, avec la crise politique et économique, un décalage croissant s'établit entre la sphère éducative et la sphère productive. Les jeunes Algériens connaissent un taux de chômage parmi les plus élevés du monde soulignent M. Lazar et S.-M. Nehad.

Comme dans la plupart des pays de la planète, les femmes se forment de façon privilégiée dans les disciplines qui concernent le social au sens large, le médical, le thérapeutique, l'éducation, la justice ou travaillent à leur compte. Rien de surprenant dans ces conditions que les femmes aient une place de choix dans la diffusion de la démarche du CISP, non seulement parce qu'elles sont largement majoritaires dans les formations à la thérapie contextuelle et à la « Clinique de Concertation », mais aussi en raison de leur présence dans les associations partenaires, ou en tant que bénéficiaires des formations générales ou des formations relatives au genre. Ce que montre aussi leur résilience et leur combativité à travers les associations féministes soutenues par le CISP.

Les femmes algériennes qui s'engagent dans la promotion des droits des femmes, dans la lutte contre la violence dont elles sont victimes, savent qu'il y a fort à faire, comme le montrent les contenus des formations. Une étude réalisée pour le compte de l'Union européenne montre en particulier que 59 % des femmes algériennes trouvent « normales » les violences exercées sur elles par leur mari.

Les réformes engagées par le gouvernement peu après les émeutes sanglantes d'octobre 1988 avaient abouti à l'adoption d'une nouvelle Constitution qui a bouleversé le paysage politique : reconnaissance des droits de l'Homme, égalité en droits et en devoirs des citoyens et des citoyennes, droit d'existence des « associations à caractère politique », du multipartisme politique, du syndicalisme pluriel et ouverture de la presse aux capitaux privés.

Comme le relèvent deux études effectuées sur le mouvement associatif, l'une sous l'égide du CISP (D. Benramdane, 2015), l'autre à la demande de l'Union européenne (M. Floridi, S. Verdecchia, 2015), qui portaient chacune sur plus d'une centaine d'associations, la période de la décennie noire qui a suivi ces réformes a relativement peu affecté l'essor du mouvement associatif, de nombreuses associations ayant même été créées durant ces dix années, en particulier des associations féministes. L'étude évaluative menée sous l'égide de l'Union européenne reprend une estimation qui évalue à 30 000 le nombre d'associations qui existent en 1992, alors qu'elles sont 80 000 en 2010 et qu'en 2011, 94 0001 associations sont recensées par le ministère de l'Intérieur. L'étude effectuée pour l'Union européenne souligne la vitalité du mouvement associatif, notant que si les ONG intervenant en Algérie y remplissent bien leur mission, quelques associations qui n'ont pas bénéficié d'un soutien des ONG parviennent au même résultat que celles qui ont bénéficié de ce soutien… Par ailleurs cette étude souligne la faiblesse de la présence des ONG internationales en Algérie, à la différence de ce qui se passe en Tunisie et au Maroc où elles sont beaucoup plus nombreuses, et une faiblesse plus importante encore s'agissant de la promotion des droits de l'Homme. Elle note à ce propos que le CISP occupe une place très importante à ce sujet (plus de 30 % du budget alloué à la promotion des droits de l'Homme), une proportion d'ailleurs probablement sous-estimée compte tenu du soutien apporté par les associations partenaires du CISP, formées par ce dernier, à de multiples associations à travers leurs formations formelles ou informelles.

Elle relève alors deux atouts du contexte algérien : l'importance de sa jeunesse et « le caractère à la fois consensuel et informel de la société algérienne. Celui-ci permet d'accepter toutes les différentes formes organisationnelles de la société civile non organisée. Il permet aussi aux associations de trouver des fonds privés qui leur permettent de mener leurs actions. » Le développement des associations s'accompagne de leur professionnalisation. Mieux formées elles ont des projets plus structurés. Cependant la loi de 2012 qui restreint les conditions d'agrément constitue un moyen de pression et une mesure coercitive utilisés par l'administration pour gérer le monde associatif. Cette nouvelle loi est doublée d'un discours stigmatisant largement relayé par les médias.

Les deux études et nos données montrent que le CISP connaît et travaille avec les associations et les réseaux les plus importants que connaît aujourd'hui l'Algérie, tels le PCPA *Joussour* (Programme concerté pluri-acteurs), un programme qui rassemble une centaine d'associations algériennes et françaises en faveur de l'enfance et de la jeunesse), ou le mouvement scout qui ont depuis longtemps joué un rôle important dans la formation d'une élite, comme c'est aussi le cas, plus récemment, du réseau Nada avec lequel travaille également le CISP.

Elles notent aussi, cependant, que la société algérienne se connaît très peu, les études sociologiques et anthropologiques y étant des plus rares. Cette méconnaissance, on l'a vu, est fréquemment soulignée par nos interlocuteurs, tout comme est soulignée l'ignorance par les Algériens de leur histoire et la difficulté pour les jeunes formés à l'université de passer à l'écrit.

Nos interlocuteurs évoquent également la cassure générationnelle qui s'est produite dans la transmission du militantisme politique et syndical de ceux qui ont lutté pour l'indépendance de leur pays à la génération actuelle à la suite des années noires et de la régression culturelle au sens large qui a accompagné cette cassure. « L'absence de représentation de la guerre civile des années 1990 par les médias et les intellectuels, ainsi que l'absence de débat sur la nation algérienne, ont empêché la construction d'un récit cohérent et la formation d'une mémoire collective » (M. Lazar, S.-M. Nehad, *op. cit.*, p. 234). Se répète ici la longue cassure qui s'est produite dans la transmission historique pendant la période coloniale.

À ces cassures s'ajoutent celles qui sont liées à la langue, aux différentes langues du pays qui séparent les groupes sociaux entre eux. Selon Mohamed Benrabah (1998), l'arabisation de l'Algérie est passée par l'imposition de la langue arabe écrite qui, dans sa version moderne, est une langue internationale, en ignorant les langues parlées locales. La langue dont il est question dans l'arabisation n'est pas la langue algérienne, celle du peuple, celle qui a permis de conserver durant cent trente ans la conscience de son identité algérienne. Par ailleurs différents domaines échappent à l'arabisation. Dans l'enseignement, on a arabisé en premier lieu les matières les moins valorisées comme les sciences humaines et la philosophie en ne touchant qu'en dernier ressort aux sciences exactes, à la médecine et au droit. D'une façon plus large encore, l'auteur note :

> « Si l'exigence d'arabisation s'est imposée à l'enseignement et aux degrés inférieurs de l'administration, l'économie et les secteurs de pointe y ont échappé presque totalement. Si cette politique témoigne d'une certaine reconnaissance de la langue française en tant que langue étrangère, comme référence positive ou négative, le dénigrement du français, à visée purement politique, s'accompagnait de la valorisation sociale de ceux pour qui il constituait le fondement de leur pouvoir. »

Si, comme le rappelle J. Patočhka cité plus haut, la démocratie grecque, expression de la liberté politique est née simultanément avec la philosophie et l'histoire, inscrire l'action politique et le changement dans l'histoire exige de connaître celle-ci. Boutros Boutros-Ghali lors de la réunion mondiale à Vienne sur les droits de l'Homme de 1993 dit alors : « En tant qu'instrument de référence, les droits de l'Homme constituent le langage commun de l'humanité grâce auquel tous les peuples peuvent dans le même temps comprendre les autres et écrire leur propre histoire » (J. Ziegler, 2016, *op. cit.*). Or comme l'écrit Ali Mezghani (*op.cit.*), « accrochées au ciel, les sociétés arabes refusent de descendre sur terre. Elles cherchent ainsi à insérer le passé dans l'éternité en le reproduisant tel quel et, ce faisant, à l'évacuer de l'histoire, à nier l'histoire. »

La démocratie exige également la formation de l'esprit critique qu'enseigne la philosophie. Mais, comme l'écrit Abdou Filali-Ansary (2003) :

> « Les politiques éducatives adoptées dans les pays musulmans après les indépendances ont favorisé l'accès aux traditions savantes autrefois réservées à des élites, tout en fermant l'accès aux outils critiques et aux approches théoriques modernes qui ont été développées dans les langues européennes. Ainsi ces politiques éducatives ont-elles en fait engendré et disséminé de nouvelles formes d'ignorance. Le corpus traditionnel, son monde symbolique sont certes devenus accessibles au grand nombre, mais les méthodes et les conceptions qui permettent de les interpréter d'une manière acceptable pour l'esprit moderne et, notamment, à les situer historiquement sont absentes. »

Le CISP à travers le soutien qu'il apporte à la société civile aborde l'ensemble de ces questions, comme celle de la connaissance et de la transmission historique, celle du langage et des langues maternelles. Il contribue ainsi au développement du peuple et au renforcement d'une élite ou avant-garde engagée, d'intellectuels organiques, au sens d'A. Gramsci.

La culture est un puissant et indispensable moteur de la promotion des droits de l'Homme et d'émancipation tant individuelle que collective. L'information, la formation de l'esprit critique et de l'esprit d'analyse, la pratique du débat, de l'écriture et de la lecture en sont, avec toutes les formes d'expression artistique, les moyens.

Comme l'affirme un de nos interlocuteurs, promoteur en partenariat avec la LADDH d'un café littéraire qui existe depuis sept ans et fonctionne sans moyens :

> « On a besoin d'une élite, on n'en a pas, c'est un drame total. Nous concourons à la formation de l'esprit critique des citoyens. Il y a des conférences thématiques, des conférences scientifiques, des auteurs invités pour présenter leur livre. [...] Nous avons une stratégie : nous privilégions le travail de proximité en allant à la rencontre des citoyens que nous voulons toucher, on interpelle des étudiants, des enseignants dans les campus, dans les résidences universitaires. On fait un travail sur le terrain, ce n'est pas fréquent parce que c'est très fatigant. On leur dit : vous devez venir dans la salle, être présents, participer, écouter, intervenir. Nous travaillons avec des universitaires, avec des associations, nous essayons de toucher les associations de quartier qui ne sont peut-être pas habituées à des débats d'idées. On n'oriente ni l'auteur, ni le débat, ni le public. Le public est libre d'intervenir. Il y a un intérêt du public. Il est fréquent que la salle soit pleine. Il y a des gens qui posent des questions sur le dogme, le public n'est pas choqué. Dernièrement un jeune au cours d'un débat a dit : « Je me sens désorienté, je suis pour le blasphème, je ne suis pas arabe, ni musulman, je ne suis pas libre dans mon pays. » Le public l'a applaudi. [...]
> Nous avons le désir de toucher un large public, ce n'est pas encore réalisé ; on touche l'élite, mais on a besoin d'une élite dans notre société. Il y a aussi des citoyens qui viennent de l'arrière-pays, des artistes ; l'université n'est pas dominante. Il y a des citoyens qui n'ont rien à voir avec la lecture qui viennent écouter. Là, nous avons d'autres idées : faire connaître la poésie universelle et les grands poètes classiques algériens. On les déclinera en différentes langues, on le prépare dans des quartiers et sur l'esplanade de la Maison de la culture. »

On notera ici que faire connaître la poésie universelle s'inscrit dans le projet visant à développer l'ouverture des esprits au monde, à les sortir de leur isolement[37]. Le travail de proximité comme préalable étant effectué, la confiance acquise, le public fidélisé et la liberté de parole expérimentée par

---

[37]. Rappelons que le deuxième rapport du PNUD de 2003 (*Vers une société du savoir*, pp. 67-68) souligne que les traductions représentent une part infime de la production livresque du monde arabe: depuis mille ans dix mille livres seulement ont été traduits en langue arabe, soit moins que ce que l'Espagne, seule, traduit en un an. Il retient également qu'alors qu'il représente 5 % de la population mondiale, le monde arabe ne publie que 1,1 % de la production livresque mondiale dont 17 % sont consacrés à la religion, contre 5 % pour le reste du monde.

les participants, le responsable de ce café littéraire a le projet, actuellement, d'organiser avec la LADDH des colloques sur l'école, la laïcité, la famille, le salafisme, l'université algérienne, l'enseignement de l'histoire ainsi que sur des thèmes sociétaux liés à l'actualité. « Il s'agit de casser tous les tabous et de les discuter publiquement avec la participation libre des citoyens. Ce sont les débats de fond que la société doit mener pour organiser son avenir. »

La LADDH en partenariat avec le CISP soutient ou encourage les cafés littéraires ou ce type d'initiative quand elle n'y participe pas directement. Par exemple un jeune homme qui est actuellement en formation pour l'obtention du certificat des droits de l'Homme a pour sujet de mémoire et comme projet déjà engagé la création d'un *think tank,* un laboratoire qui réunit des spécialistes et des chercheurs en différents domaines des sciences humaines comme la linguistique, l'anthropologie, la sociologie, sur des sujets qui intéressent la société. Les débats sont suivis d'une synthèse, de l'invitation de la presse, avec l'intention de publier une revue : « On y intègre les techniques de débat qu'on a apprises. On a beaucoup de consultants. Le but est d'accéder à un débat, de ne pas se limiter à des conférences. On essaye de responsabiliser les étudiants à une autre forme de raisonnement politique et social. »

La formation des élites de demain commence dès le plus jeune âge. C'est le rôle notamment de la philosophie pour enfants qui fait appel à des formateurs venus de l'Université de paix de Namur et d'ailleurs. Ils forment des animateurs qui à leur tour formeront d'autres animateurs, comme à Si Mustapha dans le cadre de l'AFAK, une association qui travaille en faveur des enfants et des adolescents. Cette matière a été intégrée comme matière à part entière dans l'emploi du temps des enfants. Elle a été enseignée d'abord dans trois écoles pour des enfants de 6 à 12 ans et couplée avec des jeux destinés à l'apprentissage de la gestion positive des conflits dispensé par des formateurs de cette même université. Ces activités sont également ouvertes aux enfants adhérents de l'AFAK. Des activités théâtrales sont aussi proposées aux adolescents, encadrées par les mêmes animateurs dans le cadre des collèges et pour les adhérents. Ici le développement de l'esprit critique et la manière de se comporter avec les autres sont intégrés dans le même programme :

> « Je connais bien le système éducatif algérien. Il n'y a que des matières infligées aux enfants. Il n'y a pas d'activité sur le plan critique, sur le plan de l'analyse. On n'y apprend rien sur le plan pratique. La philosophie pour les enfants, c'est l'outil le plus formidable pour développer cet esprit critique et d'analyse. Par exemple on a travaillé avec les adolescents sur leur environnement. Il y a des quartiers sales, les enfants ont décidé de ne pas laisser ces quartiers sales, ils ont enlevé régulièrement tous les détritus.

– Pour moi les activités avec les enfants, c'est le travail de terrain, les conférences entre les enfants, l'apprentissage de l'écoute, la diminution de la violence, la prise de parole des enfants. Ils ont découvert qu'ils étaient de futurs citoyens dans leur quartier, avec les autres enfants.
– La communication entre les enfants a changé, en général ils disent beaucoup de gros mots et sont mal polis. Par la suite leur langage a changé et ils étaient plus respectueux entre eux. Ils n'attendaient que cette matière-là avec impatience qui avait lieu deux fois par semaine. Ça leur a donné envie d'apprendre, ils travaillaient mieux dans les autres matières. Sauf une exception ou deux, ils sont tous passés en sixième. » (*Focus group* avec l'ex-secrétaire générale de l'AFAK, des animateurs et une enseignante).

La réception et l'utilité des différentes formations

La réception des formations à la Thérapie contextuelle

L'Algérie est le premier pays du continent africain à bénéficier des formations à la thérapie contextuelle et le premier pays non européen des formations à la « Clinique de Concertation », celle-ci ayant vu le jour au cours des années quatre-vingt-dix. Les formations sont dispensées par les pionniers de l'une et de l'autre démarche. Aussi ses bénéficiaires ont-ils été impressionnés par leur venue dans ce pays, comme ils l'ont été plus encore par la qualité des contenus de la formation et de leurs formateurs :

> « Notre premier module c'était, je reste encore sur le choc, un choc positif ! Parce que notre formatrice est une pointure dans la thérapie contextuelle, parce qu'on avait déjà travaillé un des livres qu'elle a écrits. Je ne m'attendais pas à l'avoir, elle ! Sur le fond c'était extraordinaire, c'était très profond, c'était très bénéfique, ce n'était pour moi que du positif. [...] Je l'utilise tout le temps, y compris dans ma vie personnelle. »

> « On a eu d'emblée un premier module avec Magda Herman. Vous imaginez ! On avait reçu des textes, des polycopiés d'elle avant, je l'avais lue et on l'a eue tout de suite ! Une grande dame. Elle était d'une modestie ! D'une humilité ! Je vais vous dire une chose : je crois que j'ai plus appris des intervenants que du contenu. Ils sont tellement grands dans leur pratique, dans leur façon de faire ; ils sont tellement humbles. J'ai beaucoup appris de leur personne. J'ai plus appris de leur façon d'être de leur être humain, que de leur expérience. On a même fait des supervisions avec Catherine Ducommun-Nagy, des supervisions de deux jours. C'était magnifique ! »

> « Sur le plan professionnel, je me sens très à l'aise, libérée. Pendant des années, mon inspiration c'était la psychanalyse. Je me suis rendu compte que ça me mettait dans des conditions, dans un canal qui ne correspondaient pas du tout à ma personne. La contextuelle m'a libérée de ça et m'a permis d'être plus humaine avec les personnes que je reçois, plus moi-même aussi, plus

naturelle ; je vais à la rencontre des personnes d'une façon très simple, spontanée. Et ça m'apporte énormément. J'ai des échos par des collègues qui les reçoivent aussi et des retours des familles elles-mêmes. Je me sens moi-même, plus humaine. Je suis plus attentive. »

La plupart de nos interlocuteurs ont ainsi fait spontanément des commentaires sur l'humanité et la modestie des formateurs à la Thérapie contextuelle et aux formations qui en émanent, comme la formation à la « Clinique de Concertation ». Ceci favorise les identifications à ces derniers et la reproduction de leur manière d'être : les personnes rencontrées ont fait ces commentaires concernant aussi bien les formateurs ou partenaires algériens formés par le CISP que les formateurs étrangers. Concernant ces derniers, la prévention qui peut exister face à des étrangers susceptibles d'exercer une ingérence dans les affaires de leur pays s'efface. Plusieurs militants associatifs et plusieurs personnes formées par le CISP ont directement fait allusion à cette identification, comme on l'a vu dans les extraits ci-dessus évoquant leur manière d'être comme exemple à suivre. Cette identification est d'ailleurs un constat plus manifeste dans l'accueil fait aux formations dans ce pays que dans les lieux où nous avons précédemment effectué une évaluation. On notera que ces manières d'être ont pour effet, entre autres, de faire gagner du temps pour atteindre les résultats escomptés en raison de la rapidité avec laquelle peuvent s'établir des liens de confiance.

Proximité culturelle

Comme le laisse entendre un extrait précédent, une des raisons de l'enthousiasme avec lequel cette formation a été accueillie par ceux qui s'y sont impliqués est liée au fait que cette démarche thérapeutique, comme l'expriment nos interlocuteurs et comme le montrait une évaluation citée plus haut, est en prise directe avec la culture relationnelle algérienne et ses valeurs. Le passage notamment entre sphère relationnelle professionnelle et sphère familiale y est beaucoup plus naturel ou facile que dans le contexte européen où ces deux sphères sont plus cloisonnées. Les valeurs qui fondent la Thérapie contextuelle comme le donner-recevoir-prendre, la loyauté, l'honneur, la proximité qui conjugue « l'existentiel » et le « fonctionnel », le rôle de l'accueil et de l'hospitalité, la place accordée à l'affectif et à l'émotion, sont plus présentes et prégnantes parce que plus autorisées que dans la culture européenne et occidentale actuelle :

« En thérapie familiale il y avait « le quadrille des portraits ». Il y avait plusieurs façons de travailler avec les familles : dans la thérapie familiale, la contextuelle ou celle des frontières, etc. J'étais attirée par cette thérapie tout simplement parce qu'elle va de soi avec notre culture. On la vit si on veut sans pouvoir concevoir ça. Un exemple : à un mariage mon père me demande ce que je fais : « Explique-moi ». Je ne lui ai pas expliqué, je lui ai dit : C'est le donner recevoir. On est dedans ! En plus ça convient à ma personne, à mon histoire familiale. C'est ce qui fait que je me suis beaucoup impliquée dans cette formation. »

« J'ai changé sur le plan professionnel et personnel. J'essaye d'utiliser cette formation partout dans le quotidien, j'essaye de comprendre les gens. Qu'est-ce qu'on a donné ? Qu'est-ce qu'on a reçu ? Ce que j'ai fait est-il juste ou injuste ? La justice non pas au sens matériel, mais au sens moral. J'essaye d'utiliser ça dans ma famille, là où je suis. J'ai même inculqué ça à mes proches en termes de fonctionnement. On essaye de voir les retentissements par rapport à l'autre, ce qu'il a donné, ce qu'il a reçu. J'essaye de fonctionner comme ça par rapport à l'administration, par rapport à mes confrères, avec le personnel paramédical. J'essaye de m'intéresser à tout le monde. Un agent de sécurité, une femme de ménage ont leur place dans cet organisme, on doit la considérer, la remercier, je n'y prêtais pas attention, je le faisais sans prêter attention, maintenant j'y prête attention. Parce qu'on fait des choses sans leur donner de nom. La Thérapie contextuelle est venue mettre des mots sur des choses qu'on faisait avant. »

La proximité de l'approche contextuelle avec la culture algérienne rend compte de la facilité avec laquelle son adoption par la psychiatrie algérienne pourrait s'opérer et ses résultats se manifester. On en voit l'illustration dans ses effets dans la sphère familiale autant que dans la sphère professionnelle. On note ainsi que plusieurs professionnelles qui l'ont suivie racontent que dans leurs choix existentiels elles ont privilégié le choix d'une profession. Bien souvent les jeunes femmes se trouvent dans la situation de devoir choisir entre vie familiale et vie professionnelle, considérées comme difficilement compatibles. Elles racontent que cette formation leur a permis de sortir de conflits avec les générations antérieures, de se marier et de fonder une famille. Les effets relevés ont eu lieu sans qu'elles eu elles-mêmes besoin d'effectuer une thérapie familiale, le travail en atelier ayant suffi :

« J'ai beaucoup travaillé ma relation avec mes parents ce qui m'a permis de me marier ; je me suis mariée assez tardivement [...]. J'ai pris du recul et fait en sorte que chacun soit à sa place. Repérer sa place et voir comment on peut la gérer, vivre ça c'est déjà énorme. Même après. Après une année de mariage j'ai vécu beaucoup de tensions, ce n'était pas facile pour mes parents ; grâce à la contextuelle, j'ai pu gérer et je sais gérer ma vie de couple et ma vie de famille. La loyauté, la déloyauté, ce n'est pas facile, on peut être piégé et vivre des choses incroyables et qui ne sont pas du tout justes vis-à-vis de soi, vis-à-vis de son mari, vis-à-vis de ses parents. C'est grâce à la contextuelle que je peux gérer ma vie de couple et ma vie de famille, et ça c'est magnifique. C'est magique : plus je suis heureuse dans ma vie de couple, plus je peux donner à mes parents et plus je suis heureuse avec mes parents et plus je me tourne rapidement vers mon mari et je suis heureuse dans ma vie de couple. »

L'une d'entre elles a invité son mari à suivre plusieurs modules de formation qu'elle coanime avec le CISP et celui-ci est devenu président de l'association dont elle était auparavant présidente.

Ainsi la Thérapie contextuelle se présente-t-elle comme un puissant outil d'émancipation féminine dans le contexte algérien. Les femmes étant fort présentes dans la sphère du médico-psycho-social, la diffusion de cette démarche passe largement par celles-ci, ce qui renforce l'enjeu de sa diffusion. Notons enfin que si la reproduction du modèle de fonctionnement familial et des rôles féminins et masculins passe largement par la mère cet enjeu est plus important encore.

Les formations au Travail Thérapeutique de Réseau et à la « Clinique de Concertation »

Voici l'appréciation que portent deux responsables de la Ligue de Prévention et de Sauvegarde de la Jeunesse et de l'Enfance, partenaire des premiers jours du CISP :

> « Après le séisme nous avons été fragilisés, nous aussi. On travaillait sous des tentes. Pendant les répliques du séisme, il y avait les enfants qui criaient, plus le terrorisme, on pouvait nous aussi en être victimes. On était dans le risque et l'insécurité, il fallait un contenant. On contrôlait même un atelier vestimentaire pour savoir quels vêtements porter pour ne pas attirer l'attention des terroristes. À ce moment-là on a été convaincu de l'utilité de travailler avec le CISP en partenariat. Si je n'avais pas rencontré le CISP, je n'aurais pas évolué comme ça. J'ai énormément évolué dans ma pratique, avec les professionnels, avec les familles.
> – Pouvoir identifier les professionnels concernés, qui peuvent aider la famille, travailler à trois avec la femme dans ma voiture pour l'accompagner à un rendez-vous. Quand on a commencé, on me prenait pour l'assistante sociale parce que je me déplaçais beaucoup. Puis ils ont vu les résultats : les familles qui revenaient, qui référaient d'autres familles chez moi ou chez le Dr Slimani.
> – Au niveau de la formation j'ai été agréablement surprise, surtout pour les familles. On expliquait aux familles qu'on était en formation, on parlait du procès-verbal de la réunion qui avait eu lieu, du fait que c'était eux qui le validaient en dernier avec les modifications qu'ils pouvaient demander. Pour eux c'était déjà une reconnaissance de leur statut. Ils ne subissaient pas, ils étaient participants. Ils disaient : « vous êtes plus nombreux et donc vous pourrez mieux nous aider et j'ai un rôle à jouer ». Après la première clinique, la famille faisait déjà des démarches. Elles revenaient tout le temps nous dire comment on les avait aidées. Une femme, je me souviens, est sortie très fière parce qu'on avait parlé autrement de son mari malade.
> – On n'a jamais eu de problèmes du côté de l'administration. Les policiers qui étaient présents ont appris à nous connaître. Ils avaient confiance et ils ne venaient même plus. Au départ il y a eu des incidents, je les sentais comme des intimidateurs. Je les ai rappelés à l'ordre dans mon bureau en leur disant :

« Nous sommes des personnes respectables qui travaillons dans une institution respectable, il y en a assez de votre comportement. » Ils se sont excusés et ils ont fini par nous amener leurs propres enfants parce qu'on leur a expliqué ce qu'on faisait et qu'on les a invités à participer. »

« Les formations au Travail Thérapeutique de Réseau ont eu pour effet de me faire changer mon vocabulaire, de m'apprendre à accepter les avis des autres, de m'apprendre la manière de travailler en concertation avec des professionnels de différents horizons. Mon esprit d'analyse a beaucoup grandi, j'ai plus de maturité psychologique, et je m'exprime mieux. J'ai appris à répondre aux demandes immédiates, à hiérarchiser les informations, à mieux connaître le travail des professionnels travaillant dans des domaines différents. J'ai appris à bien observer et à savoir écouter activement », dit la présidente d'une autre association.

Malika N., psychologue clinicienne, a été formée à la thérapie contextuelle, à la « Clinique de Concertation » et à la gestion des détresses multiples, puis à la formation au relais, elle est membre de la Ligue de prévention et de sauvegarde de la jeunesse et de l'enfance et intervient au CLS, centre de loisirs scientifiques qui propose de multiples prestations tant scientifiques que sportives et culturelles. Elle est aussi professionnelle relais de la « Clinique de Concertation » :

« Ces formations ont été très utiles dans mon travail en Algérie. Il y a des modules qui te marquent. On est vraiment impressionné par cette balance entre le donner et le recevoir, c'est ce qu'on voit, ce qu'on palpe avec les usagers. Ça sort tout seul quand on ne rend pas justice. J'ai beaucoup aimé aussi les formations avec Damien sur les fléaux sociaux, sur la drogue, sur la question des adolescents. Il était très bien et ça a été un grand apport. Toutes ces valeurs que porte le CISP manquaient dans notre formation et surtout dans le contexte où on était, face aux familles. Ça nous rassurait que ça existe et ça a beaucoup augmenté mes capacités. »

Une psychologue formée à la « Clinique de Concertation » :

« C'est un dispositif qui m'a aidée dans mes relations avec ma famille, avec mon mari qui, par exemple quand je partais suivre les formations, gardait notre petit garçon. J'ai appris la valeur de tisser de bons liens avec ma famille, avec les collègues. J'en parle beaucoup à mes collègues et je fais de la sensibilisation. On le fait toujours à deux. J'ai commencé à le faire à la maison des jeunes, puis auprès des professionnels de la Ligue de prévention qui n'en avaient jamais entendu parler. On en a fait aussi à l'hôpital. Quand les usagers viennent voir mes collègues, ils voient la différence, ils sont impressionnés et me remercient. Mes collègues me font tout le temps des demandes en aparté sur leurs familles, sur leurs amis. Je constate que tout le monde me respecte. Je vais essayer maintenant de faire des tables rondes avec des jeunes. J'avais aussi déjà l'idée de faire des groupes de familles. J'ai assisté une fois à des groupes de familles avec Catherine sur « les accrocheurs d'ailleurs » dans un lycée autogéré ; je vais m'y mettre aussi. Je suis fière de mes usagers, quand je vois tout ce respect, toute cette considération, cette continuité dans le lien. Je continue, je suis très fatiguée, mais heureuse. C'est un bonheur. »

Un enseignant d'anglais, actuellement en formation à la « Clinique de Concertation » :

« Je tâcherai à l'avenir d'éviter d'avoir des préjugés, de juger, d'avilir, de culpabiliser, ou de dresser un tableau négatif de quelqu'un. Je ferai en sorte de soigner mon langage, de savoir écouter, et d'aller vers l'autre afin que nous trouvions ensemble des ressources. »

Voici ce que constate Damien Bael qui intervient depuis 1998 en Algérie dans plusieurs types de formation :

« Je constate d'une formation à l'autre que les gens accrochent de plus en plus. Ils arrivent avec des situations à présenter et des situations où la famille va mieux. Les professionnels trouvent ça intéressant. On prend du temps sur les traductions ; il y a de plus en plus d'investissement. Ils ont le souci de s'approprier les éléments. Il y a un vrai moment consacré à l'application et à l'appropriation. Ils ne sont pas dans la situation de savoir sur du rien. »

Une formatrice française, Catherine Kaplan, à la fin du quatrième module d'une formation à la « Clinique de Concertation » et au Travail Thérapeutique de Réseau, organise pour la première fois une « clinique de concertation » pour une famille à Blida. La séance est filmée, avec l'accord de tous les présents, dans le but d'être utilisée comme outil de travail dans les formations. Sont présentes une trentaine de personnes : huit membres de la famille, trois professionnels directement concernés, deux « intrus », une clinicienne de concertation et ceux qui sont en cours de formation, principalement les professionnels des « cellules de proximité » et d'une assemblée populaire communale. La séance a duré deux-heures et demi, l'ensemble des participants souhaitant la prolonger encore. La formatrice évoque son appréhension et particulièrement sa difficulté à utiliser le code des différentes couleurs du « Sociogénogramme » et souligne comment le père de l'enfant en difficulté viendra l'aider en indiquant sur le dessin les flèches (qui indiquent les liens existants) qu'il faut y inscrire. Elle vérifie ainsi devant les personnes formées un des principes de la « Clinique de Concertation » : comment la faillibilité du professionnel favorise la participation active de la famille, comme celle des professionnels présents. Elle avait abordé les jours précédents les difficultés auxquelles se heurtaient les participants aux formations dans l'application des outils de la « Clinique de Concertation » :

« M'ayant vue mal à l'aise dans l'usage des couleurs du « sociogénogramme » et comme je leur avais dit que c'était ma première « clinique de concertation », ils ont été très à l'aise pour me parler de l'ensemble de leurs propres difficultés. Cela a été très utile et ils ont été super soutenants. » Avaient été abordées en particulier la question : comment un psychologue qui pratique la psychothérapie d'inspiration psychanalytique peut se saisir de la « Clinique de Concertation », ainsi que la question du rapport entre l'investissement en temps et en personnes qu'exige la démarche et la nature des profits qu'on peut en tirer. »

Le travail de formation est repris avec le groupe et deux des trois professionnelles directement concernées. La formatrice note que l'effet « accélérateur d'apprentissage », grâce à la figure particulière du Travail Thérapeutique de Réseau, se fait nettement sentir. Pour la quasi-totalité des participants, il s'agit là de la toute première « Clinique de Concertation » et la démonstration semble édifiante. Les doutes de la veille portant tant sur la capacité de la famille à comprendre ce qui se passe, que sur sa possible contribution semblent balayées d'un trait. En témoignent leurs commentaires :

« Hier nous avions des préjugés sur cette famille, convaincus, nous professionnels, de ses fragilités... Quelle leçon ! »
« Nous professionnels, ignorons trop souvent la force des familles que nous accompagnons. »
« C'est comme si le papa avait suivi la formation ! »
« Il a imposé le rythme et aidé à ralentir... »
« La famille a voulu nous montrer ce qui lui faisait honneur... »
« Quelles capacités, quelles compétences au sein de cette famille unie et solidaire ! »
« Même les autres enfants ont soutenu leurs parents et reconnaissent leur courage... »
« Hier j'avais peur, aujourd'hui j'ai vraiment envie de me servir du « Sociogénogramme » et d'inviter une famille. »
« N'a t on pas fait un arrêt trop brutal ? La famille semblait vouloir continuer et rester avec nous. »
« À aucun moment la famille n'a dit du mal des professionnels, pourtant ils auraient pu, en particulier à propos des médecins à la naissance de Mehdi... »
« La « Clinique de Concertation » nous calme et nous donne de la sérénité... On comprend maintenant tout des apports théoriques des différents modules... »
Deux participants demandent même :
« On aurait pu les garder un peu plus... qu'ils mangent avec nous ? »
Ils relèvent aussi le mot de la fin posé par le papa de Mehdi qui leur souhaite qu'il y ait « toujours beaucoup de flèches » sur leurs dessins...

La formatrice ajoute :

« Ça a été une expérience magnifique, j'ai été super bien aidée par la famille avec ses cinq gamins ; ils sont tout de suite entrés dans la démarche. Le papa a fait des efforts pour me parler en français. À un moment je me suis levée pour accompagner la petite fille aux toilettes, ça a eu de l'effet sur la famille parce que j'avais remarqué qu'elle en avait besoin. La famille nous a beaucoup remerciés. Elle était très contente, émue du travail accompli pendant ces deux-heures et demi avec tout ce monde. J'ai appris depuis que Medhi allait bien. »

Pascale Querouil, formatrice à la « Clinique de Concertation », a participé à deux jours de sensibilisation à cette dernière à Akbou dans les locaux de l'Étoile culturelle d'Akbou. Elle observe :

« Ils étaient une bonne trentaine ; ils ne savaient pas ce qui les attendait et n'avaient jamais entendu parler de la « Clinique de Concertation ». Ils venaient de toute la région de la *wilaya* ; pas mal de professeurs, des instituteurs, des psychologues, des psychologues scolaires, même un vétérinaire. Parmi eux il y avait deux jeunes très handicapés, portés par les copains, qui ont dit qu'ils s'en étaient sortis grâce à l'action de l'Étoile culturelle d'Akbou et qui ont raconté avoir créé une association pour des handicapés, pour rendre ce qu'ils avaient reçu de l'ÉCA. Il y avait un jeune d'une association de jeunes qui font du théâtre pour parler du sida, une jeune qui a créé une association pour les autistes. Des gens avec un enthousiasme incroyable. Ils attendaient beaucoup de nous.
On est parti des questions qu'ils se posaient et on a fait des petits groupes – ce qui n'était pas facile vu l'exiguïté des locaux – et on a utilisé le « Sociogénogramme ». J'ai été frappée par un professeur qui prenait tout le temps la parole et qui ne supportait pas l'idée qu'un professeur puisse avoir une position de thérapeute. Il s'en était pris à une psychologue de façon agressive. Marie-Claire ne s'est pas démontée. Il est reparti avec la psychologue et ils avaient l'air d'être copains comme cochons ! Je pense qu'il a compris qu'il se passait quelque chose. Il y avait aussi un directeur d'école qui faisait de la « Clinique de Concertation » sans le savoir auprès de parents très revendicatifs qu'il invitait à venir parler avec lui dans son bureau et qui calmait les choses.
À la fin ils nous ont dit : Revenez, revenez, revenez, deux jours ça ne nous suffit pas ! »

Éros et quête de sens

Les propos relevés plus haut, relatifs au bonheur de travailler dans cette perspective et à l'énergie qu'il apporte, ne sont pas isolés. Plusieurs de nos interlocuteurs l'ont spontanément évoqué, qu'il s'agisse du plaisir de suivre les formations proposées ou de l'art de travailler ainsi. Les résultats obtenus, la nature des liens tissés conjointement avec les usagers, avec les professionnels et dans la famille, provoquent l'enthousiasme[38], constituent une puissante motivation pour continuer, aller plus loin, approfondir et suivre d'autres formations. Ceci s'observe aussi bien pour les autres formations suivies.

Cette énergie s'accroît du sens qu'il donne au travail. Les professionnels et les militants associatifs, constatant qu'ils peuvent mettre en œuvre avec

[38]. L'enthousiasme étant considéré par Nietzsche (1993) comme le promoteur de toutes les entreprises et œuvres humaines.

succès les valeurs dont sont porteurs leur métiers ou leur projet, en tirent motivation et énergie. Ils disent pouvoir enfin, grâce à ce qu'ils ont appris tant au niveau des outils utilisables que des concepts, réconcilier leurs aspirations professionnelles et les valeurs qui les sous-tendent avec leur pratique effective. Se rétablit la cohérence entre l'action possible et les valeurs qui soutiennent les missions : l'égalité des chances, par exemple à l'école, ou l'aide aux familles en difficulté. Le sens ainsi retrouvé permet de mettre fin à la contradiction qui existe dans le dialogue de soi à soi entre les aspirations professionnelles et la vision négative de ces enfants violents ou de ces parents démissionnaires qui ne viennent jamais aux rendez-vous. Il correspond à ce que les professionnels « attendaient », « recherchaient », « ressentaient ». La cohérence établie entre ce à quoi on aspire et ce qu'on fait, correspond à cette quête de sens de ce qu'on fait, qu'Aristote liait à *Éros*. Elle rétablit le dialogue de soi à soi dans les termes de la *philia*, c'est-à-dire la possibilité de considérer l'autre en soi comme un ami. C'est aussi le plaisir de l'action libre qui atteint son objectif et sort du sentiment d'impuissance ou d'échec. Et puisque les rapports à soi, aux autres et au politique sont liés, cet Éros représente aussi, comme pour les philosophes du XVIIIème siècle, le fait de participer au « bonheur public » et à la chose publique :

> « Le bonheur public, c'est-à-dire la certitude de pouvoir changer quelque chose grâce à l'action en commun – au sens où l'action en commun s'effectue aussi par le moyen de la parole. Le fait de participer à la vie publique donne accès à une dimension de l'expérience humaine qui, sinon, demeurerait inconnue et cette expérience est en quelque sorte inséparable du bonheur complet », observe H. Arendt (1972, p. 211), qui ajoute que « donner du sens et de l'intelligibilité est l'essence même du politique. »

Ce pouvoir émerge de la dynamique du donner, prendre, recevoir, rendre, impulsée par l'éthique relationnelle et ses principes régulateurs et de la découverte de la valeur d'autrui, condition de l'agir en commun. Un des effets constants des formations à la « Clinique de Concertation » – comme des autres formations – consiste en effet dans les changements de regard des uns sur les autres : des professionnels sur les familles et des familles sur les professionnels, des professionnels entre eux, des militants entre eux. Ces changements de regards sont la condition pour les uns et les autres d'accès à leur pouvoir, c'est-à-dire à leur *potentia* (le pouvoir d'agir), non à la *potestas* (le pouvoir sur autrui).

Ce plaisir au travail est donc lié à la possibilité d'agir et d'agir librement. Il représente à ce titre une satisfaction personnelle : « Le contentement de soi est une joie née de ce que l'homme se considère lui-même et sa puissance d'agir, [...] une joie qu'accompagne l'idée d'une chose que nous croyons avoir faite par un libre décret de l'âme », écrit Spinoza (1965, p. 269). Ce sont aussi des moments partagés d'accroissement du désir, de l'énergie vitale et de la liberté, et par là de l'agir en commun. Dans le même sens Alain Caillé (2008) affirme : « le seul don effectif est celui de l'énergie vitale, du désir et de la liberté. » Cette énergie libérée c'est d'abord un pouvoir, c'est-à dire la capacité d'agir en commun, et, avec celui-ci, la capacité à juger, à penser, à créer…

> « C'est merveilleux et intéressant de mettre la main à la pâte afin de construire, de remédier, recadrer, soigner certains maux, de se découvrir soi-même, de découvrir les autres, de créer des biens avec eux, d'œuvrer pour le bien-vivre », dit un enseignant en formation à la « Clinique de Concertation »

Une psychologue qui suit la même formation affirme « Ce qui a le plus de valeur pour moi c'est d'aider la personne en souffrance, d'être utile à la société, j'exerce le plus beau métier du monde ! » Ou une assistante du CISP qui a quitté cet organisme en raison de son épuisement au travail :

> « J'ai pris conscience de ce que, même si je n'avais plus le temps de respirer et que j'étais tout le temps débordée, j'avais pris goût à ce travail, parce qu'on se rend compte qu'on est utile, parce qu'on travaille pour l'avenir de son pays. Tu fais quelque chose de ta vie. »

> « Je prends conscience que je peux faire quelque chose pour que ça change dans mon pays, ça donne un sens à ma vie », dit un jeune qui suit la formation au certificat aux droits de l'Homme. « Je me réveille », dit aussi une autre participante. « Au niveau personnel travailler dans l'associatif est satisfaisant. J'ai la sensation de contribuer à changer les choses. C'est pour ça que j'ai laissé tomber tout le reste », dit un militant de l'association Thudert.

Lorsqu'ils n'évoquent pas directement ce sens donné à leur vie, nos interlocuteurs mettent en avant la fierté qu'ils retirent de leur action :

> « Je me suis donné à fond dans le projet « Graine de citoyens ». Ma priorité et ma fierté, c'est la mise en place des CCJ, car certains jeunes sont devenus des cadres associatifs ou des formateurs. J'apprécie aussi le fait que des gens se soient investis dans le monde politique. Enfin je suis fier de participer à l'élaboration d'outils. »

> « Je suis fière de travailler pour une cause très noble, d'avoir réussi à accepter la colère, la manière de faire des autres, d'avoir réussi enfin, au bout de huit ans, à faire travailler ensemble les filles du Croissant rouge pour qu'on puisse regarder enfin l'avenir », dit une militante associative qui a suivi plusieurs formations du CISP.

De façon plus générale et malgré les multiples obstacles que rencontrent professionnels et militants, malgré la fatigue et les risques qu'ils prennent, se dégage chez beaucoup d'entre eux une indéniable jubilation dont une des caractéristiques est qu'elle a un effet d'entraînement.

Nous rendons compte ici d'une évaluation externe effectuée par Hassiba Laidli (2006) sur les cycles de formation à la « gestion des détresses multiples et sévères » et à la « Clinique de Concertation », un projet du CISP de 2006 intitulé « Citoyenneté et reconstruction du dialogue » :

Ce projet a concerné près de 200 bénéficiaires. Parmi ceux-ci figuraient des médecins, des psychologues, des conseillers juridiques, des travailleurs sociaux, des conseillers d'orientation, des enseignants, des animateurs de jeunes et des étudiants.

Les participants disent avoir été surpris par l'originalité de la démarche d'enseignement basée sur la souplesse, la simplicité et la nouveauté.

Quant au contenu des formations ils ont été surpris :

- par la richesse du contenu,
- par la souplesse et l'ouverture dans la pratique,
- par le principe d'ouverture de cette formation à de nombreuses professions,
- par la conduite de l'animation et par la modestie des formateurs,

Ils ont été également surpris par les incidences des formations : Elles ont créé des liens de confiance entre les professionnels formés. Elles ont eu des effets au niveau personnel, au niveau de leurs relations familiales et de leurs relations professionnelles. Ils ont aussi été étonnés par la justesse des interventions auprès des élèves en difficulté. Ils ont enfin évoqué leur étonnement devant le fait de pouvoir aborder des questions liées à l'intimité des personnes et de pouvoir les dévoiler face à un public de nombreux professionnels.

Les principes essentiels qu'ils ont retenus, quant à leur utilité, concernent le fait de se focaliser sur les ressources et non sur les symptômes, la capacité à être attentif, les liens entre les professionnels pour passer le relais et travailler ensemble, la souplesse relationnelle, la manière de poser les questions aux usagers et la manière de les recevoir.

Quant aux incidences que les professionnels ont pu relever chez les usagers, elles concernent en premier leur satisfaction et le fait qu'ils leur adressent des proches, puis le fait qu'ils réagissent positivement, remercient les professionnels pour leur aide, mobilisent leurs ressources et reconnaissent l'efficacité de cette nouvelle approche.

Les professionnels, interrogés sur les réactions de leurs collègues de travail, indiquent que ces derniers observent des changements dans leur pratique et le leur font remarquer. Revient en premier lieu le changement au niveau des attitudes du professionnel avec ses collègues, le fait qu'il paraisse avoir plus confiance en lui. Ils remarquent pendant les séances de relais qu'il a appris des choses formidables, qu'il a amélioré la qualité du travail entrepris avec les usagers, qu'il veut davantage travailler avec les autres, en particulier en coordination, que les collègues essayent eux-mêmes d'améliorer leurs façons de faire avec les usagers et qu'ils partagent avec lui plus facilement leurs difficultés.

À la question concernant le rôle de la formation dans la place qu'occupe le participant dans le réseau, la majorité de ceux qui ont répondu ont donné une réponse positive : pour l'un le changement est important parce qu'ils sont maintenant plus connus et reçoivent de plus en plus de demandes. D'autres évoquent le sentiment d'avoir acquis une plus grande compétence, d'être plus confiants dans l'accomplissement de leur tâche, d'aller plus facilement vers les autres, de trouver les solutions adéquates pour pouvoir aider. Certains disent avoir changé de place au sein de leur institution, qu'ils partagent des responsabilités, ne se sentent plus seuls, font maintenant faire partie d'un réseau et sont plus souvent sollicités par ses membres.

Les participants dans l'ensemble ont autant apprécié les formations proprement dites que les réunions de suivi, celles-ci étant considérées comme complémentaires de celles-là.

Dans sa conclusion H. Laidli souligne les facteurs qui ont contribué à l'ajustement des objectifs à leur réalisation : le choix des formateurs en fonction de la richesse de leur expérience et compétences, la cohérence du programme, l'efficacité des pratiques et leur adaptation au contexte socioculturel, la mobilisation et le sérieux des organisateurs, la connaissance du terrain et de la population à la suite des actions précédemment menées par le CISP auprès des professionnels des différentes régions de Kabylie et d'Alger. Elle relève aussi la volonté des responsables institutionnels d'améliorer les pratiques professionnelles au sein de leurs structures, la motivation des professionnels de l'aide, du soin et de l'éducation à enrichir leurs connaissances et à ajuster leurs pratiques thérapeutiques, les populations en détresses qui ont justifié et permis la réflexion autour de ce type de projet.

La parole des familles

Il s'agit ici d'une famille suivie par une thérapeute pour soigner un de leurs enfants, en coordination avec d'autres partenaires, et qui a bénéficié de deux réunions de « clinique de concertation ».

> La maman : « Le compte rendu des réunions nous a permis de nous remémorer toutes les étapes faites. La « clinique de concertation » a permis à Madhi d'oublier un peu tout ce qu'il avait enduré. Ça lui a fait du bien de voir tout ce monde autour de lui.
> Le papa : On aurait dit que c'était une grande famille.
> M-C : Vous avez le dessin avec les flèches ?
> La maman : Non.
> M-C : On va demander à Mira de vous le donner ainsi que la vidéo comme souvenir.
> M-C : Est-ce que quelque chose dans ces réunions vous a étonné ?
> La maman : C'est le fait que tout le monde était réuni, ils nous ont valorisés, nous ont donné de l'importance. Ils nous ont beaucoup valorisés et nous ont donné une chance de parler de notre histoire.

On a pu se décharger un peu de tout ce poids qu'on portait seuls sur nos épaules en rencontrant tout ce monde. On avait beaucoup de soucis avec notre fils Madhi. Maintenant il va bien. L'équipe de l'ADS (Agence de développement social) nous a aidés pour tout. On a développé une relation personnelle avec les personnels de l'ADS. Ils nous ont même aidés financièrement de leur poche. On a même un contact téléphonique régulier avec la thérapeute. Nous leur sommes très reconnaissants.
J'aime beaucoup Fatima et l'assistante sociale, elles nous apportent une aide concrète, elles donnent des conseils et ça m'allège beaucoup.
Le papa : Nous avons été impressionnés de voir tout ce qu'ils ont fait pour aider notre fils. On avait fait en vain le tour de tous les hôpitaux de la région.
Nous en avons parlé à la famille, on a raconté que des gens de Belgique et de France étaient venus nous aider. Un groupe comme ça, c'est comme une deuxième famille !
Nous sommes très contents d'entendre que les professionnels sont très fiers de nous. »

Une psychologue clinicienne formée à la « Clinique de Concertation » dès 1998, membre de la LPSJE, professionnelle relais de la « Clinique de Concertation », raconte le suivi d'une famille :

« Je fais souvent des concertations cliniques, les médecins sont étonnés. Quand je parle du Travail Thérapeutique de Réseau, de la « Clinique de Concertation », ils aiment bien parce qu'ils sont eux-mêmes déconcertés par des situations. Je me suis proposée en 2008 pour faire une « clinique de concertation » lors d'un module de formation avec Jean-Marie. J'étais déconcertée par une situation et me disais que seule une « clinique de concertation » pourrait l'aider. C'était une jeune fille anorexique, étudiante en droit, âgée de 22 ans. Elle ne pouvait même pas marcher, elle était devenue un bébé. Sa maman a dû la porter jusqu'à la « clinique de concertation ». On a fait trois séances, la seconde six mois après la première, une troisième un an après. La grand-mère est venue me voir à la polyclinique, elle m'a dit : « On a vu une vingtaine de médecins, on lui a même fait un scanner, vous êtes notre dernier espoir. » La jeune fille a beaucoup souffert parce qu'elle avait été exclue du mariage de sa tante. Ses parents étaient divorcés, elle était élevée par ses grands-parents avec ses tantes. Ils lui ont interdit de venir à la fête et ils l'ont enfermée dans le noir. C'est à partir de là qu'elle a commencé à refuser de se nourrir. Pendant la première clinique, c'était comme si nous avions fait la fête avec elle. Ça a été miraculeux, magique ! Il s'est passé beaucoup de belles choses avec elle, avec les membres de la famille. Le grand-père était là, sa mère, la famille. Une vraie autre fête ! Chaque professionnel était prêt à l'aider. À la fin chacun lui a proposé de l'aider, deux professeurs de droit pour ses études, le pédopsychiatre, un *mufti* de la *wilaya*, tous les professionnels indirectement concernés par la situation avec lesquels on était en lien. Elle s'est remise à manger, elle a retiré son voile. On a revu son père à la deuxième clinique. Il nous a annoncé que sa fille avait été classée première à son examen de droit. Il a dit aussi qu'il voulait revenir dans sa famille. Elle n'était pas là à la troisième, mais le pédopsychiatre avait trouvé le moyen de venir. Maintenant elle m'appelle, elle travaille à la jeunesse et au sport, elle prépare le certificat pour être avocate. Quand il y a une rechute elle m'appelle – elle a perdu ses grands-parents. Chaque fois qu'elle m'appelle, elle me demande des nouvelles du groupe, des nouvelles de Jean-Marie. »

Une psychologue formée à la thérapie contextuelle et au Travail Thérapeutique de Réseau illustre les effets de leur mise en pratique :

> « J'ai suivi une famille, une maman avec son petit garçon de huit ans. Avant elle était rejetée par tout le monde et par sa famille. J'ai accompagné la famille avec la présidente d'une association, « Village d'enfants », pour aller rencontrer notre *daïra,* sur un autre territoire que Tizi-Ouzou. On a accompagné la maman avec son petit garçon. Après j'en ai profité pour aller voir avec eux le directeur d'un centre de jeunes. Quand ils ont vu comment on les a accueillis, les promesses qu'ils ont faites ! Le *daïra* a fait des cadeaux à l'enfant. L'enfant de huit ans a dit : « Tu vois Maman c'est différent. Avant on nous tournait toujours le dos et tu vois, aujourd'hui c'est tout le monde qui nous ouvre les bras. » Il a dit ça comme ça, avec ses mots à lui, au retour. Il faut voir comment le chef de la *daïra* nous a accueillis, et il faut voir comment ils étaient accueillis par les agents en bas de l'échelle, pas même un regard ! Ce jour-là le chef de la *daïra* a promis beaucoup de choses. Elle a maintenant un travail en attendant un logement. C'était une maman qui avant était rejetée par tout le monde, par sa famille. J'ai vraiment beaucoup appris, c'est un autre monde. »

« Perturbée » actuellement parce que la Ligue de prévention s'est vue refuser son autorisation et bloquer ses fonds, cette psychologue évoque néanmoins le fait qu'elle va continuer à faire des « cliniques de concertation » et parle de ses relations avec les directeurs des écoles dans lesquelles elle intervient :

> « Le problème aujourd'hui c'est que chacun est parti de son côté. Mais à partir d'une situation, le réseau va se reconstituer ; il y a toujours cette force convocatrice des familles. Je fais souvent des concertations cliniques. Les directeurs aiment bien, ils sont étonnés. Quand je leur parle de Travail Thérapeutique de Réseau et de « Clinique de Concertation », ils disent : « C'est ça qui nous manque », parce qu'ils sont eux-mêmes déconcertés par certaines situations. La dernière fois que je suis allée voir un directeur avec une maman, je lui ai parlé de mon travail et il m'a demandé s'il pouvait m'envoyer des jeunes du primaire et du collège. Je me déplace tout le temps et les directeurs me demandent. Je prends parfois des collègues avec moi. Le directeur m'a dit qu'il ne fallait plus que je pointe au travail parce qu'il a beaucoup de retours sur ce qu'on fait. Et il y a aussi la revue « Regards sur la Kabylie » qui parle de ce travail. »

Voici les propos tenus par un psychiatre qui travaille au CHU de Tizi-Ouzou, et qui a bénéficié de plusieurs formations : à la thérapie contextuelle, au Travail Thérapeutique de Réseau, à la « Clinique de Concertation », à la Gestion positive des conflits et à la philosophie pour enfants :

« J'ai bénéficié de beaucoup de formations ; j'ai commencé en 2001-2002 en Thérapie contextuelle puis avec le Travail Thérapeutique de Réseau. Je me posais la question, parce qu'il n'y a pas eu de suite et je me demandais comment prendre le relais. Pour garder le lien et élargir j'ai suivi la formation à la « Clinique de Concertation ». C'était des formations extraordinaires. Surtout ces notions qui sont au cœur des formations, ça sautait aux yeux, initier les gens à la diffusion de ces valeurs universelles ! C'est extraordinaire et contraignant. C'est très élaboré comme pratique et pour la généraliser ce n'est pas facile. La Thérapie contextuelle, on peut la pratiquer avec toutes les variantes : c'est la relation. Mettre en pratique la « Clinique de Concertation » c'est difficile ; le Travail Thérapeutique de Réseau c'est plus facile.

– Quels sont les effets sur votre pratique du côté des malades et du côté des professionnels ?

– Je travaille aux urgences. Avant je valorisais l'orientation. Maintenant je n'hésite pas à accompagner le malade, je fais de la clinique du relais. Je donne mon numéro de portable aux malades de façon systématique. Il y a un engagement fort avec le malade, ce n'est pas un passage. Il y a un lien de confiance qui se crée. Ils manifestent beaucoup de reconnaissance : « Vous êtes unique ! » J'en suis gêné. Pour les professionnels, ça dépend. Il y en a qui me disent : « Ce n'est pas à toi d'accompagner les gens. » Mes collègues ont remarqué que ma manière de travailler était complètement différente de celle des autres. Il y a un espace de confiance qui s'est très vite installé. J'ai amené des collègues à suivre des formations. Dans des situations de crise, je n'hésite pas à faire venir la famille à l'hôpital. On a des situations très difficiles. Quand les collègues sont en difficulté, ils n'hésitent pas à venir me voir. Nous travaillons en collaboration, on reçoit des familles ensemble ou nous faisons du relais. Bien sûr des collègues font comme moi. Nous recevons des gens en individuel ou avec la famille. Une patiente que j'ai suivie à ma consultation a « bénéficié » d'un diagnostic de psychose. Elle était séparée depuis trois ans de son mari. Grâce à un travail de soutien de la famille, de ses parents, de sa belle-fille, on a pu sauver le foyer, bien sûr en tenant compte de leur choix. Le changement que produisent ces formations est extraordinaire tant dans le milieu professionnel que dans ma petite famille et ma grande famille.

– Qu'est-ce qui a pour vous été le plus utile dans ces formations ?

– Ce qui m'a été le plus utile, c'est d'avoir le sens du lien avec le malade et avec les professionnels. Dans la formation classique, c'est l'alcôve, la recherche de la cause, le souci de la formule. On fonctionne toujours dans le jugement, partout. Chez soi c'est pareil. »

Lorsque ce psychiatre nous dit : La Thérapie contextuelle on peut la pratiquer avec toutes les variantes, il laisse entendre qu'il pratique la Thérapie contextuelle sous différentes formes, indiquant au passage que se produit au cours des formations « un apprentissage vicariant ». Il s'agit là d'un phénomène d'appropriation auquel se réfère J.-M. Lemaire[39] et qu'Albert Bandura (1986) décrit ainsi :

> « Le modelage ou apprentissage vicariant est un effet de l'observation, mais se distingue radicalement d'un simple mimétisme. On entend par modelage tout un travail d'observation active par lequel, en extrayant les règles sous-jacentes aux styles de comportement observé, les gens construisent par eux-mêmes des modalités comportementales proches de celles qu'a manifestées le modèle et les dépassent en générant de nouvelles compétences et de nouveaux comportements, bien au-delà de ceux qui ont été observés. De plus, tout en favorisant l'apparition de nouveaux comportements, le modelage agit sur la motivation en ouvrant l'horizon de l'observateur vers de nouveaux bénéfices anticipés, en générant des affects, en agissant sur des systèmes de valeurs. Il n'est pas jusqu'aux comportements créatifs qui ne soient influencés. »

Ce modelage montre l'importance des comportements des formateurs dans l'appropriation des contenus des formations, mais surtout dans l'appropriation de l'éthique qu'elles veulent transmettre. C'est ce que les extraits d'entretiens cités montrent déjà. C'est aussi cette appropriation des comportements qui, en générant des affects positifs, de la motivation et en agissant sur les valeurs, permet d'espérer que les personnes qui ont bénéficié de ces formations développent leur créativité et des initiatives. C'est ce que montreront les jeunes militants dans diverses associations qui ont bénéficié de formations différentes.

Mais, pour en revenir à notre précédent interlocuteur, celui-ci montre que sa créativité s'arrête à la pratique de la thérapie contextuelle et il évoquera les différents obstacles qui empêchent la création d'un véritable réseau et d'un véritable groupe de travail, « bien que le Travail Thérapeutique de Réseau et la « Clinique de Concertation » permettent de gagner du temps ». Il y a l'absence d'espaces de réunion – malheureusement un obstacle bien souvent déploré –, la difficulté à mettre en pratique la « Clinique de Concertation », « très vaste et très élargie », la difficulté à concrétiser les choses. Il y a aussi la nécessité de travailler à asseoir la légitimité de cette entreprise, certains professionnels formés ayant été refroidis par l'absence de retour des formations par une attestation[40], ainsi que les problèmes de la LPSJE qui, depuis l'application de la loi de 2012 sur les associations, ne peut plus travailler alors qu'elle jouait un rôle important de pilote.

Un focus groupe réunissant une dizaine de professionnels travaillant dans le Grand Sud à Ouargla, à Hassi Messaoud et à El Oued – dont plusieurs psychologues travaillant en hôpital, ou à l'école, un professeur d'université en psychologie, un orthophoniste, une psychomotricienne, des éducateurs et

[39]. *In* : *De proche en proche, op. cit.*
[40]. On en verra la raison plus loin.

une directrice de crèche – s'est tenu vers la fin du cinquième module de formation. C'est à partir de plusieurs réseaux qu'ils ont eu connaissance de cette formation et ont décidé de la suivre.

Parmi les différents aspects qu'ils ont retenus de la formation figure, en premier lieu, la nécessité de faire un travail sur soi : « Ce qui m'a le plus marqué lors de ces cinq sessions, c'est que le travail que j'ai fait était sur moi-même. La première étape du travail sur soi-même est la plus importante car elle nous permet d'être disponibles à 100 % pour nos patients », dit le psychomotricien. Le deuxième changement concerne les rapports avec les autres : « C'est une réponse au niveau personnel et au niveau professionnel. J'ai pu ouvrir des chaînes de communication autour de moi et les choses se passent très bien », dit un psychologue. Le troisième changement concerne l'ouverture du cadre habituel de la pratique :

> « La « Clinique de Concertation » est venue, avec pour principe de se débarrasser de certaines contraintes des thérapies classiques afin de favoriser le but thérapeutique : amoindrir l'injustice pour les patients et les familles, quels que soient la situation, son lieu ou son rôle dans la communauté. Avant, mon travail était terminé en sortant du bureau. Aujourd'hui je peux aider mes patients n'importe où et n'importe quand, à condition d'être prêt psychologiquement à faire ce travail à ce moment-là », dit l'un de nos interlocuteurs.

> « J'ai compris que rien ne m'empêchait d'accompagner d'autres patients chez des professionnels », dit un autre participant. Est aussi soulignée la nouveauté de la technique que propose la « Clinique de Concertation » : « À l'hôpital d'Ouargla il y a des universitaires qui capitalisent beaucoup d'expériences. La « Clinique de Concertation » apporte une nouvelle technique aux connaissances déjà présentes. »

Ils évoquent comment ils travaillent maintenant et donnent des exemples de situations qu'ils ont pu prendre en charge dans ce nouveau cadre :

> « La première fois que j'ai amené un enfant au généraliste de l'école il m'a clairement demandé : « Tu t'occupes de ton travail ou du mien ? » J'ai alors compris que c'était à moi de m'adapter et de mieux communiquer. Depuis, nos relations sont très bonnes. Nous sommes cinq à travailler dans la santé scolaire dans mon établissement et maintenant nous nous entraidons beaucoup. Nous avons une bonne relation dynamique. On a eu le cas d'un enfant qui avait un retard mental. Il s'est avéré qu'il avait un problème de surdité moyen. La maman, l'entourage de l'enfant, les médecins et le directeur de l'école ont coopéré. On a aussi organisé une collecte pour lui acheter une prothèse auditive. Le résultat est très bon, vu qu'il passe son bac cette année. »

Est aussi évoqué un autre cas en école primaire :

> « Dans notre école, une fillette en deuxième année de primaire a été victime d'une tentative de kidnapping par un homme qui l'a menacée avec un

couteau. Depuis, elle pleurait tout le temps, avait peur de tout, était tout le temps attachée à sa mère et ne voulait pas la quitter pour aller à l'école. J'ai contacté sa maîtresse, le directeur de l'école et l'épicier chez qui elle allait faire ses courses avec sa mère. On se rencontre la semaine prochaine pour voir comment faire. »

Un psychologue, membre du réseau *Wassila* – la réunion de plusieurs associations algériennes dont l'objectif est de participer à une meilleure prise en charge et de mieux orienter des enfants et des femmes victimes de violence –, a été alerté sur le cas d'une femme. Il raconte qu'elle venait régulièrement lui demander de l'argent. « Je lui ai finalement conseillé d'aller voir telle administration, puis telle autre et de revenir me voir en cas de problème. Elle est revenue six mois plus tard pour me remercier de lui avoir fait prendre conscience de ses capacités. Maintenant elle va bien et son fils aussi. »

Sortir du cadre pour se situer dans la perspective d'un travail communautaire peut aller loin, comme le raconte l'éducatrice qui travaille dans une crèche. « Un homme dont on ne connaissait pas l'identité est décédé à Hassi Messaoud. On a créé un réseau et on a découvert son identité. On s'est cotisé et on l'a emmené dans sa région d'origine pour l'enterrer. »

Plusieurs d'entre eux évoqueront enfin les conditions de la formation : « Jean-Marie Lemaire nous a traités comme des égaux. Ça a été un plaisir de participer à ses formations. Il a mis en relief les compétences de chacun. C'est très positif d'être avec des personnes de cultures, de milieux et de façons de travailler différentes. »

Les formations sur l'engagement et la gestion des associations

L'accueil et les effets de ces formations, tout comme ceux concernant la Gestion positive des conflits ou la non-violence, sont de même nature que ceux qu'on relève pour les formations à la « Clinique de Concertation », au niveau notamment du travail sur soi ou du travail en réseau.

> « La formation sur l'engagement en avril était très intéressante. Avant on avait un programme d'activité pour le mois de mai dont la première activité était l'engagement des jeunes dans l'activité culturelle. C'était magnifique. On a reproduit ça. Je continue à avoir des *feed-backs* sur ce qui s'est passé lors de cette formation (il y a six mois) aussi bien de gens d'Oran, de Sidi bel Abbès. Quelqu'un m'a carrément dit : « Ça a changé ma vie, je suis plus structuré, ça a renforcé mes engagements de militant aussi bien que mes engagements intimes, personnels avec ma famille. » Ça a eu des effets entre nous, dans notre manière de travailler. On accueille chacun, chaque opinion, chaque idée. On est beaucoup plus ouverts.
>
> J'ai aussi suivi la formation à la communication associative. On travaille en petits groupes à partir de jeux. Dès la première séance on a imaginé la création de notre association, parce que le club n'a pas d'autonomie, ne peut

avoir de compte bancaire et n'a pas le droit de tisser des liens de partenariat. On a travaillé sur les missions, les valeurs et les objectifs de la communication pour les associations. On reprend le concept et on l'améliore pour pouvoir le transmettre. On a travaillé la question de la charte et des graphiques. On croyait qu'on savait ce qu'était chacun des graphiques, mais là c'était autre chose ! On ne savait pas qu'il fallait distinguer chaque public cible, comment communiquer avec chacun, la communication en interne, la communication avec l'extérieur. La formatrice nous a fait jouer tout ça », nous dit le président du club « Le Banquet de Platon ».

« J'ai participé à une formation avec Vinciane sur l'engagement. Il y avait trop de pression sur moi, j'étais dans un engagement dévorant. La formation m'a appris à poser des limites. Je dois déléguer, je ne peux plus monter des projets seule. En revenant à la Ligue de prévention j'ai parlé à mes collègues de toutes mes limites J'ai appris à lâcher prise. J'ai alors fait le deuil de ne plus être Mère Tereza. Il faut lâcher ton pouvoir pour faire venir le poisson. À l'assemblée générale d'après j'ai appelé à une deuxième assemblée générale de la Ligue pour en changer les statuts : le président ne doit pas avoir plus de pouvoirs que ça, sinon il n'a plus de vie privée. » (Louisa, ancienne présidente de la LPSJE).

« Quand je suis arrivé à cette formation, je vais être sincère, je voulais prouver que le modèle associatif était un échec.
– Oui, moi aussi je pensais ça ; c'est une démarche personnelle, il faut créer, non suivre un modèle, mais créer le concept de l'association. Mais celui qui a créé son modèle, tout le monde le suit, et ça crée des problèmes de *leadership*, des problèmes de gestion, des conflits de pouvoir. On est plus intéressé par l'association que par l'objet de cette association. Ils vont créer des problèmes avec les gens de l'extérieur. C'est pour ça que je voulais prouver que le modèle associatif était un échec. J'ai changé de cap dès le tout début et j'ai compris que j'étais là où je devais être.
– Sur le contenu, c'était ma vision des choses, mais je ne croyais pas qu'il était possible de faire des choses à partir de la vision que j'avais.
J'essaye de transmettre chaque fois ce que j'ai appris au club : ce qui concerne la communication, comment faire pour transmettre les choses – ne pas les dire directement –, dans la manière de les transmettre.
– Ça va transformer ma vie personnelle beaucoup plus que dans le travail dans l'association. J'ai compris ce que j'avais comme modèle associatif en tête, mais vu autrement. Dans ma vie personnelle je suis en train de faire un travail sur moi pour mieux me connaître, me connaître à 100 %. Et cette formation sur l'engagement, le *leadership*, tout cela on peut l'avoir dans une seule personne, et ce sont les idéologies personnelles, un niveau du *leadership*. Ça va m'influencer personnellement et me permettre de mieux me structurer. Et là-dessus cette formation m'aide beaucoup. La personnalité du formateur était plus formatrice que la formation.
– Ma première motivation pour créer ce club, c'est qu'il n'y avait rien à faire, sinon des cafés, le théâtre de temps en temps. Absolument rien à faire. Pas de place publique, pas de cinéma, pas d'endroit où discuter et se regrouper.

C'est de cela dont on a besoin. On a besoin de loisirs. Une fois le loisir créé, comme il n'y a rien à faire, les gens vont venir et, du coup, on va pouvoir faire passer les messages. Aller vers ceux-là qui sont en détresse oui, mais aussi aller voir comment vivent les gens, être plus en proximité des populations cibles.
– Ils nous ont demandé de faire un compte rendu et de faire passer le message, contrairement aux autres formations avec d'autres associations ; et ils veulent que nous donnions cette formation aux autres ; c'est ça que j'ai apprécié. Qu'ils nous suivent, c'est ça qui est important. On a toujours besoin d'être contrôlé. J'apprécie ce contrôle.
– Moi j'ai trouvé ça impressionnant. Ça m'a fait plaisir, aussi.
– Ce que j'apprécie par rapport à d'autres organismes de formation, c'est la variété. C'est récent qu'on travaille avec le CISP, depuis 2014. Il y a chaque fois des gens différents. Pour le projet en cascade, quand on va à une autre ONG il n'y a que cette ONG. J'ai beaucoup apprécié ça », disent de jeunes militants associatifs en cours de formation.

« On a parlé de la question du *leadership* avec Ahmad. Chacun a parlé de sa vision du sujet. J'ai appris que, dans certaines situations, il faut être *leader*, sans être dictateur, qu'il faut diriger. Un camarade présent, président d'une association disait : « Nous on n'a pas de *leader*. » Pourtant il a bien compris qu'il avait une position de *leader*, c'est lui par exemple qui prenait la parole en premier. J'ai vu que c'était important et je l'ai appliqué au conseil consultatif du CCJ. Je me suis dit : je vais me proposer. On a voté et j'ai été élu », nous dit le président de ce Conseil consultatif.

« Ce qui m'a d'abord plu, c'est le fait que le CISP aide des associations et les responsabilise, surtout les associations qui n'ont pas beaucoup d'expérience. Il y a plusieurs associations que je connais qui ont été formées par le CISP ; ensuite c'est l'écriture de projets. Il y a plein d'associations qui ne savent pas écrire de projets et c'est le CISP qui les aide et les soutient pour l'écriture », observe la directrice du Centre d'écoute d'Akbou.

La plupart de nos interlocuteurs retirent des formations la confiance en eux-mêmes et en leurs intuitions ainsi que le renforcement des valeurs qui les ont incités à s'engager. Elles suscitent et encouragent leur créativité tout comme le désir d'étendre leur action. Telle cette ancienne enseignante, bénévole dans l'association *El Aïat*, qui nous dit après trois jours de formation à la gestion de projet, la seule qu'elle ait suivie avec le CISP :

« Les enfants sont encore petits. Il faut qu'ils apprennent leurs droits. Il faut qu'en premier lieu l'enfant apprenne ça. Je voudrais arriver à leur faire comprendre et à les faire rire, pour plus tard. On a des enfants exploités, on n'a pas que des enfants heureux, par exemple des enfants à qui les parents demandent d'aller mendier, de frapper aux portes, en plein hiver ou en plein soleil. Ça demande du travail de proximité. Il y a une collègue qui a présenté le travail de la solidarité dans la formation. J'ai dit qu'elle devrait être travaillée en collaboration avec la famille et l'école. Il faudrait un psychologue ou un sociologue pour travailler avec les familles et les convaincre. Il faut un travail entre la famille et l'école pour le leur transmettre. On doit toucher la famille quand on voit qu'il y a trop de violence. Il y a des jeunes qui sont en difficulté, des mères qui sont venues me demander de l'aide au café littéraire. J'y réfléchis. J'y ai pensé et en ai parlé avec Mr B... Qu'il y ait du travail de proximité avec l'école ; on en a déjà parlé avec la directrice. C'est un projet. Je vais m'y atteler. Il faut être à même de trouver des idées nouvelles, d'autres projets. La formation m'a donné envie de faire des choses, de réfléchir. Je pense aussi maintenant aux activités culturelles, y faire participer nos jeunes. J'aimerais aussi avoir une formation sur la violence. Avant c'était la Mosquée qui formait ; tout le monde élevait les enfants : les oncles, les tantes, les voisins, les grands-parents. Maintenant la famille a éclaté, il n'y a plus que la famille nucléaire. »

Les formations à la Gestion positive des conflits

La directrice, depuis quatre ans, du Centre d'écoute et d'information pour jeunes de Sidi Ali, dans la ville d'Akbou raconte :

> « Je travaillais à l'Étoile culturelle d'Akbou en tant qu'animatrice pour enfants, ensuite je suis devenue responsable de ce centre. Je travaillais auparavant dans plusieurs associations avec des enfants, j'animais des ateliers de communication non-violente pour les enfants et de Gestion positive des conflits dans des écoles primaires ainsi que dans les associations. C'est avec le CISP que je me suis intéressée à cette thématique. J'étais à l'époque animatrice à l'association AFAK de Boumerdès. Je crois avoir commencé ma formation avec le CISP en 2005 ; l'AFAK et le CISP étaient partenaires sur la Gestion positive des conflits. J'ai suivi diverses formations avec le CISP, elles m'ont toutes plu. La communication non-violente, la philosophie pour enfants et les enjeux de la coopération.
>
> Ce qu'il y a de bien, c'est qu'à chaque fois qu'ils organisent une formation, ils reviennent derrière avec une suite ou une continuité ; ils ne font pas un truc, puis le lâchent. Je trouve qu'il y a une vraie cohérence dans ce que le CISP propose. Comme les formations sont nombreuses, les sujets le sont aussi. Ils ont formé pas mal de formateurs, d'ailleurs j'étais moi-même formatrice en communication non-violente.
>
> Avec les autres formateurs relais, nous avons créé une association aux Issers (*wilaya* de Boumerdès) de formateurs à la communication non-violente, ça montre bien que ce que fait le CISP est bien. L'association n'est plus très active parce que les membres sont tous pris dans d'autres activités, mais nous sommes toujours en contact. J'ai aussi assisté à des formations pour l'animation des CCJ et j'ai participé à l'écriture du manuel du jeune citoyen.
>
> Le CISP est une ONG qui est en Algérie depuis longtemps, elle soutient beaucoup d'associations, il y a même des associations qui ont grandi avec le CISP. Ils sont sérieux avec leurs partenaires de longue date, ce qui démontre une grande confiance. Pour moi, c'est l'essentiel dans une relation de partenariat sur le long terme. Grâce au CISP, j'ai connu beaucoup d'associations, j'ai pu former des gens un peu partout : à Béchar, Taghit, Beni Abbès, Djanet, Annaba... Je me suis vraiment pas mal déplacée grâce au CISP et c'est une expérience inestimable. Ce que j'ai d'abord appris et que j'utilise toujours, c'est la communication non-violente. C'est quelque chose

que j'utilise d'abord sur le plan personnel avec ma famille et ça m'a vraiment permis d'améliorer mes relations avec toutes les personnes qui m'entourent. Je peux te dire que j'ai suivi un sacré nombre de formations, avec et sans le CISP et pourtant, c'est celle qui m'a le plus marquée. Même avec mon groupe. Il est vrai que je n'avais pas beaucoup d'expérience quand j'ai commencé avec eux, je n'avais jamais été responsable d'une équipe auparavant, mais maintenant, je gère cinq animateurs alors que ce n'est pas le genre de choses qui est facile pour moi. Cette formation m'y a beaucoup aidée, ce qui me permet à mon tour de les aider. Je le constate sur eux. La manière dont ils se comportaient avec moi et celle d'aujourd'hui sont très différentes, on y est allé par étapes. Ce sont des gens qui n'ont jamais travaillé pour une association auparavant, je dirais même que c'était leur première expérience de travail tout cour. Et, et avec les formations qu'eux-mêmes ont reçues avec le CISP, ils ont beaucoup évolué, que ce soit dans leur façon de se comporter au travail, avec les enfants, la manière dont ils voient aujourd'hui la société... J'avoue qu'au départ, quand ils ont commencé à travailler ici, ils avaient une vision très... je ne sais pas... par rapport à la religion, par rapport aux femmes..., mais j'ai réussi à leur expliquer qu'ici, dans le milieu associatif, on est tous égaux, on travaille tous ensemble et je sais que c'est à 90 % grâce à cette formation ; on ne discrimine personne, que ce soit sur son sexe ou sur sa religion, parce que l'humain reste l'humain, quelles que soient ses convictions. C'est le principe que l'on a et que je pense avoir réussi à leur transmettre grâce à la communication non-violente. J'essaye de les écouter, de leur donner la parole, je ne décide pas à leur place, on prend des décisions ensemble et ça, c'est principalement grâce aux formations que j'ai faites avec le CISP. Nous, dans le Centre d'écoute, les droits humains sont notre principe de base et notre objectif. Nous travaillons avec tout le monde, le pauvre, le riche, le malade, celui qui a la santé. Pour nous, tous les enfants sont égaux, nous ne discriminons personne. D'ailleurs, avec les activités que nous faisons, les enfants constatent qu'ils sont tous égaux, ils ont les mêmes droits, même s'ils ne sont pas de la même couleur, même s'ils ne parlent pas tous la même langue. Nous les traitons tous de la même manière et, surtout, notre porte est ouverte à tous, on accepte tout le monde. Ce sont des choses qu'on a vues aussi en formation et que nous appliquons chez nous dans le Centre d'écoute. Même les parents, nous les écoutons tous, nous les aidons tous de la même manière ; même s'il y en a certains qui sont déjà venus nous fâcher, mais nous gérons les situations, on sait qu'on travaille dans un quartier populaire et difficile. Mais, avec les techniques d'écoute que nous avons apprises en formation, nous arrivons à établir la communication. Quand ils voient que nous les écoutons, que nous prenons en compte ce qu'ils disent et que nous les valorisons, ils se sentent mieux et sont à l'aise pour mieux communiquer... Les parents viennent régulièrement, ils viennent prendre des nouvelles des activités de leurs enfants, ils prennent aussi de nos nouvelles. Les mamans s'impliquent lorsqu'il s'agit d'organiser une petite fête pour la chorale ou pour les excursions. Beaucoup de parents participent à nos événements : les sorties, les conférences. »

Selma Khelif, pilier selon les formateurs de l'Université de paix de Namur de la transmission aux Algériens du message et des outils portés par la Gestion positive de conflits, écrit dans son témoignage publié dans une revue de cette université :

> « Les participants ont considéré ce module de formation comme un moment de « soin », de « repos », un moment pour revenir sur eux-mêmes, se détendre, réfléchir sur soi sans la pression de tous les jours... Une enseignante a rapporté que son époux souhaitait que ce style de formation se renouvelle régulièrement, parce qu'il a changé. Il rentre à la maison souriant, discute avec les enfants [...] et ne s'est pas mis en colère durant toute la semaine de formation. [...]
> Les professionnels de l'éducation soulignent avant tout et essentiellement cet apport personnel de la formation qui fait qu'ils vont à la rencontre de l'autre – famille, élèves, collègues – de manière sereine, et cela se voit. En effet, une enseignante d'éducation sportive a trouvé que les jeux de coopération facilitaient ses cours. Un enseignant de mathématiques qui commençait son cours par « la météo » [consistant à exprimer ses émotions de manière imagée], a surpris ses élèves car il partageait avec eux ses émotions. Selon lui, les élèves étaient plus calmes et le cours se déroulait plus facilement, plus rapidement et plus efficacement. Un adjoint de l'éducation a expliqué qu'il était plus souriant dans la cour de récréation et que les élèves avaient du coup moins peur d'aller lui demander de l'aide pour gérer leurs conflits. Il a appris à ouvrir le dialogue avec les élèves au lieu de crier et de punir. Il est reconnu par le directeur d'établissement comme étant une ressource dans la gestion des conflits entre collègues et entre élèves. Une conseillère d'orientation incite les élèves à parler en « Je » et à écouter celui qui parle. [...] Une convention avec la direction de la jeunesse et des sports permet de former différents groupes de professionnels de maisons de jeunes de la région de Tizi-Ouzou, par des formateurs relais algériens. Aujourd'hui, les adolescents concernés par l'atelier sont reconnus, tout comme les trois enseignants, en tant que ressources par les autres professionnels et par les autres élèves. En effet, avoir choisi, au hasard, deux adolescents par classe, a donné ce beau résultat de la présence d'au moins une ressource par classe. Un enseignant en difficulté avec ses élèves est soutenu par cette petite graine de médiateur. Et, cela est une réussite. Et ces jeunes issus des ateliers de non-violence me demandent : « Poursuit-on ces ateliers quand on sera au lycée ? » Nous n'avons pas la possibilité, par rapport au nombre de formateurs relais, d'initier et d'accompagner aussi des professionnels de lycées. [...] Alors nous réfléchissons avec leurs enseignants afin de leur permettre de préparer et de coanimer les séances de la dernière année de collège, en renforçant leurs connaissances et leurs outils, pour qu'ils soient des ressources aussi au lycée, accompagnés et reconnus par les conseillers d'orientation scolaire initiés, car chacun est en charge de deux collèges et d'un lycée.
> N'oublions pas qu'en formant un groupe de jeunes adultes d'une association de Bab el Oued, ceux-ci en parlent autour d'eux. Aussi, d'autres associations de jeunes adultes sont en demande pour eux-mêmes, afin de mieux gérer leurs relations avec les enfants dont ils ont la charge durant les vacances

scolaires… Une association de Djanet, dans le Sud va frapper à toutes les portes pour trouver un sponsor, afin de nous payer deux billets d'avion pour accompagner de grands adolescents à passer le baccalauréat, pour travailler avec eux la question de la confiance et de l'estime de soi. Ce lien a permis de faire émerger la demande des professionnels de l'éducation de cette région du sud algérien, qui attendent d'être formés à leur tour.
Une dernière nouvelle : les collègues relais qui ont dû quitter le groupe se sont constitués en association « El Yamama » (la colombe) dont l'un des objectifs est la diffusion d'outils de non-violence et de gestion positive des conflits. Cette association vient à notre rencontre en juillet prochain, afin de voir ensemble les possibilités de se soutenir mutuellement, en poursuivant le même but, la non-violence.
Je peux dire que plus de 1000 adultes ont été sensibilisés directement à la gestion positive des conflits. Mais cela n'aurait pas beaucoup de sens et serait même réducteur. Ce travail de partage et de sensibilisation se fait tous les jours, par les relais, par les initiés, par les enfants… »

Les formations relatives au genre, à la discrimination et aux violences faites aux femmes, l'Université d'automne.

Au terme des formations données lors de l'Université d'automne, il a été demandé aux participants de spécifier ce qu'ils en avaient retenu.

Ils ont apprécié la participation de tous et le fait que la formation enrichisse le débat, la mixité, la possibilité de mettre des mots sur les pensées, l'acquisition de nouvelles connaissances, en particulier de connaissances scientifiques, l'ouverture des possibilités de prévention des problèmes liés à la discrimination. Ils observent aussi qu'ils ont changé de vision quant aux rapports entre hommes et femmes.

D'autres, qui ont suivi les formations données dans le cadre du « Monde selon les femmes », évoquent également ce changement de vision.

> « J'ai appris beaucoup de choses sur la question du genre. Avant je n'aurais pas su répondre à des questions sur ce thème. Il y a des choses que je ne voyais même pas. Maintenant au niveau de l'université où j'enseigne, ou à l'extérieur, je relève et j'appuie sur l'injustice de telle situation. »

Une jeune femme, institutrice en école primaire, a monté à Timimoun une association d'artisanat dédiée au développement économique local des femmes. Ayant assisté à l'Université d'automne, elle montre, comme d'autres, que ces formations ont aussi pour effet de l'obliger à porter un regard critique sur sa manière de penser et de se conduire en tant que femme :

> « Les contenus étaient très intéressants, il y avait beaucoup de conférences qui abordaient des thèmes qui convergeaient sur le féminisme. J'ai beaucoup apprécié les ateliers parce qu'il y avait beaucoup de communication, plus de matières à discuter et surtout plus d'occasions de s'exprimer. J'ai beaucoup apprécié la présence masculine aussi ; je ne m'y attendais pas. Ça m'a

apporté plein d'éléments de réflexion sur comment, en tant que femme, je peux défendre mes intérêts, défendre mes droits et les faire valoir, sur comment aligner ma vie sociale et ma vie politique. Tout cela est lié. Globalement j'ai beaucoup aimé la formation. Ça m'a fait réfléchir, ne serait-ce que sur le regard que je posais sur moi. Je me demande : c'est quoi le féminisme ? C'est quoi le mode d'emploi ? Quelle attitude adopter ? [...] L'intervention de Ghalia m'a beaucoup intéressée. Déjà, le féminisme musulman, le féminisme islamique et islamiste, ce sont trois notions différentes. Je côtoie dans le Sud des toutes jeunes femmes qui ont un discours foncièrement féministe. Ce sont des pionnières, ce sont les premières parties de leur village pour aller à l'université. L'université, loin de chez elles, leur ouvre l'esprit. Ce sont des jeunes féministes musulmanes qui ne rejettent pas leur foi, qui relisent les textes pour remettre en question la supériorité des hommes sur les femmes. Elles n'ont pas tout le bagage pour le faire, mais la réflexion est là. On n'a pas en Algérie d'intelligentsia qui réfléchisse, qui écrive, qui produise là-dessus. [...]. La question de l'islam est celle qui a le plus interpellé les intervenants et les participants. Mais il y avait un manque de dialogue entre les anciennes féministes et les nouvelles, entre les différents courants du féminisme, entre les générations. Je ne voudrais surtout pas d'un mouvement homogène, mais qu'au moins il y ait une communication possible entre les différents mouvements. Pour moi il y a toujours eu un souci par rapport au féminisme algérien, parce que ce qui est très mis en avant, c'est un féminisme très laïc, très assumé et très revendiqué. Qu'on puisse aborder le féminisme sous un angle divergent m'a beaucoup intéressée parce que ça correspond plus à la société dans laquelle on est. C'est surtout ça. [...] Je me suis beaucoup inspirée de ce que j'ai appris, par exemple dans la manière de présenter les ateliers, ça m'a aidée à construire dans ma tête de futurs projets à initier à Timimoun. Par exemple une initiation aux droits de l'Homme pour les enfants, des tables rondes, des projections de films avec débats pour les femmes. Leur parler de cette université peut les intéresser. »

Une journaliste également présente à l'Université d'automne tient des propos proches de ceux de notre précédente interlocutrice :

« Déjà je n'avais aucune connaissance sur le mouvement féministe algérien, vraiment aucune, du mouvement jeune, je précise. Je ne savais même pas si le féminisme des années quatre-vingt-dix existait toujours. Pour moi, la première chose importante, c'est de pouvoir qualifier les faits d'une façon précise, de recevoir un enseignement de personnes qui militent vraiment. Ça m'a permis de mieux structurer ma pensée et peut-être de rediriger certaines choses à mon niveau : j'avais une vision trop superficielle. Un exemple : l'intervention de Ghalia, sociologue qui travaille sur les féminismes musulmans. Justement je cherchais quelles formes de féminisme en Algérie pourraient ouvrir le champ à d'autres féminismes ou à d'autres types de combat. Et j'ai vraiment trouvé des réponses à ma question. Non pas que je dise que c'est la meilleure manière, mais pour moi, étant donné qu'elle a évoqué un socle très important dans notre société qui a été mis de côté par un certain féminisme, de voir qu'il y avait des jeunes de la nouvelle génération

qui n'excluaient pas ce type de féminisme et qui au contraire l'incluaient, j'ai trouvé ça très positif. Je n'avais pas conscience, déjà, du fait qu'il y en avait, ni conscience de l'importance qu'elles pourraient avoir et de l'impact que ça pouvait avoir sur les combats en Algérie. C'est très important.
J'ai trouvé les étudiants que j'ai rencontrés très conscients au niveau politique en général, au niveau social, etc. C'est un bon point de départ : sans conscience on ne peut rien faire. Ils venaient de différentes régions d'Algérie, ils étaient très réceptifs et les discussions étaient sans tabou. J'ai été agréablement surprise.
Ça m'apporte aussi sur le plan professionnel. Un exemple précis : j'écrivais un article sur l'histoire de l'art, sur une peinture orientaliste avec un sujet féminin. Avant j'aurais fait une déconstruction, je me serais arrêtée au niveau du courant artistique orientaliste, à la distinction entre femme européenne et femme mauresque, sur le mythe de la mauresque vue par les Occidentaux. Je me suis plongée dans des livres ; j'ai cité Fatima Mernissi qui évoque la puissance virile des musulmans, qui couvre les femmes, et la puissance occidentale, qui consiste à les découvrir. Mais il y a une couche sous-jacente, sociale, inhérente à la condition des femmes dans nos sociétés, pas dans le sens de la décolonisation, la première chose à enlever, mais plus ancestrale que la couche occidentale qui s'est rajoutée, folklorisée. »

Il est intéressant de connaître en contrepoint de ces deux appréciations le point de vue que tentait de faire passer la formatrice Ghalia Djelloul. Celle-ci constate la difficulté à faire entendre un point de vue sociologique, c'est-à-dire un point de vue réflexif, distancié, non normatif sur les situations vécues. Elle est intervenue sur la question du genre en différents lieux et a écrit dans le compte rendu sur ses interventions :

« Contrairement à la formation à Annaba, où j'ai décidé de sans cesse recadrer le discours dans le cadre de la citoyenneté et des droits, je n'ai pas pu faire l'économie d'une remise au point sur le lien entre référentiel religieux et citoyen à Sidi bel Abbès. J'ai ainsi rappelé que les principes religieux d'égalité entre les êtres humains étaient parfaitement compatibles avec la citoyenneté et que si l'on se référait à l'expérience de la vie du prophète Mohammed, on ne trouverait pas un exemple de « masculinité hégémonique », dans le sens où ses rapports avec les femmes étaient pacifiés et inclusifs dans le champ religieux. Ainsi, on ne pouvait justifier sur cette base les inégalités que l'on « naturalise » pourtant à l'aide du discours religieux. Ce faisant, j'ai eu recours à des arguments développés par des féministes islamiques, ce qui n'était pas mon propos, mais j'ai bien compris que mon discours resterait inaudible et considéré comme « exogène » si je n'employais pas les mêmes références et n'avais pas recours à l'imaginaire religieux pour argumenter en faveur de l'égalité entre les sexes. J'ai donc eu recours à une autre stratégie que lors de la formation d'Annaba où je me suis toujours placée en dehors du cadre religieux, et il me semble qu'ainsi mon discours a pu être entendu. »

Nous rappellerons ici le sondage de *Mouwatin* évoqué plus haut, effectué en 2012, qui montrait que 69 % des Algériens sondés estimaient que l'Algérie devait devenir un pays laïc. Si on ajoute à ce sondage la diminution des croyances religieuses, également évoquée, ceci vérifie l'importance du phénomène du malentendu partagé. Les militants des droits des femmes pour mieux replacer leur action dans son contexte factuel auraient un intérêt manifeste à connaître ces données tout comme l'importance du malentendu partagé et de ses conséquences sur le besoin de conformité, par exemple en matière de port du voile ou de refus de respecter le jeûne pendant le Ramadan. Ajoutons que le malentendu partagé se manifeste aussi bien dans les petits groupes que dans les grands, comme l'illustrait le climat explosif d'une séance rapportée plus haut par G. Djelloul, lorsqu'un jeune tient le discours qu'il croit être celui de la majorité et entraîne les autres en ce sens, alors qu'il pense lui-même différemment.

Une militante des droits humains qui suit une formation à la gestion d'une association dit prendre conscience d'attitudes caractéristiques de la transmission des stéréotypes :

> « Les droits de l'Homme concernent les enfants, les femmes. J'ai des amies qui travaillent dans les administrations, on leur fait des misères. Moi personnellement j'ai appris des techniques, comment on règle les conflits. Par exemple à la formation du « Monde selon les femmes », c'est le féminisme, mais pas d'une manière violente. Au lieu d'aller dans la violence, on est dans la communication, on essaye de se mettre à la place de l'autre et de lui parler. Moi, avant, je ne savais pas que la masculinité c'était les mères qui aidaient à la développer. On fait des gestes avec les enfants quand ils sont tout-petits dont on ne se rend pas compte. Maintenant j'essaye de faire attention avec mes nièces, mon entourage, mes proches, mes amies. J'ai une amie, elle est sauvée maintenant. C'est grâce à ce que j'ai appris dans « Le monde selon les femmes. »

Très proches sont les appréciations de la secrétaire de la petite association « Un pas » qui suit la même formation :

> « Ça apporte beaucoup sur les deux plans, professionnel et personnel. On comprend, on apprend comment agir avec les autres, comment communiquer, comment développer des plans d'action. Ça donne des idées qu'on n'avait pas en tête. J'ai été étonnée de voir que les outils étaient aussi importants. Je ne m'attendais pas à apprendre comment transmettre, par rapport à la façon traditionnelle dont je le faisais. J'ai compris qu'on pouvait transmettre avec des jeux, en faisant parler les autres, en allant vers eux. Avoir deux jours complets sur le mot engagement, c'est déjà beaucoup. Quand tu informes les gens sur ce que ça veut dire, ce qu'il faudra dire, comment le dire, comme le sujet est complexe et riche à la fois, ça va motiver la personne avant de la mettre en action.
> Sur le plan personnel, pour le travail avec les femmes, ça nous a appris à nous connaître nous-mêmes, à voir tous les stéréotypes qu'on a nous-mêmes concernant les femmes, comment changer. On apprend aussi comment

répondre aux femmes – moi je suis militante – qui nous disent : « on est différente, comment peut-on être égaux ? »

Il faut noter que la position des coordinateurs de projets du CISP, lorsqu'il s'agit de femmes, n'est pas de tout repos, non seulement parce que ce sont des femmes, mais aussi parce qu'Algériennes elles travaillent pour une ONG étrangère, et enfin parce qu'elles sont des militantes des droits humains. D'où les difficultés rencontrées :

> « À Bab el Oued, on a pu me reprocher de chercher à outiller les jeunes gens à se rebeller. L'association partenaire, SOS Culture Bab el Oued, après un certain nombre de rencontres avec les jeunes sur la communication non-violente, la gestion des conflits, la responsabilité [...], lorsqu'ils ont manifesté leur volonté de « gérer » une association de manière autonome entre jeunes, les responsables de l'association partenaire, plus âgés, n'ont pas apprécié.
> Aux Eucalyptus, depuis les dernières élections communales, des professionnels de l'assemblée communale ont colporté des ragots contre les jeunes gens du Conseil consultatif qui auraient critiqué le gouvernement, les institutions, et qu'ils seraient sous la botte d'étrangers (le CISP) qui veulent faire du mal au pays ! Des jeunes en ont été très perturbés. Ils ont eu peur. Nous en avons parlé ensemble.
> Mes premières relations aux Eucalyptus avec les bénéficiaires ont été difficiles, mais cela a été un défi pour moi. La difficulté consistait dans la différence que je proposais, par ma tenue vestimentaire (non voilée), par ce que je proposais (les réunions mixtes, s'écouter, parler...). Lors de la première réunion des associations de la commune, quand des hommes ont terminé de parler, ils se sont levés, prêts à partir pour « laisser les femmes parler à leur tour ». Bien entendu, le défi a été relevé, simplement par ma présence incessante, par ma disponibilité, mon écoute et par mon insistance à apprendre à vivre ensemble. Au fur et à mesure, à force de me voir dans les rues, dans les espaces publics, allant saluer et discuter avec les hommes autant qu'avec les femmes, certaines difficultés se sont évaporées. »

À l'occasion d'un focus groupe avec des élèves de l'École du jeune citoyen, après l'atelier « Femmes et mobilité », animé par Ghalia Djeloull, en décembre 2015 à Akbou, le groupe d'adolescents qui compte huit garçons et une fille donne son opinion sur ce que chacun a retenu de l'atelier :

> « – Mokrane : Personnellement, ce qui m'a le plus marqué, c'est le fait de prendre conscience des inégalités. On a remis en question le concept d'égalité qui nous concerne tous, ici, dans notre région. J'ai bien aimé la formatrice, sa façon de parler, sa façon de mener l'atelier.
> – Ouardia : Le sujet m'a plu parce que c'est quelque chose que l'on vit au quotidien. Par contre, elle ne nous a pas proposé de solution pour stopper les discriminations ou les violences. Quand tu parles, tu deviens le bourreau et si tu te tais, tu ne te bats pas pour tes droits.

– Samy : Moi j'ai bien aimé cet atelier. Ben..., le fait que ce soit participatif, on a donné notre avis, on a pu débattre. Le fond m'a aussi plu, on a parlé de choses dont on était témoin tous les jours, sans s'en rendre vraiment compte.
– Lounes : Ce qui m'a le plus plu, c'est qu'on a parlé d'un sujet oublié. On ne parle pas d'égalité entre nous. Peut-être parce qu'on s'est habitué à vivre et à voir des inégalités. En tout cas, ça m'a fait réfléchir à mon comportement en tant que citoyen.
– Younes : Ce qui m'a plu aussi, c'est le travail de groupe. On s'est réuni en petits groupes une quinzaine de minutes, on a pu échanger nos avis entre jeunes et confronter nos idées. C'était intéressant et on n'a pas l'habitude de faire ce genre d'ateliers. C'est comme une thérapie, tout le monde a donné son avis sur une chose qui nous concerne tous.
– Mokrane : Pour revenir au sujet, selon les expériences que j'ai eues, j'ai assisté à de nombreuses conférences et c'est toujours les mêmes paroles qui reviennent à chaque fois, il faut réclamer ses droits, mais le problème qui se pose, c'est que je n'ai jamais vu toutes les théories dont on parle mises en pratique. On ne passe pas à l'action.
– Faiza : À ton avis, qui devrait passer à l'action ?
– Mokrane : Nous ! Les membres de l'association, les jeunes, toi... les Algériens quoi. À chaque fois on parle, on dit il faut faire ci, il faut qu'on soit comme ça, mais au final, il n'y a pas d'application des paroles.
– Faiza : Et quand ?
– (Rires) Ben... à partir de maintenant ! Moi j'aime mon pays et je voudrais m'y sentir bien, je veux qu'il se développe de manière positive. Donc moi, personnellement, je veux appliquer ce que j'ai appris dans toutes ces formations. Je ne veux pas rester là à faire des théories sans pratique.
– Younes : Comment tu veux appliquer si ton voisin s'en fiche ? Pour moi ça ne sert à rien si ce n'est pas tout le monde qui se sent concerné. »

Les formations aux droits de l'Homme et au certificat des droits de l'Homme

Une évaluation effectuée par les participants aux formations au certificat des droits de l'Homme a été menée à la fin de celles-ci. Parmi les appréciations ont été ici regroupés les thèmes suivants :

- La qualité des intervenants est à souligner, la plupart d'entre eux ont apporté un socle de connaissances et d'informations pertinent et riche.
- Une bonne dynamique et une cohésion du groupe ont permis une ambiance de travail agréable.
- Le processus de sélection a été une étape importante afin de déterminer la motivation de chacune et chacun. Il a permis de cerner les besoins du groupe et de créer en même temps un groupe riche et divers, mais aussi de créer un noyau dur.
- L'encadrement des participants et la méthode participative ont permis l'adhésion et l'engagement dans le programme plus facilement. Les

participants sont partie prenante du programme et pas uniquement des bénéficiaires.

- Les thématiques traitées étaient diverses et d'actualité, ce qui a ajouté à leur pertinence.
- La diversité des interventions a permis l'éveil ou le renforcement de l'esprit critique chez les participants.
- L'apport en information est incontestablement bénéfique et riche.
- Pour la plupart des participants, traiter de thématiques en lien direct avec l'Algérie représentait une première. Ces cours n'ont pas fait l'objet d'enseignement lors de leur cursus universitaire.

Certains bénéficiaires des formations évoquent leur découverte des différentes disciplines de sciences humaines, leur utilité pour comprendre leur société :

> – « Nous sommes, nous, Algériens, des têtes vides. La formation m'a ouvert les yeux sur l'intérêt de l'économie, de la sociologie, de l'histoire. La manière de présenter, d'expliquer m'a beaucoup attirée. Jusque-là tout ça ne m'intéressait pas.
> – Parfaitement, comme pour nous tous, dans le primaire et le secondaire. En histoire si j'ai retenu 10 % de ce qu'on nous a enseigné c'est beaucoup !
> – C'est difficile à enseigner et à assimiler; mais ici c'est tout le contraire », nous disent des jeunes actuellement en formation pour le certificat.

Dalila B. est juriste, interprète judiciaire, coordinatrice de l'Ordre national des interprètes et traducteurs officiels, et militante des droits de l'Homme. Elle est fréquemment invitée à donner des conférences, en ville surtout, mais elle « préfère toujours aller dans les campagnes où les femmes ont moins d'opportunités pour parler aux femmes. » Elle intervient à la radio et à la télévision chaque semaine, et a été sollicitée à maintes reprises pour joindre des partis politiques. Elle est aussi impliquée dans le Forum des femmes méditerranéennes :

> « Le CISP est une institution que j'estime énormément. Nous avons le plaisir d'y connaître des personnes formidables. Ses valeurs, ce sont les droits de l'Homme en général, les droits des femmes et les droits des enfants. Ça nous a appris à développer les potentiels que nous avions. Ça nous a aussi donné la force de pouvoir assumer et d'agir en conséquence. Ça, c'est très important. C'est aussi la valeur du partage : on partage tout, les échanges de projets, d'idées, les expériences des autres, ça aussi c'est très important. Et tout simplement la valeur du respect de l'être humain en tant que tel ; ça, c'est primordial pour moi. S'il y avait le respect comme valeur sociale entre les êtres, il n'y aurait pas tant de problèmes, tant de guerres. Cette formation m'a aidée à améliorer mes compétences, à promouvoir mon esprit de résistance, et surtout m'a donné des outils. Toutes ces conventions internationales, je les ai apprises avec eux : la Convention contre les discriminations à l'égard des femmes, la Convention internationale pour les droits de la personne, pour les

droits des enfants. Je ne savais rien. En Algérie on apprend le code civil, le code pénal et le code de la famille. Ces outils on les a appris avec le CISP et on a appris à les utiliser et à les invoquer, parce qu'on a appris que ces conventions internationales, quand elles sont signées par les États, ont la suprématie sur les droits des États, ce qu'ignore la plupart des juristes, déjà.
Quand on est au tribunal et qu'un magistrat évoque un article de son code, on intervient en transmettant ce qu'on a appris. Vous lui dites : « Mais telle convention internationale dit que… ».
Dans les procès pour soutenir les migrants, j'essaye aussi, ça ne marche pas toujours. Du moins je constate que le magistrat est hésitant, il réfléchit à ce qu'il va faire, il va consulter.
J'ai appris que dans mon milieu ce n'était pas facile. C'est une prise de risque énorme. Déjà le fait que vous suiviez une formation sur les droits humains chapeautée par une organisation étrangère, on vous dit que c'est la main étrangère. Je réponds que non, je ne suis pas manipulée, j'ai mes propres principes et mes idées, mais je veux acquérir les outils qui vont me permettre de me perfectionner.
On a fondé, avec le Centre de documentation des droits de l'homme, l'Observatoire national pour un procès équitable. On va assister aux audiences pour constater des infractions aux codes. Après on fait un rapport qu'on transmet aux autorités concernées, au ministère de la Justice. On a fait la formation l'an passé, le colloque national en juin, on va commencer la pratique, l'observation d'ici peu. On se concerte, on est une douzaine, on va y aller sans prévenir. On a fait appel à des anciens procureurs, à des avocats. On a fait une présélection avec le CDDH, on a pris des gens qui travaillent dans le droit et qui se sont impliqués dans ces droits-là et qui ont du courage.
J'ai aussi suivi la formation sur le *leadership* qui m'a beaucoup intéressée : comment apprendre aux femmes à être *des leaders*, des « meneuses », comment s'impliquer dans l'espace public, dans la vie politique. Les femmes sont confinées dans la cuisine ou bien dans l'enseignement et la santé. Il y a d'autres domaines à investir. Tous ces acquis m'ont aidée. Le CISP m'a donné de l'assurance, des connaissances, de la confiance en moi et du courage. »
« Ça m'a calmé sur ce qui se passe autour de moi et me donne à réfléchir. Ce n'est pas toujours l'autre qui a tort.
– J'ai appris à communiquer, je suis nerveuse.
– Toute une journée sur le conflit c'était bien. Des questions comme « comment arrêter la violence ? » c'est transcendant. Le conflit, c'est la pâte de la vie commune, il faut le rendre praticable, que chacun ne perde pas. Beaucoup de gens n'arrivaient pas à cerner ce qu'est la violence et la confondaient avec le conflit. Cette journée m'a marqué. » (Focus group de personnes qui suivent la formation au certificat des droits de l'Homme).

« L'utilité pour moi du travail du CISP, c'est de m'avoir permis d'approfondir la culture de ma propre militance. J'ai apprécié les formations et les techniques apprises, j'ai appris aussi l'écriture des projets. Je me sens un peu plus professionnel et un peu plus organisé. Je sens que j'ai acquis un vrai background de militant. Le plus intéressant pour moi, ça a été d'être sur le terrain, d'apprendre à conjuguer le savoir-être et le savoir-faire. C'est aussi la rencontre avec toutes ces personnes à travers le pays. Il m'importe finalement de connaître et de rencontrer l'autre. Je sens que mon savoir-faire a fait augmenter ma patience ! J'ai aussi appris à relativiser. » (Le formateur et coordinateur du volet « Graine de citoyen et citoyenneté », formateur des avocats et formateur du certificat des droits de l'Homme.

« Parmi les apports du CISP, il y a la proximité et l'extrême accessibilité de ses formations et l'assurance que cela donne.

- Il y a aussi l'attention aux particularités locales,
- la flexibilité par rapport aux procédures,
- le fait de contextualiser les choses, les procédures, ce qui a pour effet de renforcer les partenaires,
- une rigueur flexible qui s'adapte aux réalités locales.

J'ai aussi apprécié le travail de coconstruction de la LADDH avec le CISP, la concertation et l'implication à tous les niveaux : réflexion, écriture, construction, gestion. Cela a été une démarche à égalité », explique le vice-président de la LADDH

Voici aussi le point de vue de plusieurs étudiants, militants de conseils consultatifs des jeunes :

« J'ai suivi plusieurs formations au CISP, j'ai commencé en 2013 avec le certificat aux droits de l'Homme. J'ai beaucoup appris, ça m'a ouvert les yeux et j'ai compris que c'était faisable. J'avais la vision que chaque étudiant peut avoir, une vision pas très large. J'avais des préjugés : les droits de l'Homme c'était pour moi une chose qui ne représentait pas mon pays, ni ma famille, ni mon quartier. Je pensais que c'était « leurs droits ». J'ai acquis une vision plus large, j'ai compris que c'était des choses dans lesquelles on pouvait militer et qu'il était nécessaire de faire passer le message. »

« Je connais le milieu associatif pour l'avoir fréquenté. Ce qui me plaît le plus dans le CCJ, c'est bien la possibilité, que je n'ai pas trouvée ailleurs, qu'ont des jeunes comme moi de prendre des décisions. C'est nous, les jeunes, qui choisissons les projets et les activités à mettre en place ; c'est nous aussi qui nous organisons pour les réaliser dans l'intérêt collectif. Nos activités ne se limitent pas aux réalisations habituelles que j'ai connues dans l'associatif. Elles touchent à quelque chose de plus important, à l'éducation au sens large des jeunes générations en sensibilisant aux droits des enfants, aux droits humains, au dialogue. [...] C'est une manière d'apprendre la responsabilité qui me plaît beaucoup et qui donne de la considération aux jeunes. Cette manière de faire me donne la réelle impression d'être un acteur actif dans la société. En plus, j'apprends, avec le groupe et avec les autres la solidarité et cela me donne confiance en l'avenir. [41]»

[41]. Cet extrait d'entretien, tout comme le suivant est issu du manuel de constitution des CCJ.

« Au CCJ, j'ai rencontré des jeunes comme moi, filles et garçons avec lesquels j'apprends que c'est important de partager ses opinions, qu'il est important de communiquer pour se connaître. On discute et on travaille ensemble dans l'intérêt collectif, dans le respect de chacun. C'est ça qui me touche le plus. Nous savons nous respecter et dialoguer entre filles et garçons, sachant que nos remarques et nos idées sont complémentaires. La mixité est importante pour apprendre aussi à collaborer dans le respect de chacun, à ne plus avoir peur les uns des autres. Mon frère est venu voir le fonctionnement du CCJ et connaître ses membres. En rentrant à la maison, il a dit que tous dans le groupe me respectent beaucoup. C'est important pour moi, pour ma famille. J'apprends dans le respect et la dignité, et je participe à l'évolution de la commune. »

Une jeune femme nous raconte ce qu'elle a retiré de la formation qu'elle a suivie dans le cadre du programme : « Pour soutenir une démarche participative des jeunes dans leurs réalisations, dans l'apprentissage des outils de sensibilisation » :

« On a appris comment organiser une prise de vue, comment manier une caméra. À la prochaine session, on apprendra à faire le montage des plans que chacun aura réalisés. Au cours de la suivante on analysera ce qu'on a fait. La formation a duré une semaine. Deux jours sur les droits de l'Homme, qui en faisaient la théorie ; il y avait un formateur pour les droits de l'Homme, le reste de la semaine, c'était les apprentissages en matière de vidéo. [...]
L'objectif, c'est de sortir des trois formations avec des mini-documentaires qui serviront, qui seront des objets de sensibilisation. Ça m'avait beaucoup attirée parce que j'aime beaucoup toucher les gens, mais pas par des discours du genre : « il faut faire ci, il faut faire ça », mais indirectement, de façon plus subtile, par l'art, la vidéo. Le concept m'avait beaucoup attirée. [...]
Je veux faire quelque chose sur les disparus. Il y a eu la guerre civile, et il y a eu beaucoup de cas de disparus forcés. Du jour au lendemain, les gens disparaissaient. Déjà les gens ne savaient pas pourquoi ils étaient enlevés. Beaucoup l'ont été par les autorités, par les militaires, par les gendarmes. Vingt ans après, il y a toujours des gens qui n'ont toujours pas de nouvelles des disparus. Il y a 8000 disparus en Algérie, la plus grande partie à Alger. L'association « SOS disparus » milite pour le droit de savoir. Qu'est-ce qu'il leur est arrivé, pourquoi, où ? Les familles veulent savoir. Quand les autorités en parlent, ce sont des dossiers. Sauf que quand on parle aux familles, on se rend compte du gouffre dans lequel ils sont du fait de l'absence du disparu. [...]
Un cas : Une femme a perdu son enfant un lundi, elle avait fait un couscous, avait demandé à son fils de ramener du petit lait, il n'est jamais revenu. Il avait près de 25 ans. Depuis vingt ans, tous les lundis elle fait du couscous. Et elle dit : « Si mon fils revient ce sera un lundi. » C'est déchirant et incroyable. Voilà, je voulais faire un petit documentaire sur ça, on est deux sur ce sujet. Je voulais quelque chose de différent. Pas sur qui a été enlevé, par qui, faire un interrogatoire. Il y a beaucoup de cas différents. Pour les uns c'est un fils, pour d'autres des maris, parfois tous les enfants. Montrer quelque chose d'humain et l'absence de cette personne dans la vie. Montrer

que cette personne n'est pas un dossier, mais un être humain, qui avait une place dans cette famille, qui aimait des choses, qui n'aimait pas d'autres choses. Tout le travail était de sélectionner des cas différents qui soient intéressants et accrocheurs.
On a commencé le travail. On a fait une prise de contact, on est allé chez eux pour comprendre comment ils vivent.
– M.-C. : Il serait aussi intéressant que vous soyez accompagnés, pas forcément de psy, mais de gens qui aident à aller doucement dans la vie privée des gens.
– Oui. J'ai un cas : une amie m'a raconté qu'elle avait été dans une famille, qu'elle avait posé ces questions ; la dame l'a rappelée et lui a dit que ces questions avaient ravivé plein de choses, elles lui avaient donné de l'espoir, mais n'avaient pas permis d'avoir des résultats. Elle était encore plus désespérée. Du coup nous étions complètement désarmées. [...]
La formation était très bien organisée. Il y avait la théorie, puis la pratique. La théorie permettait d'avoir une vue globale, puis une vue précise. Ce qui était bien c'est qu'on avait trois formateurs pour une dizaine de personnes, ça permettait d'avoir un suivi au quotidien. À chaque fois qu'on avait une question, on pouvait en discuter.
Même pour l'enrichissement personnel, c'était très intéressant d'avoir des personnes venant d'associations différentes, ayant des centres d'intérêt différents. Ça permettait d'avoir des échanges. Je ne m'attendais pas à me trouver intéressée à d'autres sujets qui ne m'auraient pas intéressée forcément, à ce qu'il y ait d'autres personnes qui militent pour d'autres causes avec passion. Ça ouvre l'esprit.
Pour moi, sur mon sujet, on m'a écoutée, posé beaucoup de questions. Le fait de partager permet d'avoir une autre vision sur les choses, de discuter, de lancer un débat. L'idée qu'il y a une autre vision possible, ça c'est génial.
Le fait que ce soit des gens venant de régions différentes, ça, c'était bien aussi ; il y avait des gens d'Oran, d'ailleurs. Je ne sais pas vraiment, mais l'accumulation d'expériences comme ça, même si on n'en a pas conscience, ça pousse les gens à être créatifs. Rien que le fait d'être avec des personnes actives dans la société, elles t'envoient des mini-idées, elles te racontent leur combat, ça te pousse à te questionner, à te surpasser. [...]
– Et l'histoire du calendrier ?
– Avec la LADDH, pour le calendrier 2015, nous voulions qu'il évoque la vague de migrants subsahariens qui s'étaient installés, en 2014, un peu partout en Algérie – je crois que c'était 150 000 personnes. Et puis on voulait que les droits de l'Homme soient présents au quotidien chez les gens, qu'ils soient à la vue et à la portée de tout le monde. Pour chaque mois on avait sélectionné une photo et une déclaration en français et en arabe. Je voulais qu'il y ait plusieurs photographes, mais on était très pressé. Cela n'a pas été possible. Pourtant, au lieu de 500 exemplaires on en a eu 5000, parce que ça a beaucoup plu.
J'ai fait, l'an dernier, quatre formations pour une ONG financée par l'ambassade de France pour aider des jeunes à créer des revues. On a fait un journal sur les migrants, un autre, « La relève », pour les jeunes Algériens.

J'ai été ahurie de voir à quel point la jeune génération est active. Une fille de 23 ans en fac de médecine, partie aux USA, est revenue avec un concept de l'entrepreneuriat social : comment aider et faire des choses sociales et, en même temps, gagner de l'argent, etc., pour pousser à travailler dans l'associatif. C'est excellent de voir cette génération-là. C'est une grande force ! On voit qu'on peut faire les choses autrement ; il y a tellement de choses à faire ! C'est inculquer aux gens cette notion de responsabilité, qu'il faut qu'ils s'engagent dans la société, peu importe leur spécialité, surtout la sensibilisation. Pousser les gens à penser par eux-mêmes. Ce serait le quotidien. Le plus important à transmettre, c'est de montrer aux gens que faire ce genre de chose n'est pas exceptionnel. C'est un travail de tous les jours, chacun à sa mesure et ça créera une mosaïque de changements. Ce qu'on dit aux jeunes c'est : « Vous ne pourrez jamais le faire, c'est impensable. » Or petit à petit, on peut se bâtir. Mettre ce genre de choses à la disposition des gens.
– M.-C. : Si tu avais un projet, ce serait quoi ?
– Les droits de la femme, les droits de l'Homme, la liberté religieuse et de culte. Des thèmes dont on a absolument besoin. »

Les formations au certificat des droits de l'Homme incluent régulièrement des soirées-débats en fin de journée. Une jeune avocate qui travaille bénévolement pour le CISP, en tant que coordinatrice de la tenue du certificat, évoque l'intérêt de ces soirées :

« Depuis huit mois que je travaille pour le CISP, je suis toujours très enthousiasmée de travailler avec eux. Ce travail pour moi a été très gratifiant parce que j'ai rencontré beaucoup de jeunes très motivés, très intéressants, des intervenants, des journalistes, des activistes qui ont participé, qui étaient invités aux soirées qui ont lieu au cours des sessions très intéressantes – il y en a cinq par session –. Il y a eu par exemple une soirée à Mostaganem. Le sujet était la liberté de conscience. Avait été invité un guide spirituel soufi représentant d'un courant pacifiste, bien connu à Mostaganem, qui milite pour le vivre ensemble, pour la mixité, etc. Il n'a pas pu venir et a envoyé quelqu'un, un professeur d'histoire du droit et de la religion à l'université d'Alger qui a fait une intervention magnifique.
Il y a eu aussi un film, « Islam et voix de la femme », et une intervenante qui a donné un cours sur le statut de la femme dans la société algérienne. On a organisé avec elle un débat autour d'une exposition « voilement et dévoilement de la femme » dans les différentes civilisations. Un intervenant est venu parler de l'intersexualité, de la transsexualité, des homosexuels et des bisexuels. Le débat a porté sur leurs positions, sur leurs problèmes dans la vie quotidienne en Algérie. Il s'y est passé des choses fortes sur le plan émotionnel. Généralement ces soirées sont très utiles. Les gens sont plus détendus, ils participent beaucoup plus que pendant les cours et se sentent plus libres de s'exprimer. Je pense qu'il faut renforcer ces soirées-là, parce que ces formations sont très formelles et très académiques. Cette soirée-là, l'intervenante a parlé de ses propres expériences en tant qu'homosexuelle, en tant que militante, et on a vu un film, « Une prière pour Boby ». C'est un film américain, un classique des années 1970 qui traite du suicide d'un

homosexuel rejeté par sa famille. Les gens pleuraient après le film. Le débat s'est très bien passé. Après j'ai vu les commentaires sur la page Facebook de cette formation : on a créé cette page pour mieux communiquer les informations aux participants et pour leur permettre d'échanger entre eux. Une personne avait écrit : « Est-ce qu'on est militant si on ne milite pas dans les GPT ? » J'ai été étonnée du caractère direct de cette question posée en public. Je l'ai trouvée un peu choquante d'abord, puis je l'ai beaucoup appréciée parce que j'ai compris que des gens se battent avec eux-mêmes, contre eux-mêmes, qu'ils ont envie de parler de ces frustrations-là, de les partager, de demander de l'aide à nous, aux intervenants, aux compagnons de classe. Ces débats font vraiment réfléchir sur la question de l'engagement pour les droits de l'Homme. C'était un débat très important pour ce certificat. Moi, j'essaye de mettre à leur disposition tous les outils qu'il leur faut pour qu'ils puissent apprendre, débattre, échanger entre eux. Et si ça fonctionne bien, et je pense que c'est le cas, alors je suis contente. »

Voici l'appréciation de Mme Leila Tadj, formatrice, retraitée des Nations unies en Algérie, assistante du coordinateur résident et Conseillère spéciale. Elle est spécialisée en planification/programmation et coordination des programmes de développement, en particulier sur la question du genre. Elle connaît le CISP depuis une quinzaine d'années. Elle est intervenue en « Réponse d'urgence » à Bab el Oued à la suite des inondations de 2001 et à Boumerdès lors du séisme de 2003. Elle participe également à la formation du certificat des droits de l'homme sur les droits sociaux, économiques et culturels et les dynamiques socio-économiques :

> « Les conférences ont été particulièrement appréciées. Je suis satisfaite car, dans les affaires de droit, de principes et de valeurs, si on arrive à retenir l'attention d'une personne, on est déjà gagnant.
>
> Le but a été atteint pour plusieurs bénéficiaires, la preuve en est du débat qui a suivi et réussi à convaincre que le vote était un devoir et un droit et que, pour jouer le jeu des droits humains, le vote blanc était plus approprié que le boycott des élections, par exemple.
>
> Pour moi, le plus utile a été de sortir des sentiers battus en faisant en sorte que le message que je souhaitais leur transmettre soit passé.

– À quel moment avez-vous senti que les bénéficiaires s'appropriaient votre message ?

- Les questions posées étaient un indicateur fort pour le constater.

- La redéfinition du rôle du militant dans le positionnement par rapport aux droits humains et sa responsabilité par rapport à sa vie et à la société.

- Un tiers des bénéficiaires sont revenus vers moi lorsqu'ils n'arrivaient pas à formuler certains de leurs questionnements.

- Deux tiers des bénéficiaires pensaient détenir la vérité absolue et se sont retrouvés bousculés dans leurs propos. Les bénéficiaires ont compris qu'il n'y a pas qu'une seule vérité, qu'ils soient d'accord avec l'intervention ou pas.

– Avez-vous eu des retours des formations ?

– Oui, j'en ai eu de la part de deux bénéficiaires : un jeune de Bejaïa et un autre d'Oran, qui sont souvent en contact avec moi. D'autres bénéficiaires, n'osant pas prendre contact avec moi, passent par le jeune de Bejaïa pour poser leurs questions.

– Les actions du CISP sont-elles efficaces ?

– Oui. Elles ont le mérite d'exister ; elles permettent de créer des moments d'échanges et de rencontres autour de différentes thématiques d'intérêt avéré. »

Charles Kabeya, responsable pédagogique du certificat des droits de l'Homme, évoque son point de vue sur ces droits, sa propre philosophie ainsi que les limites qu'il voit dans ce travail et ses inquiétudes :

> « Ma philosophie des droits de l'Homme est la plus banale qui soit ; c'est celle que tout le monde partage, ce sont les droits qu'on accorde ou pas à telle ou telle personne, mais qui sont acquis dès le départ parce que simplement nous sommes des humains. Ils ont toujours existé, dans toutes les sociétés, avant les révolutions qui les ont formulés. Par rapport à la question de l'occidentalisation du monde, on peut dire qu'il n'y a pas de société où la justice ne soit au cœur de ses activités. C'est une aspiration humaine avec une forme occidentale. La régionalisation des droits de l'Homme existe avec la Charte africaine des droits et des peuples, la Convention des États américains, la Convention européenne des droits de l'Homme. Il ne s'agit pas d'une occidentalisation plate, mais les États occidentaux s'arrangent avec les droits de l'Homme pour imposer leur puissance. Pour autant, les militants des droits de l'Homme ne doivent pas être contre les États, quoiqu'ils fassent. Il ne s'agit pas du « droit de l'hommisme » sans intelligence, parce que porté par le discours de l'État. C'est là que l'on voit que les droits de l'Homme ne sont pas que politiques : ils exigent l'engagement de chacun à œuvrer pour le droit de l'autre. [...] Il faut former la conscience des jeunes, des gens, la conscience de se construire soi-même par l'engagement patient, par la lecture, les former aussi à l'esprit critique. C'est aussi la conscience qu'il faut un État. Il n'y a pas de société sans État, sinon c'est la Palestine. Il ne s'agit pas de tirer à boulet rouge sur l'État. [...]
>
> Ces jeunes sont courageux et tenaces. Il faut un certain courage dans ce pays, indépendamment de la question du certificat, pour vouloir se former aux droits de l'Homme. Ce qui m'a le plus intéressé, c'est de constater la curiosité et l'intérêt des participants, leur soif d'apprendre. C'est aussi la confiance et l'assurance qu'ils ont acquises, leur implication dans les écrits. Je vois que les bénéficiaires s'approprient le message quand, au moment des restitutions, par exemple ils disent : « Tu m'as ouvert les yeux. » C'est aussi leur envie de poursuivre. Ils en sentent le besoin et ils l'expriment. Parmi les retours des formations, il y a, par exemple, un jeune qui, après le certificat, a organisé « l'Université populaire citoyenne » dans le Sud, où il a créé quelque chose pour aider les chômeurs. Un autre veut s'engager auprès des imams pour discuter des droits de l'Homme avec eux.
>
> Depuis quatre, cinq ans je revois les mêmes, – un certain nombre d'entre eux – avec les mêmes interrogations fondamentales ; ils sont en recherche permanente, ils cherchent vraiment. Mais le courage et la ténacité ne suffisent

pas, il faut des raisons stratégiques. C'est en s'enracinant auprès des populations vulnérables que l'État peut les entendre, qu'il deviendra un interlocuteur. Sinon, revendiquer aboutira au simple remplacement des personnes au niveau de l'État ; une question de places. Je constate que le dispositif que nous avons mis en place a permis aux participants de ne pas se situer uniquement contre et de ne pas tout attendre de l'État, que les droits de l'Homme, c'est un travail de la société civile.
Ce message commence à passer ; je les vois comprendre peu à peu. Les militants de la LADDH le disent maintenant ; ce n'était pas le cas avant. Mais ça ne passe pas si facilement que ça. [...]
Oui, ce certificat a une légitimité. Pour les professionnels du droit : non seulement c'est unique en Afrique du Nord, mais l'approche est très différente de ce qui se fait à l'université. Les étudiants nous disent qu'ils n'ont jamais vu tout cela jusqu'ici. Ça répond à des besoins des jeunes de la société algérienne. C'est légitime par rapport à la situation, par rapport à la recherche de solutions, c'est légitime aussi par rapport à la méthodologie. Nous sommes sollicités, d'ailleurs, pour faire ce certificat en Tunisie. […]
Il manque une chose aux formations : il y a dans la société algérienne des gens professionnellement très engagés. Ils devraient pouvoir venir témoigner. Par exemple un médecin qui dirait : « Voilà comment je pratique les droits de l'Homme dans l'hôpital où je travaille ». Les droits de l'Homme ne sont pas une étiquette, mais une éthique. Par exemple, un des participants est devenu gendarme. Il y des gens qu'on croit *a priori* opposés aux droits de l'Homme. De même un juge ; et Eveline m'a présenté un jeune médecin intéressé par ce que nous faisons.
La bonne formation c'est celle qui débouche sur l'auto-formation. Quand on se forme, se forme encore et encore, on n'arrive pas à agir. Il en résulte que les *leaders* sont déconnectés de la réalité sociale s'ils ne sont pas enracinés dans des communautés ; c'est ce qui arrive, on l'a vu.
Je pense aussi qu'il ne faut pas en rester à la tradition des droits de l'Homme en ne voyant que son aspect politique et qu'il faudrait développer l'aspect social, faire naître des associations dans ce domaine. Il faut aussi mettre en œuvre une professionnalisation des participants. »

Chapitre 4 : exemples d'interventions sur trois territoires particuliers

Les deux premiers exemples qui suivent et qui concernent deux quartiers particulièrement sensibles d'Alger, l'un à Bab el Oued, l'autre aux Eucalyptus, illustrent bien la démarche du CISP : l'intervention en association avec des partenaires reconnus, la multiplication et la simultanéité des portes d'entrée, comme l'activité culturelle, les formations, la formation de formateurs et le soutien aux professionnels, le va-et-vient entre les portes d'entrée, le travail de proximité, l'association de la théorie et de la pratique. Ce sont aussi les médiations du jeu ou des ateliers culturels dans les méthodes pédagogiques, l'information régulière des responsables institutionnels. Il s'agit néanmoins d'interventions inscrites dans une durée assez limitée. Cependant sur ces deux territoires les actions de quelques mois ont été précédées d'interventions antérieures, sur des périodes relativement longues, concernant la formation à la Gestion positive des conflits, à la « Clinique de Concertation » au Travail Thérapeutique de Réseau ou les groupes Balint. Dans les deux cas, les interventions ont réussi à assurer des actions pérennes, ou certains effets attendus de celles-ci, selon les actions et leur durée. Ces interventions, lorsqu'elles ont été particulièrement limitées, ont vu la dynamique de leur diffusion également limitée.

Le troisième exemple diffère des deux premiers. Il concerne l'association l'Étoile culturelle d'Akbou dont la création remonte à plus de vingt ans. Alors que les deux premiers s'inscrivent dans une temporalité limitée, liée à la durée des programmes ayant disposé d'un financement, le troisième s'inscrit dans un partenariat commencé avec DDH2 et qui n'a jamais été interrompu jusqu'à ce jour, l'ÉCA copilotant avec le CISP les programmes de celui-ci. Dans son développement et l'ampleur de ses activités actuelles on peut considérer cette association comme l'aboutissement de ce que pourraient devenir les deux premiers lieux considérés dans des conditions identiques de partenariat, sans pour autant sous-estimer les qualités et la longévité de l'équipe de l'ÉCA et le charisme souvent relevé de son président.

L'intervention à Bab el Oued[42]

Le projet s'intitule « Soutien et mise en réseau des acteurs institutionnels et de la société civile pour la promotion des droits de l'enfant et la réhabilitation des enfants victimes de terrorisme. » Il s'agit d'un projet pilote mené du 1er décembre 2008 au 31 mai 2011 dans un quartier dont plus de la moitié de la population est âgée de moins de 25 ans. Le projet est effectué en association avec deux partenaires, l'association Amine et l'association SOS culture Bab el Oued.

On note que l'intervention fait suite à des demandes qui ont été formulées par les organisations de la société civile, les institutions et les professionnels de l'aide et du soin. « Cette demande s'explique par le travail de sensibilisation effectué par le CISP auprès des associations, des ministères concernés (Éducation, Solidarité nationale, Jeunesse et Sports, Santé) et par la visibilité des actions menées sur d'autres territoires », note Malika Hamidchi qui a mené une évaluation de l'intervention à la demande du CISP. Le travail effectué par le CISP pour informer régulièrement les responsables semble petit à petit amener ces derniers à plus d'implication, notamment dans la délivrance des autorisations d'absence et de convocations pour les professionnels afin qu'ils participent aux différentes formations et parfois même dans la mise à disposition d'espaces pour les activités.

Cependant cette volonté de tisser des liens est soumise à un constant renouvellement, car il arrive souvent que les responsables (directeurs d'école ou d'établissements de proximité de la santé) qui encouragent et soutiennent les actions menées sur le territoire viennent à changer de poste. Il est alors nécessaire de reconstruire la confiance pour gagner l'appui et l'engagement des nouveaux responsables. Il en est de même pour les professionnels qui vivent une instabilité socio-économique telle qu'elle mine leur volonté d'engagement. Confrontés à la question de la pérennité de leurs postes, à la crise du logement et à des ressources insuffisantes, ils ont des difficultés à nouer des liens et à transmettre des compétences dans la durée.

L'action proposée vise le soutien des différentes activités qui ont pour objectifs généraux la promotion et la protection des enfants ayant été impliqués ou encore impliqués dans la situation de guerre civile, et plus particulièrement celle du terrorisme que connaît l'Algérie. La stratégie générale s'inscrit sur deux niveaux : d'une part, soutenir la bonne mise en œuvre de la prise en charge des enfants affectés par le terrorisme et, d'autre part, accompagner l'articulation entre la société civile et les institutions afin de permettre la mise en place de stratégies concertées et la réalisation de politiques plus adéquates.

---

[42]. Celle-ci se base surtout sur une évaluation externe effectuée à la demande du CISP par Malika Hamidchi (2011). Elle est complétée par des extraits d'entretiens auprès de plusieurs formateurs.

L'action se situe en différents lieux : d'abord dans le collège Zine El Abidine.

La direction du collège appuie depuis trois ans le programme de Gestion positive des conflits. Un espace a été mis à disposition par l'institution qui permet à trois enseignants qui suivent une formation de formateurs relais à la Gestion positive des conflits depuis début 2011, d'animer en faveur de 13 adolescents des cours d'initiation à la non-violence. Ceci se fait sur le temps libre des acteurs et de manière régulière.

Il ressort de l'évaluation que l'action a permis un renforcement des capacités individuelles des professionnels, une meilleure aptitude à gérer les conflits qui surviennent entre les professionnels, entre les professionnels et leurs responsables, entre les professionnels et leurs familles respectives, entre les professionnels et les élèves.

Des professionnels formés sont à présent reconnus par leurs pairs comme ressources pour les aider en matière de gestion positive des conflits. Ils sont même interpellés par des collègues d'autres établissements de la région pour qu'ils les soutiennent dans la mise en pratique des outils acquis, ou bien pour qu'ils les accompagnent dans la résolution de conflits à l'école.

Les familles sont satisfaites de l'activité et des effets positifs qu'ils constatent sur leurs enfants. Certains parents ont même demandé à une conseillère d'orientation scolaire et professionnelle qui a initié un atelier de non-violence de faire la même chose pour leurs enfants.

Des enseignants en difficulté dans d'autres établissements font appel aux animateurs afin de les aider et d'organiser des séances d'animation.

Au moment de l'enquête, M. Hamidchi évalue à 150 personnes issues de l'Éducation nationale le nombre de celles qui ont été formées à la Gestion positive des conflits, sachant que chacune touche au minimum 100 enfants par année scolaire.

Le Centre d'orientation scolaire et professionnelle de Bab el Oued (COSPE)

Son directeur est l'un des responsables sensibilisés et sollicités par le CISP. Il a soutenu les actions du CISP depuis le départ, croyant fortement à l'intérêt du travail de réseau et de la Gestion positive des conflits. Il a mis à disposition une salle pour les formations au Travail Thérapeutique de Réseau et à la Gestion positive des conflits. Cette disponibilité ne se limite pas aux professionnels dépendant du secteur de l'éducation ; elle vise aussi ceux de la santé, de la solidarité et du mouvement associatif concernés par l'intérêt de l'enfant. Ce directeur a confié que dans le cadre de son tout nouveau rôle d'inspecteur de l'éducation, il a intégré quelques savoir-faire, quelques concepts acquis grâce aux formations à la Gestion positive des conflits dans la formation de futurs pédagogues. Ayant lui-même expérimenté les bénéfices de ces formations, il soutient leur développement.

L'évaluation montre que le Travail Thérapeutique de Réseau a permis aux conseillers d'orientation de renforcer leur capacité d'action en s'ouvrant davantage sur l'extérieur, en travaillant en réseau, en enrichissant leur carnet d'adresses, ce qui a amélioré la prise en charge des enfants des établissements et de leurs familles.

Une psychologue, personne relais depuis 2009 dans le cadre du Travail Thérapeutique de Réseau et coordinatrice des psychologues au sein de l'établissement de proximité de la santé publique (EPSP), a appris des formations à sortir de son cadre professionnel sécurisant pour aller à la rencontre des familles et des professionnels, pour solliciter leur aide et ainsi créer des réseaux sur lesquels s'appuyer et pouvoir orienter les familles en difficulté. Son statut de coordinatrice lui a permis d'organiser une initiation à la Gestion positive des conflits pour des psychologues de santé scolaire et des groupes de parole pour la préparation des élèves à l'examen du baccalauréat. Elle note que la « Clinique de Concertation » est un concept qui débute à Bab el Oued, les personnes intéressées en étant à la phase de construction et d'adaptation individuelle.

M. Hamidchi évalue à 500 le nombre de professionnels qui ont fréquenté l'espace de travail où ont lieu des réunions de suivi et de soutien du réseau, de façon plus ou moins régulière, au gré de leurs besoins : lors de difficultés rencontrées par la situation d'un enfant, pour prendre soin d'eux, remplir leur carnet d'adresse ou lors de difficultés rencontrées avec leur tutelle.

L'association « Vision jeunes » à Bologhine

Partenaire associé du CISP, l'association « Vision jeunes », rencontrée par l'intermédiaire de l'association Amine, existe depuis plus d'un an au moment de l'évaluation. Elle est composée d'étudiants qui organisent des activités de soutien aux enfants du quartier de Bologhine. Trente-cinq membres de cette association ont été formés à la Gestion positive des conflits et animent des séances régulières avec les enfants. Cinq d'entre eux suivent une formation de formateurs relais depuis décembre 2010. L'association a organisé des séances pour 300 enfants environ, âgés de six à quatorze ans. Ce programme a renforcé les capacités individuelles des membres. Par ailleurs ceux-ci sont débordés par les demandes des enfants, certains d'entre eux revenant pour assister aux mêmes cours. Comme la plupart de ceux qui suivent ces formations, ces étudiants disent que leur comportement dans la vie de tous les jours a changé, qu'il s'agisse de leurs relations avec leurs proches, avec les collègues, à l'université et bien sûr avec les enfants qui fréquentent l'association.

La directrice de l'établissement mitoyen du théâtre municipal, où se trouve le siège de l'association, fait appel à celle-ci et lui envoie des élèves, un rapport de confiance s'étant établi entre ces deux entités.

L'association SOS culture Bab el Oued

Partenaire du CISP, cette association œuvre depuis plusieurs années dans le quartier de Bab el Oued pour la promotion de la culture comme moyen de lutte contre l'extrémisme religieux. Dans le cadre du projet, 20 membres de l'association ont suivi des séances d'initiation et de formation à la Gestion positive des conflits. Outre l'apport de cette formation dans leurs relations personnelles, les bénéficiaires ont souligné sa dimension mutualisable : les activités de loisir et de soutien scolaire sont autant de possibilités de mettre en pratique et de sensibiliser les enfants qui fréquentent l'association, mais également ceux qui leur sont extérieurs :

> « Je travaille dans une crèche et je mets en pratique les outils de la GPC ; ce qui étonne les enfants, c'est qu'il n'y a ni gagnant ni perdant, la compétition étant source de conflits. Notre groupe s'est solidifié ; nous avons pu transmettre à d'autres associations et à d'autres groupes ce que nous avons appris, lors de la caravane que nous avons organisée dans différentes *wilayate* du pays. C'est devenu une deuxième peau. »

Différents séminaires ont été organisés sous la forme de rencontres, de réflexion et de débats autour du thème « comment vivre ensemble ? » et sur des thématiques plus spécifiques telles que l'engagement. Les jeunes de SOS culture ont repris cela à leur compte, multipliant les rencontres-débats en y associant des jeunes gens et des grands adolescents pour promouvoir la citoyenneté. C'est ainsi qu'ils ont organisé le 1er novembre, journée de commémoration du déclenchement de la guerre de l'Indépendance, une journée sur le thème de « l'engagement du jeune Algérien aujourd'hui et demain ». M. Hamidchi souligne ici que les référents de l'association se sont mobilisés et ont créé du lien avec les responsables d'une maison de jeunes et avec ceux d'une association de scouts afin de trouver un espace qui permette que ces rencontres s'installent dans la durée sans coût financier.

Cette remarque est d'autant plus importante que bien des associations ont du mal à trouver des espaces où se rencontrer de façon régulière et que le fait de ne pas avoir de siège repérable, faute de local, freine considérablement leurs activités tout comme il limite leur visibilité.

L'association Amine à Bab el Oued

L'association Amine, en partenariat avec le CISP, œuvre principalement au sein du CHU de Bab el Oued dans le service de pédiatrie, et mène des actions auprès des enfants malades. Le projet lui a permis d'organiser des journées thématiques, des groupes de parole et la mise en place d'un espace « école à l'hôpital ». Elle a su également tisser des liens avec les institutions (ministères de la Santé, de la Jeunesse et de l'Éducation) et avec les organisations de la société civile (« Vision jeunes », SOS culture Bab el Oued).

Les journées thématiques ont eu pour effet de stimuler et d'encourager les médecins. Elles leur ont permis de prendre conscience de leurs aptitudes et de mener des réflexions de haut niveau. Cela a eu des répercussions sur l'établissement et auprès des professionnels. Elles ont aussi été des occasions de soutenir et de plaider en faveur des droits des enfants et, surtout, en faveur du travail d'équipe pluridisciplinaire et de réseau.

L'espace groupe de parole, « groupe Balint », mis en place depuis six ans, regroupe quatorze professionnels de la localité d'Alger. Malgré toutes les difficultés que rencontrent les professionnels des institutions publiques pour bénéficier de formations ou de groupes de parole, ces groupes permettent aux soignants de déposer leurs angoisses, de réfléchir à leur profession, de ne pas se sous-estimer afin d'avancer et de mieux prendre en charge les enfants et leurs familles. Un des effets de cette action est le fait que les familles sont mieux reçues et écoutées.

L'espace « école à l'hôpital » touche directement les enfants malades et leurs familles. Il met au travail des enseignants, des soignants, des éducateurs spécialisés de la jeunesse et les associations. Ces professionnels suivent les formations à la Gestion positive des conflits et au Travail Thérapeutique de Réseau. Des difficultés sont apparues du côté des enseignants détachés sans aucune préparation ou formation spécifique ; et lorsqu'il est apparu que le ministère détachait régulièrement des personnes différentes, cela nécessitait, d'une part, d'organiser des ateliers de soutien et des groupes de parole et, d'autre part, de renouveler chaque année cette organisation.

L'évaluation se conclut sur un double constat : les objectifs poursuivis ont été atteints et le mot « engagement » a été entendu tout au long des entretiens, les entraves à celui-ci ayant été vécues par les différents acteurs comme une frustration.

Voici ce que nous disent, quatre ans après la fin de ce projet pilote, plusieurs de ses acteurs, d'abord le chef de service en pédiatrie du CHU de Bab el Oued :

> « J'ai créé une association qui s'occupe de l'humanisation des soins avec une vision du soin ambitieuse : que le soin soit plus proche, plus humain, quand la technique fait de l'homme une chose, l'éloigne ; mettre l'accent sur l'homme. La formation, la pratique, tout concourt à éloigner le soin de l'homme. La question était : comment introduire, à travers des activités, des nouveaux acteurs à l'hôpital, des animateurs, des éducateurs qui permettent de réduire la rupture que représente l'hospitalisation chez l'enfant. On a donc lancé « L'école à l'hôpital », créé des espaces. On a repeint, mis de la couleur, introduit de nouvelles activités, organisé des réunions avec tous ceux qui entourent l'enfant : les infirmières, les éducateurs, les assistantes sociales, les médecins, les psychologues pour parler des problèmes. C'est une

conception du soin : mettre au centre l'enfant, pas la maladie. D'où la création d'espaces pour les enfants et pour les mères qui sont là et qui souffrent, des groupes de parole.
On a créé des espaces de parole pour les professionnels qui sont plus ou moins des groupes Balint, qui ont marché plus ou moins bien et qui sont toujours en cours, qui réunissent tous les spécialistes qui entourent l'enfant. On a un espace pour les psychologues qui marche bien.
Nous organisons des sorties pour les enfants avec le personnel soignant et les parents, au moins huit sorties par an, quatre excursions et quatre sorties pédagogiques, mais il n'est pas évident ici que les maris laissent sortir leurs femmes pour accompagner les enfants. Nous organisons des soirées, nous faisons des repas, 12-13 repas par semaine. Ce sont les mamans qui les préparent, des gens nous amènent des moyens. Nous avons une cuisine en bas. Le soir nous avons les repas où viennent les mamans, les enfants, les soignants et d'autres enfants ; cela se fait sur la base de la bonne volonté.
On a eu un échec, celui de « L'école à l'hôpital ». L'organisation de l'école est une catastrophe. Au ministère, ils n'ont jamais été convaincus de l'intérêt de « L'école à l'hôpital ». Ils ont parachuté des personnes qui n'avaient pas de poste et qui n'étaient pas formés. Ici, les enfants changent tout le temps, certains sont très malades et vont mourir. Ils ne sont pas préparés à ça. On a dû les former à la psychologie de l'enfant, à la psychologie de l'enfant malade, créer un espace d'analyse des pratiques parce qu'ils étaient perdus. Maintenant on forme des éducateurs, on en a eu de la Santé, de la Jeunesse, mais ils ne sont pas formés à ça. Mais j'y crois.
On a organisé des formations et des lieux d'expression pour les soignants : on a eu une formation avec Nadia, qui a beaucoup apporté dans les échanges. Ça a énormément contribué à l'évolution de ma pratique. Je suis plus calme, il y a un travail qu'on fait sur soi, des remises en question qui ne sont pas toujours faciles dans mes rapports avec moi, avec les autres. On vous apprend à voir l'autre comme un grand professeur ; il s'agit de voir les autres comme des hommes qui cherchent à avancer.
Il y a des choses qui ont continué, notre réflexion collective a beaucoup évolué. On a avancé sur la problématique de l'humanisation des soins, c'est plus compliqué que la lutte contre la douleur. Nous recevons des étudiants résidents, des internes. À un moment ou un autre ils entendent et, au fond, les gens ne demandent que ça. »

Voici ce qu'en dit Laurent Dumoulin, formateur belge :

« Je suis intervenu dans le groupe Balint pendant plusieurs années. Puis l'idée est venue de travailler à former les gens à la technique du Balint, mais quand j'y allais, c'était limité à trois jours, il aurait fallu en faire plus, une demi-journée par mois, amplifier et que les Algériens le reprennent. J'y suis allé pendant un an tous les deux mois pour les former. C'était Handicap International qui finançait. Handicap a revu sa politique en se recentrant sur le handicap et ça s'est écroulé. Eveline a repris, mais c'était compliqué ; en particulier obtenir l'aval de mon chef de service en Belgique n'était pas évident. À cette époque Eveline a changé de poste, elle travaillait sur

l'Afrique, au niveau de la coordination des projets, l'équipe du CISP à Alger a été réduite pour pouvoir se recentrer sur d'autres pays.
J'avais inclus les familles dans la formation. Quelqu'un exposait la situation d'un enfant – mais la question de sa famille n'apparaissait pas alors qu'ils travaillaient avec les familles, comme si ça allait de soi – et je ne suis pas parvenu à inclure la famille dans mon schéma. Mais petit à petit la maman était là en permanence et sa représentation de l'hôpital n'était plus du tout la même.
Ceux qui se sont approprié la démarche des groupes Balint l'ont fait individuellement. Pour amener des médecins d'autres services de l'hôpital, le Dr Laraba négociait, il était très prudent. La question du pouvoir chez les médecins est très forte en Algérie, c'est plus fort en Algérie qu'en Belgique. Les professeurs sont hyperformés, ils ont été formés en France. Il y avait des morts dans le service d'oncologie infantile, et les médecins sont venus. Ils disaient après les séances que c'était la première fois qu'ils avaient cette occasion et que cela leur faisait du bien.
On a semé quelque chose. Tout le travail autour des émotions par exemple. Ce n'est pas de la théorie qu'on plaque et c'est dans le lien que les choses se font. »

Et aussi Florence Buseyne, formatrice :

« À Bab el Oued je suis intervenue pour des formations de trois à quatre jours par an pendant cinq ans, pas plus, parce que le but était qu'ils forment d'autres éducateurs de rue. Je travaillais en partenariat avec l'association Amine. La porte d'entrée était : comment monter des projets générateurs de sens dans la rue ? En fonction de ce que les gens ont à y mettre, on le travaille ensemble et ça a des répercussions sur le quartier. On travaillait dans un site protégé ; c'était simple et facile parce que je travaillais avec une équipe de cinq personnes accueillantes et qui en redemandaient toujours. Ils suivaient d'autres formations, à la « Clinique de Concertation », des modules avec Jean-Marie Lemaire et École et Famille, des psychodrames, avec Laurent qui leur apprenait la prise de parole. J'utilisais ce qu'ils amenaient et voyais comment le transmettre dans l'équipe ; on avait un budget pour le matériel. Puis j'allais à la maison de quartier. Le va-et-vient constant entre les deux lieux, c'est ça qui était intéressant. On utilisait les jeux de coopération et on construisait des projets en fonction de ce qui arrivait dans les ateliers. C'est hyper important d'avoir un minimum de choses qu'ils rapportent. Par exemple un sachet en plastique, ou une bouteille vide. Comment, à partir de ça, en faire un outil pédagogique, ce qu'on peut en faire en art comme lien. On a fait des ateliers avec les bouteilles, le sachet en plastique, un atelier autour de la musique, un autre autour de la mode. Pour moi ça s'est bien passé, ils étaient à l'heure. Il était important pour moi qu'ils prennent soin d'eux : beaucoup travaillent de façon bénévole. Il est important de prendre du temps pour les écouter, écouter leurs soucis, écouter leur utopie. Et c'était bien aussi qu'ils se retrouvent entre eux, qu'ils s'amusent et qu'ils se défoulent. »

La coordinatrice du projet au CISP :

« Des ados du CEM Zine El Abidine, après trois années de participation aux ateliers de prévention et de gestion des conflits, prennent la parole pour dire qu'ils faisaient partie des élèves « intenables », « grossiers »... et qu'ils sont devenus fiers d'eux-mêmes, soutenants pour les autres élèves et même pour les enseignants et qu'ils veulent poursuivre leurs activités et attentions constructives au lycée.
Je reçois des nouvelles régulièrement. Notamment de trois enseignants, et de professionnels de Bab el Oued.
Le ministère de l'Éducation souhaite s'emparer de l'expérience menée jusque-là. J'ai mis en lien le CISP avec ce ministère afin de profiter de cette opportunité et l'inscrire enfin au plan national et durable. La principale retombée est bien le travail sur la violence à Bab el Oued et le fait que ces activités et sa méthodologie intéressent le ministère de l'Éducation aujourd'hui. »

Mme H. Karima est chef de bureau au sein de la direction de l'Éducation nationale de la *wilaya* d'Alger et chargée de la pédagogie et de l'évaluation de cette dernière. Elle a été le lien entre l'académie de l'Éducation nationale et le CISP sur le projet de Gestion positive des conflits, vers 2006. Elle a eu pour mission de désigner des enseignants, des conseillers pédagogiques, des psychologues scolaires, etc. qui suivraient la formation à la GPC et au Travail Thérapeutique de Réseau. À cette occasion elle a elle-même suivi la formation à la Gestion positive des conflits.

Elle observe que, malgré l'efficacité et l'intérêt des outils proposés, il y a eu beaucoup de défections de la part des enseignants, ceux-ci ne voulant pas prendre sur leur temps personnel pour suivre ces formations, les jeunes professionnels de l'éducation travaillant dans des conditions difficiles et ne « faisant pas ces métiers par choix ou par passion, mais juste pour s'assurer d'un salaire à la fin du mois. »

Voici comment elle évalue les résultats de cette intervention :

« C'est l'équipe du CISP qui a demandé à travailler sur la zone de Bab el Oued. L'équipe a étudié l'opération, elle avait planifié son action dans cette zone, car il est vrai que c'est un quartier populaire qui avait connu beaucoup de violences dans les années 1990.
Le projet était bien réfléchi et argumenté ; je dois d'ailleurs dire que j'ai beaucoup aimé travailler avec le CISP parce qu'ils sont professionnels. Nous n'avons jamais eu aucun souci avec eux, c'était un plaisir de collaborer ensemble. [...] Là où il y avait des gens sérieux, on a constaté les résultats : déjà dans la conduite des élèves, qui étaient beaucoup plus calmes et posés, mais aussi au niveau des notes où on a constaté une amélioration, particulièrement au collège Okba et au lycée Émir Abdel Kader.
Pour ma part, je pense que nous avons fait des erreurs au niveau de l'identification des professionnels de l'éducation. Peut-être qu'on aurait d'abord dû sonder l'intérêt des personnes avant de les désigner et de les

convoquer. En dehors de ça, l'expérience a été formidable, que ce soit pour les professionnels ou les élèves.
On ne savait pas que ce type d'activités existait en Algérie et nous avons appris beaucoup de choses qui ont servi à beaucoup d'élèves. »

Voici pour finir ce que dit l'ancien directeur du collège Zine El Abidine, maintenant proche de la retraite, de ces formations et de leurs effets :

« Je dois vous confier que lorsque j'ai été affecté à cet établissement, je doutais de mes capacités à le prendre en charge convenablement, surtout cet établissement-là, un établissement difficile, dans un quartier difficile. Il n'y avait aucune discipline et une ambiance !... Tout le monde vivait dans une violence inouïe, personne ne pouvait faire son travail convenablement et il y avait une certaine instabilité au niveau de l'encadrement, ce qu'on peut comprendre. J'ai eu peur, j'avais des craintes de ne pas avoir les forces physiques et mentales pour y arriver. Je suis allé voir les responsables pour leur dire que je ne pouvais pas. Ils ont insisté pour me demander de rester.
Ce que j'ai vécu avec le CISP, cette expérience, franchement m'a aidé. Je ne savais pas que j'avais ces capacités-là, ces ressources pour affronter ça. Leur approche, leur façon de parler aux gens ça m'a aidé, j'ai réussi et j'en suis satisfait.
On a appris en premier lieu à identifier les difficultés et à les exposer. Puis on a su s'y prendre avec les adultes et avec les enfants. Par exemple quand un enfant faisait une bêtise, on ne cherchait pas nécessairement à le sanctionner ; on essayait de comprendre pourquoi et on demandait de l'aide, par exemple à la psychologue scolaire. On parlait de la famille, on accompagnait la famille avec la psychologue pour un rendez-vous. On sortait du collège.
Ce qu'on fait avec les enfants doit pouvoir être motivant pour pouvoir continuer l'expérience. Quand vous participez avec le CISP, que vous arrivez à ouvrir d'autres horizons, c'est motivant. Au départ on était bien cloîtré, on connaissait le collègue de l'administration, le collègue enseignant, point.
Personnellement je peux dire que j'ai connu beaucoup de situations difficiles où ça a marché. Par exemple une famille où la maman était absente, elle était retournée vivre dans sa famille et avait laissé ses trois enfants à son mari. L'enfant de dix-douze ans s'occupait de ses deux petites sœurs. Il attendait la petite à la sortie de l'école, ils s'attendaient mutuellement. Il avait des difficultés, j'en ai parlé avec lui et j'ai compris. On a organisé les choses de façon à ce qu'ils puissent rentrer dans l'établissement après s'être attendus à la sortie ; j'ai demandé que la mère vienne à l'école pour en parler avec elle. On a eu des échos sur le fait que la mère était revenue au foyer, les enfants allaient bien, ils sont stables, ils travaillent bien. On a réussi à les accompagner. Avant on ne cherchait pas à comprendre et à trouver des solutions. Pas plus tard qu'il y a deux jours – cinq ans plus tard – la maman est venue me saluer avec sa fille et m'a demandé de la transférer dans un autre établissement. Quand des anciens collègues ou des anciens élèves viennent vous saluer, ou bien quand des collègues vous demandent de ne pas partir de l'établissement, ça fait chaud au cœur.

On a réussi à travailler avec l'ensemble de l'établissement, on discutait, on était à l'écoute des collègues, on a travaillé à la stabilisation de l'établissement, on trouvait des solutions aux difficultés.
Je cite volontiers un exemple : au départ il y avait beaucoup de dégradations matérielles dans l'établissement. Quand on voit le parcours qu'on a fait, on était arrivé à zéro dégradation ! C'est très important.
Avec le CISP vous allez connaître la solidarité, vous allez connaître une intégrité morale, vous allez aussi identifier une autre ressource qui vous aidera à mieux faire votre enseignement, à mieux faire de la pédagogie. Vous savez, quand vous avez fréquenté le CISP, que vous avez travaillé en atelier, vous avez acquis quelque chose de nouveau, vous avez une autre approche, une autre vision. Vous avez une expérience unique que vous ne pouvez pas trouver ailleurs. Vous faites un travail qui vous apporte un plus.
On parle de violence, on critique tout le temps les parents. Ont-ils les moyens de parler, d'agir ? Le travail avec le CISP remet aussi en question notre manière de travailler. On a bien vu qu'on avait des insuffisances. On vous forme comme pédagogue, comme psychologue.
J'ai assisté quelquefois au travail des enseignants et j'ai eu aussi pas mal d'échos : ils ont changé leur manière de conduire la classe. Le rapport entre les enseignants et les élèves était bien meilleur. Ces enfants travaillaient mieux avec ces enseignants qu'avec ceux qui n'ont pas suivi les formations, ils étaient plus à l'aise avec eux, ils étaient concentrés, respectueux, à l'écoute des enseignants. Ceux qui ont participé à ces formations ont gardé des contacts avec leurs anciens élèves. »

L'intervention aux Eucalyptus[43]

L'action du CISP dans ce quartier du Sud-Est de la *wilaya* d'Alger concerne « le renforcement du dialogue démocratique et de la participation citoyenne des jeunes femmes dans la gestion des politiques de développement local ». Ce projet fait partie d'un projet global qui porte sur deux communes, Oran et les Eucalyptus. Il a duré cinq mois entre septembre 2012 et mars 2013 et a été financé par l'Onu femmes.

La commune des Eucalyptus, qui a connu un développement démographique très rapide, dispose d'équipements collectifs très insuffisants au regard des besoins de la population. Les établissements scolaires enregistrent une moyenne de 50 élèves par classe et les équipements en santé, sport, culture, loisirs… sont tout aussi insuffisants.

Le CISP avait auparavant établi des liens avec le président de l'APC, dès 2009, en formant les professionnels de celle-ci sur le développement du travail de réseau, puis en menant des actions de sensibilisation et d'initiation des jeunes à la participation au développement local.

[43].L'évaluation de cette action repose essentiellement sur l'évaluation effectuée par Bouchra Fridi Kessai (2013) dont nous reprenons ici l'analyse. S'y ajoutent à titre complémentaire quelques extraits d'entretiens.

Les émeutes de la jeunesse de janvier 2011 avaient touché le quartier des Eucalyptus, comme elles avaient touché celui de Bab el Oued. Le siège de la mairie des Eucalyptus avait été incendié. Cette commune avait subi le diktat des terroristes du GIA (Groupe islamique armé) et aujourd'hui elle connaît un climat marqué par la misère, l'exclusion sociale et l'absence de toute perspective pour une population juvénile constituant plus de 60 % des résidents.

L'objectif de développement du projet global est « le renforcement de l'interface entre les acteurs non étatiques et les acteurs étatiques locaux en Algérie dans la conception, la mise en œuvre et le suivi des politiques de développement durable, en augmentant la transparence de la gouvernance locale. »

L'objectif spécifique est la qualité de la participation citoyenne, des femmes en particulier, dans la *wilaya* d'Alger, dans l'amélioration de la politique de décentralisation, laquelle est soutenue grâce à une meilleure définition, un *monitoring* et par la mise en œuvre de projets de développement local.

Bénéficiant du soutien du président de l'APC, l'action du CISP est réalisée en partenariat avec deux associations : l'association locale El Manar implantée dans la commune, dont le mandat concerne l'insertion socio-économique des femmes, travaille en lien direct avec l'APC et avec d'autres associations féminines de quartier. Elle a une fonction de relais entre la société civile locale et les autorités locales et constitue un soutien fiable dans l'accompagnement du conseil communal des jeunes. L'Association nationale pour les échanges entre jeunes (ANEJ) est chargée de l'orientation et de l'accompagnement vers l'insertion professionnelle. Dans le cadre de ce projet, elle a la tâche d'informer et de sensibiliser les jeunes et les associations essentiellement féminines de la région sur les dispositifs existant en matière socioprofessionnelle.

L'axe du projet pour lequel le CISP et ses partenaires ont obtenu le soutien de l'Onu femmes concerne prioritairement, pour l'année 2012, des actions d'analyse de terrain et des formations qui vont porter et accompagner la démarche de création du conseil communal des jeunes, pour être un relais constructif entre les autorités locales, les associations et les citoyens.

Avant de s'aventurer sur un nouveau projet, le CISP effectue une analyse du contexte où elle souhaite intervenir. L'étude de terrain projetée et menée n'ayant pu permettre à l'équipe de projet d'avoir une meilleure connaissance du territoire de la commune et les échéances jugées trop courtes pour la réviser, ce sont les formations qui ont fait l'objet de l'évaluation effectuée par Bouchra Fridi Kessai.

En ce qui concerne la formation et l'accompagnement : renforcement des compétences en montage et gestion de projets de développement local :

Suivie par 18 membres associatifs (16 femmes, 2 hommes) dont une élue de l'APC, la formation a été perçue comme très réussie. Selon les personnes rencontrées, elle a permis de structurer les idées, appris à écrire un projet, a appris la méthode de budgétisation, la formatrice ayant été perçue comme un exemple à suivre par sa patience et sa persévérance. Certains disent appliquer la méthode de budgétisation dans leur vie privée.

La formation à la Gestion positive des conflits a pu être traitée dans tous ses éléments, l'accompagnement en individuel, c'est-à-dire par association, ayant permis d'en approfondir la compréhension.

Le conseil communal des jeunes

Trois formations ont été proposées aux jeunes, l'une concernant les « outils de communication constructive et de gestion positive des conflits », la seconde sur l'écriture d'une charte/règlement intérieur pour des groupements/associations relativement à la nouvelle loi sur les associations, la troisième portant sur l'initiation à la construction d'un projet de développement local.

Les participants déclarent que c'est la formation à la Gestion positive des conflits qui a confirmé leur engagement dans ce projet. Elle leur a appris à mieux se conduire les uns avec les autres et, notamment, à mener une réunion jusqu'au bout en s'écoutant, en respectant leurs divergences et à aller de l'avant.

La majorité des jeunes du groupe déclare que c'est leur première expérience de mobilisation dans un cadre associatif. Ils disent avoir été marqués par ce qu'ils ont découvert dans les sessions de sensibilisation à la citoyenneté, que ces formations ont été le moteur de leur projet de créer un conseil consultatif de jeunes. Ils ont découvert quels étaient leurs droits et leurs devoirs. Ils ont aussi découvert qu'ils pouvaient exercer leur droit de participation à la gestion de leur commune et promouvoir une citoyenneté active en se rassemblant au sein d'une association et en s'organisant.

L'idée de créer un conseil consultatif s'est renforcée progressivement. Les jeunes affirment que leur engagement a été complètement déterminé et renforcé par les formations qu'ils ont reçues et par l'appui qu'ils ont eu de la part de la coordinatrice du projet du CISP. Cependant ils estiment avoir besoin d'autres formations encore. Ils avancent quelques thématiques comme l'animation, le *leadership*, comment intervenir auprès des jeunes en difficulté... Ils souhaitent inviter les membres du conseil consultatif communal aux formations afin de créer des liens de collaboration entre les deux entités. Ils ne se sentent pas prêts à être dispensés de l'appui de la coordinatrice.

La seule réserve émise à propos de la participation des jeunes concerne la présence des jeunes filles qui ne représentent que le tiers des participants.

L'expérience pilote d'accompagnement des jeunes stagiaires à l'insertion économique.

180 stagiaires ont participé aux séances de sensibilisation-information, et 46 stagiaires aux séances de sensibilisation-accompagnement.

Un des enseignants souligne : « Avant la formation, le seul objectif qu'avaient les stagiaires c'était d'obtenir un diplôme et de chercher ensuite une place dans un atelier. Maintenant ils pensent à la réalisation d'un microprojet. Plus que d'apprendre un métier, ils sont intéressés à développer leurs connaissances pour élaborer un projet bien construit. Ils s'intéressent aux coûts des équipements, de la matière première, au temps nécessaire pour réaliser un produit. » D'autres professionnels ajoutent : « Maintenant qu'ils savent comment s'adresser à ces dispositifs, ils ont plus de motivation pour poursuivre leur formation. Ils disent qu'ils ont maintenant un but. Certaines stagiaires venaient juste pour ne pas rester à la maison, là elles sont devenues attentives parce qu'elles ont un but. » Le directeur quant à lui affirme que « cette première expérience est un succès car elle a créé la confiance en l'avenir chez le jeune. Il sait maintenant ce qu'il doit faire dès la fin de sa formation ; il est préparé pour un long parcours. »

À ces résultats s'en ajoutent d'autres qui n'étaient pas prévus et qui concernent les effets de la formation sur les enseignants : elle valorise les formations aux métiers et motive les enseignants. Selon le formateur, les méthodes pédagogiques utilisées – visualisation par *power point*, disposition des stagiaires en cercle, exercices en petits groupes – ont interpelé les enseignants sur la qualité de l'attention des élèves et le calme pendant les séances. Les contenus introduits par les sensibilisations, les méthodes pédagogiques ont induit des remises en question par les enseignants et par le directeur de leur pratique.

La réussite de cette formation s'est conclue par la signature d'une convention entre le CISP et l'Éducation nationale pour sceller leur partenariat et l'inscrire dans la durée.

Cinq associations de jeunes femmes sont renforcées dans leur capacité de gestion de petits projets de développement local, en collaboration avec les autorités locales.

L'enthousiasme avec lequel ces femmes se sont exprimées au cours du groupe de discussion ne laisse aucune place au doute. Elles ont pu renforcer leurs capacités. Leur énergie semble décuplée parce qu'elles se sentent renforcées et également soutenues dans leur quête concernant le savoir et la formalisation de leurs actions. Elles restent réalistes, elles ont conscience du parcours qui leur reste à faire pour acquérir une notoriété et une capacité d'action reconnue par les bénéficiaires, les autres associations, les autorités locales et au-delà du territoire de leur commune.

Pour finir, l'évaluation note deux points forts du projet : d'une part le choix du territoire des Eucalyptus. « Les services communaux ont conjugué leurs efforts à ceux des citoyens, des membres des comités de quartier, des lycéens et des collégiens pour rétablir et maintenir l'ordre au sein de leurs quartiers. Lors de son second mandat, le maire a procédé à la création de comités consultatifs multiples.

D'autre part la flexibilité et la souplesse dans la programmation que s'est autorisée la coordinatrice du projet dès la formulation de celui-ci, dans la demande de financement, afin de favoriser la participation de tous les acteurs à sa mise en œuvre. Ceci a permis de modifier la mise en place de certaines activités et d'en ajouter de nouvelles pour mieux répondre aux besoins et demandes des participants.

Enfin il est noté qu'un travail considérable a été effectué lors de ce projet et qu'il est dommage qu'il n'ait pas été consigné.

Deux ans après la fin de ce projet voici ce qu'en dit la coordinatrice CISP du projet :

> « La formation à la « Clinique de Concertation » a été un temps extrêmement important. Des professionnels qui y ont été formés m'appellent encore pour exprimer des changements dans leurs pratiques, regrettant de ne pas être mis au travail par le CISP (pour soutenir leur reconnaissance par la tutelle). [...]
> Des jeunes des Eucalyptus continuent d'animer des ateliers « écologie et citoyenneté », d'autres écrivent des projets associatifs, d'autres encore poursuivent leur participation active dans le développement de la commune, et encore d'autres s'organisent en association.
> J'ai vu du changement auprès des jeunes, auprès des éducateurs et auprès des femmes dans les associations, des changements par exemple dans leur vie conjugale (la prise en compte de leur parole, de leurs propositions d'organisation financière), des changements dans la cohabitation entre hommes et femmes, des changements au niveau des sorties aussi : des filles ont pu s'éloigner de chez elles pour quelques jours. J'ai vu des progrès dans les réflexions et dans les vies de familles. [...]
> Une présidente d'association pour la formation des femmes démunies a appris à parler sans crainte à des responsables étatiques (maire, directeur du centre de formation, Chambre de l'artisanat...), avec un langage qui lui donne confiance et qui impose qu'on l'écoute plus. Elle a formalisé l'existence de son association après des années de clandestinité par crainte vis-à-vis des autorités locales. En plus elle a écrit et mis en place un projet (une subvention en cascade) et s'est retrouvée connue et reconnue par la population de la commune. Son époux soutient son action et elle n'a plus peur de lui.
> J'ai vu que nous avions souvent des retours sur la vie personnelle des participants, j'ai remarqué un changement dans la manière de se comporter au quotidien, à l'écoute des bénéficiaires/cibles d'associations, capables d'ouvrir le dialogue avec des structures ou avec des personnes qui ont des

idées opposées, permettre la réunion de filles et de garçons dans un même espace sans crainte. […]
J'ai entendu un changement dans le langage employé, surtout dans la commune des Eucalyptus, concernant les jeunes et les associations de femmes. Leur langage donnait à entendre leurs compétences et savoir-faire. Ils ont osé aller à la rencontre des responsables étatiques et imposer leur présence par le langage de la loi. J'ai remarqué plus de mixité dans les groupes. […]
Oui, il y a eu des résultats inattendus, comme l'impact de l'écriture d'un projet sur la vie familiale et les jeunes soutenus par leurs familles pour participer au projet et aux voyages. Il y a eu la demande grandissante en soutien à l'écriture de projets. Le besoin exprimé vers une officialisation d'associations clandestines. Des demandes clairement exprimées pour mieux comprendre ce que dit la loi sur différents sujets. […]
Des parents sont venus me remercier pour le changement de leur enfant. Des parents inquiets face aux sorties de leurs enfants n'étaient rassurés que quand les jeunes rejoignaient le conseil consultatif, quelle que soit l'heure, et d'autres parents ont laissé leur fille partir à Oran. Je ressentais de l'enthousiasme au démarrage et je revoyais mes ambitions selon les réalités au fur et à mesure. Je me sentais à ma place, dans le confort même, face aux difficultés. »

Le territoire d'Akbou : démultiplication des synergies et *philia*[44]

La similitude des actions de LÉCA en ses différents domaines d'intervention et de celles du CISP qui travaillent en un étroit partenariat invite à en souligner les orientations.

À partir de l'établissement de son partenariat avec le CISP, l'ÉCA oriente l'ensemble de ses activités sous l'égide des droits humains et de manière directe, qu'il s'agisse des droits humains en général ou plus spécifiquement des droits des jeunes, des droits des enfants, et des droits des femmes. Pour ce faire elle a recours à l'ensemble des outils qu'elle a acquis avec le CISP. Elle les transmet aussi en collaboration avec celui-ci, qu'il s'agisse des formations à la Gestion positive des conflits, à la « Clinique de Concertation » et au Travail Thérapeutique de Réseau, à la philosophie pour enfants, à la gestion des associations et à l'engagement, aux formations à la citoyenneté et aux droits humains. Elle participe également aux formations relatives au genre et à l'Université d'automne.

Le développement des associations est un des objectifs poursuivis par l'ÉCA, conjointement avec le CISP. Nombre de ses membres et adhérents étant devenus formateurs à leur tour, ceux-ci participent à la formation de

[44]. La *philia,* terme grec qui se traduit par amitié a une signification plus large qu'en français.

leurs cadres associatifs pour leur permettre de s'asseoir dans la durée. Ces cadres sont souvent sollicités par des associations à titre de consultants pour accompagner des militants, depuis la création de leur association jusqu'à leur projet de développement. L'association poursuit également un travail d'accompagnement des professionnels des secteurs de l'éducation, de la santé et de la solidarité, un travail de soutien de l'enfant victime de maltraitance et forme dans ce but les professionnels au Travail Thérapeutique de Réseau.

Œuvrant à la construction de l'avenir de l'Algérie, elle joue un rôle particulièrement important dans les écoles et auprès des jeunes en leur donnant accès à cette démarche globalisante, qu'il s'agisse de l'École du jeune citoyen (ou école de la deuxième chance), du Centre d'écoute et d'information des jeunes à Sidi Ali, un quartier difficile, ou de la création du premier conseil communal des jeunes. Celui-ci, conçu pour être un modèle du genre, essaime dans d'autres villes, certains d'entre eux fonctionnant déjà, d'autres étant en construction avec l'aide de l'ÉCA. À l'occasion de ces actions, l'ÉCA initie des formations des jeunes à la citoyenneté et des formations d'adultes relais sur ce thème ainsi qu'aux techniques d'animation, en partenariat avec le CISP. Elle forme et soutient, avec l'association Tudhert, la première association de parents d'élèves agréée comme telle qui organise des conférences en direction des parents sur des sujets comme la réussite scolaire ou la violence à l'école. Le grand succès rencontré auprès des familles par ces interventions inspirera d'autres parents d'élèves à s'organiser sur ce modèle.

L'ÉCA travaille également avec quatorze associations féminines en Algérie et a construit un plaidoyer en faveur des droits de la femme. À ce titre, elle a été partie prenante du mouvement qui a permis des amendements à 17 articles du code de la famille. Elle s'investit également dans un mouvement culturel qui revendique l'identité berbère, à travers ses festivals notamment.

Parallèlement, à l'avant-garde de la construction de la fondation Anna Lindh, un réseau des réseaux comptant plus de 4000 associations, l'ÉCA est le chef de file des 160 associations algériennes que compte ce réseau. À ce titre elle a réussi à rallier ces dernières à la cause commune, le vivre ensemble et le soutien aux populations défavorisées. En partenariat avec le CISP, elle monte en particulier un consortium d'associations sur une dizaine de *wilayate* pour la promotion des droits de l'enfant à travers la diffusion de l'exposition interactive « apprendre à exercer les libertés » et compte quarante-trois séances de vulgarisation de celle-ci. Plus généralement ce réseau lui permet aujourd'hui d'élargir ses activités aux quatre coins du pays en travaillant avec des partenaires présents dans quarante-huit *wilayate* ; il lui permet aussi de renforcer sa capacité de plaidoyer pour les différentes causes défendues en commun.

On peut retenir trois traits majeurs caractéristiques de l'action de l'ÉCA : d'une part une stratégie continue visant à conjuguer et mobiliser les synergies, les associations et les partenaires, pour mieux ancrer les activités destinées à la promotion des droits humains sur les territoires de son action et les faire essaimer. D'autre part, sur le fond, ses compétences acquises pour constamment associer savoir-faire, savoir-être et savoir-vivre, en conjuguant l'art et la culture avec l'éducation à la citoyenneté, la pratique de l'éthique relationnelle, les divertissements et la fête. Enfin un axe majeur de ses projets consiste à renforcer l'interface entre les acteurs étatiques et non étatiques autour de la situation des femmes et des jeunes, en insistant sur l'importance de la participation active des citoyens dans la gestion de la Cité. L'élection du président de l'ÉCA à l'APC d'Akbou illustre l'importance attribuée à cette interface et rend compte de la reconnaissance de son action.

Ces traits expliquent son aura et la rapidité de son développement. Son rayonnement et ses compétences sont telles, par exemple, que la direction de la Jeunesse et des Sports renonçait, il y a peu, à organiser le forum annuel de ses associations partenaires si l'ÉCA n'y participait pas.

L'action de l'ÉCA, on peut ainsi le constater, a les mêmes caractéristiques que l'action du CISP, dans la manière de conjuguer les synergies, de multiplier les portes d'entrées et les formations, tout comme dans les modes de diffusion de sa pratique.

Nous rendrons compte ici du point du vue d'acteurs et de bénéficiaires des actions conjointes de l'ÉCA et du CISP en faveur de l'enfance et de la jeunesse.

Graine de citoyen, l'École du jeune citoyen ; le Centre d'écoute de Sidi Ali

Voici plusieurs témoignages de responsables, d'intervenants, d'enseignants, de parents et de jeunes concernés par le programme « Graine de citoyen » et les CCJ.

« Il y a des choses entreprises sur le terrain. L'appropriation se fait d'une manière inégale, mais je remarque un changement dans les mentalités. Il y a beaucoup de conservatisme dans le secteur éducatif, et le mouvement associatif a pu leur donner un autre aperçu. Je vois que des jeunes apprennent à ne plus juger et à être plus tolérants, c'est ce qui m'importe. Ma priorité et ma fierté est la mise en place des CCJ, car certains jeunes sont devenus des cadres associatifs ou des formateurs. J'apprécie aussi le fait que des gens se soient investis dans le monde politique. Enfin je suis fier de participer à l'élaboration d'outils. C'est accepter la différence de l'autre et ainsi la paix civile sera respectée. Je ne suis jamais satisfait, mais je reconnais que du chemin a été parcouru », dit un des responsables de l'Étoile culturelle d'Akbou.

Damien Bael, qui est intervenu dans le cadre de la création de conseils consultatifs des jeunes et qui à cette occasion a également formé les éducateurs qui les encadrent, observe :

« Depuis trois ans j'ai participé à la création des CCJ. C'est chouette. On fait une formation de trois jours avec les jeunes, les éducateurs, les élus. On a travaillé au début sur les représentations de chacun, sur comment mettre les choses en projet et sur la réalité du projet. J'ai suivi les mêmes groupes de jeunes à Alger et à Akbou de la première année à la troisième. J'ai pu voir les projets se mettre en pratique. Les filles sont fort présentes et leurs projets sont plus intéressants que ceux des garçons. Ces jeunes sont motivés avec des idées de jeunes, plein d'idées, une belle jeunesse. Ils se sentaient vraiment des représentants. On discutait sur des thèmes comme : c'est quoi un homme ? C'est quoi une femme ? Les filles voulaient prendre une place ; elles disaient : « j'ai le droit à la parole et je peux m'impliquer dans la ville. » Ils s'assumaient pleinement comme décisionnels potentiels. Entre eux je les entendais dire : lui il deviendra un acteur politique, ils étaient d'accord entre eux là-dessus. »

Voici ce que dit l'animateur et coordinateur du groupe CCJ d'Akbou, vice-président de l'Étoile culturelle d'Akbou.

« Le CCJ existait déjà en 2012, mais il était peu encadré et livré à lui-même. Les jeunes sont venus me solliciter directement car ils se sentaient seuls. Nous avons démarré par une assemblée générale en juin 2012. Nous avions un calendrier hebdomadaire et des actions à mettre en place. Il y avait onze jeunes issus des clubs écologiques de l'ÉCA, entre 14 et 18 ans. Après les élections, un nouveau groupe s'est formé avec des jeunes gens n'ayant rien à voir avec l'ÉCA. Nous avons travaillé avec des écoles et avons associé des enseignants qui nous ont facilité les choses. Ce deuxième CCJ représentait vraiment la commune d'Akbou. Il y a eu des élections dignes de grandes élections. Ils ont constitué une banque de données et un vrai programme pour confectionner un programme d'action.
Le CISP est intervenu à l'occasion d'une réunion nationale en juin 2012 par le biais de l'association « Jeunesse plus » et par le biais du CCJ des Eucalyptus. Nous avons obtenu une subvention en cascade pour financer les activités.
On a eu une très bonne circulation de l'information, on a bénéficié de l'aide nécessaire et de l'appui des autorités locales. La population a adhéré à notre action, les parents des jeunes ont bien compris et étaient confiants. La réunion des parents et des responsables des écoles ont été de vraies ressources pour vérifier l'assiduité de ces jeunes. Il est arrivé cependant que je ne puisse répondre aux aspirations des enfants à cause de problèmes d'argent et malgré des fiches techniques bien faites. Un espace vert n'a pas pu voir le jour ainsi que des WC publics, faute d'espace et de poubelles sélectives.
Concernant les jeunes, je suis satisfait de constater qu'ils savent maintenant comment fonctionne une APC. Ils ont appris à formuler une demande de manière recevable, ils m'ont étonné car ils ont été capables de prendre mon relais dans les demandes. Ils ont appris à être acteurs : cela rejoint une vraie attitude de citoyenneté des jeunes gens.
Ce qui a été particulièrement intéressant pour moi, c'est l'esprit d'équipe qui s'est créé entre les adultes et les jeunes ; il y avait même une certaine

complicité. Nous avons passé ensemble dix jours dans une école et nous avons tout fait seuls, tout pris en charge.
Les jeunes se sont approprié notre message, on l'a vu au moment du Ramadan : ils ont mené une campagne de solidarité envers les familles démunies d'Akbou ; ils faisaient le carême et n'ont baissé à aucun moment les bras et j'ai senti leur engagement pour créer du lien social. Nous avions fait un bilan avec le maire et des paniers ont été distribués dans certains quartiers. Les paniers étaient organisés et remplis par les jeunes eux-mêmes et dix supérettes ont joué le jeu.
Nous avons un retour pour chaque activité. Nous faisons des fiches projets et des fiches bilans et nous avons organisé trois commissions : une sociale, une scientifique, une culturelle.
Je constate que l'esprit de solidarité s'est développé et que les jeunes se sont rapproché des vieux à travers différentes activités : des projections en soirée, un reportage sur le rituel, les paniers, la tournée des opérateurs et, concernant le parc zoologique, ils ont travaillé sur sa modernisation.
Je pense maintenant à l'étape suivante : la décentralisation est nécessaire et il faudrait des annexes dans les quatre coins du pays ! Il faudrait davantage faciliter les contacts et créer une page sur Facebook ainsi qu'une revue de presse.
Il y a une forte demande dans le pays : à Alger, Kuba, Sétif, Batna. Les jeunes d'Akbou veulent bien faire ce relais et ils sont déjà allés à Oran, à Annaba, à Alger et à Boumerdès. »

La croissance de l'ÉCA se manifeste notamment par le développement des débats publics et par la nature des sujets abordés. Sont maintenant proposés des débats sur des sujets considérés jusqu'il y a peu comme tabous, tels ceux de la laïcité, de la sexualité, des religions. Le responsable du conseil consultatif des jeunes qui, entre autres, anime le CCJ créé à Skikda, évoque cette ouverture :

« On commence maintenant à parler de sujets tabous. Il y a six filles dans notre conseil. Il y a une bonne atmosphère entre nous et nous sommes un peu amis. On parle de sexualité, de genre, des droits de la femme et beaucoup de religion. C'est un espace de liberté. Dans le groupe il y a un Malgache catholique. Avec lui on a organisé une rencontre entre croyants, des catholiques et de l'islam. Ça a été extraordinaire, trop bien ! Impensable avant ! On a appris là qu'il fallait parler, on a appris des choses qu'on ignorait. Ils ont une vision autre que celle que la société a sur eux. Moi-même j'avais des préjugés. Ces rencontres c'est faisable, j'y crois. Les droits de l'Homme ce n'est pas une colonisation, c'est exigé par toutes les religions. Les gens étaient angoissés à l'idée d'aller à ce débat ; ils sont ressortis heureux, avec une certaine tolérance. Il y a eu pas mal de numéros de téléphone échangés. Avec ces Malgaches on s'est dit qu'on se comprenait, c'était trop bien ! J'essaye de faire qu'on ose parler de religion au niveau de la commune et de la *wilaya*. Je pense à un débat au niveau de l'université : organiser une conférence avec l'archevêché, avec un conférencier catholique, un autre de l'islam. Ce serait une première, un rêve ! Je veux le faire. »

Voici ce que font valoir les participants à un focus groupe de l'École du jeune citoyen d'Akbou, groupe qui a réuni une douzaine de personnes, parmi lesquelles des jeunes, des enseignants, des animateurs et des parents auxquels s'est joint le vice-président de l'ÉCA, chargé de la formation.

Une mère raconte que sa fille, qui a abandonné l'école au moment du passage au collège et n'avait aucune confiance en elle, a retrouvé le goût et la motivation pour les études, soutenue par les psychologues de l'école.

Une jeune femme qui a arrêté ses études en primaire raconte être restée à la maison pendant seize ans. Cherchant du travail, elle a été poussée à reprendre ses études. Elle a suivi tout le parcours, réussi son baccalauréat à la cinquième tentative, puis a continué ses études à l'université où elle a obtenu un master 2 en français et en sciences du langage, au terme duquel elle a trouvé du travail dans l'association. Elle conclut : « Ici, je me sens chez moi et c'est la moindre des choses que de m'investir ici après tout le soutien que j'ai reçu de la part de l'association. Je fais de la remise à niveau et je suis animatrice pour les classes de terminale. »

Une enseignante dans le cadre de l'alphabétisation à la maison d'arrêt, adhérente à l'ÉCA et ex-élève de l'EJC à la suite de son exclusion de l'école, a repris des études à l'EJC, puis a poursuivi des études à l'université. Une fois diplômée, elle a commencé par donner des cours d'alphabétisation au niveau de l'Office national qui était conventionné avec l'ÉCA. Puis, ayant adhéré à l'ÉCA, elle fait de l'alphabétisation au niveau de l'école primaire, a participé à la caravane de sensibilisation à l'occasion de la journée mondiale pour l'alphabétisation auprès des écoles, puis commence à travailler à la maison d'arrêt en tant qu'enseignante où elle fait de l'alphabétisation, enseigne le français et les mathématiques à des hommes adultes et à des mineurs.

Une autre enseignante, d'abord lycéenne au lycée technique, dans la filière génie civil, a révisé pour le baccalauréat à la maison de jeunes en 2007, partenaire de l'ÉCA, et, en parallèle, a suivi des cours d'informatique à l'ÉCA. Une fois le baccalauréat obtenu, elle a suivi à l'université des études en génie des procédés. Après l'obtention de son diplôme, elle est revenue à Akbou et a recherché du travail auprès de l'ÉCA, en tant qu'enseignante de mathématiques ou de physique/chimie. À la suite de quoi elle a été recrutée comme enseignante.

Un jeune collégien exclu en deuxième année de collège, ne trouvant pas de travail en raison de l'insuffisance de son niveau de formation, le niveau de quatrième année étant requis, et malgré « un bon piston », s'est renseigné sur l'école par correspondance où il lui a été suggéré de s'adresser à l'ÉCA. Il a alors accepté d'étudier à l'EJC avec les autres élèves. Ayant réussi sa deuxième, puis sa troisième année de collège, il est actuellement en 4ème année et « espère vraiment pouvoir travailler avec ce niveau maintenant. »

Un enseignant de l'EJC compare son travail à l'EJC avec celui d'enseignant dans le public :

« Je suis aussi enseignant dans le secteur public, je peux donc faire une comparaison. L'EJC est un projet phare pour cette association, c'est une bouée de sauvetage pour des dizaines de jeunes. En comparaison avec le secteur public, c'est une école qui dispense des séances de 45 minutes à des groupes restreints, ce qui change complètement ma façon de travailler. Le cadre de vie aussi est meilleur, vous avez le bloc pédagogique qui est bon, le matériel mis à notre disposition, la cafétéria. [...] Il y a plusieurs matières qui ne sont pas dispensées à l'école publique, telle que la santé, les cycles de conférences sur la drogue, le sida et sur le droit ; il y a aussi des excursions, des visites pédagogiques dans des pépinières. Ça les pousse à réfléchir, à prendre position, à avoir des valeurs, à faire des recherches. Donc ça nous pousse à travailler : c'est un cadre de vie très convivial et je m'y trouve très bien. C'est avec plaisir que l'on vient travailler. Déjà par rapport au secteur public où les classes sont surchargées, on est moins épuisé et on donne des cours de meilleure qualité. Et puis les jeunes s'intéressent beaucoup plus aux cours, vu que c'est un peu une bouée de sauvetage pour eux. Ce projet nous tient à cœur, ça nous permet de sauver des jeunes et ça nous fait un grand plaisir de voir des jeunes progresser dans leur vie et construire leurs projets. Quand ils sont en dehors d'un tel circuit, les jeunes sont un peu déboussolés, alors qu'ici ils sont bien pris en charge et ils arrivent à voir leur avenir qui est bien tracé. Je dis aux jeunes que même s'ils n'ont pas obtenu le bac ou le brevet, ils sont bien structurés, bien formés. [...] La rue n'éduque pas, alors que l'EJC forme les jeunes, ça en fait des citoyens civilisés, qui respectent les droits des autres, qui ne s'approchent pas des fléaux sociaux. Ils sont bien informés, bien éveillés, contrairement aux jeunes qui n'intègrent pas l'association, qui sont déboussolés ; pour eux c'est carrément la déroute. En plus du rôle de la seconde chance scolaire, il y a la formation, l'information, le dialogue, un tas de choses qui permettent aux jeunes de se projeter dans l'avenir, de voir la vie en rose en quelque sorte. »

Une animatrice à l'EJC, responsable de la remise à niveau et en même temps enseignante en sciences de la nature et de la vie, évoque la progression de ses élèves – sa récompense – et dit son plaisir de constater que presque tous les jeunes cette année sont passés au niveau supérieur. Une autre enseignante tiendra des propos similaires, en ajoutant qu'elle a rencontré là « plein de gens formidables » et y a trouvé « en quelque sorte, une nouvelle famille. » Une troisième enseignante dira également avoir trouvé à l'EJC des amis, des collègues et un très bon cadre de travail et elle dira, elles aussi, qu'elle a trouvé à l'EJC « comme une deuxième famille ». Une enseignante mentionnera l'importance que revêt à ses yeux la dimension citoyenne des apprentissages donnés aux jeunes :

« Ici, la citoyenneté est une valeur transmise aux jeunes. Ça commence par la communication entre eux, par l'apprentissage des droits et des devoirs de chacun. On travaille avec toutes les catégories de la société, pour moi c'est important. À mon niveau je me sens libre de travailler parce que j'ai trouvé ici tout ce que je souhaitais : un travail de réseau, un travail de groupe, une bonne communication. Personne ne se sent lésé. »

Une mère très inquiète quant à l'avenir de sa fille dira que depuis qu'elle est à l'EJC, « elle est bien, elle a changé, elle n'est plus complexée de parler (sa fille bégaye), elle est plus ouverte, elle discute, elle a des amis ; même à la maison elle est mieux, elle est de meilleure humeur. »

Plusieurs parents évoqueront la confiance qu'ils ont dans la structure et l'écoute des enseignants, tant d'eux-mêmes que de leur enfant. Ils diront aussi qu'ils laissent leurs filles suivre les activités à l'extérieur « les yeux fermés ». Une enseignante évoquera le changement d'un jeune qui refusait de travailler et dont le comportement tant à l'école qu'à la maison posait « beaucoup de difficultés ». Il va maintenant bien, a beaucoup changé et vient de passer dans le quatrième niveau, « parce qu'il a trouvé ici l'encadrement qu'il lui fallait et des responsables qui s'inquiètent pour lui. »

Est évoqué le travail qui a été mené auprès de l'Éducation nationale en vue d'obtenir des conventions avec les centres de formation professionnelle dans le but de négocier des places gratuites pour les élèves qui sont orientés vers le monde professionnel, particulièrement les jeunes qui n'ont pas eu la chance d'obtenir leur baccalauréat. Ayant obtenu ces conventions, ils leur ont proposé des cours d'alphabétisation et y ont aussi créé des sections qui leur sont propres. L'Éducation nationale a habilité l'EJC, en tant que partenaire, à délivrer des certificats d'alphabétisation.

L'EJC a fait tache d'huile. C'est généralement par la porte d'entrée des activités culturelles de l'ÉCA que leurs bénéficiaires en viennent à s'intéresser aux activités de l'EJC. Ainsi l'ÉCA a soutenu la création d'une EJC à Bordj Bou Arreridj et une autre à Bouira, dans une localité rurale.

Plusieurs personnes évoqueront en quoi l'existence de l'EJC a modifié leur représentation de ce qu'est une association, comme l'illustre cette enseignante :

> « Vous savez, on sort changé de cette école. Quand je suis arrivée ici, je ne savais même pas ce qu'était le mouvement associatif, puis j'ai vu les activités et, dès le départ, j'ai changé de vision. Je me suis retrouvée impliquée dans des activités, ça a renforcé ma volonté, je suis devenue une force de proposition, je me suis retrouvée dans un milieu où je me reconnaissais. J'ai trouvé ma vraie personnalité. D'un autre côté, quand j'ai voulu travailler, je n'avais aucun encadrement, j'étais un peu perdue, puis, d'un seul coup, j'ai trouvé mon chemin. »

Une enseignante parlera des prolongements de son investissement dans son travail et, au-delà, de ses effets dans son entourage familial :

> « Même mes enfants sont adhérents ici. J'ai une fille qui fait partie du club audiovisuel et je suis en confiance totale. J'oriente beaucoup de personnes ici pour trouver du travail ou se remettre à niveau, pour les terminales, pour les activités des clubs, pour l'alphabétisation. Ce que j'ai vu, ce que j'ai vécu ici ne s'arrête pas à mes connaissances intellectuelles. J'essaye d'orienter les gens, je fais circuler le mot, j'oriente des gens du centre de formation professionnelle aussi, sans oublier tout ce qui est conférences et formations.

J'essaye d'inviter des personnes qui suivent les cours d'alphabétisation de l'office national pour élargir leurs connaissances sur tous les sujets, pour assister, parler, discuter, confronter les idées et ça leur fait très plaisir.
C'est un changement pour moi aussi, on rencontre des gens formidables. Quand je parle des activités à de nouvelles personnes, elles n'en reviennent pas que ça puisse exister. Je leur dit qu'il y a l'alphabétisation, l'EJC, l'ÉCA qui fait beaucoup d'activités. Je passe souvent de classe en classe à l'internat pour expliquer les activités et encourager les femmes à venir à l'ÉCA. Pour ce qui est des cours, on m'a toujours encouragée à inviter les personnes à s'inscrire, même en cours d'année ; on les accepte pour qu'elles s'habituent. On essaye de les encourager, de leur faire rencontrer les gens ici. Parfois elles reconnaissent beaucoup de monde, des voisins, des connaissances. [...] Ça les encourage beaucoup et surtout ça les rassure. »

Le vice-président de l'ÉCA tiendra à évoquer d'autres cas de réussite : comme celle de Nora qui s'est découvert en venant à l'ÉCA un don pour la poésie et qui participe maintenant à presque tous les festivals de poésie amazighe de la région, et a même remporté des prix. Il y a aussi le cas de Madame T., une dame d'un certain âge, qui a suivi les cours d'alphabétisation, puis des cours d'informatique. Elle est poétesse et écrit sa poésie elle-même sur son micro-portable, elle s'est aussi découvert des talents de comédienne. Elle joue dans un programme sur la chaîne nationale berbère et a joué dans un film récemment, qui retrace la vie de Lalla Fatma N'Soumer, personnage clé dans l'histoire de la région.

Le vice-président raconte aussi l'histoire de Sofiane :

« Il habitait un village, il n'a jamais été à l'école. Lorsque ses parents ont déménagé sur Akbou, il fréquentait la maison de jeunes ici, juste en face, histoire de sortir un peu et d'avoir une activité. Il a fini par suivre les cours d'alphabétisation chez nous. Il s'est ensuite inscrit à l'école par correspondance, il a suivi les cours de remise à niveau, maintenant il est en terminale à l'EJC et en même temps président d'une association d'insertion de personnes atteintes d'un handicap. C'est lui-même qui a écrit les projets de l'association, il a un site, un Facebook, un e-mail, etc. Ils sont d'ailleurs maintenant sur un projet avec Handicap International pour l'aménagement des espaces publics au profit des personnes atteintes d'handicap. Voilà, ce sont juste quelques personnages clés mais il y en a beaucoup d'autres. »

Pour finir, après avoir encouragé les jeunes présents, il mentionnera les difficultés auxquelles, malgré leurs succès, ils se heurtent : la semi-illégalité de leur présence dans la maison de jeunes, compte tenu des mises en demeure de quitter les lieux qu'elle leur adresse, les restrictions en termes d'horaires et de salles quant à l'occupation des lieux, la faiblesse des moyens financiers pour rémunérer les enseignants, le refus catégorique de la maison de jeunes de leur ouvrir plus largement ses portes malgré leur besoin d'espace, au motif que le concept de l'EJC vient de France (au départ la création de l'EJC est un projet en partenariat avec la Cimade). Il évoquera néanmoins leur intention de pousser plus loin les capacités des animateurs et animatrices sur le plan de l'animation et de la pédagogie.

Concernant l'activité du Centre d'écoute et d'information des jeunes de Sidi Ali, nous rapporterons ce qu'en disent trois mères interrogées ensemble : elles considèrent toutes les trois qu'elles se sentent en confiance avec le personnel du centre : « Ce sont comme nos filles ou nos sœurs ». De même elles disent que les enfants ont de très bonnes relations avec les personnels : « Les enfants les adorent ». Elles relèvent le caractère sécurisant et bien surveillé du lieu et ne s'inquiètent pas de leurs départs en excursion. Elles apprécient les activités proposées aux enfants, dessin, chant, théâtre, informatique : « Le club nature par exemple leur apprend à respecter l'environnement et à faire de la sensibilisation autour d'eux, c'est très positif. » Elles apprécient également les formations qu'ils reçoivent en matière de gestion des conflits. Elles constatent que leurs enfants ont beaucoup changé. Ils sont plus curieux, plus cultivés, moins timides ou moins hyperactifs, plus ouverts, ils s'entendent mieux entre eux, se respectent, s'entraident. Ils ont aussi de bonnes notes à l'école, ils sont polis et tout va bien pour eux. Elles relèvent également que « les enfants qui fréquentent le centre forment une grande famille, font attention les uns aux autres, les plus grands accompagnent les plus jeunes. » Elles notent que si les pères viennent moins souvent qu'elles au centre, ils sont contents de voir que leurs enfants font des activités intéressantes et intellectuelles. Elles seraient heureuses de voir leurs enfants s'investir davantage dans le centre parce qu'ayant bénéficié des activités, cela leur ferait plaisir qu'ils cherchent à en faire bénéficier d'autres enfants. En fin de rencontre elles disent espérer vivement que les activités du centre continuent, tant elles font du bien à leurs enfants.

L'Étoile culturelle d'Akbou ou l'exemple de « la formation d'une famille » : la philia

Son président est responsable au niveau des projets impulsés par le CISP. Il est également chef de file de la Fondation euro-méditerranéenne, dialogue entre les cultures.

L'action de cette association depuis 1994-1995 n'a jamais cessé de progresser en termes d'actions, de transmission et de réseaux. Voici ce qu'il en dit :

> « C'est une MJC qui a pris de l'ampleur. Cela fait huit ans que j'en suis le président. L'ancrage est à la fois dans la région d'Akbou, puis sur le plan national. Nous avons créé un comité d'associations, un réseau algérien de plusieurs associations. Cela nous a permis de nous répandre sur le territoire national. Nous n'avons pas les outils, mais nous avons un ancrage national.

Pendant une période très critique, dans les années 90 à 2002, la période du terrorisme, l'ÉCA commençait à s'imposer sur le plan national. Nous avons bénéficié de familles d'accueil bénévoles en France, la première ville fut Toulouse où nous avons créé « l'association école citoyenne ». Ils étaient très à l'écoute et disponibles pour des accompagnements dans les périodes difficiles, car nous avons connu des périodes de danger dans les années 90. Nous avions la peur au ventre et la tension était extrême. Nous étions des cibles et les intellectuels étaient chassés. [...]
Puis nous avons monté en 2002-2003, la première école de la deuxième chance avec la Cimade. Nous avons aussi développé le mouvement scout, des mouvements sportifs, un mouvement culturel pour une revendication berbère identitaire.
Nous avons participé à la formation des cadres associatifs pour faire durer les associations. Nous voulions instaurer du dialogue entre les institutions, comme pour l'enfance et la jeunesse.
Nous travaillons avec le CISP depuis 2004, depuis le DDH 1 avec Eveline. En 2003, nous avons fait sa connaissance à Boumerdès et avons pris en charge les victimes du séisme. Nous nous sommes rapprochés en 2006 avec DDH1, c'est elle qui nous a « dénichés » ; elle est venue vers nous ! Nous avons continué avec DDH2 et nous sommes associés, depuis, sur tous les projets du CISP.
Nous rencontrions alors différentes difficultés : d'abord des problèmes dans l'institution. Puis j'ai appris à écrire et à faire des bilans, des rapports, des projets au travers du CISP. Charlotte au départ m'a bien aidé. Cela a été une véritable école pour moi.
Les besoins particuliers ? : Un exercice, une pratique, un défi de se confronter à une grosse ONG internationale dont on voyait la grande compétence. Les besoins sur le terrain ? : au départ, une envie de travailler, une volonté extrême. Nous voulions voir comment nous, les partenaires, avions des capacités ; comment nous intervenions avec des jeunes. Nous étions alors beaucoup dans l'activisme !
Ce que j'ai particulièrement apprécié dans leur démarche, c'est leur structuration financière et organisationnelle et le fait qu'une action avait toujours des contours clairs. De notre côté nous n'avions pas la lisibilité de nos actions dans leur contexte. Ce qui nous a plu, c'est leurs recherche-actions, leurs enquêtes et leurs plaidoyers, les compétences individuelles et collectives qu'ils apportaient. On utilise au quotidien leur méthodologie de projet, leur analyse. Ils nous ont aidés sur le plan de la gestion, elle est aujourd'hui bien meilleure ! Ils nous ont permis de prendre du recul par rapport à nos activités, ce qui nous a permis d'engranger de nouvelles idées comme celle des CCJ, dès 2012, une idée qui est partie localement et qui suscite maintenant un intérêt national.
Quant à ce que ça a permis et développé : nous nous sommes centrés sur la jeunesse et l'enfance, nous avons constaté des avancées sur le terrain. Plein de choses ont bougé, particulièrement à Akbou et à Bejaïa. Nous constatons un impact sur les mentalités, sur les jeunes, sur les enfants. Il y a des suites sur les actions menées dans douze écoles. Nous avons beaucoup travaillé sur l'échec scolaire, cela a permis de faire bouger les enseignants sur les sujets de

décrochage et de médiation scolaire. Par exemple nous avons élaboré des outils de lutte contre la déperdition scolaire : cela a donné lieu à une recherche-action sur l'échec scolaire avec la Fondation de France en 2011. Nous avons participé à cinq projets de développement de DDH4 : Des spots, la Pépinière des jeunes citoyens, la mise en réseau PAPC (programme concerté pluri-acteurs*)* *Joussour*, – un programme qui rassemble une centaine d'associations algériennes et française en faveur de la jeunesse et de l'enfance –, l'organisation de trois festivals de poésie, de théâtre et aussi l'organisation de la fête de la citoyenneté.
Dans ce partenariat, on travaille ensemble, mais avec des mandats différents ; on a une vision nationale maintenant. Nous sommes chef de file de 140 associations et le chef de file des associations contre le sida et les drogues dans les ligues et les fédérations.
Nous avons des liens avec les différents ministères, Famille, Social et Jeunesse. Le réseau est dense.
Au niveau des résultats on voit que tous ces jeunes touchés ont pris des responsabilités et se sont vite mis au parfum grâce à l'école des citoyens. Nous avons fait un sondage et avons identifié des futurs *leaders* associatifs sur douze universités. Nos jeunes se sont investis auprès des jeunes de l'université et ont pris des responsabilités. Ils se montrent disponibles pour aider d'autres jeunes à structurer leur action. On a mis en place un plan Marshall de formation et cela permet de toucher des centaines de jeunes.
L'apport important, c'est bien ce retour de ces jeunes touchés dans le fait d'être accompagnés dans leur engagement. C'est l'exemple de l'association Tudhert qui a reçu un accompagnement de six années et qui est devenue une association nationale reconnue sur la scène internationale et qui travaille dans l'aide et la culture.
Entre le CISP et l'ÉCA il y a une amitié qui s'est installée. Nous formons une famille ! Nous avons développé une relation très amicale basée sur le respect et nous avons été considérés comme partenaire à part entière. Il y a beaucoup de respect et de confiance entre nous, si bien qu'on travaille avec le CISP les yeux fermés ! Ce lien peut durer autant que les hommes et les femmes dureront ! Ma relation avec l'organisation a été fondée sur des bases solides, car nos intérêts communs étaient solides.
On a acquis la manière de faire et notre place a grandi grâce au CISP, mais nous n'arrivons pas encore à évaluer et à capitaliser les choses que nous faisons. »

Un point dans l'entretien du président de l'ÉCA demande qu'on s'y arrête, celui de la métaphore de la famille et la référence à l'amitié pour qualifier les relations que l'ÉCA entretient avec le CISP, en raison de sa récurrence dans les propos : ils émanent aussi bien des familles suivies en « Clinique de Concertation », que des partenaires et des bénéficiaires accueillis dans les différentes formations, que des enseignants, des jeunes et des familles impliqués dans les projets.

On constate que l'amitié, tout comme d'ailleurs la gentillesse, sont peu à l'honneur aujourd'hui, sinon reléguées dans la sphère privée et qu'il faut aller voir du côté des philosophes anciens et de ceux qui en ont perpétué la tradition pour savoir ce qu'ils ont à nous en apprendre.

On peut en retenir ici deux points que l'on peut trouver dans « Les Politiques » d'Aristote (1993). Celui-ci, en différents passages de son ouvrage, emploie le terme d'amitié, la *philia*, pour qualifier aussi bien les relations au sein de la famille, que le dialogue de soi avec soi-même, que les relations entre citoyens. Elle est donc constitutive des relations en démocratie. Le second a trait au contenu donné à l'amitié.

L'affection réciproque entre parents et enfants, entre frères et sœurs représente le modèle de la *philia* ; elle repose sur une sorte d'identité entre les membres qui la composent, chacun étant pour l'autre un *alter ego*. Les relations entre citoyens sont l'œuvre de l'amitié quand celle-ci est à l'origine du choix réfléchi de vivre ensemble. Dans le dialogue de soi à soi, les rapports qu'on entretient avec soi-même sont du même ordre que les rapports qu'on entretient avec les autres. De ce rapport amical à soi-même est issu un critère fondamental de conduite : ne pas se mettre en contradiction avec soi-même.

Le second point concerne les valeurs présentes dans le contenu de l'amitié. Celui-ci renvoie d'abord à la justice. Il renvoie aussi au don, à la capacité de donner et de recevoir, à la loyauté, à la confiance, à la bonne foi, à l'éthique des relations, laquelle est, selon Aristote, au centre des apprentissages, au respect, au soin d'autrui, à la reconnaissance de soi et d'autrui, au sentiment d'égalité au-delà des différences de statut ou des hiérarchies.

De même pour Cicéron (2007), le respect et le soin de l'autre constituent une facette de l'esprit de justice qu'implique l'*humanitas* qui s'exprime dans le rapport amical à l'autre. Des familles ou des professionnels évoqueront le caractère « humain » du dispositif de la « Clinique de Concertation » : il permet de passer selon leurs termes « d'une réponse en termes autoritaires ou de sanction à une réponse humaine. »

On ajoutera que la *philia*, chez Spinoza (1978), participe aussi, avec l'autonomie, à sa définition de l'éthique de la liberté. Elles fondent la définition politique et rationnelle de la liberté comme autonomie du groupe social et comme autonomie des individus qui vivent sous leur propre juridiction. Dans un sens proche, pour La Boétie (2002), l'amitié doit être considérée comme le principe même de toute communauté et la justice des législateurs doit s'approcher au plus près de cette justice indépendante des lois qui est de la nature de l'amitié.

On ne peut qu'être frappé par l'homologie des valeurs qui définissent le contenu de l'amitié chez les anciens et celles que mobilise le CISP dans sa démarche. Elles définissent terme à terme le contenu de l'éthique relationnelle. D'autre part, compte tenu de la similitude de contenu, selon Aristote, des trois sphères de l'existence, cette éthique rend compte des possibilités de passage de la sphère familiale à la sphère interprofessionnelle, de la sphère privée à la sphère publique, politique. Pour Spinoza, l'éthique non seulement inclut la démocratie, comme on l'a évoqué plus haut, mais c'est aussi le cadre où peut s'épanouir la maximisation des désirs et possibilités de chacun pour le profit de tous.

L'extraordinaire conjugaison des synergies qu'a su construire au fil des ans l'Étoile culturelle d'Akbou, le rayonnement de cette association au nom si approprié par rapport à ce qu'elle représente et, on se permettra de l'écrire, à la beauté de son action, nous amènent à constater, dans les effets de son action, la présence des trois niveaux de la *philia* aristotélicienne, puisqu'elle diffuse dans une même démarche son contenu éthique, identique à celui de l'éthique relationnelle, aussi bien au sein des relations familiales que dans les relations entre les enfants, les jeunes et les adultes, entre les jeunes, leurs éducateurs et leurs enseignants, entre les différentes professions, entre les élus locaux et ces derniers, les jeunes et plus largement la population, et enfin dans le rapport à soi. On a vu en particulier comment les bénéficiaires de son action, voient leur propre action coïncider avec leurs aspirations.

Le but que visent toutes les actions et leurs synergies participent de la construction de cette cité démocratique idéale. En cela le travail qu'accomplit l'ÉCA se présente comme un double de l'action du CISP.

Cependant la notion de *philia* ne saurait faire oublier que la sphère politique du « vivre ensemble » n'est pas le prolongement de la sphère familiale, de la sphère intime, comme nous l'indiquions plus haut. Elle implique que les citoyens sortent de cette dernière pour décider ensemble des affaires qui leur sont communes. C'est aussi un espace institué de visibilité qui maintient leur communauté à distance d'elle-même. C'est pourquoi quelques-uns de nos interlocuteurs disent ne pas souhaiter cultiver une trop grande proximité avec ceux avec lesquels ils agissent en faveur de la même cause, conscients des dangers qu'elle ferait encourir, tels la fermeture sur le groupe, la formation de clans et les exclusions, des formes diverses de « tribalisation » qui peuvent en résulter, même si la levée de la méfiance que produisent les interventions du CISP est la condition de relations de camaraderie, d'amitié et de solidarité propices au travail en commun. Il faut aussi remarquer que la *philia* a un contenu éthique et ne doit pas être confondue avec la notion d'intimité ni réduite à cette dernière. Le sociologue américain Richard Sennett (1995, p. 202) voit en effet un danger qui guette les démocraties dans la prévalence d'une « société incivile » parce que trop « intimiste », un excès d'intimité qui ratifie la fin de la culture publique, ceci étant lié aux dérives de la valorisation identitaire de l'individu comme sujet de droit en individualisme. Il en appelle alors à la maîtrise de l'*ego* comme principe de la civilité dont le port du masque (la *persona* en latin) est l'essence, qui ne relève pas de la simulation mais de l'urbanité.

La notion d'amitié a des résonances affectives et subjectives qui nous invitent à aborder aussi la question de la subjectivité. Il s'agit ici d'analyser, au niveau de la construction du sujet et de la subjectivité, les effets que produisent les différentes actions proposées et mises en œuvre par les partenaires et bénéficiaires du CISP. Cette subjectivité se différencie très clairement de la subjectivité portée par le monde occidental actuel.

Marcel Mauss (*op. cit.*, p. 335) souligne « combien est récent le mot philosophique le “moi”, combien [sont] récents la “catégorie du moi”, le “culte du moi” (son aberrance), et récent le respect du moi – en particulier, de celui des autres (sa normale). » Un détour par l'anthropologie nous paraît utile pour situer, par comparaison, la question de la subjectivité et de l'apport de la démarche du CISP à ce niveau de réalité.

On peut constater aujourd'hui un intérêt manifeste, dans les sciences de l'homme, pour les notions de « sujet », notamment le sujet de droit, de « subjectivité », de « subjectivation » et « d'intersubjectivité ». Ainsi des auteurs de différents horizons, psychiatres, psychanalystes, anthropologues et sociologues, se penchent sur la question de la subjectivation et sur son processus de construction. Une certaine convergence de ces analyses aboutit à cette idée qu'il n'y a de sujet que par l'Autre, que pour qu'existe un je, il faut non seulement un tu, mais aussi un nous. Cet intérêt est lié à une inquiétude contemporaine à propos de la place des autres dans le rapport à soi. J. Lacan[45] avait déjà tenté de sauver l'idée que « le désir est d'abord le désir de l'Autre en un temps qui assiste à son effondrement. Loin de nous libérer, la chute de l'autre nous prive d'un appui pour nous élever vers notre désir, c'est-à-dire vers notre être. » On peut donc rapporter ce reflux au processus historique d'individuation accéléré, couplé avec l'injonction à l'autonomie qui font de chacun l'autoentrepreneur de lui-même, et au processus concomitant d'institutionnalisation du subjectivisme.

L'anthropologie classique nous enseigne, à l'inverse, qu'autrui occupe une place centrale dans la notion de « personne », notion composée de nombreux « participants ». Pour Lucien Levy-Bruhl (1963), la conception de la personne propre aux sociétés dites « primitives » est caractérisée essentiellement par une « loi de participation » : l'individu n'est pas considéré comme un sujet radicalement distinct des choses et des êtres qui l'entourent ; il est lié à son groupe social et à son environnement naturel par un certain nombre d'appartenances perçues comme des doubles de lui-même. Maurice Leenhardt (1985) insiste sur la dimension relationnelle de cette participation, tant sociale que symbolique. Le personnage – notion qui lui paraît, comme à la plupart des anthropologues, plus appropriée que celle de personne –, est constitué par l'ensemble de ses « participations vécues » avec l'environnement social et mythique. En Nouvelle Calédonie la « personne » n'est, selon lui, qu'un « centre vide » ; elle est dissoute dans un cercle de relations duelles, complémentaires, évoquées par plusieurs noms et qui donnent l'image d'un soi continuellement engagé en autrui et signifié par

[45]. Cité dans *Philosophie Magazine*, 52, sept. 2011.

lui. Meyer Fortes (1949) montre que la conception de la personne chez les Tallensi ne peut être détachée de sa mise en acte sociale. Elle est en fait inséparable du statut de personne qui est approché par degrés successifs (sevrage, naissance d'un cadet, mariage, etc.) et par des actions rituelles (initiation) et n'est pleinement atteint qu'à partir du moment où l'individu rejoint la communauté des ancêtres. M. Mauss (2001) montre que chez les Indiens Pueblos, outre que l'individu est conçu comme constitué par un certain nombre de personnes, le rôle de tous ces personnages est réellement de figurer, chacun pour sa partie, la totalité préfigurée du clan. Ces vies des individus, motrices des clans et des sociétés superposées aux clans, assurent non seulement la vie des choses et des dieux, mais aussi la « propriété » des choses. Elles assurent la vie des hommes, ici et dans l'au-delà, mais encore la renaissance des individus, seuls héritiers des porteurs de leurs prénoms…

Ces différentes références concordantes ont pour but de montrer, de façon très cursive, que l'identité de la personne dans les sociétés fondées sur le don-contre-don en tant que « phénomène total » est définie dans une perspective éminemment « contextuelle », et cela dans un sens très large, puisque « total ». L'identité est composée de multiples appartenances horizontales et intergénérationnelles socialement institutionnalisées qui attribuent rôles et statuts ; elle lie chacun au monde commun des hommes, qu'il s'agisse de leurs rapports à leur environnement naturel ou aux choses qu'ils produisent, de leurs rapports au temps ou à l'espace, et les relie chacun à l'ensemble du système de significations de leur société[46].

C. Geffray souligne à propos des Yanomami : « La joie de vivre dans le chapouno[47], la subjectivité rayonnante de nombreuses populations amérindiennes qui ont frappé l'esprit de générations d'observateurs européens ». Cette subjectivité rayonnante est liée à ces multiples appartenances, à une vie sociale intense, ouverte sur un large espace public.

À l'inverse, l'individu occidental se définit aujourd'hui par sa liberté au regard de l'ensemble de ces attaches multiples croisées et à l'évidement du moi qui en résulte. Cette libération qualifie bien, écrit J.-C. Michéa (*op. cit.*), l'illusion moderniste : c'est-à-dire une société qui se serait enfin affranchie des limites que chaque culture particulière impose, par définition, à ses membres, qui devrait exiger de chaque individu et de chaque peuple qu'ils renoncent définitivement à toutes les formes d'appartenance antérieure (de la tribu à la nation, en passant par le village et le quartier). Ces formes d'appartenances et d'identité tout comme les statuts professionnels, statut

---

[46]. Le don-contre-don s'applique également au rapport à l'environnement. Les analyses alternatives en économie actuellement n'interdisent pas de penser qu'elles puissent s'orienter dans une telle voie.

[47]. « Habitat collectif yanomami, vaste auvent circulaire, tronconique, où trente à soixante personnes se distribuent en foyers familiaux autour de la place centrale. » (C. Geffray, *op. cit.*, 2001)

salarial, services publics – « que l'idéologie moderniste conduit inévitablement à percevoir comme autant d'obstacles « archaïques » et « réactionnaires » à l'unification promise du genre humain sous l'enseigne du marché mondialisé ». Ceci a pour effet, et comme condition, comme le souligne Georges Balandier (2004), « l'incertitude généralisée qui est continûment présente dans la succession des ruptures que la sur-modernité engendre, tout comme celle du doute généralisé. »

Au regard de ces processus parallèles de subjectivation et d'individuation du droit, de la morale et du politique évoqués en début de ce travail, l'éthique relationnelle introduit un principe d'objectivité accessible et concret, non pas imposé d'en haut, mais qui relie les personnes subjectivement comme *alter ego* et les pose d'emblée comme acteurs les uns avec les autres.

Dans cette perspective, une logique de développement de « proche en proche » qui caractérise le développement des différentes activités du CISP conduite par l'ouverture et garantie par le pluralisme peut avoir pour horizon cette totalité que décrit M. Mauss à propos des sociétés du don au sens où chacun peut y trouver sa place, du moins bien sûr en théorie.

Autrement dit, le travail de groupe, l'éthique qui le guide, l'expérimentation de l'équilibre du donner, recevoir, rendre et du principe de justice auquel chacun se soumet, la libération de la pensée, des émotions, du jugement qui l'accompagne, le plaisir qu'engendre la participation à la construction du « bonheur public », les relations amicales qui se substituent à la distance, à la méfiance ou à la peur, sortent la subjectivité de sa monade « égologique », libre, mais auto-aliénée, autosuffisante, mais toujours menacée par un rapport à soi insuffisant et dévalorisé, hantée par la quête de sa véritable identité. Cela sort aussi chacun des formes de conduites relevant de la « rationalité subjective » de nature défensive, selon Christophe Dejours (2000) « qui peuvent résulter de la disjonction, ou du conflit qui existe entre l'organisation sociale et le fonctionnement psychique. Moyens de désaliénation, cela permet à chacun de relier ce qui a été séparé dans sa psyché et dans son rapport à autrui, en se réappropriant le sens de son action. » En lui permettant d'appartenir à une multiplicité de mondes communs, cela lui ouvre la faculté de concevoir la possible continuité qui peut exister entre rapport à soi, rapport à autrui et rapport au politique, et de contribuer à l'édification de ces mondes communs. On a déjà vu en effet que ce qu'apprennent ceux qui suivent les formations, les ateliers et autres groupes de travail proposés par le CISP disent souvent appliquer dans d'autres sphères que leur sphère professionnelle ce qu'ils y ont appris : dans leur vie familiale, avec leurs amis, leurs voisins… tout comme les familles suivies peuvent l'appliquer à d'autres sphères qu'à la sphère intrafamiliale. En ce sens, le travail effectué peut œuvrer à dépasser le principe de division coextensif à la démocratie telle que les pays occidentaux la connaissent, en reliant ensemble les significations et les valeurs de la société.

Ces effets de la mise en œuvre de l'éthique relationnelle dans le travail des groupes sont inséparables d'un enrichissement et d'un élargissement de la subjectivité dans ses différentes composantes, au sens où de multiples « participants » y trouvent une place selon un rapport de soi à soi confiant et amical, constitutive de l'intersubjectivité de nature démocratique. C'est ce lien entre élargissement de la subjectivité et mise en œuvre de l'éthique relationnelle qui autorise, en redonnant sa place au désir de chacun, la mobilisation des participants en ce qu'elle réaccorde le fonctionnement psychique de chacun et le fonctionnement du groupe.

C'est un enrichissement de la subjectivité de même nature que relève E. Jaffelin (*op. cit.*, p. 100) à propos des effets de la gentillesse :

> « Le gentilhomme se densifie par l'oubli de soi qui le porte vers autrui. Les subjectivités se densifient, s'enrichissent, se coconstruisent à travers le don et le contre-don. Pleinement lui-même, le gentilhomme rend possible la morale comme une relation intersubjective et non comme le triomphe de la norme objective. »

Les divers ancrages territoriaux, parentaux, familiaux, scolaires, amicaux, de voisinage, par la nature des liens qu'ils tissent, se renforcent, s'accroissent et se diversifient

Dans ce contexte, la question de l'identité de soi évoquée par Supiot, qui hante nos contemporains et sur laquelle débouche le processus de déliaison historique n'a plus besoin d'être posée. La déprise de l'auto-aliénation qui consiste à enfermer l'individu dans l'exercice d'une domination sur le rapport à soi, qui prend, entre autres, la forme d'une psychologisation, passe, comme on le voit, par la mise en circulation généralisée du donner-recevoir. Celle-ci allège le poids de cette contrainte en lui permettant de se partager, tout en levant les inhibitions qui entravent l'exercice de la responsabilité individuelle et collective. Par ailleurs, en reconnaissant la valeur et les apports de chacun au sein d'une dynamique intersubjective, la mise en œuvre de l'éthique relationnelle lui permet de conquérir une identité en tant qu'accomplissement de soi avec autrui.

Chapitre 5 : développement, essaimage, réseaux

Dans ce chapitre nous abordons l'activité du CISP dans le temps, la continuité et l'enracinement local de l'ensemble de ses domaines d'actions conjuguées. Celles-ci ont permis son développement en termes de contenu et d'extension territoriale. Puis nous aborderons le développement et les modalités de l'essaimage des actions du point de vue des acteurs responsables ou de leurs bénéficiaires.

Continuité, développement et extension territoriale de l'action

Continuité

Eveline Chevalier rejoint le CISP en 2001, lors de l'implantation de cette ONG en Algérie, pour en être la chef de mission après avoir travaillé pour MSF Belgique en Algérie depuis 1998, parce que l'orientation générale du CISP, le développement des peuples, correspondait mieux, selon elle, à la situation de ce pays.

Dès les débuts de l'installation du CISP, la vision d'ensemble de l'action et l'orientation de ses principales activités sont déjà en place : le soutien des familles et des enfants en difficulté et traumatisés par la « décennie noire », le soutien et la formation des professionnels afin de les aider à mieux prendre en charge ces familles, le développement de la société civile par des formations destinées à l'apprentissage de la gestion des associations et à la promotion des droits de l'Homme, ce à partir du soutien aux activités de la LADDH et de la formation de ses militants. La conjugaison des actions sur un même territoire est également déjà programmée, tout comme le soutien au travail en réseau, tandis que la formation des formateurs est déjà envisagée sinon amorcée. Ces différentes activités seront régulièrement poursuivies jusqu'à aujourd'hui.

Trois de ses principaux et plus gros partenaires l'AFAK, la LPSJE et la LADDH sont déjà associés à son action, rejoints bientôt par l'Étoile culturelle d'Akbou. Ils demeureront jusqu'à maintenant ses associés permanents en copilotant avec lui ses différentes activités.

Depuis, l'action du CISP ne cessera de se développer en renforçant les structures déjà soutenues et en touchant des groupes et des territoires de plus en plus étendus, tout en élargissant et spécialisant la palette de ses formations et de ses actions en fonction des demandes et des besoins identifiés ou exprimés.

La continuité des actions est également assurée par la fidélité des formateurs étrangers qui en assurent les formations. Il s'agit là d'un des aspects qui font la force du dispositif d'intervention du CISP. Certains d'entre eux ont été présents en Algérie avant même l'implantation du CISP dans ce pays et travaillaient aux côtés d'Eveline Chevalier dans le cadre de MSF Belgique. Ils ont pu ainsi créer des liens forts avec les principaux partenaires de longue date du CISP en raison des circonstances dramatiques de leur intervention. Leurs premières interventions datent en effet de 1998 :

> « Je suis intervenu avec Jean-Marie et Eveline pour présenter la thérapie contextuelle dans le cadre de MSF Belgique avant l'implantation du CISP. La « Clinique de Concertation » était en gestation. C'était le couvre-feu à l'époque. Les Algériens étaient très contents de nous voir arriver et ils ont vu l'intérêt direct de notre formation et de notre présence pour recevoir les familles en grande détresse. Cela faisait dix ans que tout était fermé en Algérie, les professionnels étaient très intéressés d'apprendre et curieux. On peut faire beaucoup de choses dans un cadre très démuni. On avait hyper chaud ou hyper froid. Ces conditions créent de la convivialité et de la proximité. On ne pouvait pas jouer faux. On se disait : on n'y va pas pour faire un aller-retour. On donnait des formations de trois à quatre jours et nous sommes revenus là quatre fois. Ça crée des relations plus importantes avec les gens ; c'était plaisant de les retrouver et très porteur. La méthodologie était elle aussi porteuse. Entre nos formations un groupe de travail fonctionnait ; ils se voyaient entre eux, faisaient des écrits et, quand on venait, ils nous faisaient un retour de ce qu'ils avaient fait dans l'entre-temps. »

D'autres expatriés se sont joints à eux qui interviennent toujours régulièrement en Algérie depuis le tremblement de terre de Boumerdès :

> « On était là lorsque le tremblement de terre a eu lieu. Eveline a redemandé des financements à la Fondation de France et à l'Union européenne pour voir comment installer dans les centres de sinistrés des centres de proximité à partir des Algeco. On a installé des grands Algeco, on y a fait des formations pour les éducateurs et pour les psychologues. On utilisait ces centres aussi pour y organiser des activités pour les enfants, des maisons de jeunes avec bar, eau, thé et tapis par terre, avec l'aide des APC. On a fait des débriefings, des supervisions des professionnels présents sur le territoire qui n'en pouvaient plus. Ils avaient dû venir du jour au lendemain sur le terrain sans être jamais sortis auparavant de leurs bureaux. Eveline a continué à m'inviter pour donner des formations aux éducateurs qui travaillaient dans les camps de sinistrés », raconte Damien Bael.

Florence Buseyne, également présente sur les lieux, intervenait inlassablement sur les sept centres de sinistrés dispersés sur le territoire frappé par le séisme en effectuant des centaines de kilomètres par jour. De tels engagements dans de telles conditions de travail créent des attachements, installent la confiance, facilitent l'adaptation des interventions au contexte algérien, le questionnement sur leur pertinence et les ajustements nécessaires. Certains expatriés des débuts, qui ont arrêté d'intervenir lorsque des projets ont été clôturés, ne songent d'ailleurs qu'à revenir.

La continuité depuis une quinzaine d'années des actions et de la transmission d'outils aux bénéficiaires du CISP apparaît comme la condition du renforcement de la capacité d'intervention des Algériens pour prendre en main leur destin, comme le montrera l'amplification des demandes en ce sens.

Développement

Lors du démarrage du programme de DDH1, le CISP travaille avec trois partenaires principaux. Avec DDH2, qui prolonge le précédent programme, il en compte trois de plus : la *wilaya* de Boumerdès, l'Étoile culturelle d'Akbou, la Ligue communale d'activités de plein air et d'échanges entre jeunes de Djanet. Le passage de DDH2 à DDH4 constitue un tournant important dans le développement du CISP en raison surtout du développement du nombre de ses partenaires et de l'importance du rayonnement de certaines d'entre elles. La multiplicité des partenaires permet la mutualisation des compétences et des expériences, la démultiplication de la transmission de celle-ci et des actions.

Lors de la mise en œuvre de ce programme, le CISP s'associe avec une bonne quarantaine de partenaires dont le CIDDEF depuis 2010, pour les droits de l'Homme en général, des directions ministérielles ou des institutions publiques (ministère de l'Éducation nationale, de la Jeunesse, de la Solidarité, de la Santé, plus récemment le ministère de la Ville, des APC, des *wilayate*, des *daïra*) et d'autres partenaires associés à des projets plus spécifiques. S'y ajoutent des microprojets, avec parfois des financements en cascade, ces projets portant sur les droits de l'enfant, la prévention de la délinquance juvénile, l'élaboration de plaidoyers, la non-discrimination des femmes, la participation des jeunes au développement local. Une nouvelle étape dans le développement d'un réseau partenarial est franchie en juin 2012, lorsque l'association l'Étoile culturelle d'Akbou devient le chef de file d'un des plus grands réseaux d'associations algériennes. Ce réseau algérien de la Fondation Anna Lindh pour le dialogue entre les cultures compte plus d'une centaine d'associations de divers horizons et profils différents. Le CISP et l'ÉCA ont saisi cette opportunité pour élargir à une dizaine de *wilayate*, à partir du montage d'un consortium d'associations pour la promotion des droits de l'enfant, la diffusion de l'exposition interactive

« Apprendre à exercer les libertés ». Ils ont également animé plus de 43 séances de vulgarisation de l'exposition, touchant ainsi plus de 7900 enfants, dont 3600 filles. À la même époque le CISP devient membre de l'association et du réseau *Nada*, dont l'objectif est d'amener les institutions et les associations travaillant dans le domaine de l'enfance à intégrer la question des droits de l'enfant dans leur stratégie de développement et ce, par la formation, le plaidoyer, la sensibilisation et la mobilisation. Le réseau *Nada* copilote le projet du CISP « Pépinière de jeunes citoyens » aux côtés des associations partenaires le CIDDEF, la LADDH, projet auquel participe également l'association Tudhert. À l'occasion des événements qu'organise ou soutient le CISP, celui-ci s'associe avec de multiples partenaires, par exemple l'ONG internationale soufie *Alawiya AISA* ou l'association Cheikh El Alaoui pour l'éducation et la culture soufie, ou encore l'ONG *Amnesty international*, « *Joussour* », l'Assemblée populaire de la *wilaya* de Bejaïa, l'AYC (*Algerian youth camp*) qui regroupe des universitaires et des étudiants investis dans le milieu associatif), le MJIC (Mouvement des jeunes indépendants pour le changement), la CNCD (Commission nationale pour le changement démocratique)...

Une illustration de ce développement est l'accroissement du nombre des associations dont les membres (généralement deux par association) suivent les formations diverses du CISP. Celles-ci sont, pour beaucoup d'entre elles, des associations partenaires dont les membres ont suivi par la suite ces formations.

Au cours du projet DEM-A-R (DDH4), le CISP compte plus de soixante-dix associations partenaires[48]. Leur liste, non exhaustive[49], illustre l'étendue

---

[48] Ces associations sont les suivantes : Le Banquet de Platon, Graine de paix, Futur pour le développement, Ciné +, la LADDH, Jeunesse +, *Assurif*, Bel Horizon, Tudhert, Agir, *Bariq* 21, *El Hayet* (association pour la protection de l'enfance), le Petit lecteur, FARD, MSF, l'association Femmes rurales, l'association féminine Génération oranaise, l'association *El Ikram*, le collectif de *Constantine Feministing*, le collectif *Barakat*, l'ÉCA, *Amnesty International*, le Rassemblement-Actions- Jeunesse (RAJ), le Café littéraire, l'association Un pas, *Ikloulaf, Amosnaw* (Le sage scientifique), Promotion et loisir des jeunes, Project'heurt, SOS Disparus, *Tadukli*, *Tanalit, Thawrirt Nag*, la Voix d'Apulée, AFAK, *El Amel*, Flambeau vert, Info Com, École et Familles, Étoile culturelle de Bouhamza, association culturelle FELDEN, Association culturelle *Thafath*, l'association Drôles-madaires, l'association culturelle Méd-Action, l'association caritative Sidra, l'association Le Défi pour enfants inadaptés mentaux, l'association de la lutte contre la toxicomanie (ALT), l'association « Rayon de Soleil » destinée aux enfants autistes, l'association pour les diabétiques de la *daïra* de Tazmalt, l'association TEJ pour les enfants malades et handicapés, une association de lutte contre les myopathies, l'association *Tedj* à El Oued dans le sud, l'Association pour l'aide psychologique, la recherche et le perfectionnement (SARP), l'association *KHADRA* (pour la protection de l'environnement), association *Djazairouna* des familles victimes du terrorisme, le

des domaines d'intervention des associations concernées par les actions et les formations du CISP. Elle illustre surtout la croissance exponentielle, à partir de DDH4, des actions menées, proposées ou soutenues par le CISP, la justesse et la pertinence de sa vision et de sa stratégie globale, le bien-fondé du pari sur lequel repose son action. Les chiffres concernant les personnes directement touchées par les actions du CISP au fil des programmes (qui figurent dans l'annexe II de ce rapport) donnent plus précisément la mesure de cette croissance.

Quant au contenu, concernant la promotion des droits de l'Homme, lors de la dernière année du programme de DDH1, le CISP ajoute aux diverses actions de sensibilisation aux droits de l'Homme, la création d'un certificat des droits de l'Homme dont l'organisation, le suivi et l'obtention du diplôme sont pilotés par l'Institut des droits de l'Homme de Lyon. Cent-vingt jeunes, d'un niveau d'études supérieures, sont sélectionnés dans le cadre de ce certificat, en fonction de leur engagement dans la société civile. Parallèlement, dix personnes sont formées à prendre le relais des formations aux droits de l'Homme, choisies pour leurs compétences d'enseignants et leur engagement dans la défense de ces droits. En même temps la sensibilisation aux droits de l'Homme s'étend aux jeunes universitaires à travers leur participation aux conférences, débats dans les universités des quatre zones considérées : Alger, Oran, Kabylie, Constantine. 2400 jeunes universitaires les ont suivies. La percée dans les milieux universitaires permet au CISP et à la LADDH d'avoir une portée beaucoup plus large que prévue, notamment à Oran et à Bejaïa.

Une vingtaine d'avocats, constitués en réseau, sont formés par un partenaire italien, pour assurer la défense des défenseurs des droits de l'Homme. Très récemment a été créé l'Observatoire national pour un procès équitable dont les membres ont été formés par la LADDH avec le soutien du CISP.

La promotion des droits de l'Homme en direction de l'enfance et des adolescents se poursuit à travers plusieurs projets, notamment le projet de création d'une « pépinière de jeunes citoyens » dans les écoles, en particulier avec la création de six conseils communaux des jeunes, outre celui de Bab el Oued, à Akbou, Chelatta, Batna, Biskra, Skikda, Guelma, qui fonctionnent et se renouvellent d'une année sur l'autre et plusieurs autres à l'état de projets, comme à El Hadjeb. La constitution des CCJ est soutenue par un programme de formation aux techniques participatives pour soutenir les encadrants des jeunes et des adolescents. Y ont participé trente-trois encadrants venus des régions concernées.

---

collectif des *haraga*s disparus en mer, *Abunawas, Amusnaw*, l'Association Nationale des femmes en Communication, l'association *El Manar*, l'ANEJ, plusieurs associations d'étudiants comme l'AAI, le réseau Arci.

[49]. Nous n'avons pas pu disposer des archives permettant d'en dresser une liste complète.

L'existence de ces CCJ suscite de multiples demandes et une synergie se crée avec d'autres territoires. Souhaitant confirmer l'effet de « contagion positive » de ces CCJ, le CISP a réuni les jeunes de ces différents CCJ et a organisé une mission destinée à sensibiliser des associations de l'Est algérien intéressées par cette expérience.

La formation à la Gestion positive des conflits lors de DDH2 est assurée par les animateurs formés pour être formateurs. Suite au succès de ces formations, l'équipe de formateurs a été sollicitée pour mettre en place ce type de démarche en Tunisie et au Maroc. Sur les trois régions concernées, Tizi-Ouzou, Bejaïa, Akbou et Boumerdès, 167 personnes relais ont été formées durant la troisième année du programme. On peut considérer que plus de 835 personnes ont été touchées indirectement par ces formations, compte tenu de leur impact dans les familles ou au niveau des collèges.

Lors de DDH1 le nombre des consultations psychologiques s'élève à environ 2000 et les consultations juridiques à près de 2500, tandis que durant la troisième année du programme DDH2 les juristes accueillent 120 nouveaux cas par mois.

À côté des actions qui visent à renforcer, étendre, spécifier, ramifier et compléter les diverses actions entreprises depuis DDH1, des projets plus spécifiques sont mis en route.

Le projet « Enfance et Jeunesse », d'une durée de trente mois, se termine en mai 2011. Il consiste à soutenir et mettre en réseau des acteurs institutionnels et de la société civile pour la promotion des droits de l'enfant et la réhabilitation des enfants victimes du terrorisme à Bab el Oued[50]. Plus de 450 professionnels ont été formés au Travail Thérapeutique de Réseau tandis que quarante d'entre eux ont été formés pour être en mesure d'animer des rencontres de coordination associant professionnels et citoyens. L'atelier de soutien scolaire a été fréquenté par environ 3200 enfants et jeunes adolescents. Plus de 150 adultes ont été formés à la pratique de la non-violence ; ils travaillent auprès d'enfants et d'adolescents dans des structures publiques (collèges, maison de jeunes) et associations (associations de parents d'élèves et associations partenaires du projet). Le CISP estime à 25 000 le nombre des jeunes qui ont été initiés à la communication non-violente et à la Gestion positive des conflits. Sachant que les professionnels de l'Éducation nationale qui ont été également formés à la Gestion positive des conflits et aux techniques de la communication non-violente les mettent en pratique dans leur classe, on peut estimer que 3600 enfants y ont été initiés.

Un second projet concernant la jeunesse vise à améliorer les connaissances des acteurs associatifs et institutionnels sur la situation des enfants en conflit avec la justice afin d'améliorer leur prise en charge.. Deux résultats sont attendus : outre une meilleure connaissance et une meilleure

[50]. Voir plus haut l'évaluation externe menée sur cette action.

compréhension du fonctionnement de la justice des mineurs, afin de rendre effective la protection des droits des enfants en conflit avec la loi, d'autre part une mise en réseau des professionnels et des militants associatifs impliqués dans le domaine de la justice des mineurs qui permette la mise en place d'alternatives aux prises en charge actuelles.

Le programme spécifique « Le Monde selon les femmes » qui vise l'égalité et la non-discrimination envers les femmes en Algérie, la garantie du respect de leurs droits, plus particulièrement leurs libertés individuelles, voit le jour en 2013. Ce projet part du constat selon lequel si une génération de femmes a mené une bataille pour les droits des femmes dans les années 1970, le mouvement féministe peine à l'heure actuelle à mobiliser la jeune génération, la relève étant à construire.

Outre les formations proposées, le CISP offre des formations destinées à une vingtaine de formateurs capables de former des adultes et des jeunes gens autour des stéréotypes, préjugés et discriminations et de fonctionner en réseau. Il soutient la construction d'un plaidoyer permettant de faire valoir les droits des femmes et leurs droits aux libertés individuelles en prévenant les conduites discriminatoires et de violence à leur égard. Ce programme se déploie dans plusieurs villes : Alger, Constantine, Mostaganem, la Kabylie et Djanet.

Un outil d'animation, « les carnets du genre », destiné aux animateurs et aux enseignants, traduit en arabe et contextualisé au regard de la situation algérienne, doit être proposé au ministère de l'Éducation nationale en tant qu'outil potentiel des programmes d'éducation civique, depuis peu obligatoire dans les écoles. Le CISP et ses partenaires ont déjà réussi à introduire dans les écoles des outils pédagogiques, tel le manuel *Graine de citoyen* et *l'Effeuilleur* qui reprennent les jeux de coopération et de gestion positive des conflits à destination des enfants et des adolescents. Ces outils sont devenus partie intégrante de certaines pratiques pédagogiques d'enseignants concernés par ces outils et les formations qui les accompagnent.

La construction du plaidoyer sera élaborée à partir de la capitalisation de plusieurs actions : d'une part des conférences-débats auprès de plus de 1000 jeunes universitaires. En effet, « qu'il s'agisse de l'école ou des universités, peu de choses existent qui permettent de déconstruire les préjugés et d'apprendre les principes de base du respect du civisme et de la dignité. » En second lieu est mis en place un module de formation sur « plaidoyer et genre », avec l'utilisation de la méthode des intelligences citoyennes comme pratique mobilisatrice, destinée à permettre l'émergence de vingt relais parmi les collectifs de jeunes femmes ayant un savoir-faire en matière de logique et d'outils qui permettent de défendre les droits des femmes et de modifier regards et comportements. Les participants impliqués dans la démarche témoigneront de situations injustes vécues. Une parole solidaire et des revendications seront issues de l'ensemble de ces témoignages, tout comme des projets, des initiatives dans les quartiers, des innovations culturelles et sociales. Cette démarche de construction de plaidoyer a été étoffée par la mise en place d'un espace créatif et interactif de sensibilisation pour une quinzaine de jeunes lors d'une résidence d'artistes encadrée par deux artistes habitués aux « Arts performances ». Les outils artistiques de plaidoyer permettent de toucher le public plus largement, de façon plus accessible et novatrice, et d'être relayés par la presse.

A été aussi organisée une université d'automne de trois jours sur le thème « les droits de la femme, transmission culturelle et familiale », ouverte à une cinquantaine de jeunes, qui permet de dégager des axes d'interpellation et d'action pour combattre les discriminations.

Nous illustrerons ici les modalités de développement de l'une des activités soutenues par le CISP : les consultations juridiques, ces modalités se présentant le plus souvent selon le même schéma pour les différentes activités soutenues par le CISP.

Les premières formations sont destinées à répondre aux besoins de l'urgence, celle de soutenir et former les personnes qui interviennent pour porter secours aux familles sinistrées par le séisme qui a eu lieu à Boumerdès. C'est dans ce but que des formations à la « Clinique de Concertation » et au Travail Thérapeutique de Réseau ont été proposées à ceux qui travaillent dans les consultations psychologiques en collaboration avec les avocats qui proposent des consultations juridiques. Ces deux types de consultation ont été installés dans la région de Boumerdès et également dans la Maison des droits de l'Homme à Bejaïa. Pour toucher les populations éloignées des centres urbains, juristes et psychologues se sont déplacés en de multiples villages reculés pour offrir des consultations, couplées avec des sensibilisations aux droits.

Au bout de neuf années de fonctionnement les consultations juridiques sont débordées par la demande. Ces consultations ont acquis une grande visibilité dans le territoire et sont donc victimes de leur succès. Si au départ les demandes concernaient des questions de divorce, de logement, de conflits de voisinage, d'héritage, etc., c'est-à-dire des contentieux qui relèvent de la justice civile, et si le rôle de conseil consistait à accompagner les citoyens dans leurs démarches et à les orienter de façon pertinente à travers le réseau alors constitué, avec le temps les demandes se diversifient. Outre celles qui concernent la justice civile, affluent celles qui concernent plus spécifiquement les droits humains. De nouveaux besoins apparaissent aussi du côté des professionnels. Les avocats ne sont pas outillés, notamment pour accéder de façon pertinente aux instances internationales. Dans ce but des formations sont actuellement en cours d'organisation, qui font appel à l'association italienne UFTDU (*Unione forense per la tutela dei diritti umani*). Des réunions au niveau du CISP sont en cours qui visent à préciser les outils nécessaires.

En outre l'afflux des demandes déborde en ce qui concerne le suivi des affaires. Manquent les outils nécessaires à la gestion des dossiers et à la capitalisation des expériences. Manque une base de données qui permette d'identifier les ressources existant sur le territoire en matière d'aide juridique, comme l'aide judiciaire gratuite, et qui permette d'adresser les personnes aux bons lieux. Naissent ici comme ailleurs des besoins en matière de gestion et de rationalisation du travail liés au développement et à la visibilité des actions qui nécessitent une bureaucratisation du travail et les moyens humains correspondants. Avec ce développement se fait jour une spécialisation nécessaire des professionnels, entre ceux qui défendent les victimes de la violation des droits humains et ceux qui prennent en charge le tout venant des contentieux qui relèvent de la justice ordinaire.

Par ailleurs les juristes qui travaillent dans différentes consultations juridiques ne voient pas les mêmes demandes affluer. Mais, comme le remarque un avocat au cours d'une réunion avec le CISP, la diversification des demandes entre contentieux en matière de justice civile et contentieux en matière de droits humains va nécessairement arriver à ceux qui, pour l'instant, ne traitent que de contentieux de la justice ordinaire. Ceci va impliquer pour le CIP une extension future des formations de nouveaux avocats aux moyens de défense des victimes de la violation des droits de l'Homme.

Une importante étape du développement des activités du CISP est franchie avec la production de multiples écrits dès la fin de DDH1. Un travail de capitalisation des expériences commence avec la publication *La citoyenneté et la reconstruction du dialogue de 2006 à 2008.* Est publié à la même époque l'ouvrage *De proche en proche* relatif à la « Clinique de Concertation » et au Travail Thérapeutique de Réseau, réédité et traduit en arabe en avril 2016. Suit en 2011 l'ouvrage *Apprendre à vivre ensemble*, en deux parties, l'une *Pensée*, l'autre *Agir*, qui retrace les expériences de réconciliation nationale en Grèce antique, en Afrique du Sud et au Rwanda, situe le cadre légal de la Réconciliation nationale en Algérie et offre une réflexion sur les moyens possibles de la mener à bien. Suivent, déjà mentionnés, les manuels en 2013 relatifs à l'éducation à la citoyenneté et au respect des droits humains, l'un concernant le programme « Graine de citoyen », l'autre la constitution de conseils consultatifs de jeunes. Est en même temps confectionné un syllabus destiné aux étudiants qui suivent les formations au certificat des droits de l'Homme. Un manuel est édité qui concerne les différentes étapes de la démarche à suivre en matière de constitution et d'écriture d'un plaidoyer. Il en est de même du *Guide juridique du citoyen,* d'*Un regard algérien sur les droits humains,* et de *Citoyenneté et État*. Est également publié un *État des lieux de la prise en charge des enfants en conflit avec la loi* ainsi que, plus récemment en 2015, un ouvrage sur les associations algériennes.

Les différents domaines d'intervention du CISP sont ainsi accessibles à des publics bien plus larges que ceux que ses actions touchent directement. Ce passage à l'écrit est d'autant plus important que maintes fois a été souligné en différents lieux « le trou noir » que représente pour les citoyens algériens la méconnaissance de leur culture et de leur histoire, tout comme est méconnue la littérature juridique relative aux droits de l'Homme et aux instances internationales qui peuvent s'en rendre garantes.

Extension territoriale

Les militants des droits de l'homme pour DDH1, formés à des sessions de sensibilisation aux droits humains, se situent dans les *wilayate* de Tizi-Ouzou, de Boumerdès, de Bejaïa, d'Alger et de Djanet. Pour DDH2, ils viennent des mêmes lieux auxquels s'ajoutent des militants venant de Mostaganem, Constantine, Tiaret, Bouira et Oran. Deux communes d'Alger, Bab el Oued et les Eucalyptus, sont concernées par la conjugaison des formations, auxquelles s'ajoutent des formations dans d'autres quartiers de la ville. Le CISP est par la suite plus attentif à la sélection des participants et à l'ouverture des formations à différentes régions du pays. Pour DDH4, les participants, tous universitaires et impliqués au sein d'associations ou de partis politiques, viennent de Bejaïa, Tizi-Ouzou, Oran, Constantine, Souk Ahras, Sétif, Skikda, Annaba, Tebessa, Alger, Boumerdès, Mostaganem, Sidi bel Abbès, Bouira, Batna et Blida.

Les formations à la « Clinique de Concertation » en appui de la prise en charge des personnes victimes de violence à Si Moustapha et à Tizi-Ouzou, lors de DDH1, s'étendent pour DDH2 à Alger, Blida, Boumerdès et Akbou. Elles s'étendent également dans le Grand Sud, Ghardaïa, Touggourt, Ouargla, El Oued, Djanet, Hassi Messaoud, Tamanrasset, Béchar, dans le cadre de « Mémoires de femmes ». Le CISP y intervient directement et indirectement à Djanet, à Ghardaïa, à travers les militants des droits de l'Homme qu'il a formés. Des militants formés à la Gestion positive des conflits et à la communication non-violente interviennent également à Djanet. De même, les consultations juridiques et psychologiques s'étendent parallèlement de la région de Tizi-Ouzou et des villages environnants à d'autres lieux de la Kabylie, à Bejaïa, à Akbou et à Boumerdès. Ces consultations juridiques et la formation à la « Clinique de Concertation » y rencontrent un franc succès et font des émules.

Les participants se sont engagés pleinement dans les activités de sensibilisation au Travail Thérapeutique de Réseau. Les relais se sont approprié cet outil en organisant 63 journées de sensibilisation au niveau de leur secteur d'appartenance et auprès d'autres structures (Santé, Éducation,

Jeunesse et Sports, de la Solidarité et de l'Action sociale, des associations dont huit associations partenaires de Handicap International,). Des sensibilisations ont également eu lieu au-delà des territoires prévus : Alger, Blida, El Oued, Batna, Sétif, Annaba, Akbou, Oran, effet de la contagion positive de ce dispositif. Ces journées de sensibilisation ont touché plus de 2520 bénéficiaires directs et 252 000 bénéficiaires indirects, c'est-à-dire les usagers de ces professionnels.

La direction de l'Agence de développement social, informée des résultats de ce dispositif par deux bénéficiaires des formations au Travail Thérapeutique de Réseau, demande au CISP de former des professionnels de son secteur sur quatre régions. Cette demande est un gage quant à la pérennisation des formations, à la transmission de ces outils thérapeutiques ; elle assure une visibilité et une reconnaissance de ce travail.

Les formations à la Gestion positive des conflits concernent des bénéficiaires venant d'Alger, Si Mustapha, Boumerdès, Naceria et Tizi-Ouzou lors de DDH1 et s'étendent, lors de DDH2 à des bénéficiaires venant d'Akbou, Alger et Blida.

Un ambitieux projet dans le Grand Sud, « Voix du Nord, Voix du Sud » est en cours de démarrage ; il vise, comme le montre son intitulé, à établir des liens entre les professionnels et les militants des associations du Nord et du Sud et à soutenir le développement de ces dernières, en partenariat avec de multiples associations.

Voici trois cartes qui illustrent l'extension territoriale de l'action du CISP jusque décembre 2015. (Pour un récapitulatif complet se reporter à l'annexe III.)

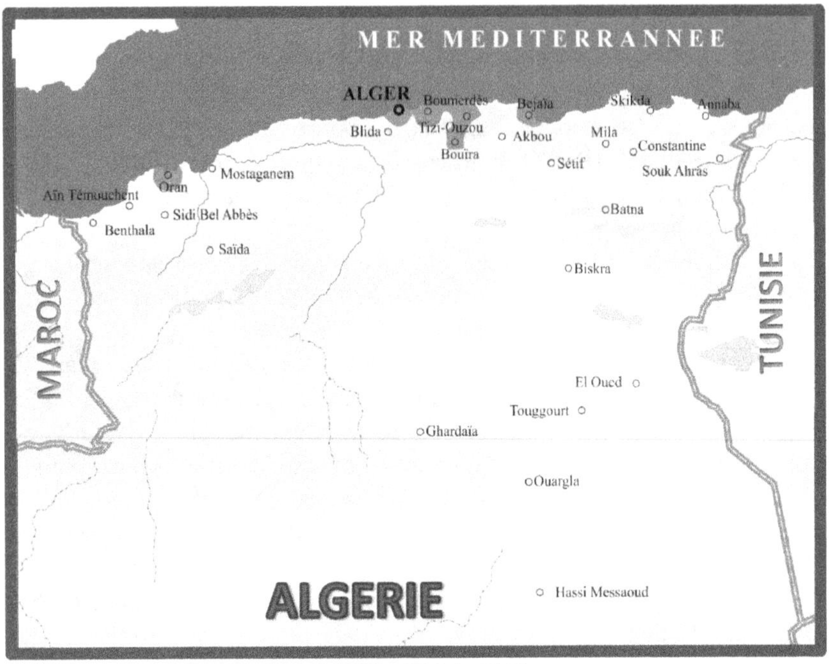

DDH1 : 2006 - 2009

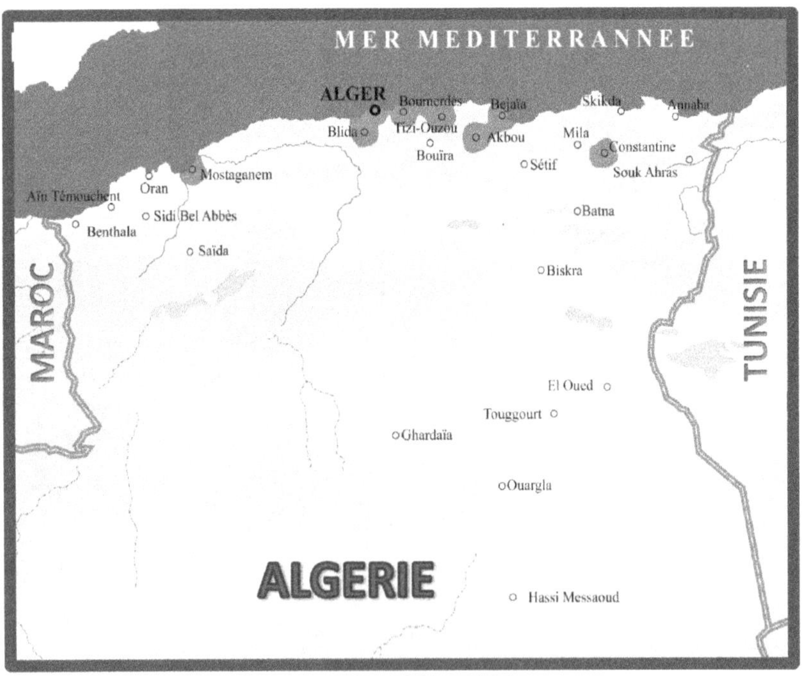

DDH2 : 2009 - 2011

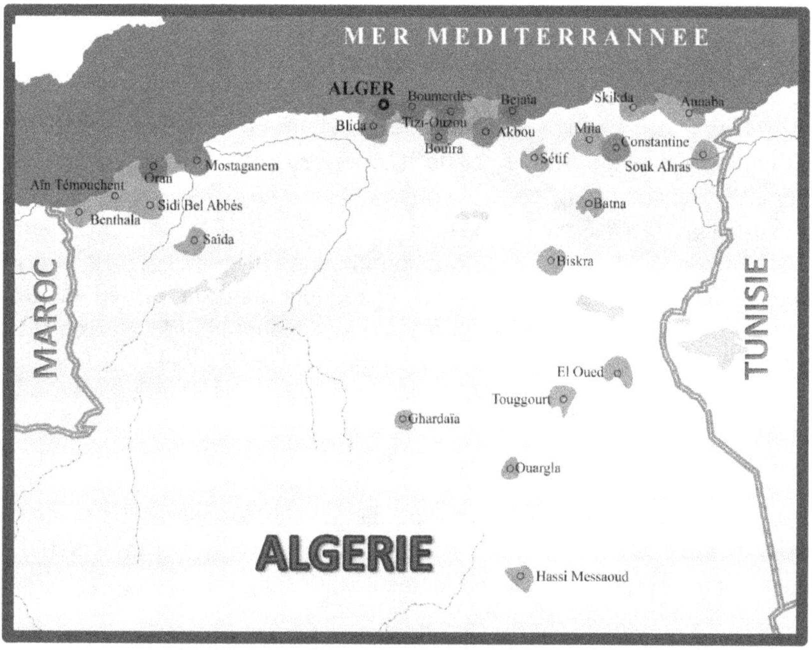

DDH4 avec les micros projets : 2012 - 2015

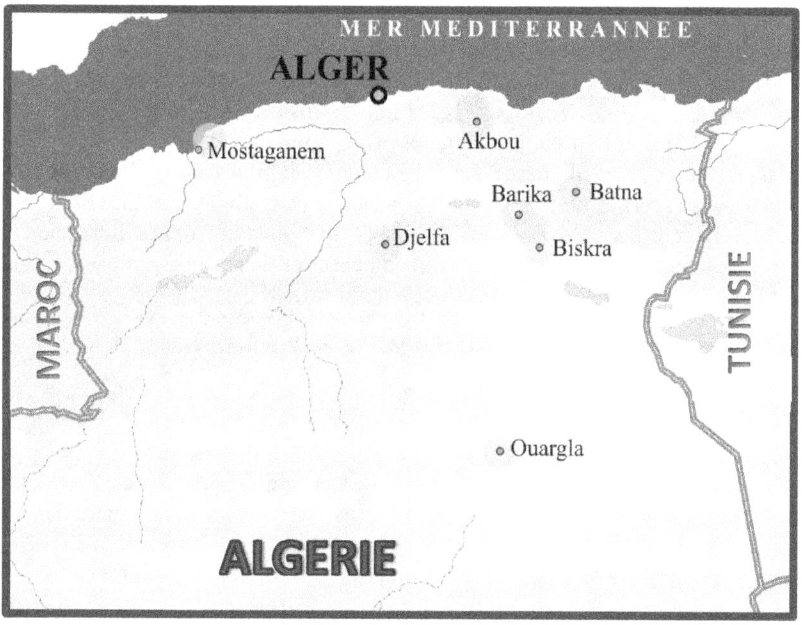

Le développement et les modalités d'essaimage des actions, relais et réseaux

Nous présentons ici le point de vue des acteurs, formateurs, bénéficiaires, coordinateurs et responsables sur le développement des activités soutenues par le CISP en fonction de ses domaines d'activité. L'essaimage se produit non seulement comme on l'a évoqué plus haut dans l'activité pour laquelle les bénéficiaires ont été formés, tout comme dans la sphère privée au sein de la famille et auprès des amis, mais également dans le milieu de travail lorsque les militants associatifs travaillent. Nous aborderons ensuite la question de la transmission de la formation et celle de la construction de réseaux.

Le développement des associations

En ce qui concerne le travail de la LADDH, une participante à la formation au certificat des droits de l'Homme, journaliste et informaticienne de formation, évoque les prolongements de la formation reçue :

> « Ce qui importe, au-delà de la formation reçue qui était intéressante, des connaissances académiques et des contenus pertinents, ce sont les rencontres et le travail en réseau pour aller vers d'autres projets de défense des droits de l'Homme. Nous sommes par exemple arrivés à un projet d'« École populaire des droits de l'Homme » avec un militant qui a participé à un précédent certificat, et de nombreux participants à la formation soutiennent le projet et souhaitent travailler avec nous. Nous allons travailler sur la thématique des droits de l'Homme, mais je souhaite, par exemple, travailler sur la sécurité numérique, et nous allons traiter également de l'animation de blogs ou des techniques d'écriture». Elle ajoute : « Il faut se dire que les gens ne lisent pas beaucoup et n'écrivent plus, en dehors de quelques personnes qui tiennent des blogs, par exemple. Pour ma part je pense qu'il faut faire ce passage qui est important : faire des recherches et rédiger. »

Le vice-Président de la LADDH analyse le développement de celle-ci :

> « Avec quelques militants, nous participons au certificat des droits de l'Homme. Nous avons été identifiés comme une association thématique référente des DDH. Le CISP a postulé sur cette thématique. En 2005, la Ligue avait pris une nouvelle direction : l'axe renforcement des capacités des militants, mais nous avions besoin d'outils, de savoirs et de maîtrise. La formation de la société civile était nécessaire. Le CISP a renforcé la Ligue et lui a donné un axe stratégique. Le projet du CISP a bien répondu à ce besoin de formation. Grâce à lui, on a pu s'installer à Bejaïa, car il nous fallait de l'énergie et des finances. On a pu ouvrir un centre de documentation aux droits de l'Homme. En 2006, le centre est ouvert avec l'aide des Pays Bas, une aide qui s'est poursuivie jusqu'en 2009.
> Nous avons eu un transfert d'expertise à la LADDH car nous manquions d'outils, nous ne savions pas gérer des projets, ni le staff. Le CISP nous a

aidés à dépasser le côté militant et nous a renforcés. Cela a permis l'ouverture d'un bureau à Alger et des bureaux régionaux comme la maison des droits de l'homme et du citoyen.
Avec son souci de capitalisation, de mémoire, le CISP a beaucoup adapté et mémorisé : ce travail de mémoire a donné lieu à un guide juridique très apprécié, à des actes des universités d'été, à de la documentation accessible aux jeunes.
Il y a aussi l'élément de visibilité du CISP qui entraîne ses partenaires dans son sillage. Il se fait aussi par ce gros travail de transmission duquel nous retirons beaucoup de fierté. Tout ce travail de coordination, d'apprentissage de la gestion et du suivi renforce le réseau.
Le CISP a aussi acquis de la légitimité grâce à la Ligue. Nous avons ensemble reçu de gros financements par l'intermédiaire des DDH et nous-mêmes nous apportons une expertise de la réalité et du terrain.
Les projets les plus importants ont reçu des financements sur trois ans. Cela nous a permis de prendre le temps nécessaire pour constituer notre réseau et d'avoir ainsi un ancrage national. Nous avons pu tisser des relations avec d'autres partenaires. »

Il faut ajouter à ce travail la création par notre interlocuteur et le président de l'Étoile culturelle d'Akbou d'une émission de radio à Bejaïa :

« La radio de Bejaïa ouvre des espaces sur les sujets les plus tabous. On a une émission « l'avis et l'avis contraire » qui a lieu une fois par semaine avec un panel de personnes, des universitaires, des politiques, des membres d'associations qui débattent entre eux. Tous les thèmes sont traités. On arrive à dire des choses, même des choses qui ne sont pas acceptées par la société. Cette émission existe depuis plus de quatre ans ; elle est très écoutée. Ça n'aurait pas été possible il y a dix ans. Il y a une demande sociale, ça tient à la région : Bejaïa est une ville ouverte, on peut y parler de sujets très sensibles, comme de la liberté de culte ou de conscience. Ce sont des sujets dont on commence à parler. On parle des non-jeûneurs, les chrétiens commencent à avoir une voix ; il y a eu une rencontre entre musulmans et chrétiens. »

Hocine et Malik sont responsables du Centre de documentation des droits de l'Homme (CDDH) à Bejaïa. Ils travaillent en partenariat avec le CISP depuis 2009, lequel les a toujours accompagnés, depuis, dans leurs diverses actions. Représentant de la LADDH, Hocine est aussi syndicaliste. Et le CDDH est une plaque tournante où sont accueillis et soutenus[51] des syndicalistes ou des travailleurs en difficulté dans leurs entreprises.

« On a une bibliothèque très spécialisée. On y reçoit des étudiants, on fait des formations avec les mouvements associatifs, quelques séances en fonction de l'actualité. Je n'avais pas pu suivre l'ensemble des modules pour l'ensemble du certificat aux droits de l'Homme pour des raisons professionnelles, je le

[51].Nos deux interlocuteurs ont été rencontrés à la suite l'un de l'autre. Cet extrait est une combinaison des deux entretiens

fais maintenant. C'est le CISP qui était venu expliquer la démarche du contenu. Les thèmes abordés sont formidables !
Avant j'étais syndicaliste, j'étais à la direction nationale, ça marchait mal, j'ai été déçu par des camarades qui ont changé de camp, c'est pourquoi je suis passé aux droits de l'Homme et le CISP m'a conforté dans ce choix. Le CISP nous outille pour qu'on avance dans notre parcours et on essaye de les mettre en œuvre. Le CISP est notre partenaire privilégié, ils nous ont toujours accompagnés dans tous nos projets.
L'intéressant dans le travail avec le CISP, c'est l'échange d'expériences, la mentalité dans le travail. Ils nous ont aidés et nous aident à travailler ensemble pour faire la promotion des droits de l'Homme. Ils nous aident aussi sur le plan de l'information, et aussi sur le plan du financement. Nous avons de très bonnes relations avec eux
Nous avons touché des travailleurs à Bejaïa. Actuellement nous sommes dépassés par le travail et les demandes. La première fois, il y a quatre ans, on a défendu des grévistes. On a créé une structure qui essaye d'intervenir et qui travaille aux côtés des travailleurs en tant que comité de soutien. On a accompagné des travailleurs dans une dizaine d'entreprises, des entreprises comptant plus d'une centaine de personnes. Ils n'avaient pas de syndicat : on les a aidés à monter des collectifs, on les outille pour ça, sur la démarche à suivre. On les a accompagnés par le réseau dont on dispose ; on a fait appel à la presse pour vulgariser leur action et on a fait pression auprès des pouvoirs publics pour qu'ils s'intéressent au sort des travailleurs. Grâce à notre action on a pu les recaser.
Nous avons créé un Comité de solidarité des travailleurs qui intervient quand il y a un problème dans leur entreprise. Chaque tâche y a ses spécialistes. Pour ces actions, l'incontournable est de maîtriser les textes, les droits et de travailler avec tout le monde.
À notre niveau, toutes les dynamiques qui existent à Bejaïa passent par la LADDH. Les gens ont confiance et ils nous connaissent. Maintenant on nous sollicite directement. Nous sommes une référence dans la région parce que nous sommes partout sur le terrain sur ce thème des droits de l'Homme.
Nous avons quatre projets en cours. À la suite d'un colloque à Alger, nous avons mis en place un collectif d'avocats qui suit les procès. C'est un Observatoire des procès pour un procès équitable. On l'a mis en place ces jours-ci, à la fin de la formation. Ils vont très bientôt intervenir dans les procès.
Connaissant bien le système judiciaire, nous imaginons les difficultés. On veut qu'ils acceptent notre présence. On ne nous mettra pas dehors. Les difficultés sont au niveau des magistrats. Du côté des familles, on a des avocats qui font des consultations d'écoute juridique.
L'an dernier, des citoyens ont appelé à un déjeuner public pendant le Ramadan. Il y a eu une réaction d'autres citoyens qui ont voulu empêcher le rassemblement. On est intervenu pour empêcher que ça tourne au drame, avec toute la société civile pour condamner cet acte.
Des activités ont lieu chaque année à la maison de la culture, destinées au public, pendant le mois de Ramadan. Un groupe est venu voir un responsable de la Culture pour lui signifier que toute activité en dehors de la salle était

interdite. Nous avons créé un Comité de veille et de sauvegarde des libertés qui intervient pour interpeller les pouvoirs publics sur leur passivité et interpeller le ministère de la Culture pour qu'il continue les activités qu'il a lui-même définies. Ce comité doit exister chaque fois que les libertés sont menacées. On se réunit ces jours-ci pour voir le travail à venir, comme on l'a fait hier à Ghardaïa.
Nous essayons d'intervenir chaque fois qu'il y a un événement public important avec la société civile, avec le mouvement associatif. Nous essayons de négocier, d'interpeller les pouvoirs publics pour qu'ils prennent leurs responsabilités et pour trouver des solutions.
Nous sommes associés au CISP actuellement pour une formation destinée aux avocats, aux professionnels des droits de l'Homme, aux médias et aux élus locaux qui sont en contact avec la population. [...]
Nous intervenons aussi ailleurs quand il s'agit de questions importantes. Par exemple sur la question des non-jeûneurs. Il y en a qui ont été arrêtés. On a organisé des débats sur la liberté de conscience, sur la liberté de culte avec des avocats : la liberté de culte est garantie par la Constitution.
Nous travaillons avec les femmes, avec les enfants sur leurs droits humains. On organise des rencontres avec les enfants. On a ramené des élèves qui ont suivi des formations sur leurs droits. On a participé à la Journée mondiale des enfants. Le CISP y a participé indirectement en finançant. On choisit des thèmes d'actualité, on l'organise ensemble. Le CISP a accompagné cette action.
Je suis content de l'avancée de notre travail. Quand on voit que le mouvement associatif essaye de travailler en collaboration, quand on voit que des journalistes sont acquis à notre travail et essayent de nous soutenir, quand on voit qu'un collectif d'avocats est à notre disposition quand il s'agit de cas de violation des droits de l'Homme, quand vous voyez que des associations participent à l'action qu'on organise. C'est une avancée, c'est le travail de la LADDH soutenu par le CISP. »

Voici l'appréciation que porte, sur les projets de DDH1 et DDH2 (2006-2011), celle qui fut responsable de sa gestion responsable de sa gestion pendant quatre ans :

« La LADDH a été clairement renforcée à Tizi-Ouzou et à Béjaïa. Ils ont eu tout d'un coup un niveau d'activité régulier. Ils ont proposé des formations à leur siège ou lors des universités d'été. Un groupe de militants s'est constitué et fidélisé à Béjaïa et à Tizi-Ouzou. Il est clair qu'ils ont été renforcés, qu'ils ont été capables de mener et de déposer des projets au niveau des financements en leur propre nom.
En ce qui concerne la Gestion positive des conflits avec AFAK à Si Mustapha, les participants étaient motivés pour venir. On a formé un groupe de formateurs. Ils ont mis en place par la suite des activités pour diffuser la Gestion positive des conflits dans les écoles et le milieu associatif. C'est aussi un élément de réussite. »

Damien Bael qui est intervenu pendant plusieurs années sur la question de la toxicomanie laisse comprendre que la voix de la LADDH se fait entendre auprès de la population dans les différents lieux où elle est implantée et renchérit sur les propos de nos interlocuteurs précédents: « J'ai passé plusieurs jours avec deux militants de la LADDH. Il y avait deux groupes de défense des droits de l'homme, l'un à Alger, l'autre à Akbou. C'était sur la question de la toxicomanie. Les salles étaient bondées et c'était très dynamique. »

Nous évoquerons l'appréciation de plusieurs formateurs à la « Clinique de Concertation » sur son développement en reprenant d'abord les propos de J.-M. Lemaire, formateur à la thérapie contextuelle à « la Clinique de Concertation » et au « Travail Thérapeutique de Réseau » :

> « J'ai commencé à travailler en Algérie en 1998, à MSF avec Eveline, après avoir travaillé avec elle en ex-Yougoslavie, au Kosovo, en Bosnie et en Albanie. Elle m'a demandé de travailler à un projet de sensibilisation à la thérapie familiale et à la thérapie contextuelle à Alger. C'était une période dangereuse avec des attentats, des barrages et des faux barrages partout, la fin de la tragédie nationale, avec un projet à très court terme. C'était dans le cadre des journées algéro-belges de psychiatrie, avec quelques journées sur la thérapie familiale et le Travail Thérapeutique de Réseau. Quand on a commencé, il y avait trois, quatre modules de sensibilisation. Ça s'est transformé en formation selon les critères européens des formations : trois années de formation validées en fin de parcours par l'EFTA (*Europeen Family Therapy Association*) dont l'ILTF (l'Institut liégeois de thérapie familiale) et moi-même sommes membres fondateurs. [...] On a validé une première promotion de thérapie familiale en 2001. Une deuxième, puis une troisième ont suivi et ainsi de suite. Selon les années il y avait une nouvelle promotion de recrues tous les ans ou tous les deux ans pour leur permettre de s'approprier la démarche et les motiver. Ceux que nous avons formés sont devenus des coformateurs des promotions suivantes. Ils sont devenus eux-mêmes des formateurs. C'est comme ça qu'est née l'idée des ateliers de transmission. L'adaptation au contexte algérien a été nécessaire : la Thérapie contextuelle a été inventée aux États-Unis, puis modifiée par les Italiens et les Belges, puis propagée en France. La traversée de la Méditerranée a demandé une adaptation considérable. C'est à cette époque que l'association algérienne de thérapie familiale a été créée avec le but de devenir membre de l'EFTA, avec cette idée que c'est l'association algérienne qui validerait les parcours de formation, comme en France où c'est la Société française de thérapie familiale qui les valide. [...]
> Puis a eu lieu le tremblement de terre. On a travaillé avec des gens sensibles à la « Clinique de Concertation » qui a été enseignée dans le cadre de la formation à la thérapie familiale et au Travail Thérapeutique de Réseau. On était héritier du travail effectué en ex-Yougoslavie. On a fait des modules de formation à la gestion des détresses multiples et des sensibilisations. Ces modules étaient très proches du terrain. On travaillait dans des baraques, dans les camps, dans des *shelters*, dans les écoles avec des professionnels travaillant dans la proximité et la pluridisciplinarité. On a forcé le trait sur le Travail Thérapeutique de Réseau. Il y avait des personnes formées dans le cadre universitaire qui ont eu alors l'occasion de pratiquer les formations

qu'ils avaient reçues. À Boumerdès la pénétration territoriale de ce travail a été très importante. C'était un territoire très sensible au terrorisme. Les Kabyles étant anti-État, nous ont offert une place énorme. On a pu alors faire des formations à Tizi-Ouzou à la thérapie familiale et surtout à la « Clinique de Concertation ». On y a retrouvé des gens formés lors des premières promotions. Cela a été un champ extraordinaire pour travailler la « Clinique de Concertation » qui prenait alors de plus en plus d'identité.
– Comment étiez-vous reçus ?
– Les cellules de proximité nous ont super bien reçus. À Blida ou à Tizi-Ouzou on a toujours été bien reçus, avec le sens de la fête. À Ghardaïa par exemple, il y avait tous les soirs un orchestre et les gens dansaient.
Le ministère de la Solidarité nous a demandé de faire des formations sur 58 unités. Un de ses représentants est venu à École et Famille en France pendant une semaine pour voir comment on travaillait. Mais finalement ce projet n'a pas abouti.
On a travaillé à Bab el Oued après les inondations. Ce n'était pas les mêmes conditions et moins cohérent qu'à Boumerdès. Mais ce travail a laissé des traces. Là, de nouveau, on a retrouvé des gens qui avaient été formés auparavant.
Dans le cadre des rencontres internationales sur la « Clinique de Concertation » organisées en Aragon, Eveline a eu l'idée de travailler avec des associations féministes algériennes sur les événements de Hassi Messaoud : une réflexion en roue libre dans le cadre contextuel. On travaille aussi à Djanet. Dans le Sud ; la thérapie familiale et la « Clinique de Concertation » fonctionnent par diffusion. Quand on y est arrivé, tout le monde savait qu'on avait travaillé avant. On y a trouvé un terrain très interactif et on a commencé à travailler avec des gens qui ont une culture de réseau.
À la fin des années deux mille, il y a eu l'accompagnement à l'écriture de l'ouvrage « De proche en proche ». Ce livre a été réédité en français, avec des remaniements et il a été traduit en arabe.
Je suis ravi de ce que j'ai appris en Algérie. Par exemple, lors d'une clinique de concertation, poser la question : qu'est-ce qui vous fait honneur ? est une question qui vient d'Algérie. La question de la survie, de la résistance à l'institution qui démolit, ça vient aussi d'Algérie. »

M.-C. Michaud, qui assure des formations à la « Clinique de Concertation », régulièrement depuis une quinzaine d'années en de multiples lieux, témoigne :

« Après le séisme, à Boumerdès, il y a eu des drames épouvantables et tout le monde s'est mis au travail. L'encadrement avait été très bien préparé, c'était super bien organisé, les chauffeurs avaient un rôle primordial dans nos déplacements par rapport à la police et à nos conditions de travail. Ils t'aident en tout, ils sont d'une grande fidélité, d'une loyauté vis-à-vis d'Eveline ! Celle-ci faisait tout pour qu'on se sente en sécurité. La terre tremblait et il y avait des familles qui étaient assassinées dans les parages. J'ai apprécié particulièrement le travail d'Eveline auprès des politiques, au niveau des ministères et du terrain ; elle était très connue déjà parce qu'elle avait, avant le CISP et quand elle travaillait pour MSF, fait un gros travail de lien et de réseau. Je l'ai ressenti plus tard, notamment au niveau du ministère de l'Éducation nationale en 2009-2010, lorsque nous avons été sollicités pour travailler à Bab el Oued.

À Boumerdès il y avait une demande énorme. Quand je suis arrivée à la bibliothèque de Boumerdès, une centaine de personnes m'attendaient pour la formation ! Entre 2005 et 2006, la demande était phénoménale et les groupes énormes. Il y en a maintenant beaucoup moins, c'est plus régulé et à une échelle acceptable. J'avais très peur d'être là, en tant que Française, pas à ma place, mais ils étaient tellement respectueux de ce qu'on apportait et tellement avides d'apprendre et d'expériences. Dans les retours entre les sessions, ils disaient particulièrement apprécier qu'on parte de situations et qu'on apporte aussi notre expérience d'Europe.

Pour éclairer la démarche de la « Clinique de Concertation », les structures avec lesquelles on travaillait recevaient beaucoup de familles, et je pensais que tout cela allait se développer rapidement. Mais cela n'a pas été facile ; Eveline Chevalier a eu du mal à stabiliser le personnel de ses équipes, les projets n'étaient pas toujours dans la continuité les uns des autres parce que le CISP travaillait tout le temps dans les urgences, là où il se passait quelque chose. [...] Dans la dernière période, Eveline Chevalier a stabilisé la formation ; celle-ci est plus conséquente et plus affirmée depuis les cinq dernières années

Il y a des visages que je revois depuis quinze ans, 20 % d'entre eux qui sont restés fidèles, qui interviennent dans le cadre de « Mémoire de femmes » ou de DEM-A-R, comme des conseillers d'orientation, des psychologues, des médecins, des juristes. Au début, ceux qu'on formait attribuaient plus de valeur à ce qu'on développait au lieu d'attribuer de la valeur à ce qu'ils voulaient faire. Ce peuple a été écrasé, il veut être reconnu. Dans tout ce qu'on fait, il faut travailler à la reconnaissance de leurs compétences et à ce qu'ils soient davantage dans la création que dans le copiage. J'ai vu une nette évolution. Je vois qu'ils élaborent des concepts, qu'ils ne sont plus dans la répétition de ce qu'on a apporté, ils y mettent leur propre expérience en valeur. Il y a des groupes qui se forment, qui se font davantage confiance et qui ont du plaisir à se retrouver. Ils ont formé des comités de lecture, ils sont respectés, ils créent des liens [...]

Les dix ans de terrorisme ont complètement traumatisé la population. Je ne l'ai pas perçu tout de suite ; ça a laissé des stigmates énormes dans tous les domaines. La confiance a été altérée entre eux, surtout entre les générations. En plus les séismes peuvent recommencer avec des catastrophes en perspective. Je n'ai pas perçu les traumatismes au début ; on ne parlait pas de ça dans le milieu scolaire, psychologique et médical, il était interdit d'en parler : il fallait reconstruire. On le voit davantage quinze ans plus tard, ils osent dire maintenant qu'ils ont peur ; avant ils ne le disaient pas... Et il y a aussi une crise économique en vue. Mais je pense que la solidarité est là, en réserve ; leur culture du collectif est la chose qui me donne de l'espoir et qui me fait avancer. »

Le responsable du café littéraire de Béjaïa évoque l'impact de ses activités et les prolongements qu'il envisage :

> « Beaucoup de personnes viennent régulièrement et s'informent de la suite des débats quand ils se sont absentés. Il y a d'abord un intérêt pour les sciences, la littérature ; ils acquièrent une ouverture. Il y a l'esprit de tolérance qui imprègne les habitués qui assistent à des débats contradictoires. On y apprend à reconnaître les idées des uns et des autres. On y apprend la tolérance, pas l'esprit idéologique. Il y a de temps en temps des barbus qui viennent et qui interviennent : « Notre société est musulmane, elle est comme ça, elle doit rester comme ça ». Ils ont leur dogme. Des contradicteurs réagissent et argumentent. Les Kabyles sont en grande majorité conservateurs. Ça ne nous a pas empêchés d'avoir des débats très francs sur ces thèmes-là.
>
> On veut organiser des colloques pour réfléchir sur les limitations sociologiques de notre société qui connaît des bouleversements très profonds. Elle est en pleine régression et notre élite n'a rien qui la caractérise. Nous voulons trouver des thèmes sociétaux, comme le système éducatif, pouvoir diagnostiquer le mal qui ronge notre société, pour pouvoir entrevoir des solutions qui nous permettent de sortir du Moyen Âge. On veut avoir des journaux qui reprennent ces débats, créer une chaîne de télévision, de radio, pour toucher une audience plus large. Pour l'instant nous manquent les moyens et des volontaires. »

L'association, *El Ikram* (Générosité), située à Annaba, a pour but d'animer des activités auprès des jeunes avec l'objectif d'améliorer les conditions d'accès à la culture et à la formation, surtout pour un public féminin. Ainsi s'exprime sa présidente :

> « Le CISP nous a permis d'élargir nos activités. Grâce à cela nous avons pu passer des conventions avec deux maisons de jeunes et c'est nous qui les gérons maintenant. Il y a bien un directeur coordinateur, mais nous gérons les adhérents et les activités qui s'y déroulent. Nous avons des adhérents et des bénévoles depuis 2012. Il y a une bonne ambiance. Nous avons progressé sur les techniques d'animation. J'ai commencé à faire un travail sur les caravanes du Sud, qui sont des caravanes éducatives et de loisirs. Ainsi nous avons pu connaître beaucoup de jeunes et avons organisé des formations sur l'audiovisuel. Nous avons eu des échanges avec la *wilaya*, avec la direction de la Culture, avec l'Action sociale et avec le ministère de la Jeunesse et du Tourisme. Cela a donné de l'ampleur à notre association : 120 femmes sont adhérentes dans l'une des deux maisons des jeunes. »

La coordinatrice de la tenue au CISP du certificat des droits de l'Homme observe :

> « Parmi les bénéficiaires des formations au certificat il y a ceux qui sont dans des associations qu'ils dirigent. Pour eux le bénéfice direct des formations c'est de pouvoir transmettre ce qu'ils ont appris ici aux militants de leur organisation : ils le font de façon organisée, ils se font les relais de ce qu'ils ont appris. D'autres ne sont pas engagés dans une association, ils le font pour

un développement personnel. C'est un bénéfice parce qu'ils sont exposés à des points de vue différents, au débat. Le fait de ne pas être d'accord avec un intervenant ou un participant leur permet d'apprendre à réfléchir, à argumenter, à débattre.
À la fin des sessions ils sont fatigués. Il y a une cohésion du groupe. Le groupe fonctionne très bien, il y a un esprit collectif ; il y a aussi un esprit d'individualité, il y a des actifs, des opiniâtres. Je suis très positive par rapport à ce certificat parce que moi-même j'ai vécu une expérience similaire à Belgrade qui a changé le parcours de ma vie : il est très important d'avoir un lieu un peu neutre, qui les sorte de leur famille, de leur milieu. Ils se retrouvent avec des gens de partout, l'Algérie est très diversifiée. Ils apprennent ce qui n'est pas disponible à l'université, ils échangent avec les intervenants sur ce qui les interpelle. Ça va influencer leur parcours, j'en suis sûre. Ils n'en sont pas encore conscients parce qu'ils sont encore dans le processus. Ce certificat est très, très important. »

Des membres de l'association Tudhert :

– Avec le CISP nous avons franchi une étape du vécu de l'association. Ça nous a appris à grandir. Nous avons un savoir en plus grâce aux formations. Il y a quelques années quand on parlait d'associations, on parlait de folklore.
– Le CISP dans son existence nous a permis de nous asseoir dans la continuité. Nous, au niveau du bureau, nous savons qu'il y a un organisme, si nous avons un projet nous allons pouvoir le lui soumettre, obtenir un financement ; ça nous permet de nous inscrire dans la continuité. Il y a aussi les formations avec le CISP. Il y a une transmission des savoir-faire, une transmission qui n'est pas du tout négligeable. Personnellement j'ai beaucoup appris avec les gens du CISP avec la rédaction d'un rapport. J'ai beaucoup apprécié cette transmission. Il y a aussi les formations proprement dites qui contribuent à l'épanouissement et au renforcement des capacités. Quand un membre du bureau est épanoui sur le plan technique et sur le plan politique, il peut agir d'une manière directe ou indirecte sur son environnement, il peut monter de bons projets pour l'association.
– Je continue sur les formations : elles permettent de créer des liens avec d'autres associations, ce qui permet de créer des réseaux. En août, par exemple, un club avait un souci ; ils visaient des associations qu'ils voulaient contacter, ma formation m'a permis de rencontrer ces gens et de servir de relais avec ce club. »

Les relais de l'action et des formations

Le CISP s'emploie activement à susciter et former des relais de son action. Le message qu'il tente de faire passer en ce sens est bien entendu, ce d'autant plus que les succès des actions des bénéficiaires dans leurs associations suscitent des demandes.

« Si on n'est pas un relais, c'est qu'on n'a rien fait », nous dit une jeune femme qui a suivi l'Université d'automne et qui répond ainsi sans détour aux attentes du CISP en la matière. Sitôt cette première session suivie, elle s'emploie à faire de la sensibilisation auprès des femmes qu'elle côtoie sur leurs droits, envisage de faire de l'initiation aux droits de l'Homme pour les enfants dans l'établissement scolaire où elle enseigne le français. Elle projette aussi d'organiser dans son association des tables-rondes, des projections de films et des débats, en reprenant les manières de faire dans l'organisation et la présentation des ateliers qu'elle a suivis, de structurer l'association dans laquelle elle milite, une association qui s'occupe d'artisanat, de développement local économique visant l'émancipation et l'autonomisation des femmes de sa ville, Timimoun, dans les Hauts Plateaux.

Voici le témoignage de deux parents d'élèves responsables de l'association de parents d'élèves qu'ils ont créée. Ils ont été formés par l'Étoile culturelle d'Akbou où ils ont suivi des formations données par le CISP. On remarquera que la plupart des effets de l'action de ce dernier y figurent : la capacité à essaimer de « proche en proche », l'enthousiasme et la satisfaction dans l'action, la convivialité, l'engagement, la mobilisation et le soutien des familles en retour et donc le succès de l'action au-delà des attentes, l'organisation et la capacité créatrice. On y perçoit aussi la vigilance du CISP à saisir les occasions de renforcer l'action et de la porter sur une plus grande échelle :

> « Depuis notre association avec l'Étoile culturelle d'Akbou les parents ont changé de vision sur ce qu'était une association de parents d'élèves : une petite association archaïque. Depuis notre arrivée, grâce à notre approche avec l'ÉCA, grâce à la nouvelle loi sur les associations et grâce aussi à l'agrément qui nous permet d'être une association à part entière, tout ça nous a donné l'idée de travailler en dehors de l'établissement. Dans l'établissement, nous travaillons avec les enfants ; nous travaillons aussi avec les enseignants et avec les parents. En travaillant en partenariat avec l'ÉCA, ceci nous a permis de faire des conférences-débats en faveur des parents qui ont un lien avec l'établissement lui-même.
>
> La première conférence que nous avons organisée l'an passé sur le thème école et famille, comment accompagner l'enfant à la réussite scolaire, a été un très grand succès. C'était la première fois qu'une association de parents d'élèves faisait ce genre d'activité. Nous nous sommes inspirés d'École et Famille dans la région. Ça a eu un très grand écho, ça a été une très grande réussite, la salle était archicomble avec les mamans, les papas, des enseignants, des directeurs. Tout le monde est venu, la presse était également présente. Donc une très grande réussite pour une première. Cette année, toujours en partenariat avec l'ÉCA, nous avons fait une conférence-débat sur un thème très important : la violence en milieu scolaire. Ça a été aussi une très grande réussite grâce aux conférenciers qui étaient présents et à la présence des directeurs d'établissements. On a réussi à sensibiliser les parents sur la violence, on a réussi à changer leur façon de voir, même sur la façon

d'éduquer leurs enfants, grâce à la présence des collègues et de ces conférenciers.
– Ça a permis à notre association de bénéficier d'une autre image. On a fait ça avec l'ÉCA et on a fait d'autres activités avec eux, des événements. Il y a eu la fête de l'enfance qu'on a faite avec eux l'an passé et cette année aussi, qui ont été chacune une grande réussite. L'apport de l'ÉCA est dans le contenu, l'aide matérielle et le fait qu'on se sente bien avec eux.
– J'irai dans le même sens Il y a deux ans on était ambitieux dans nos projets quand on a commencé. On a beaucoup discuté avec l'ÉCA, ils nous ont politisés, ils nous ont donné du courage. On ne s'attendait pas à un tel succès. Les parents ont parlé de notre côté humain. L'ÉCA a un très grand rayonnement dans la région, c'est une référence. Toutes les associations qui se sont créées dans la *wilaya* l'ont été grâce à l'apport de l'ÉCA, d'une manière ou d'une autre.
– Ce qui a surtout changé pour moi depuis que je travaille avec l'ÉCA, c'est la force qu'ils m'ont donnée, au niveau de mon engagement dans mon travail en tant que président de l'association de parents d'élèves [...] On a assisté à des conférences données par l'ÉCA, c'est une expérience extraordinaire au niveau du travail avec les enfants, avec la satisfaction du travail accompli. L'Étoile nous a permis de connaître d'autres personnes, d'autres associations, d'approfondir nos connaissances.
– Nous essayons toujours d'améliorer notre action, de faire plus par rapport à l'apport, l'expérience d'autres associations qui ont réussi. Tout ça ne serait pas arrivé sans le partenariat avec l'ÉCA ; nous serions passés à côté de quelque chose de très important.
– Grâce aux séminaires à L'Étoile culturelle autour de la gestion des conflits avec DEM-A-R, avec la vision qu'on a acquise, ça nous a permis d'agir sans brusquer, sans imposer : au début il y avait des conflits avec le directeur de l'établissement qui n'acceptait pas notre façon de voir. Ces séminaires nous ont permis de bien gérer ce conflit, sans cassure entre l'association et l'établissement. Depuis, il y a un nouveau directeur qui soutient complètement notre action.
– Ça nous aide, mais surtout, pour les parents, c'était nouveau. Ce qui nous a donné des ailes, c'est l'encouragement des parents, leur vision. À chaque fois qu'on veut faire quelque chose, ils répondent présents. Tout ce que nous essayons de faire pour eux, pour leurs enfants, pour l'établissement, ils le voient, ils le sentent. Nous sommes les premiers dans ce domaine-là au niveau de la *wilaya* à avoir touché les parents, à les avoir mis dans nos préoccupations et sur ces deux thèmes.
À la fin de la conférence – elle devait durer deux heures, ça a duré trois heures et demie – les parents avaient soif de parler, d'écouter. Ils écoutaient. Des parents disaient : « Je suis à côté de la plaque, ce n'est pas comme ça que je dois éduquer mes enfants ». Il y a la violence à l'école et la violence à la maison. Et finalement les gens n'ont entendu que ce deuxième aspect. Quand on parle de violence en milieu scolaire, c'est la violence entre les enfants, la violence entre les enfants et les enseignants, la violence entre les enseignants et les parents d'élèves, c'est un tout.

– Notre activité au niveau des parents a un impact. Sans eux on n'aurait pas l'ambition de continuer. On a vu DEM-A-R, il y a toutes les professions, médecins, travailleurs sociaux, des gens de tous milieux.
– Sur le Travail Thérapeutique de Réseau il y a eu des réunions pendant les sessions. Lors de celles-ci nous avons eu l'idée de lancer un appel à toutes les associations qui gravitent autour de l'enfant pour organiser des séminaires de formation destinées à des écoliers.
– Toutes nos activités sont régulièrement actualisées sur Facebook sur sept pages. Nous avons été sollicités par des associations de Boumerdès, de Tizi-Ouzou, de Bejaïa, par des parents d'Alger. Notre activité a été mutualisée avec deux institutions privées. Nous sommes en contact avec des associations qui sont avides de changer leur fonctionnement et de suivre le chemin que nous avons tracé. Nous avons une page sur Facebook avec d'autres associations qui nous demandent notre soutien. Beaucoup d'associations nous appellent.
On a donné à réfléchir aux gens, on a allumé une étincelle. Des établissements n'avaient pas d'association de parents d'élève ; nous les avons aidés à en créer. Nous avons associé deux associations de parents d'élèves à notre association, puis une troisième et on va travailler avec ces trois associations. Il suffit d'avoir la volonté et l'engagement. Ce grâce à l'ÉCA, grâce à quelqu'un comme Mouloud qui n'a jamais l'air fatigué. Il n'y a qu'à suivre son exemple en le regardant ; ce qu'il fait est extraordinaire, il suffit d'être convaincu et ça se réalise.
Avec d'autres associations partenaires qui étaient présentes lors des journées de festivités, on intervient depuis trois ans dans un établissement situé dans un quartier déshérité où les enfants sont difficiles, livrés à eux-mêmes, pour des animatrices du Centre d'écoute et d'information des jeunes qui interviennent directement dans un quartier où il n'y a aucune infrastructure de jeunesse. On a essayé de combler les vides de cette école. On a constaté un changement radical dans le comportement des élèves, dans le comportement des parents, on a même réussi à réduire l'influence du salafisme.
– Nous avons travaillé avec les inspecteurs du primaire grâce au CISP. On a eu deux réunions : à la première on a regroupé les directeurs, les associations de parents d'élèves, la Fédération des parents d'élèves de Bejaïa. On leur a présenté les différents outils avec lesquels on intervient, les outils que le CISP a confectionnés : les jeux de coopération, la Gestion positive des conflits, le manuel du CIDDEF. Nous avons remis une quinzaine de livres différents à chaque établissement. Parmi les présents il y avait une quinzaine de chefs d'établissement. L'un d'eux a proposé d'organiser une conférence pédagogique où il y a eu une cinquantaine d'enseignants. On leur a présenté l'exposition sur les droits de l'enfant et les outils. Nous avons sillonné quatorze écoles primaires où nous avons fait des animations, surtout à l'approche des examens : les psychologues scolaires ont essayé de déstresser les enfants et de leur donner confiance. Et il y a des écoles qui maintenant sont en demande par rapport à ça. »

Un militant, qui travaille de longue date avec la LADDH et suit actuellement la formation au certificat, prépare avec cette dernière des formations pour les nouveaux militants. « Nous avons intégré des modules du CISP. Ce sont des compléments qui nous aident beaucoup sur le terrain. »

Une autre militante dans le milieu associatif, qui a suivi la formation au certificat, montre que les formations reçues ouvrent l'éventail des champs où les droits de l'Homme peuvent être travaillés. Elle évoque sa participation à un projet, « l'Université de la citoyenneté » à Oran, un collectif au sein duquel elle a beaucoup travaillé, notamment sur des activités et des formations dédiées aux droits des femmes et à la promotion des droits humains au sein des associations. C'est ce travail qui l'a incitée à suivre la formation :

> « Il y a eu des échanges intéressants entre les participants. Il y avait des choses nouvelles pour nous, comme « le droit à la santé » ou « le droit au logement ». Ce ne sont pas des thématiques ou des volets qui nous étaient familiers. J'ai par exemple travaillé sur la promotion des valeurs des droits humains au sein des associations. Par la suite le cycle de formation m'a ouvert des portes, il m'a donné plus d'assurance. J'ai intégré un programme de renforcement des capacités des ONG, le Programme concerté pluri-acteurs (PCPA), par exemple, puis par la suite j'ai pu intégrer un projet avec l'ONG Handicap International. »

Dans le cadre d'une subvention en cascade un militant associatif président du club culturel, « Le banquet de Platon », raconte :

> « On est avec le CISP sur pas mal de choses. C'est magnifique ! Mais ce n'est pas un besoin vital parce que je n'ai pas besoin de plein de choses, il y a les espaces universitaires, on peut demander aux bibliothèques, ou aller dans la rue, et les associations peuvent nous prêter ce dont nous avons besoin. Depuis qu'on a suivi la formation des jeunes dans l'action culturelle, on l'a reproduite, on a fait des tables rondes sur l'engagement dans la vie culturelle. On a un jour, le matin, où on va dans les facultés. Notre but c'est la promotion des valeurs citoyennes égalitaires à travers nos actions. On va les reproduire un peu partout, notamment lors de tables rondes, lors des journées portes ouvertes On tourne dans les universités, le matin on fait des expositions des travaux de l'association, l'après-midi on fait les tables rondes sur l'engagement. »

Une militante féministe qui a suivi plusieurs formations au CISP, actuellement chef de projet au CISP pour « Le Monde selon les femmes » :

> « Même si le projet est fini, on a programmé d'aller dans d'autres associations qui n'ont pas ou peu bénéficié des formations, à l'Est, à Constantine, à Sidi bel Abbès pour étendre la thématique du genre et transmettre ce que j'ai acquis.
> Il a des personnes qui ont participé aux formations qui interviennent aussi dans les écoles. Une personne que j'ai rencontrée fait des scènes de théâtre

dans les universités. Je lui ai demandé de le faire aussi dans l'université où j'enseigne. Je continue, bien que le projet se termine. »

En matière d'essaimage le CISP estime que généralement l'une ou l'autre de ses interventions auprès d'un bénéficiaire va toucher cinq personnes de son entourage immédiat et une dizaine de personnes dans son entourage professionnel ou militant. Non seulement les entretiens confirment cette appréciation, mais il semble bien qu'elle soit sous-estimée. Outre l'essaimage direct de leur activité militante, associative, nos interlocuteurs font allusion par ailleurs à l'impact qu'ont les formations ou l'activité militante sur la manière dont ils exercent leur profession :

Un membre de l'association Tudhert constate :

« J'ai suivi la formation sur la Gestion des conflits, au niveau professionnel, dans l'industrie où je travaille, il y a un impact, ça m'a permis vraiment d'avancer dans ma vie professionnelle quand c'est stressant, qu'il y a quelque chose entre l'employeur et l'employé. Il y a vraiment un impact là-dessus. »

Un autre membre de cette association raconte :

« Pour moi, je suis fonctionnaire au niveau de la commune, de l'agglomération. Ça me permet une organisation un peu spéciale par rapport aux collègues. J'arrive à organiser mes tâches d'une manière associative au niveau du bureau, déjà. J'arrive à exploiter certains outils que l'association m'a donnés au niveau de la profession, que ce soit le *reporting*, que ce soit un diagramme et aussi les PV. J'arrive à faire des PV au niveau du bureau, mais de la manière associative. Il y a aussi la communication. On arrive à mieux communiquer d'une manière spéciale, associative, au niveau du travail, du monde professionnel. »

Ce militant associatif ajoutera que son action s'étant fait connaître sur le territoire de sa commune, il a été convoqué par le maire afin de lui montrer « comment amener des fonds pour les associations de la région ». Bien que ce dernier n'ait pas donné suite à sa présentation, il mentionnera que « le maire a été émerveillé par son exposé » et que l'idée lui a bien plu. Il conclut qu'il dispose là d'un atout, qu'il a été en situation de faire des propositions, même si elles n'ont pas eu de suite.

Un certain nombre de militants des droits de l'Homme, notamment des enseignants, disent avoir modifié leur manière d'enseigner à la suite des formations reçues. Un militant de la même association dira que la formation à la Gestion positive des conflits l'a beaucoup aidé en tant que professeur, lui permettant de mieux communiquer avec ses élèves et de mieux gérer sa classe.

C'est le cas également de cette artiste enseignante :

« Avant j'avais un rapport intuitif à l'art ; la formation m'a appris à être structurée, j'ai beaucoup appris des formations sur les techniques d'apprentissage : comment faire passer un message, comment recentrer un groupe d'élèves, comment porter ça dans la manière d'enseigner. Ce sont des techniques qui sont moins académiques, moins cartésiennes. »

La directrice d'un centre pour handicapés, psychologue, qui travaille depuis 2003 avec le CISP et qui intervient actuellement avec lui comme co-formatrice consultante, dit avoir appliqué la formation à la « Clinique de Concertation » dans ce centre :

« Ça a vraiment renforcé mes compétences, c'est une technique que j'utilise avec mes collègues. C'est une démarche que j'ai appliquée quand j'étais directrice d'un centre comme celui-ci à Boumerdès. Les professionnels qui travaillent autour de moi, les travailleurs sociaux, les psychologues, ils connaissent très bien. Ils n'ont pas eu la chance de participer aux formations des dix modules, mais, quand on faisait des journées de sensibilisation, ils ont toujours été sensibilisés et je commence à le faire de temps en temps seulement parce que j'ai beaucoup d'activités, avec deux ou trois personnes. Grâce à cette formation, j'en fais avec les mêmes formateurs, avec le CISP dans le Sud, dans le projet « Mémoire de femmes ». J'ai intégré cette formation dans le projet. [...] La formation m'a surtout appris à respecter sérieusement mes engagements. »

Un essaimage direct concerne le Travail Thérapeutique de Réseau qu'une ancienne gestionnaire des programmes de DDH1 et DDH2 au CISP a importé dans le travail de l'ONG Médecins du monde, présente en Algérie. Malgré une appropriation perçue comme « lourde, longue, compliquée et difficile » par ses bénéficiaires, la responsable de cette ONG en a fait la découverte et perçu tout l'intérêt pendant ses quatre années de travail au CISP et a commencé à la mettre en œuvre dans sa propre organisation en faisant appel à des formateurs algériens formés par le CISP.

Aux relais qui émanent de la politique du CISP qui forme des formateurs s'ajoutent ceux qui résultent d'initiatives des bénéficiaires et des partenaires qui forment à leur tour des professionnels ou des militants associatifs.

Florence Buseyne, formatrice aux jeux de coopération, nous dit :

« J'ai formé beaucoup de gens aux jeux de coopération ; ils reprennent à leur tour ces formations auprès de publics divers : des juristes, des psychologues des psychocliniciens, des animateurs de quartier, des infirmières. J'ai travaillé avec trois associations, avec la Ligue de prévention, dans plusieurs quartiers, avec l'association AFAK et avec l'Étoile culturelle d'Akbou. Ce sont les trois lieux où j'allais régulièrement, en particulier pendant cinq ans pour « Graine de citoyen ». Je continue. J'ai eu des groupes de 22 à 39 personnes formées. »

C'est en fait depuis 2008 qu'elle propose cette formation. Elle l'a introduite d'abord à Bab el Oued, au sein de l'équipe du service de pédiatrie du CHU.

La directrice du Centre d'écoute d'Akbou dit former, en retour des formations reçues du CISP, des jeunes militants associatifs, des professionnels et des jeunes gens :

« On a des contacts avec d'autres associations qui ont des activités similaires et nous leur avons déjà dispensé des formations. Par exemple avec l'association de Djanet, en partenariat avec le CISP. Ils ont des centres d'animation et une association qui s'appelle « *Sona'a El Hayat* » qui a quasiment les mêmes activités que nous. En ce moment, ils montent un CCJ et nous avons formé les animateurs et les jeunes.
Quand j'étais à l'association AFAK de Bordj Menaïel, qui avait déjà des relations de partenariat avec le CISP, j'avais commencé les formations. À un moment, je crois qu'il y a eu des problèmes, ils ont arrêté leurs activités pour un moment, mais maintenant, ils redémarrent et je forme des animateurs parce que c'est l'association qui m'a formée, c'est la moindre des choses que de rendre la pareille. [...] J'ai formé aussi des jeunes à l'association « Tudhert » ; ils ont plusieurs activités comme le théâtre pour enfants, un projet d'échange avec des enfants du Sud algérien, etc. J'ai donc formé des jeunes, deux ou trois fois, aux techniques d'animation.
– Donc en plus d'être directrice du Centre d'écoute, tu continues à être formatrice ?
– Oui, ça reste ce que j'aime faire et j'espère continuer longtemps à former des jeunes.
– Selon toi, quelle est la chose la plus importante dans le partenariat avec le CISP ?
– Un jour, le CISP partira, ou bien ils ne pourront plus financer les activités, car c'est bien le risque dans le milieu associatif, mais la formation restera. Pour moi, la formation et les acquis sont capitaux. D'ailleurs, je demanderais bien au CISP ou aux autres bailleurs de fonds de nous former davantage, surtout pour les gens comme moi qui sont déjà formés, qui ont la méthodologie, mais j'ai encore besoin de formation afin de pouvoir donner encore plus au Centre d'écoute. Qu'il y ait des financements ou pas, ce n'est pas un souci pour moi, mais j'ai du personnel derrière qui a besoin de recevoir un salaire. Si demain il n'y a plus de financement, je pourrais probablement rester, mais les animateurs iront chercher un travail rémunéré ailleurs ou rentreront tout simplement chez eux.
– Penses-tu que les jeunes s'approprient justement ce message ? Est-ce que les jeunes se sentent investis ou est-ce que tu as l'impression qu'il y en a qui sont là par hasard ?
– Alors, ça dépend. Il y a des jeunes et leur structure qui veulent continuer, aller plus loin, ils viennent au Centre d'écoute pour voir la pratique après la théorie, particulièrement quand il s'agit de travailler avec des enfants. Il y a vraiment des jeunes qui en veulent vraiment. Il y en a d'autres que tu formes une fois et que tu ne revois plus jamais. Personnellement je pense que s'il y a 2 ou 3 % de ces jeunes qui s'accrochent, on est déjà dans le bon. Mais j'avoue que la plupart des associations avec lesquelles nous avons travaillé aiment ce que nous faisons et aimeraient prendre la relève. Il y a des

demandes pour devenir formateurs, d'autres demandes pour continuer les activités que nous leur avons transmises.
– Tu penses donc qu'il y a une sorte de vivier dans lequel on pourrait trouver des volontaires pour être formateurs ou animateurs ?
– Oui, tout à fait. »

La construction de réseaux

L'inscription dans des réseaux représente une étape importante dans le développement de la société civile à travers ceux qui s'engagent dans sa construction. C'est pourquoi le CISP incite les bénéficiaires des formations à construire de tels réseaux, s'emploie à les soutenir en ce sens et y participe directement.

Le développement des réseaux dans les différents domaines d'action du CISP, des synergies et des effets multiplicateurs qui en résultent, est un indicateur important du développement de la société civile. On voit actuellement de multiples réseaux se constituer :

> « Comme Algérien chacun est dans son coin, chacun milite seul. Les formations nous ont permis de travailler en réseau, en collaboration, de nous entraider. Par exemple en ce moment quelqu'un à Bejaïa a besoin de créer une association pour concrétiser son projet, on va l'aider à le faire. À Constantine aussi un monsieur veut créer une association partenaire pour faciliter les choses. Il veut un partenariat pour faire une formation sur les droits artistiques et culturels, on va l'aider. Au niveau des réseaux il y a du travail à faire. On a des personnes de Boumerdès, de Tizi-Ouzou, d'Alger, d'Oran, de Constantine avec lesquelles on est en réseau. On se consulte, par rapport à nos idées, par rapport à nos projets quand on se voit tous en formation. Et puis il y a internet, les mails, on se consulte sur ce qu'il faudrait faire dans telle ou telle région. Je suis coordinatrice de l'ordre national des interprètes et traducteurs officiels. Je me rends bien compte que, dans certaines régions, sur les droits humains on dit : « C'est quoi ça ? » Ils ne savent pas que ça existe. Et il y a des régions qui, avec l'arabisation, ont régressé », nous dit la juriste Dalila.

La présidente de la Ligue de prévention et de sauvegarde de la jeunesse et de l'enfance, comme d'autres, continue à militer dans les réseaux associatifs, malgré le blocage de sa subvention par l'administration :

> « On a travaillé en réseau avec des associations de villages, avec des associations au niveau national. On avait auparavant nos propres réseaux sur la thématique des femmes, sur celle de la jeunesse et sur celle des enfants. L'association va fermer, mais on continue à faire des formations dans les villages quand les associations avec lesquelles on travaille nous le demandent. La dernière fois, c'était une formation sur le genre. »

On observera, à propos de ces derniers points, que les auteurs de l'évaluation menée pour le compte de l'UE sur l'état et le développement des associations en Algérie soulignaient la grande faiblesse du recours au web par ces associations. Notre évaluation montre, au contraire, un grand souci d'utilisation de ces moyens par les jeunes militants associatifs formés par le CISP.

Une artiste, qui a bénéficié du travail en résidence d'artiste et des formations du « Monde selon les femmes », évoque ce travail de réseau :

> « C'est le passage du travail de l'individuel au collectif qui a été pour moi le plus intéressant. On a un groupe sur Facebook. Ils viennent d'Alger, de Sidi Bel Abbès et de Constantine. Il y a aussi des gens en France, et même des Français d'Alger, de Mostaganem et d'Oran. »

On observe d'ailleurs que plusieurs bénéficiaires des formations associent à leurs réseaux des Algériens installés en France.

> « J'utilise l'aspect formatif que m'a apporté le CISP. Dans certains écrits comme avec l'UNICEF ; j'insiste sur les besoins de formation des jeunes et des cadres associatifs. Douze associations ont profité du travail en réseau depuis mon association « réseautage ». Cela marche, on commence à travailler ensemble ! », nous dit la présidente d'*El Ikram*.

Un assistant administratif du CISP qui a suivi la formation du certificat des droits de l'Homme dit aussi :

> « En soirée, après la formation, on discute, on débat autour des projections sur le certificat. Là, l'idée est venue de l'un des participants qui est vraiment actif dans les droits de l'Homme, avec lequel on a discuté sur la façon dont l'information circule dans les associations, dans le milieu associatif en général ; il a eu l'idée qu'on fasse une page sur Facebook. Dès la première session, il a fait une page Facebook et maintenant ça marche. On donne de l'information sur les formations, sur les colloques, sur les activités, pour essayer d'agrandir le réseau. Nous visons aussi bien les jeunes concernés par les droits de l'Homme que les associations, parce qu'il y a plusieurs cercles, d'Oran, de Kabylie du Centre, et de l'Est. On a aussi des échanges à chaque fois. On discute actuellement sur un projet commun. Ce n'est pas encore clair. ».

Les professionnels qui ont suivi la formation à la thérapie contextuelle disent qu'ils conseillent à tous leurs collègues de suivre cette formation quand l'occasion se présente et qu'ils leur donnent à lire les textes liés à celle-ci.

Il n'en résulte pas pour autant automatiquement des initiatives en matière de création de réseau, de réunions entre professionnels sur les acquis, même si cela apparaît nécessaire :

> « Maintenant je pense qu'il faut un réseau. On a été les premiers formés, on doit rester en réseau et essayer de continuer, sinon on ne va pas améliorer les choses, on va stagner. Avec le temps on va oublier, on va stagner. Il faut qu'il y ait des supervisions, réactiver les choses, les gens, voir si d'autres choses ont été faites. »

Un élément qui favorise l'essaimage, surtout la construction de réseaux, concerne notamment les conditions dans lesquelles se déroulent les formations. Le choix du résidentiel est particulièrement propice à l'essaimage. Les participants, jeunes pour la plupart, ont le temps de faire connaissance et de nouer des amitiés lors du temps passé ensemble à l'occasion des pauses, des repas pris en commun et des soirées. La présence de membres d'autres associations issues de différentes régions et aux multiples champs d'action, leur permet de se sentir moins seuls, isolés et perdus dans leur action. Ils découvrent que beaucoup d'associations existent, disséminées dans nombre de territoires dont ils ignoraient l'existence, ceci constituant un puissant encouragement à poursuivre leur engagement. Ils insistent particulièrement sur la difficulté que les gens ont à communiquer entre eux depuis la décennie noire, en raison des traumatismes subis et de leurs séquelles, en raison des peurs et appréhensions qu'ils ont à l'égard tant des autorités que des terroristes. Aussi, lorsqu'ils ont répondu à la question portant sur ce qu'ils avaient reçu et ce qu'ils n'attendaient pas, ont-ils mentionné de façon unanime cette présence qui les a surpris et dont ils ont souligné pour eux l'extrême importance. Ils voient dans cette présence des personnes sur lesquelles ils peuvent s'appuyer, autant de personnes ressources pour mener leur combat et leurs différentes activités. Les amitiés nouées lors des formations renforcent évidemment ces différents effets. Ajoutons que ces rencontres se font dans des conditions confortables. Les militants associatifs se plaignent de l'absence d'espaces de parole libre où ils peuvent rencontrer des militants venant d'ailleurs, comme de lieux disponibles pour se rencontrer au sein même de leurs associations, nombre d'entre elles ne disposant pas de siège à cette fin, faute de moyens suffisants, les obligeant à des réunions itinérantes. Cette interconnaissance est un fort encouragement à poursuivre l'action qui se fait dans des conditions difficiles. Outre que le CISP les incite à créer des réseaux, cette interconnaissance et la confiance qu'elle induit sont des conditions qui favorisent aussi la constitution spontanée de réseaux.

> « Lors de la dernière formation à la Gestion positive des conflits au CISP, nous nous sommes rencontrés quatre fois. Il y a un lien assez fort entre les participants et nous sommes en train de mettre en place un petit réseau. Donc c'est pour valoriser la formation en premier lieu et essayer de faire connaître les activités de chacun. Prochainement il va y avoir la première activité : on va travailler avec l'association de chacun des participants. C'est un travail de partage d'expériences. Que chacun des membres à Oran, à Annaba, à Alger à Constantine travaille à promouvoir le travail associatif. On va faire un partage d'expériences, faire des comptes rendus de la formation parce que la formation était vraiment très intéressante, très riche. C'est un retour d'expérience en fait. Que chacun d'entre nous, quand il arrive chez lui, essaye de mettre en place des outils, de les pratiquer, de se demander :

Qu'est-ce que ça donne ? Est-ce que ça évolue ? Est-ce que ça porte des fruits ? Ça a permis de mettre en place un petit réseau entre plusieurs associations différentes », dit un jeune membre d'une association.

Il faut noter ici que la constitution de ce réseau est l'aboutissement de multiples rencontres avec le CISP, plusieurs des membres de l'association ici concernée ayant suivi plusieurs des formations dispensées par celui-ci.

Une jeune femme algérienne qui connaît le CISP depuis 2006, lorsqu'elle a suivi la formation de l'Université d'été et qui travaille au CISP depuis un an et demi, observe :

« Je constate que ceux qui ont été formés par le CISP ont franchi un seuil d'autonomisation. Par exemple pour les CCJ, une dynamique s'est créée et il y a en tout cas une demande pour en créer d'autres. Au niveau associatif, je vois chez les jeunes plus d'engagement et plus d'implication. On leur a demandé, lorsqu'ils recevaient des documents, qu'ils les transmettent aux membres de leur association dès qu'ils les avaient reçus. Il y a un suivi, je les appelle et je vois qu'ils les transmettent. Avant ils ne le faisaient pas. Pour les universités d'été, je constate qu'elles ont permis de créer un réseau entre les militants, les gens des associations. J'ai rencontré énormément de monde en 2006, on se connaît maintenant. Le partage n'est pas automatique, mais on sait qu'ils sont là. Parmi ceux qui ont suivi le certificat, une partie d'entre eux a continué dans ce volet-là, moi, par exemple, y compris professionnellement. Certains ont continué à s'investir dans les droits humains comme ceux qui travaillent avec des avocats pour soutenir les militants des droits de l'Homme. À Oran, les jeunes du collectif « Citoyenneté jeunesse » qui ont participé au certificat continuent à faire de la sensibilisation.

– Voyez-vous un lien entre ces actions et la « Clinique de Concertation » ?

– Oui, ça peut s'imbriquer, quand par exemple pour une famille qui rencontre de multiples difficultés, où il y a des problèmes d'école, du chômage, un travail mal rémunéré, des violences, la « Clinique de Concertation » est mobilisée et il y a à côté des associations qui traitent du chômage, de l'éducation, de la non-violence. Ces associations offrent des services à la place de l'État. On fait des plaidoyers pour la reconnaissance de la place de cette société civile. Cette reconnaissance de la société civile qui rend service facilite la prise de risques. »

Voici l'appréciation portée par le vice-président de la LADDH sur le développement de la Ligue et de son essaimage :

« Je connais le CISP depuis 2006, depuis le premier projet de DDH1, suite aux événements en Kabylie à Bejaïa : Eveline Chevalier était venue auparavant à Bejaïa pendant une phase d'émeutes en 2001.

Il y a eu un contexte qui demandait une sorte de reconstruction entre le pouvoir et la Kabylie : il y avait un volet d'aide psychologique et médicale et un volet d'initiation aux DDH. La Ligue était dans une maison des droits de l'Homme et du citoyen à Tizi-Ouzou. Il y a eu aussi en 2007-2008, à

l'université de Bejaïa, un mouvement nommé « Vivre ensemble et réconciliation nationale » qui impliquait aussi les étudiants de différentes régions comme Oran.
En 2009, le DDH2 s'est mis en place et j'en étais le référent ; c'était dans le prolongement du DDH1 : on a intégré la région de Bejaïa et un autre public cible : les enfants, la jeunesse, au travers de l'Étoile culturelle d'Akbou et de la LPSJE de Tizi-Ouzou.
L'image et les particularités de la Ligue font peur aux partenaires qui nous voient comme étant subversifs et cette image nous oblige à faire attention.
Nos actions doivent tenir compte de nos partenaires par rapport à notre mandat initial ; pour ce mandat j'essaie de trouver le juste milieu, de garder notre légitimité, mais aussi de ne pas forcément entraîner le CISP ! Le fait d'être prudent peut être parfois fatiguant !
La LADDH a gagné un réseau de professionnels experts entre 2006 et 2016 : avec des juristes, des enseignants, des universitaires. Les militants de la Ligue sont des personnes de la société civile et nous bénéficions d'un réseau d'associations qui savent travailler ensemble, sans forcément toujours avec l'aide de la Ligue. Certaines sont devenues des leaders d'opinion comme des collectifs, des syndicats. Un mouvement de solidarité s'est développé au travers des « cellules d'écoute ». Ainsi la LADDH est un pivot. Par exemple les avocats se mobilisent pour le respect des DDH et ils se mobilisent maintenant entre eux, sans nous ! Nous inscrivons ceci dans nos rapports d'activité et nous faisons des rapports intermédiaires pour la Communauté européenne. Nous sommes maintenant très médiatisés dans la presse, la radio et la télévision privée.
Je crois que nous sommes arrivés à nous autonomiser et, par exemple, nous pouvons seuls présenter un projet à la Communauté européenne sur les sujets : renforcer la société civile aux DDH et à la pratique démocratique ; renforcer les relais de la société ; pour des procès équitables, avec des sommes conséquentes pour ces projets. Ce pays se cherche dans les DDH. Il y a une demande, donc la possibilité d'une durabilité dans ce partenariat : LADDH-CISP.
La construction d'un État de droit se voudrait en route… Nous avons des projets thématiques renforcés.
En ce qui concerne la question de la durabilité de notre action, de par nos rapports conflictuels avec le gouvernement, nous n'avons pas accès à l'aide de l'État. Nous sommes dépendants des finances extérieures. Il faudrait peut-être diversifier les financements venus de l'extérieur. Notre durabilité est vraiment fonction du contexte politique du pays. Nous sommes des militants qui prenons des risques, mais nous devons pérenniser nos actions. Les moyens feront la différence. Le fait cependant d'être formés nous a renforcés. Nous voudrions être considérés comme un partenaire utile à la société algérienne et au pays.
Avec le CISP, je voudrais qu'on passe du projet au programme. La stratégie du certificat et des relais doit nous permettre de nous ouvrir sur de nouvelles stratégies et sur de nouveaux axes. Comme travailler avec des journalistes, avec des élus locaux, avec des juristes.

Le projet DEM-A-R, par exemple, est un projet qui est parti dans tous les sens et a été trop ambitieux, il y a trop de choses et on en perd le lien. On perd l'œil aussi sur les résultats. Il y a également eu trop de verticalité. Le travail doit se faire à deux niveaux : celui de la diffusion visant les changements de mentalité, celui du pouvoir, c'est-à-dire des comités de pilotage.
L'axe de réflexion doit se faire actuellement sur la médiation et la médiatisation. Nous avons identifié quatre relais possibles : les médias, les élus locaux, les professionnels du droit et les lieux où se trouve la jeunesse. Nous devons avoir les moyens d'avoir accès à ces quatre axes, ce qui nous donnera accès à l'État. L'axe à renforcer ce sont les relais, car ce sont eux qui vont nous mener à plus d'indépendance.
Nous ne sommes pas dans un pays stable, il est plein de turbulences et le suivi doit être suivi d'un retour. »

Information et société civile

D'une façon générale le CISP et ses partenaires invitent systématiquement des journalistes lorsqu'ils organisent des actions sur la voie publique ou lorsqu'ils mènent des actions d'envergure. Ils ont ainsi un réseau de journalistes en appui de leurs actions afin de les faire connaître du grand public. Des acteurs de la société civile peuvent aussi être invités à intervenir à la radio, parfois même à la télévision. On a vu que la LADDH et l'ÉCA ont été à l'initiative de la création d'une émission de radio qui se fait le relais des thèmes relatifs aux droits de l'Homme qu'ils abordent.

Quelques extraits d'entretiens cités montrent aussi que les jeunes formés par le CISP et ses partenaires se saisissent des moyens du web pour diffuser leurs actions, faire connaître leur existence afin de travailler en commun et en réseau. Nombre d'entre eux communiquent sur Facebook, ont un site, etc.

On mentionnera aussi deux projets en cours de réalisation présenté par un étudiant en formation à la LADDH. Il s'agit de la création d'un réseau, « Notre réseau », créé il y a deux ans sur un site internet couplé avec un second site, un site d'information, « Les douaniers de l'information » du milieu associatif qui doit être lancé prochainement : « Dès qu'on reçoit une information on la diffuse, on la passe à tout le monde. » Ils ont également le projet d'établir, en collaboration avec *Amnesty International* et le CISP, une cartographie des associations existant sur l'ensemble du territoire algérien :

« Dans le cadre d'une subvention en cascade notre association va créer un web-télé-info pour favoriser les initiatives citoyennes et organiser l'identité locale. On l'a proposé aux pouvoirs publics. Ils ont aimé le projet et nous accueillent à bras ouverts et on va pouvoir avoir accès comme on veut à toutes les structures de jeunesse au niveau de la *wilaya* », dit un jeune investi dans une association culturelle qui diffuse le message des droits de l'homme. »

Projets et réflexion en cours[52]

Le CISP envisage de soutenir la seconde ligue des droits de l'homme qui existe en Algérie, sachant que compte tenu de la dispersion de ses militants, ce travail ne sera pas facile. Il est actuellement à la recherche d'interlocuteurs.

Par ailleurs il concentre son attention sur le soutien aux défenseurs des droits de l'Homme, particulièrement le groupe des avocats qui doivent se lancer bientôt dans leur travail de suivi des procès pour en relever les éventuelles violations des droits humains ainsi qu'au renforcement de leur compétence : rencontres avec le réseau des avocats à Bruxelles et volonté de travailler avec eux, formation des avocats par l'UFTDU sur les aspects les plus techniques requis pour défendre ces droits devant les instances internationales.

À l'occasion de la préparation de la formation en cours sur la « Clinique de Concertation », il est question de relancer le partenariat avec l'AFAK et avec l'ADS sur Blida, d'étendre cette formation aux professionnels d'Akbou dans le cadre des multiples activités de l'ÉCA, notamment autour des enfants en difficulté, de continuer à organiser rencontres et stages de professionnels avec leurs homologues en France et en Belgique. D'une façon générale, le CISP organise régulièrement de multiples rencontres entre de jeunes militants associatifs algériens et les structures belges ou françaises qui peuvent les soutenir ou les former, ou des rencontres entre jeunes Français et Algériens qui militent dans les CCJ.

On a noté déjà le projet ambitieux du Grand Sud qui conjugue actions et formations.

Une réunion de copilotage des projets du CISP avec deux de ses principaux partenaires, consacrée à l'organisation des journées et conférences à prévoir, sur leur cadence et sur les thèmes abordés, met en lumière leur intérêt. Le vice-président de la LADDH et le président de l'Étoile culturelle d'Akbou en relatent leur réception et leurs effets. Transparaît dans cette forme de bilan comment travaillent ensemble le CISP et ses deux partenaires. Elle illustre on ne peut plus clairement leurs préoccupations communes en termes de maximisation des effets avec le minimum de moyens. Est également perceptible l'élément de convivialité systématiquement introduit dans les différentes activités du CISP : outre le ton des échanges et parfois les rires, on entend régulièrement tout au long des réunions le tintement des petites cuillers dans les tasses à café.

---

[52]. Ceux-ci sont issus de quatre réunions de copilotage des actions avec les partenaires concernés et les coordinateurs des projets qui ont eu lieu entre juillet et septembre 2015.

S – « Les journées de sensibilisation aux droits de l'Homme touchent un large public. Les cas évoqués en rapport avec l'actualité répondent à une demande, par exemple à propos des migrants à Bejaïa. Les gens demandent à se rencontrer et à discuter. À la fin se constitue un noyau, avec toujours des prolongements, comme ça a été le cas par exemple avec le collectif Solidarité avec les travailleurs et un renforcement du réseau associatif.
M – Maintenant la question est de savoir combien il y a de personnes touchées. Il y a un noyau et un impact sur le terrain, mais se sont-ils engagés sur le plan individuel, politique ? On peut le savoir parce qu'ils viennent à travers des réseaux associatifs d'étudiants, de syndicalistes, toujours à travers des connexions. C'est important d'identifier cette dynamique de groupe, ça permet d'évaluer le projet dans sa globalité.
E – Ça pose la question de la cohérence entre les différentes actions du CISP.
M – Il faut savoir qui sont, parmi ceux qui viennent, cette cinquantaine de personnes qui viennent régulièrement, ce que ça leur apporte. Est-ce un apport de connaissances ? Est-ce que ça renforce leur engagement pour aller plus loin ? Qu'est-ce que ça agite en eux ?
S – D'abord ça renforce leur engagement. Parfois ils sont indécis et ne savent pas dans quel espace s'engager. J'ai vu le nombre de collectifs, d'associations de cadres communaux qui viennent dans le CDDH, c'est incroyable ! Une soixantaine de personnes à la fois dans un bureau, c'est vraiment incroyable ! Ils viennent parce que c'est un espace neutre, parce que c'est un espace hyperlégalisé, il n'y a pas une activité qui n'ait été légalisée. Ils se disent aussi qu'ils ont un réseau de journalistes, et qu'ils vont pouvoir en profiter. C'est aussi un espace sécurisé, ils n'ont pas de papiers à montrer. J'ai toujours vu à travers ces séminaires que les gens faisaient connaissance.
On a des thèmes centrés sur le renforcement des connaissances. On a deux volets : le renforcement des connaissances et l'engagement. La mise en réseau permet aussi d'organiser des solidarités, de mobiliser, de faire des plaidoyers. On a d'autres thématiques. Après, en termes d'impact et de visibilité, je vois qu'ils agissent, en dehors de la ville. L'autre jour un syndicat s'est créé au bureau, un syndicat des diplômés de DEA. Ça permet d'autres cadres, d'autres dynamiques. On a constaté dernièrement, avec DDH1 et DDH2, qu'on avait un cadre assez rigide avec des thématiques préétablies. On s'est rendu compte à la fin que les gens décrochaient facilement parce qu'ils n'étaient plus disponibles. Là, c'est flexible. En termes d'intérêt aussi c'est différent, ils ne s'engagent pas, il n'y a pas cette demande d'engagement de devenir militants des droits de l'Homme. On ne leur demande pas non plus leur identité associative ou syndicaliste. Je pense d'ailleurs que c'est l'activité qui, pour nous, marche le mieux.
M – Tous les points que Saïd vient d'évoquer sont aussi vrais pour nous. Les publics sont très différents. L'ÉCA est aussi un espace commun à toutes les associations de la région. C'est un lieu très fréquenté où viennent beaucoup d'étudiants, des enseignants, des gens qui viennent du milieu rural. C'est déjà pour eux un moment de rencontres, ce sont en même temps des temps collectifs qui réunissent des gens autour d'une thématique. Les intervenants sont de qualité, les thématiques sont très diversifiées. Les gens sont très preneurs. Est également intéressant aussi ce qu'on fait avec les enseignants et

les parents. Ça a permis de créer des liens entre les parents, les enseignants et les métiers de prise en charge, comme les psychologues et les sociologues. Chaque année il y a eu deux journées ; à la première il y a eu plus de 120 personnes, à la seconde plus d'une centaine.
Ce volet enseignants-parents-enfants ça a vraiment un impact. On a aussi des rencontres avec les associations pour les mettre en avant. Ce sont des temps de convivialité, d'échanges très forts pour ce genre d'activité. On a intégré aussi des conférences dans les fêtes de la citoyenneté. Les conférences sont appuyées par des expositions. Toutes les associations de la ville sont présentes. On met ensemble tous les outils qui existent, on échange et il y a la conférence.
Pour l'impact immédiat, c'est vraiment un carrefour d'apprentissages de la citoyenneté ; c'est aussi un carrefour de rencontres pour les associations naissantes. À travers ça, il y a aussi les jeunes qui sont actuellement dans l'association pour l'écologie, ou ceux qui forment la commission culturelle. Ils viennent. Tout cela renforce les gens. Et puis ça fait des événements qui sont en outre médiatisés. Et quand c'est médiatisé, l'impact n'est pas seulement local, il communique à travers les organes de presse. On a eu quand même la télévision qui vient de temps en temps.
E – Vous choisissez vos thèmes ou bien se sont les intervenants étrangers ? Est-ce que ça correspond à vos besoins en Algérie ?
S – Pour les journées qui répondent à l'actualité, comme quand on est interpellé sur les migrations, ça répond à l'urgence. Sinon, parfois, il y a des thématiques plus générales, comme celle de l'abolition de la peine de mort, plus les dates anniversaires. Ça permet d'aller plus loin : les séminaires ont un prolongement ; ce n'est pas juste venir et s'en aller. On fait ça avec la presse. Il y a toujours un plaidoyer dedans, comme pour l'abolition de la peine de mort. C'est une occasion de s'informer sur les lois et les dispositifs juridiques. En ce qui concerne les intervenants, on n'invite pas toujours des étrangers. Quand on en a l'opportunité, il y a toujours une expertise étrangère qui vient. Ils sont là, à l'écoute, c'est un autre regard et il y a toujours plus de monde. On ne parle pas de la peine de mort en Algérie. Avec un regard extérieur, on interroge la vérité à travers les participants et la réalité algérienne.
Je suis très attentif à impliquer les enseignants de l'université. On les invite dans d'autres actions, on a aussi le vice-bâtonnier des avocats. On a le doyen de la faculté de médecine de Bejaïa. Ils ouvrent vraiment leurs portes, on a un vrai partenariat. Il y a une interaction avec les compétences locales. Ils cherchent la visibilité, à mettre en avant leur savoir ; ils viennent aussi pour développer leurs connaissances. Il n'y a pas d'espace de rencontre, pas vraiment de lien entre la société civile et l'université ; quand on peut le mettre en œuvre on le fait. Au-delà de ça, il y a le fait que les gens viennent parce qu'il y a de la matière grise, en plus ils mobilisent leurs étudiants. On a un « mérite » d'étudiants, ils viennent soit pour leurs propres besoins, soit pour nous donner un coup de main.
E – Ça leur donne l'oxygène qu'on n'a pas à l'université. Ils confrontent leurs connaissances avec la réalité du terrain. C'est intéressant, il y a des interactions là aussi.

M – Les militants aussi qui ont des connaissances, quand ils assistent à des conférences de ce genre, ils remettent en cause leur direction. C'est ce qu'ils mettent parfois en avant. Ils se confrontent entre eux dans leurs idées et comme on n'est pas là dans un cadre structuré, ça crée un débat presque houleux. Chacun peut parler, on sent la confrontation des idées entre les participants qui élèvent le débat, plus qu'avec le conférencier. On l'a observé plusieurs fois, c'est intéressant comme exercice.
S – Ceux qui viennent comme enseignants, chercheurs, viennent aussi pour confronter leur légitimité. On est dans une société où les élites ont été déconsidérées. J'en vois que ça valorise. Et ça crée des liens. On voit comment se font les connexions.
M – Il faut quelquefois recadrer les gens. Ça fait dix ans qu'on est là et on sait que la Kabylie est un terrain extrêmement glissant.
E – Les espaces que vous créez tous les deux, à Alger, ce qu'on fait avec le CIDEFF, on n'a pas les forces pour en faire autant, on ne convoque pas les mêmes personnes, on n'a pas les mêmes espaces. Il faut voir ce qui est le plus porteur en termes de dynamique. Je préférerais qu'on fasse des conférences citoyennes, des concertations et des débats ; qu'est-ce qu'en tant que CISP on peut faire ? De toute façon on est sous une chape de béton et rien ne bougera. Qu'est-ce qu'on peut évoquer avec les partenaires ? Qu'est-ce qu'on peut faire à El Biar qui ouvrirait ?
M – Si on n'a pas des moments comme ça de temps en temps pour nous booster, nous montrer qu'on est utile, on flanche aussi. Il faut que les autres nous fassent parler, nous fassent vivre ce qu'on vit, puissent nous dire que ce qu'on fait les intéresse.
E – Qu'est-ce qu'on pourrait faire en plus, avec des énergies, avec des petits points ? Il faudrait mutualiser ce qu'on fait. On le fait avec la même dynamique avec les formations. »

Suivra un débat sur les formations en cours pour le certificat aux droits de l'Homme et sur la manière de s'y prendre pour obtenir l'assiduité des participants, en équilibrant la rigueur exigée sur ce point, qui prévient et limite l'absentéisme, avec une démarche fondée sur la confiance.

Chapitre 6 : demandes, faiblesses, suggestions, et appréciation générale des activités du CISP

Si la demande de la part de nos différents interlocuteurs et de façon constante, qu'il s'agisse de notre propre évaluation ou des évaluations antérieures, vise à recevoir davantage de formations et des formations plus longues, d'avoir plus de suivis, plus d'accompagnement, plus d'informations accessibles sur les activités du CISP, ceci est bien évidemment une preuve de leur utilité aux yeux de leurs bénéficiaires : la demande déborde, parallèle aux besoins exprimés en raison de la diffusion concernant l'existence du CISP et de ses contributions qui correspondent aux aspirations de la jeunesse. Nous présenterons ici les demandes en fonction de leur fréquence. Puis les critiques formulées. Nos interlocuteurs font aussi des suggestions.

Les demandes

Les demandes de suivi

Malgré une préoccupation constante du CISP pour le suivi des formations et des actions et pour leur mise en œuvre effective, les demandes d'accompagnement et de suivi, qu'il s'agisse des formations ou du fonctionnement des associations, sont massives sinon générales à quelques exceptions près. Elles concernent non seulement les membres des associations, mais aussi ceux qui ont suivi les formations à la « Clinique de Concertation » et à la Thérapie contextuelle.

Nous évoquerons ce que dit de la nécessité des suivis le président de l'Étoile culturelle d'Akbou lors d'une réunion de copilotage des formations proposées aux associations par le CISP, où il ressort d'une évaluation effectuée à la fin d'une formation qu'est surtout demandé un suivi par les participants :

> « Toutes ces formations qu'on donne aux associations sont très importantes, mais le suivi est beaucoup plus important que ça. Nous-mêmes, dans une structure déjà grande, on aura toujours besoin de quelqu'un qui vienne de l'extérieur, parce qu'il y a des choses qu'on a déjà dans le subconscient, qu'on ne voit pas encore parce qu'on est sur place. Que quelqu'un nous

demande ce qu'on a fait, ce qu'il nous reste à faire, est important. Le plus souvent on se dit qu'on a le temps, que ce n'est pas grave, qu'on n'est pas bousculé. Dans les faits on ne sait pas exactement ce qu'on a pondu. Quand on prend quelqu'un de l'extérieur en équipe et qu'on discute de ce qu'on a fait et va faire, l'exercice nous fait avancer. Ce qu'on fait ici au niveau du CISP ça nous booste. Quand on n'a pas de pression on le fait, mais... Cet exercice nous fait avancer dans la conception même qu'on a de l'activité. Même ici on a du mal à cibler une personne ressource pour le suivi des associations. »

La question est de savoir ici si les financeurs des programmes sont prêts à soutenir ce type de travail peu spectaculaire en termes de résultats chiffrés, qui s'inscrit dans une durée qui ne coïncide pas avec celle de ces programmes, et dont les résultats se manifestent sur une durée plus longue encore et plus difficiles à apprécier. Par ailleurs, ce travail exige un certain investissement en personnel et suppose une disponibilité supplémentaire des formateurs étrangers, tant que les professionnels formateurs algériens ne sont pas encore en situation de prendre et d'organiser la relève.

La demande en matière de suivi, d'ateliers ou de supervisions émane des jeunes qui suivent les formations proposées aux organisations de la société civile, les formations aux droits de l'Homme, et des professionnels formés à « Clinique de Concertation » ainsi qu'à la Thérapie contextuelle :

« Je suggère qu'on reprenne les ateliers contextuels puisqu'il y a des gens qui sont prêts à le faire, comme la SARP, cette association qui est la seule association en Algérie à avoir un volet psychosocial », nous dit Sabrina qui travaille avec le CISP comme coformatrice consultante. Dans ce cas il pourrait être envisagé d'initier petit à petit des formateurs coanimateurs de ces ateliers.

Cette suggestion n'est pas isolée, puisque plusieurs psychologues et psychiatres demandent également cette forme de suivi pour ne pas perdre ce qu'ils ont appris. De même émanent des demandes de soutien à la mise en réseau des professionnels formés à la Thérapie contextuelle.

Le vivier de formateurs existe en matière de « Clinique de Concertation », mais il semble que certains d'entre eux attendent, par timidité ou manque d'assurance, une autorisation ou une demande du CISP pour se lancer.

Les demandes d'information sur les activités du CISP

Le point précédent est largement lié à une demande très largement exprimée liée à un regret en matière d'information sur les différentes activités en cours du CISP. Est ici en question la visibilité des activités du CISP pour ceux qui en ont été les bénéficiaires ou en sont les bénéficiaires actuels ou potentiels. Ainsi des partenaires qui travaillent avec le CISP actuellement, ou qui sont en cours de formation, disent ignorer les activités du CISP qui ne sont pas en relation directe avec le programme dans lequel s'inscrit leur action ou la formation qu'ils suivent. Cette ignorance constitue évidemment un frein à des demandes concernant d'autres formations, ou des demandes de soutien de telle autre activité et limite donc les possibles. On a pu ainsi noter, lors d'entretiens, que l'information donnée sur d'autres formations ou activités du CISP, ignorées par nos interlocuteurs et qui portaient précisément sur celles qu'ils auraient aimé suivre, suscitaient leur intérêt. Cette ignorance se manifeste non seulement de la part de personnes qui commencent pour la première fois une formation, mais aussi de partenaires qui connaissent le CISP depuis longtemps. Plusieurs de nos interlocuteurs qui ont bénéficié d'actions qui ont été clôturées regrettent non sans une certaine déception de ne plus avoir de nouvelles du CISP et de ne pas être informés de ses activités. Cela concerne par exemple des bénéficiaires des formations à la « Clinique de Concertation » : « Je ne reçois plus de P.V. des modules de formation à la « Clinique de Concertation », c'est triste ! Et aller chercher l'information est trop compliqué », nous dit une psychologue par ailleurs fort engagée.

Compte tenu de la qualité des liens que le CISP a noué avec ses bénéficiaires et partenaires et de l'importance du rôle de celle-ci dans la mobilisation de ces derniers, on peut penser que cet oubli, ou cette rupture du lien, en tout cas vécus comme tels, peuvent freiner des demandes de consolidation, de soutien à la pérennisation des actions entreprises sous une forme ou sous une autre lorsque l'élan est retombé faute d'avoir pris l'initiative de trouver ou d'organiser de véritables relais. Disposer d'un listing tenu à jour des personnes qui ont suivi ces formations et leur envoyer régulièrement les comptes rendus fait ainsi l'objet d'une demande implicite. Outre qu'il permettrait de maintenir les liens, il représenterait une forme de formation permanente qui pourrait avoir pour effet d'inciter les bénéficiaires et les partenaires à prendre des initiatives et à aller plus loin. Du moins constituerait-il un encouragement en ce sens.

Cette rupture du lien concerne aussi le cas de personnes qui ont vu les bénéfices des actions menées à Bab el Oued, comme un directeur de collège qui a lui-même pu suivre partiellement une formation à la GPC. Il regrette de ne pouvoir poursuivre « cette expérience bénéfique pour les enfants et les familles et les professionnel » et souhaite être informé sur les activités du CISP.

Beaucoup de jeunes militants associatifs, quand ils ne créent pas eux-mêmes leurs réseaux, souhaiteraient avoir accès non seulement à la connaissance des activités du CISP, mais à celles relatives aux associations, aux personnes à contacter dont ils pourraient avoir besoin afin de développer leur propre association, faire intervenir les personnes pertinentes, etc. Pour ces différentes raisons, certains souhaiteraient pouvoir accéder aux coordonnées de l'ensemble des personnes ressources.

Dans le projet du DDH1 figurait l'intention d'établir une lettre de liaison, une liste électronique des personnes ressources, un annuaire des associations du réseau. Une personne devait être recrutée, chargée de la mise en place de cette partie du projet. Faute de moyens suffisants, de la pression permanente du travail en urgence et d'une charge de travail qui met les professionnels du CISP au bord du *burn-out*, ceci n'a pu aboutir, le site actuel du CISP ne répondant pas à ce jour à toutes ces intentions.

L'ensemble de ces attentes, regrets, ignorances est sans conteste un frein relatif au développement des actions entreprises par ceux qui travaillent, ont travaillé avec le CISP, bénéficiaires ou partenaires, et des personnes actuellement en cours de formation. Ceci nous amène à développer un point déjà évoqué à propos des formations : celui de la part du travail de bureau nécessaire tant pour le travail du CISP que pour celui des acteurs avec lesquels il travaille. Ce travail, nécessaire à l'efficacité, à la pérennité et à l'ancrage des actions, à l'investissement sur le long terme des bénéficiaires et des partenaires des programmes du CISP, exige évidemment les moyens humains correspondants.

Sur cette question de l'information, les bénéficiaires et partenaires du CISP proposent la même solution : une lettre d'information régulière sur le web.

Averti de ces besoins, on a vu pourtant que des projets en ce sens sont soutenus par le CISP, comme un inventaire des associations existant sur le territoire de l'Algérie actuellement en cours avec le partenariat d'Amnesty International qui répond à l'une de ces demandes. On a vu aussi que le CISP a publié récemment un ouvrage sur les associations algériennes.

Développer les subventions en cascade

Plusieurs personnes ont évoqué l'intérêt des subventions en cascade (des subventions pour de petits projets) et celui qu'il y aurait à les développer.

Deux arguments sont avancés : ce sont les petites associations qui travaillent dans la proximité qui portent le changement, elles manquent d'outils et de moyens. Les soutenir à moyen ou long terme représente un investissement pour l'avenir :

> « Le travail du CISP est extrêmement important car il s'engage dans la durée. Mes propositions : c'est d'aider la fondation des petites associations de quartier pour apprendre à dialoguer avec les autorités locales ; il y en a déjà et, partout, elles ont besoin d'outils pour trouver leur place au milieu des grandes et par rapport aux institutions. Je l'ai réalisé en travaillant avec ANE I et ANE II (deux programmes européens) et j'ai vu que le changement venait de la proximité et des associations de quartier. Le CISP développe des actions plus concrètes, plus pratiques, grâce aux subventions en cascade. J'attire l'attention à ce propos sur la nécessité d'accompagner dans la proximité la gestion de ces projets, d'adapter les outils au langage des

bénéficiaires, d'être à leurs côtés. Les subventions en cascade me paraissent d'une grande importance et produisent de bons résultats.
« Sans aucun doute les actions du CISP sont efficaces, sachant qu'elles demandent du temps parce qu'elles s'appuient sur le changement de regard, de manière d'être », nous dit une responsable de projets du CISP.
« Au CISP il y a eu l'idée des subventions en cascade, c'est formidable, ça permet aux petites associations comme la nôtre de s'initier, de faire un pas dans le montage de projets. Les petites associations croient que cet appel à projet n'a pas pu ramener beaucoup d'associations locales. Mais sur le principe je crois que c'est pertinent de proposer des projets simplifiés pour des petites associations qui ne peuvent pas soumettre de gros projets avec de gros bailleurs.
– Nous insistons sur les subventions en cascade. Qu'ils trouvent une formule au CISP pour des associations qui font un travail merveilleux avec des moyens dérisoires dans des régions reculées », soulignent deux militants de l'association partenaire Tudhert.

Trois autres types de demandes ont été exprimés.

Les bénéficiaires des formations au certificat des droits de l'Homme souhaiteraient faire intervenir des intervenants engagés dans des expériences de terrain, de même ils souhaiteraient avoir l'occasion de rencontrer des participants des promotions précédentes pour bénéficier de leur expérience. Ils souhaiteraient un appui leur permettant de se mettre en réseau non seulement entre eux, mais aussi avec des organisations de la société civile. Ils souhaiteraient également que soient initiés des groupes de lectures sur les thématiques traitées et pouvoir bénéficier de supports d'information et de documents de travail.

D'autres estiment qu'il faudrait que le CISP puisse les aider à monter des projets économiques en faveur des jeunes et des femmes en milieu rural :

> « Il faut allier l'économique et le social, il faut équilibrer les deux. Beaucoup de jeunes sont au chômage dans ma région (Batna) ; c'est le plus fort taux de chômage. Ils sont mécontents, c'est tout à fait normal. Ils demandent du travail. Le logement vient après. »

Par rapport à ces mêmes besoins, le coordinateur des CCJ à l'ÉCA suggère la création d'un conseil économique des jeunes : « Il y a une forte demande dans le pays, à Batna, Alger, Sétif, Kuba… » Un militant associatif évoque lui aussi des actions à entreprendre vis-à-vis des jeunes chômeurs.

Un autre type de demande s'exprime, celle des professionnels qui, dans le Grand Sud, sont en train de terminer leur formation à la « Clinique de Concertation ». Ils souhaiteraient pouvoir bénéficier également d'une formation à la Thérapie contextuelle, « puisque celle-ci est à la base de la « Clinique de Concertation » et du Travail Thérapeutique de Réseau. »

Un des responsables du CDDH de Bejaïa estime qu'il faudrait développer le soutien aux migrants et aux réfugiés.

À ce propos il y a un volet important du travail du CISP dont il n'a pas été fait état dans ce travail, c'est précisément tout le travail d'assistance aux réfugiés sahraouis, depuis 1984, cet important volet du travail du CISP ne figurant pas dans la demande d'évaluation. Le CISP a commencé son intervention en Algérie par cette assistance. Le coordinateur actuel de cette mission au CISP évoque ce travail :

> « J'en suis actuellement le coordinateur et il y a un chef de mission sur place. On a là-bas sur place uniquement des Algériens et des Sahraouis. On y mène des activités avec des volumes importants. J'y vais au moins une fois par mois. Combien de réfugiés ? Fin des années 80-90, a eu lieu un référendum ; deux estimations actuellement par l'UE : 90 000 réfugiés, mais les Sahraouis ont refusé ces chiffres et la distribution alimentaire est faite pour 125 000 personnes. Pour s'accorder sur les chiffres, il a été décidé qu'il y avait 90 000 réfugiés et 35 000 personnes plus vulnérables.
>
> Notre présence en Algérie est un rôle de soutien, on ne doit pas remplacer la société civile, on est là pour la soutenir. Notre analyse, c'est que notre présence et notre impact sont importants. Je suis convaincu que nous y sommes des acteurs stratégiques, – on est là depuis 1983, cela fait longtemps – et on a été une intermédiation entre les Nations Unies et les autorités sahraouies qui ne sont pas reconnues par le système international. Nous apportons des garanties pour les différents acteurs et aujourd'hui on est très engagé dans ce qui concerne le *monitoring* de la distribution, sa qualité et son équité. Nous sommes, pour l'Algérie, des acteurs clés pour les camps de réfugiés. »

Il ajoutera que ce rôle clef rend compte du fait que la place du CISP pour ses autres activités est tolérée et le protège.

Faiblesses

Certaines d'entre elles apparaissent liées au défaut d'information concernant les activités du CISP, d'autres à l'ignorance des conditions de travail de l'équipe du CISP ou du contexte dans lequel il s'inscrit, ou encore à l'ignorance de son travail réel. D'autres tiennent à une vision personnelle d'un travail idéal, d'autres aussi expriment les limites effectives du travail du CISP, notamment concernant la formation des professionnels relais à la « Clinique de Concertation », les résultats obtenus n'étant pas ceux qui étaient attendus. Par exemple, pendant les différents modules consacrés à cette formation dans le cadre de DEM-A-R, sur les quarante personnes inscrites n'ont été présents que trois professionnels, sans qu'on sache s'il fallait imputer cet absentéisme à la formation elle-même. Sabrina, citée plus haut, évoque le fait que les formations étaient plus courtes, la démarche moins participative, le travail de terrain moins exigeant, le soutien des formations par des textes à lire très faible, la sélection des participants moins rigoureuse et, ajoute-t-elle, il y avait une ambiguïté concernant les destinataires des formations : s'agissait-il de formations à la « Clinique de Concertation » ou bien de formations de professionnels relais à la « Clinique de Concertation » ? Elle observe qu'au CISP personne ne suit véritablement le sujet et que la préparation de la formation est insuffisante, en raison notamment de l'absence de réunions préparatoires entre les formateurs, ces différents manques s'expliquant par le fait que les personnes qui devraient assurer ce travail au CISP sont débordées de travail.

Une des coordinatrices de projets au CISP évoque tout ce qui ne peut être fait en raison de la lourdeur de la charge de travail de l'équipe :

> « Il faudrait davantage réfléchir au partenariat avant d'écrire le projet. Il faudrait impliquer réellement le partenaire avant l'écriture et non pas mettre son nom juste pour plaire au bailleur et obtenir des fonds. Il faudrait s'arrêter un mois ou plus, régulièrement, sans activités, juste pour évaluer les actions de chacun, les retombées, les projets à venir. Réaliser des évaluations deux ou trois fois durant un même projet, en présence des bénéficiaires, afin de les considérer acteurs à part entière, de valoriser leur participation et de s'appuyer sur leur regard, leur énergie, leurs besoins. »

La directrice du Centre d'écoute à Akbou illustre les déconvenues et les dysfonctionnements qui peuvent résulter des conditions dans lesquelles travaille le CISP, essentiellement une équipe à l'effectif très limité au regard de l'étendue de ses actions. Ses membres en outre connaissent un turn-over important compte tenu du temps que demande leur propre formation pour être en capacité d'animer et gérer les programmes de manière autonome. Certains sont partis à l'étranger, d'autres s'estiment insuffisamment rémunérés. Le CISP, pour pouvoir survivre et payer son équipe, peut être amené à ne pas respecter le principe de la participation de ses partenaires à toutes les étapes de l'élaboration des projets, en particulier lorsque les appels à projets arrivent souvent à la dernière minute, comme l'explique le coordinateur de la mission auprès des réfugiés. C'est ce que reproche une personne formée par le CISP, devenue formatrice à son tour, qui en indique les différentes conséquences.

Elle a vu, dit-elle, le CISP écrire un projet et son bilan comptable à la place des responsables d'une association et écrire son bilan, alors que l'objectif affiché est l'acquisition de leur autonomie. Formée pour être formatrice à son tour, elle reproche au CISP de ne pas faire appel à elle pour des formations, alors qu'elle maîtrise les langues du pays :

> « S'ils pensent que nous, en tant que personnes formées à l'animation et à la formation, avons mal été formées ou s'ils pensent que nous n'avons rien appris, c'est qu'il y a un problème et qu'il faudrait faire une évaluation à part pour ça. Pourquoi former trente personnes en leur disant qu'on ferait appel à

elles pour qu'à la fin, certaines partent à l'étranger et les autres restent ici à ne rien faire ? »

Cependant elle a été dernièrement appelée par le CISP pour former des éducateurs dans plusieurs régions. Mais elle n'a participé à aucune réunion préparatoire, n'a pas eu son mot à dire dans le choix du coformateur et a reçu un planning serré, avec peu de retours à la maison, une semaine à l'avance. « La démarche de former des gens, de ne plus demander après eux et de les appeler la veille d'un événement, je ne trouve pas ça très bien et ça me pose problème. »

On notera qu'avec le renforcement de la direction du CISP, un des objectifs actuels de celui-ci est d'accroître le rôle des partenaires aux différents niveaux de participation des projets. Cependant nous apprenons peu après que ce nouveau chef de mission, recruté deux ans auparavant, vient de quitter l'Algérie pour être affecté à un autre poste …

Une formatrice, récemment intervenue sur les droits sociaux, économiques et culturels et les dynamiques socio-économiques, dans le cadre du certificat des Droits de l'Homme, souligne sévèrement de multiples aspects qui lui paraissent dysfonctionner, tant au niveau de ce certificat qu'à un niveau plus large relatif au fonctionnement du CISP. Elle déplore la priorité accordée aux droits civils et politiques plutôt qu'aux droits socio-économiques et culturels, moins visibles et médiatisés, mais plus utiles selon elle dans le contexte algérien actuel, l'insuffisance de réunions concernant la préparation et l'évaluation des formations, l'absence de relais stable au CISP qui aurait facilité les liens entre les intervenants et limité les redondances, les modifications jusqu'à la dernière minute de l'agenda des interventions, « l'effet club Rotary » des participants aux formations, et la présence des mêmes partenaires et bénéficiaires. Elle déplore l'insuffisance de la sélection de ces derniers, la négligence quant aux « fondamentaux » (comme le travail bâclé, le savoir-vivre, l'engagement, la responsabilité, etc.), le manque cruel de capacités techniques au niveau du CISP et le turn-over de son staff.

Si cette formatrice a souligné le manque de coordination entre les formateurs qui interviennent pour le certificat des droits de l'Homme, d'autres, les responsables de l'équipe des six ou sept formateurs de la formation à la Gestion positive des conflits de 2006 à 2011, regrettent le manque de réunions de travail avec les autres formateurs, ceux qui interviennent notamment sur la « Clinique de Concertation » ou sur le certificat des droits de l'Homme. Pourtant, disent-ils, a été évoqué à un moment le besoin de travailler ensemble à un projet global du CISP : « C'était séduisant de faire quelque chose d'intégré et Eveline avait plein de bonnes idées. Mais nous n'avions pas que ça à faire. Quand on venait une semaine à Alger, on y allait en apportant le maximum d'outils. Notre objectif, c'était les participants. En revenant à Namur on retrouvait nos autres soucis ». Ils mentionnent aussi le fait qu'au démarrage, le projet devait se dérouler sur plusieurs années et que, d'année en année, ils ont disposé de moins en moins de financement jusqu'à n'en avoir plus du tout. Mais, très soucieux de voir pérenniser leur travail par la formation de formateurs relais, lorsque les programmes dans lesquels ils intervenaient arrivaient à leur terme, ils ont réussi à former une douzaine de formateurs relais « avec des bouts de chandelle ». Ils auraient alors souhaité pouvoir former trois ou quatre formateurs payés à cette fin et indépendamment du CISP. « Tout était en place, il nous a manqué un peu de moyens pour résister au temps. Et à Namur notre travail en Algérie n'était pas assez porté par l'équipe pour qu'ils apportent une aide financière. » Sont ici soulignées les limites des interventions des étrangers, la nécessité de devoir au préalable intégrer les temps de préparation, de coordination, de consolidation, d'évaluation, de suivi… et bien sûr de pouvoir rémunérer ces temps supplémentaire ainsi que les nouveaux formateurs afin d'assurer la pérennité de l'action.

On notera à ce propos que l'équipe de Namur n'est pas la seule à avoir les mains liées par sa propre institution. Pour les mêmes raisons financières, le certificat des droits de l'Homme ne fera plus l'objet d'une validation par l'Institut des droits de l'Homme de Lyon.

Par ailleurs le regret exprimé sur la place insuffisante accordée aux droits économiques et sociaux demande qu'on s'y arrête. Sont en jeu en fait ici, outre la question d'une issue au chômage des jeunes, les effets humainement très destructeurs de la mondialisation. Comme le souligne Tariq Ramadan (2003), « les approches et les discours purement politiques sur les États de droit, la citoyenneté effective, la fin de la colonisation, l'indépendance des nations, l'aide au développement et à l'autonomie se sont vidés de leur sens. À l'heure du marché mondial, de la spéculation tous azimuths et des transactions financières virtuelles, les anciennes réalités de la domination, de la mise sous tutelle des États du Sud, de la colonisation ont changé de nature et de noms, mais elles n'ont pas disparu ». Et l'auteur d'en appeler à un front de résistance Sud-Sud-Nord pour agir de concert.

Soutenir les syndicalistes, les travailleurs en grève font bien partie des actions du CISP avec ses partenaires, tout comme les conférences qui ont trait à la mondialisation ainsi que le soutien des initiatives des associations qui ont pour but notamment d'aider les femmes à s'organiser entre elles dans la création d'entreprises de productions locales. Poursuivre la réflexion sur d'autres formes sociales de production et d'économie, comme l'économie solidaire, la création de banques solidaires, le micro-crédit, réfléchir sur l'idée d'un revenu d'existence universel, ces initiatives font aujourd'hui leur chemin sur différents continents. Encourager le développement des actions en ce sens, compte tenu de l'importance du chômage des jeunes, pourrait constituer un champ d'approfondissement des actions entreprises.

Au-delà de la question des droits économiques on peut aussi évoquer celle du développement. Yves Lacoste (1966) à partir de l'analyse sociohistorique d'Ibn Khaldoun sur la situation du Maghreb et de son déclin à partir du XIVe siècle rend compte de l'état de « sous-développement » de nombreux pays par l'absence de bourgeoisie productive. Ceci croise certaines des observations d'analystes algériens présentées ici.

Lié à cette situation est le risque que représente l'absence de travail des jeunes engagés dans les associations. Pour le responsable pédagogique de la formation au certificat des droits de l'Homme, comme pour d'autres formateurs, il s'agirait de porter attention à ce risque :

> « Le plus grand risque pour le certificat, selon moi, c'est que les jeunes ne trouvent pas de travail. Les jeunes sont formés, mais ils n'ont pas d'emploi. On les informe et on les incite à aller voir la panoplie des offres de l'État algérien en matière d'aide à la création d'entreprises. Les connaître est un préalable, ce qui ne veut pas dire qu'ils trouveront un emploi. Nous réfléchissons à comment les aider à prendre en compte la problématique de l'emploi. La professionnalisation ne doit pas se limiter à l'action dans l'association, ils doivent trouver un emploi ailleurs, sinon tout ce travail n'est qu'un coup d'épée dans l'eau. Nos jeunes ne sont pas au courant de l'existence, par exemple, de la Chambre des jeunes entrepreneurs. Ils ne veulent pas y aller. Aller chercher de quoi vivre n'est pas encore leur priorité. »

On remarquera ici que si l'absence de travail représente un grand risque de déperdition au regard de l'engagement, les formations reçues et l'ouverture d'esprit acquise pourront être exportées et investies dans la sphère du travail. On a vu que les formations en effet entraînaient des changements dans les différents champs de l'existence. On peut espérer qu'elles ne seront donc pas sans effet.

Des critiques plus acerbes concernent la validation des formations à la Thérapie contextuelle. Le diplôme et sa reconnaissance par la société comme condition d'exercice d'un nombre important de professions vont de soi. Pourtant le CISP a eu « au moins une dizaine de retours de protestations amères sur le fait que la formation à la Thérapie contextuelle n'ait pas été sanctionnée par une attestation », nous rapporte une chef de projet du CISP.

> « Je ressens une très forte frustration ou une déception parce qu'il n'y a pas eu de retour, on n'a pas été validé. On a besoin d'être validé. Quand je reçois des familles, j'hésite à dire que je suis thérapeute contextuelle, je ne m'en sens pas le droit. Revenons aux valeurs du CISP. C'est un organisme très engagé, très sérieux. Cette formation a pris beaucoup de temps. On a rendu un travail de fin d'année et on n'a pas eu d'écho : on était en attente, qu'est-ce qui fait qu'on n'a pas été validé ? Que nos travaux n'ont pas été corrigés ? On a respecté les délais. Et puis rien ; c'est frustrant. Vis-à-vis de soi. Même avec nos familles : c'est légitime, pas légitime de dire je suis thérapeute

contextuel ? Je ne peux pas m'affirmer thérapeute contextuel. Je n'ai pas eu de retour de la part de mes formateurs, surtout du responsable pédagogique de la formation. Et pourtant on était tellement impliqué ! », dit une psychiatre.

Un psychiatre cité, lui aussi formé à la Thérapie contextuelle, avait mentionné le frein que représentait la non-validation de la formation à l'organisation de collectifs destinés à travailler ensemble la pratique. Son vécu en termes de non reconnaissance constitue un frein évident à sa diffusion par les personnes formées. C'est du même coup un frein à la constitution d'un réseau de professionnels qui pourraient s'en réclamer, tout comme à l'engagement dans la formation et le Travail Thérapeutique de Réseau, compte tenu de la continuité qui existe entre les deux démarches.

Cette absence de validation, pour certaines des promotions formées à la Thérapie contextuelle, correspond à un échec de la part de ses responsables à l'époque où ils ont entrepris de la faire reconnaître par les psychiatres universitaires d'Algérie. Ceux-ci l'ont intégrée dans leurs formations, mais selon des conditions de méthode et de qualité qui ne satisfont pas aux critères exigés par *l'European Family Therapy Association*, l'organisme qui délivre les validations. Les formateurs étrangers ont préféré se retirer plutôt que de s'engager dans des conflits de légitimité. Cette carence ne concerne que la formation à la Thérapie contextuelle.

Par ailleurs des bénéficiaires des formations à la « Clinique de Concertation » et au Travail Thérapeutique de réseau, plus particulièrement lorsqu'ils sont psychiatres, ou psychologues, suggèrent que les institutions et les universités soient sensibilisées à ces formations. On peut penser à ce propos que, si la formation à la Thérapie contextuelle est dispensée dans plusieurs pays européens, la « Clinique de Concertation », plus récente, moins connue, moins répandue encore, et surtout liée à la Thérapie contextuelle, ait du mal à faire son chemin à l'université compte tenu des obstacles rencontrés pour la validation de cette dernière.

L'Appréciation générale des activités du CISP

Malgré ces réserves, nos interlocuteurs, à l'unanimité, ont porté un jugement positif sur l'action du CISP tant dans son contenu que sur ses formes.

Voici le point de vue d'un représentant de bailleurs de fonds en Algérie sur les activités du CISP qu'il suit de près :

« Le CISP est une très bonne organisation, on travaille très bien avec eux, on n'a aucun problème financier avec eux, c'est un partenariat facile. Quand on n'est pas sur la même longueur d'onde, ils n'hésitent pas à le dire, ce qui est rare. Ils se font souvent l'avocat du diable, ce qui n'est pas la position européenne. Comme les Algériens sont très polis, le CISP ouvre la voie et ils

peuvent alors parler de leurs difficultés lors des réunions de consultation. [....]
Les associations algériennes dites nationales font des actions dans des petites villes ; ils n'ont pas une culture de mouvements transrégionaux, le CISP arrive à l'avoir. [...] La stratégie du CISP c'est une vision englobante, à la différence d'autres ONG. [...]
Au CISP ce n'est pas l'aspect technique, mais la dimension politique et démocratique dans laquelle ils s'engagent. On a opté pour les subventions en cascade. Il n'y a que le CISP avec lequel on travaille qui soit vraiment capable de les porter. Sont-ils capables de garder leur indépendance par rapport aux positions européennes ? Je ne vois qu'eux qui le soient et qui puissent résister au fait de devenir une agence de financement des projets européens.
Le CISP fait un travail héroïque, avec une résilience extraordinaire.
Il y a eu des projets où le CISP a eu un pouvoir d'« *enpowerment* », d'effet de groupe, d'appartenance à une même communauté, les gens sont portés. Si le CISP partait, on ne pourrait mettre un tiers de notre budget sur les droits de l'Homme. »

Le point de vue de Soraya A. ancienne journaliste travaillant comme avocate pour des ONG internationales depuis dix ans :

« L'important dans le CISP c'est qu'ils essayent d'intégrer la tolérance et la citoyenneté dans les organisations de la société civile, au niveau des jeunes, dans toutes leurs actions, pour que les jeunes soient actifs, qu'ils prennent leur place dans le développement du pays. C'est une valeur très importante. La spécificité du CISP c'est de réunir les acteurs francophones et algériens avec l'idée de promouvoir les rapports entre la société civile et l'État, avec l'idée que les associations voient les pouvoirs publics comme des partenaires, et qu'ils doivent être complémentaires. C'est un plus par rapport à d'autres programmes pour la société civile où c'est très peu développé. Le CISP nous apporte des clés pour comprendre les insuffisances du mouvement associatif, pour comprendre que le mouvement associatif peut offrir une expertise par rapport aux publics cibles, qu'il peut servir de modèle pour les pouvoirs publics. »

Voici ce que dit avoir appris la coordinatrice de plusieurs projets du CISP avec lequel elle a travaillé pendant plusieurs années et le bilan qu'elle tire des actions auxquelles elle a participé :

« Ce que j'ai appris, ça a été le fait d'écrire des projets à partir des réalités de terrain que je découvrais auprès des institutionnels et du monde associatif, grâce à la coordination de projets. [...]. Nous avons ensemble recensé des besoins et réfléchi à des propositions d'activités appropriées. Donc lors de la gestion d'un projet, c'est la découverte, auprès des populations cibles, des réalités, des compétences et des limites. L'écriture de nouveaux projets était utile et fascinante.
Cela a été d'ouvrir le dialogue entre les responsables et les professionnels de terrain.

> Cela a été de permettre la reconnaissance de ces professionnels par leur tutelle. Par exemple, former des professionnels de la santé par des experts européens, et quelques années après soutenir et accompagner ces mêmes professionnels à animer des formations. En effet, ce qui a été le plus intéressant pour moi c'est de permettre la transmission des savoir-faire et d'accompagner la reconnaissance des acquis de certains formés : des jeunes aux Eucalyptus, des professionnels de la santé formés à la Thérapie contextuelle. [...]
> Ce dont je suis fière c'est du fait que toutes les actions aient été menées en temps et en heure au niveau de l'organisation et de la planification, plus des liens qui se sont créés et de l'écoute des différences. C'est aussi la participation à une forme de prise de conscience du rôle de citoyen, de la responsabilité individuelle et collective.
> C'est aussi d'avoir mis ensemble des personnes qui avaient peur les unes des autres. »

Une assistante de programme qui travaille au CISP depuis huit ans fait une évaluation nuancée de chacune des différentes formations, au regard de leur utilité pour la société algérienne, de ce qu'on peut attendre des personnes formées et de leur assiduité aux différentes sessions, en hiérarchisant entre elles les formations selon ces critères. Il y a celles dont on sait qu'elles auront un effet soit au niveau professionnel, soit au niveau personnel et dans son entourage, celles dont on peut craindre qu'elles n'aient qu'un effet limité :

> « La « Clinique de Concertation » existe depuis 2003, elle est très utile, très intéressante et a toujours bien marché. J'ai constamment des appels de gens que je ne connais pas, qui ont entendu parler de ce concept et qui voudraient suivre des formations. Il y a une demande, il n'y a pas de désistement lors des formations et les absents ont des excuses valables. »

Elle conteste l'utilité de la formation des avocats relais, en raison du taux d'absentéisme des participants. Elle questionne l'utilité des formations données aux membres des associations, non seulement parce que certains participants en ont un usage purement utilitaire, et qui, par exemple, bien qu'absentéistes demandant des attestations de présence qu'ils feront valoir ailleurs, ou bien parce qu'ils cesseront leur activité associative lorsqu'ils trouveront un emploi. Elle rejoint ici le questionnement du directeur pédagogique à propos du certificat des droits de l'Homme, qui considère comme cruciale l'emploi des jeunes formés, ailleurs que dans leur association sous peine d'échec des formations et voit les limites de la formation au certificat des droits de l'Homme pour les mêmes raisons. D'où la question qu'on pourrait se poser au niveau de la sélection des personnes retenues pour les formations : cela aurait-il un sens de ne recruter que des personnes disposant d'un emploi ? Peut-on se contenter de faire le pari selon lequel ce qui aura été semé aura nécessairement un effet, direct ou indirect ? Accepter simplement une certaine déperdition ?

La Gestion positive des conflits et le programme « Graines de citoyens » lui apparaissent très utiles et nécessaires en raison du nombre des personnes qu'elles touchent directement, les jeunes et les professionnels, de leur possibilité de diffusion et de la demande émanant de l'Éducation nationale. Quant aux formations à la « Clinique de Concertation » et celles portant sur le genre, leur utilité tient à leur usage quotidien :

> « La Clinique de Concertation et la Gestion positive des conflits sont utilisées dans le travail de tous les jours. Quant au « Monde selon les femmes », on compte sur les femmes. C'est intéressant de travailler sur les stéréotypes, sur les croyances, d'aller vers le droit des femmes. Ça donnera des résultats par la suite. Parce que tu vis avec cette question tous les jours, ça ne reste pas dans le cadre d'une association, c'est personnel. Ça va se transmettre, si ce n'est dans une institution ou une association, ce sera chez elle, avec ses enfants, dans la rue, là où tu vis. Ça a une très grande importance. Moi-même, ce que j'ai appris sur les discriminations m'a mise en conflit avec certaines personnes ; parce que tu as un autre regard. Je suis en porte à faux avec certaines personnes parce que j'ai complètement changé d'idées là-dessus. »

Voici le point de vue du formateur et coordinateur du volet « Graines de citoyen et citoyenneté », formateur des avocats et formateur pour le certificat sur les droits de l'Homme :

> « C'est une ONG qui connaît bien la problématique algérienne. Ce qui est excellent dans le travail du CISP c'est le travail avec les institutionnels. On ouvre discrètement les fenêtres, on évite la provocation. Le travail du CISP depuis de longues années est fondamental et indispensable, pour amorcer le changement, mais c'est un investissement à long terme. Les actions du CISP, je ne suis pas en mesure de les mesurer ! Nous avons besoin de temps, car c'est dur d'analyser les attitudes ancrées. On sent que le germe a pris. Le fait de faire venir des gens de loin est important. En le faisant, cela développe des espaces de dialogue et de socialisation. Notre travail reste ingrat, mais pour moi l'essentiel est qu'il y ait des rencontres. Ce qu'il faut faire est peu mesurable car en fait on travaille sur des comportements. Il faut continuer l'essaimage et ratisser large sur le territoire national. Il faut davantage développer l'idée des relais et les certificats et surtout avoir une attitude de discrétion et non d'emphase. »

Celui d'un psychiatre :

> « Ce que j'ai reçu a des résonances très positives en moi. Selon moi le CISP ça n'est pas n'importe quel organisme, il a fait sa place, il s'est imposé, il a créé ses propres fondements en Algérie. Le positif ce sont les projets qu'il propose, les gens avec lesquels il travaille. »

D'une psychologue :

« Je pense que le CISP permet aux professionnels d'être à la hauteur de leur mission et donne la chance aux autres d'en être informés par les bénéfices et les effets qu'ils y voient. »

Celui d'un des responsables du CDDH de Bejaïa :

« Notre partenariat avec le CISP est très positif. On a mis en place des projets dont beaucoup de gens ont bénéficié. Et on constate que ça a porté beaucoup de fruits sur le terrain. C'est donc un partenariat très positif. »

Suivent des points de vue représentatifs de ceux qui ont été exprimés par les membres d'associations ou structures militant pour les droits humains et les raisons invoquées :

« C'est très utile à l'Algérie. Le travail des formateurs, les idées qu'ils développent sont très utiles au changement dans ce pays. Ça donne du courage aux gens, ça donne de la force et du savoir. Ça nous renforce au quotidien. On est beaucoup plus à l'aise pour communiquer, pour convaincre, sensibiliser, pour argumenter auprès des populations. »

« Le CISP est vraiment nécessaire. C'est utile et nécessaire. Sa nécessité est dans leurs formations, dans les contacts qu'on peut nouer, les échanges, les informations. On en a vraiment besoin. On ne se sent pas seul. En Kabylie, déjà le fait de savoir qu'on est partout, même si on est une minorité à défendre une cause, c'est déjà beaucoup, ça nous renforce. »

« Quand on croit à une cause, la question n'est pas celle de l'Europe ou d'autres. On est réprimé, etc. [...] On a besoin d'être conscientisé, de sensibiliser les gens afin surtout de prendre conscience. Ce n'est pas facile comme ça. Et le manque de communication joue un rôle très important. »

« Ces activités sont vraiment nécessaires car le travail social en Algérie a un caractère administratif pur. Il ne prend pas en compte les besoins psychologiques des individus et des familles. Cette méthodologie peut pallier ce vide. »

« J'ai du CISP une vision de l'extérieur, ils font un travail formidable avec la LADDH et avec l'ÉCA. C'est le partenariat, les échanges, même si on n'est pas toujours d'accord. »

« Le CISP nous donne l'espoir que les choses changent. Ce n'est pas facile pour eux. Ils font un très bon travail. Le fait de soutenir les associations c'est le plus important. Avec la nouvelle loi sur les associations ça n'aide pas. Avoir le CISP à ses côtés c'est important. »

Si le CISP doit un jour quitter le pays ?

Dans leur évaluation globale du travail avec le CISP, en fin d'entretien, comme le montre l'extrait ci-dessus revient presque toujours directement ou en filigrane le besoin de tiers que représente le CISP pour échanger : « les Algériens ne se connaissent pas ».

> — « On n'a pas en Algérie d'organisme comme celui-là, des personnes qui font de leur mieux pour former les gens. Déjà d'avoir un lieu pour parler de manière libre de sujets tabous, de la cause qui vous tient à cœur, c'est rare. Non, non, ils ne doivent pas partir !
> — S'ils partent on part avec eux ! »

La coordinatrice de nombreux projets au CISP, on l'a vu, a dit sa fierté d'avoir permis à des personnes qui avaient peur les unes des autres de dialoguer.

Un des résultats importants de l'action du CISP est précisément d'avoir réussi à faire travailler ensemble des concitoyens qui nc se connaissaient pas, ce parce que le repli, consécutif à la peur résultant des multiples traumatismes subis, les en dissuadait. Cette fonction de médiation nous paraît sans doute la raison majeure du maintien nécessaire de la présence du CISP en Algérie.

Certains professionnels en Algérie peuvent estimer qu'ils ont assez grandi pour pouvoir se passer de l'aide du CISP et en prendre le relais. C'est le cas par exemple de l'ÉCA, bien que son président l'appréhende :

> « Je crains la coquille vide, où est la relève des gens qui vont remplacer les leaders ? Où sont les interlocuteurs solides ? Nos projets sont complexes à porter ; et en tant que partenaires nous n'avons pas forcément une vue globale des activités, tant au niveau de celles du CISP que des nôtres. Il nous faut arriver à une maîtrise de leur mise en œuvre. Il nous faut une autre dimension : du transfert dans les structures locales et pouvoir nous décrocher de ce monde pour avoir la possibilité de nous dégager de l'expertise du CISP. Nous sommes en train de le faire afin d'arriver à porter des méga projets comme ceux du CISP. »

Les deux responsables du Centre de documentation sur les droits de l'Homme de Bejaïa considèrent qu'ils peuvent maintenant se passer du soutien du CISP :

> « S'ils partent, nous avons les moyens de continuer. Certes dans ce pays rien n'est stable, tout dépend de la situation et si le pays retrouve ses rails. Ils nous aident à retrouver ces rails, on pourrait faire sans eux.
> – Nous avons capitalisé suffisamment. On a maintenant un capital, on a acquis beaucoup de choses pendant ces années-là. Nous avons acquis quand même une certaine expérience pour mener à bien des projets. Si le CISP part, ce sera une perte, mais les formations acquises nous permettront d'exister, d'aller au-delà, de pérenniser notre travail. »

On note aussi que dès la fin de DDH1, plusieurs des partenaires du CISP, formés à la gestion comptable de leurs structures ont pu obtenir seuls des financements auprès de diverses ambassades, tandis que plus tard, certains d'entre eux comme la LADDH ou l'Étoile culturelle d'Akbou ont bénéficié directement de financements de la Communauté européenne.

Cependant, plus précaire est la situation de la LADDH au niveau de l'ensemble du pays, laquelle redoute l'avenir, comme l'exprime son vice-président :

> « Ma grande préoccupation est la transmission et la prise de risques. Quelle est notre stratégie ? Nous savons que la LADDH dépend à 100 % de finances extérieures. Nous pouvons avoir des projets à trois ou quatre ans, et après ? Quelle est notre pérennité ? Il serait dommage de tout déconstruire dans tout ce qui a été construit depuis 2006. C'est une crainte toute personnelle...
> Le CISP est là pour renforcer la société civile. Celle-ci a une grande demande. Nous sommes complémentaires, mais nous sommes conscients de nos faiblesses. Nous avons besoin l'un de l'autre pour nous étendre sur le plan national. Le CISP postule sur de gros budgets et il aide à l'articulation. Nous postulons sur une délégation à Alger.
> L'apport le plus important du CISP est au niveau de l'appropriation. Mais nous sommes conscients de nos faiblesses internes dans nos organisations, conscients de la limite parfois de nos compétences professionnelles. On se dit : je me sens dépassé, j'ai beaucoup de tâches, où est la relève ? L'appropriation doit être graduelle. On pourrait avoir des espaces d'apprentissage, d'appropriation. Mais qui va mener ce travail ? En avons-nous les moyens ? Le CISP doit nous aider à nous approprier sur cinq ans au moins dans la graduation des activités. Nous avons besoin d'accompagnement. »

Le besoin d'accompagnement, de suivi est la demande la plus fréquemment exprimée par nos interlocuteurs, on l'a vu, et quelle que soit l'activité. Les évaluations antérieures y font toutes référence. Seule semble faire exception l'Étoile Culturelle d'Akbou en raison de la nature, de l'ampleur de ses activités, tout comme le Centre de Documentation des Droits de l'Homme de Bejaïa en raison de la masse critique qu'ont atteinte ces deux structures et de leur rayonnement au-delà de leur sphère initiale d'action, et maintenant bien au-delà de la région où s'exerce leur influence. Ceci nous incite à souligner qu'un certain seuil de développement doit être atteint ou dépassé pour que les diverses activités de la société civile auxquelles le CISP apporte son soutien puissent se déployer sans celui-ci. Il en est également ainsi de la Ligue de prévention et de sauvegarde de la jeunesse et de l'enfance créée sept ans avant sa rencontre avec le CISP en 2002, qui jouissait déjà d'une réputation et d'une crédibilité certaines. Malheureusement cette structure a dû récemment arrêter ses activités en raison du blocage, par les autorités, des fonds qui leur ont été alloués par l'UE pour les financer.

Certains soulignent ou laissent entendre dans leur propos que la fonction de tiers qu'il occupe est fondamentale dans le contexte algérien, comme nous avons pu observer ailleurs, en France ou en ex-Yougoslavie, l'importance de cette fonction : dans ce dernier pays, malgré tout ce qui avait été mis en place pour assurer les relais, l'action entreprise selon la même démarche, bien que reconnue comme nécessaire et efficace par les institutions et les professionnels, s'est rapidement effondrée. En France il en est de même dans bien des lieux où l'association École et Famille s'est retirée faute de subventions, malgré la demande des institutions et des professionnels qui voyaient avant tout dans leur aide le rôle de tiers extérieur qu'ils ne pouvaient trouver par définition en interne.

Un deuxième élément est à prendre en considération, que connaît trop bien l'équipe du CISP : les facteurs du contexte qui font obstacle à la pérennité des actions : il y a d'abord les risques, plus particulièrement pour ceux qui s'investissent plus directement dans la promotion et la défense des droits de l'Homme, comme les militants de la LADDH et l'épuisement auquel peut conduire cette prise de risque. Il y a aussi le turn-over professionnel, un phénomène qui s'amplifie en Algérie comme en Europe, la précarité facteur de mobilité obligée, le chômage des jeunes et la crise économique. Les formateurs déplorent de façon constante les déperditions qui en résultent chez les jeunes qui s'engagent. Il y a aussi le fait que ceux-ci risquent de se désengager lorsqu'ils fonderont une famille, ce qui concerne d'abord les femmes, alors qu'on observe leur présence relativement massive dans les formations à la « Clinique de Concertation », au Travail Thérapeutique de Réseau, ou dans les associations féministes. Il y a encore la pression des parents inquiets pour leur avenir qui s'opposent à leurs fils, lesquels, au lieu de chercher activement du travail « perdent leur temps » dans le travail associatif, ou les parents qui s'opposent à leurs filles quand celles-ci doivent, pour suivre des formations, être hébergées au dehors ou rentrer tard le soir.

Si nous avons observé certains de ces phénomènes dans l'aire géographique, pourtant beaucoup plus restreinte, où intervient l'association École et Famille[53] en France où, si tout n'est pas à recommencer beaucoup doit l'être, on peut comprendre *a fortiori* la crainte exprimée par plusieurs de nos interlocuteurs que tout s'effondre si eux-mêmes s'arrêtent au motif qu'il faut toujours tout recommencer. Beaucoup redoutent ce départ pour cette raison et ajoutent que la présence du CISP les aide à ne pas abandonner.

Il faut aussi prendre en compte les difficultés rencontrées du côté des administrations, maintes fois exprimées lorsqu'il s'agit de créer une nouvelle association : refus, réponses qui tardent ou n'arrivent jamais… Certaines d'entre elles n'ayant pas obtenu d'agrément fonctionnent de façon très précaire. Dans ces conditions, avoir le CISP à ses côtés est important pour les militants.

---

[53]. Site : ecoleetfamille.fr

Un troisième élément nous paraît devoir être mis en avant, notamment pour ce qui concerne les prises en charge médico-psycho-sociales. Les modèles qui ont cours en matière d'administration et d'évaluation des activités des services d'aide ou de soin s'appuient généralement sur un raisonnement en termes de flux, c'est-à-dire en termes d'entrées, de sorties et de durées de prise en charge en vertu d'un modèle standard calqué sur l'idéal médical traditionnel, curatif et libéral. Selon celui-ci, une personne malade entre dans un circuit médical, est prise en charge et en sort guérie, ou du moins sort avec un protocole de soin précis à respecter – la prescription. Avec l'approche du CISP, la « Clinique de Concertation » et la Thérapie contextuelle, des familles entrent, sortent, reviennent. Dans le cas où ce type de prise en charge serait reconnu et institué en Algérie il serait difficile d'établir des statistiques fiables en matière de flux et d'actes. En outre, ce mode de circulation pourrait alors être interprété en termes de dépendance, contradictoire avec l'objectif d'autonomisation des familles.

Une politique de tissage de liens fiables au sein des relations familiales et entre les partenaires institutionnels, des relations avec les professionnels qui, selon les personnes suivies, s'apparentent à des relations amicales, amènent les professionnels qui suivent la démarche du CISP à proposer une toute autre interprétation : la pérennité du lien est considérée comme un aboutissement et comme la vérification de ce que les objectifs poursuivis sont atteints. Il s'agit également moins d'éviter le « surinvestissement » par les familles et les professionnels et d'éviter la « dépendance » qui en résulte, que de traiter collectivement la « délégation massive » qui peut peser sur les professionnels et les déborder, compte tenu du cumul des difficultés rencontrées par les familles et d'ouvrir, à partir de là, un partage des responsabilités à leur égard. De fait les professionnels formés à la « Clinique de Concertation » et à la Thérapie contextuelle, au lieu de fustiger la notion de dépendance, en revendiquent l'existence en termes de dépendance mutuelle et d'attachements. La pérennité des liens créés est le corrélat de l'appropriation par les familles et les professionnels de la démarche apprise auprès des formateurs. C'est ainsi que les familles soutiennent les actions des professionnels algériens formés à sa démarche, qu'elles amènent d'autres familles dans les consultations juridiques et de Thérapie contextuelle, substituant ainsi au fil du temps une saisine directe par celles-ci au relais effectués par les pairs.

La nature du lien, où « l'existentiel » et le « fonctionnel » sont considérés comme indissociables et comme un atout, crée une dépendance réciproque et des solidarités entre les professionnels et les familles, entre les professionnels entre eux, entre les familles, entre les professionnels et les membres du CISP. Ce qui est sans doute à nos yeux la marque la plus manifeste du succès de cette ONG, aussi iconoclaste puisse paraître cet argument. Ce qui est vrai pour le domaine psychosocial l'est aussi pour les autres domaines d'action du CISP. La métaphore de la nouvelle famille ou la présence de l'amitié sont trop fréquentes pour être négligées en tant que facteurs spécifiques de mobilisation, à condition que soit évité le phénomène « Rotary Club » et que les professionnels soient avertis du danger qu'il représente. Le rôle de « l'intrus » en « Clinique de Concertation » est là pour le rappeler et éviter son apparition.

Un autre élément est encore à prendre en compte. Sur le fond un résultat essentiel de l'action du CISP est un changement de regard réciproque sur autrui, qu'il s'agisse des parents sur leurs enfants, des professionnels sur les familles et sur les enfants, des professionnels sur leurs pairs, des professionnels sur les institutions, comme sur l'action politique ; et un changement par voie de conséquence des attitudes et des comportements au niveau des pratiques professionnelles, des pratiques associatives et des relations intrafamiliales qui engagent l'avenir. Il est clair que de tels bouleversements ne peuvent s'enraciner qu'avec le support d'actions qui s'étalent dans la durée et exigent un long suivi, compte tenu de la multiplicité des obstacles mentionnés.

Une formatrice considère ainsi :

> « Avoir une vue planifiée par le haut, vue par le haut du changement social, peut faire croire que les effets ne sont pas aussi forts que ceux qu'on attendait. On ne peut attendre de trois jours de formation et de quatre ateliers que des jeunes fassent des projets. Il faut les prendre là où ils sont et avoir une méthodologie. La méthodologie, c'est la base, c'est le type de compétence qu'on veut développer. Et il faut rajouter du temps, imaginer des objectifs plus limités avant d'en arriver là. Dans ces conditions les ateliers me paraissent plus efficaces que les conférences pour l'établissement de la confiance, pour permettre la prise de parole, le développement d'un argumentaire sans se sentir jugé, qui permette la construction d'une valeur commune avec un langage commun. Pour favoriser tout cela les groupes qui se connaissent, qui ont l'habitude de travailler ensemble et qui sont suivis peuvent alors être dans un processus avec une méthodologie. Ce travail peut prendre un an. En trois heures on ne peut qu'effleurer les choses. Si on veut que ça débouche sur une action, il faut un processus avec une méthodologie et un écrit sur papier sur ce qu'on pense, ce qui vient de notre réalité à nous, le problème de notre réalité concrète : Qu'est-ce qu'on peut mettre en place ? Et comment on va le faire ? »

On notera ici que la demande du CISP concernait une sensibilisation, non une véritable formation, et que la formatrice a néanmoins, selon elle, obtenu des résultats intéressants, de même que dans certains cas les conférences auprès d'un public déjà en partie formé s'avère adéquat. Cependant il est vrai que les résultats ne sont pas toujours à la hauteur des attentes, même si dans la plupart des domaines d'intervention du CISP, les résultats les dépassent largement.

La place du CISP : un strapontin précaire

Il y a un autre facteur important à prendre en compte à propos du départ du CISP : c'est celui du départ volontaire de ceux qui assurent la responsabilité de ses programmes, c'est-à-dire des membres de l'équipe du CISP elle-même. Nous avons en effet pu constater l'épuisement des plus actifs de ceux-ci. L'un d'entre eux a évoqué un arrêt de travail de six mois en raison d'un *burn-out*. Une autre responsable de projets, au bout de sept années de travail au CISP a démissionné à la suite de l'accumulation de sa fatigue et des répercussions de celle-ci sur son moral. Ces faits illustrent les conséquences les plus directes de la faiblesse de ses moyens humains, de la dépendance de ces derniers, pour leur rémunération, des contrats obtenus, du manque de temps dévolu à la réflexion autour des actions à entreprendre, de la nécessité de devoir s'engager dans la rédaction d'un nouveau projet dès la mi-parcours du précédent afin de pouvoir rémunérer les responsables des différents projets et assurer la continuité du travail, c'est-à-dire du manque de moyens dévolus au fonctionnement. Quand l'urgence n'est pas celle du terrain sur lequel il faut intervenir, elle est déplacée en interne dans le fonctionnement quotidien au niveau de la hiérarchie des tâches qu'il faut prioriser. Tout cela induit un sentiment de précarité permanent. Pourtant la pérennisation des actions est la condition de leur efficacité, particulièrement lorsqu'il s'agit de développement des peuples et non d'actions dictées par l'urgence des événements. De ce point de vue le CISP d'Algérie dispose de trois atouts majeurs. La responsable technique de ses programmes est, avec quelques-uns de ses fondateurs, une des plus anciennes des personnes engagées dans les actions du CISP dans l'ensemble des pays où intervient cette ONG. D'autre part, comme on l'a rappelé, les équipes de formateurs étrangers du CISP ont assuré avec lui, depuis ses débuts, la continuité des actions. Enfin il y a la longévité des partenariats avec les organismes et associations algériennes.

Par contre, aux éléments négatifs mentionnés, il faut ajouter le fait, alors que les activités du CISP en Algérie étaient en plein développement, qu'une nouvelle orientation du siège du CISP a eu lieu, liée aux événements internationaux : il n'a pu suivre, au niveau des moyens alloués au CISP d'Algérie, l'expansion de ses activités, tandis qu'Eveline Chevalier était nommée coordinatrice des projets relatifs aux droits de l'Homme en Afrique, cette charge de travail supplémentaire induisant l'abandon de nouveaux projets pour l'Algérie.

De cet ensemble de circonstances auxquelles s'ajoute l'impossibilité de prendre le temps du recul nécessaire à la réflexion d'ensemble sur la programmation peuvent résulter lassitude, découragement, voire dégoût et frustration. Seuls les retours positifs du terrain, lorsqu'elle a l'occasion de les percevoir, permettent à l'équipe de demeurer mobilisée et de tenir plus longtemps malgré toutes les difficultés auxquelles elle est confrontée.

Cependant faute de pouvoir planifier les actions, les coordinateurs du CISP ont réussi malgré tout, avec l'arrivée d'un nouveau coordinateur de projet expatrié compétent pour le projet « Voix du Nord Voix du Sud », à travailler en amont de l'appel à projet sur le thème de l'interculture entre le Nord et le Sud de l'Algérie puis à affiner sa construction jusqu'à l'écriture de ce projet.

Cette pression a d'autres effets, celui de négliger des activités pourtant programmées ou envisagées qui feraient gagner du temps dans le travail et accroîtrait son efficacité, en particulier un travail de bureau qui faciliterait la mise en réseau, accroîtrait la capitalisation des actions et l'accessibilité du CISP déjà évoqués. Elle a aussi pour effet de limiter le temps nécessaire à la formation en interne des différents chefs de projet associés aux deux membres expatriés du CISP. Pourtant les deux responsables du CISP s'étaient attelés depuis que s'était renouvelée l'équipe, à faire davantage participer ses membres au travail commun dans le but de les former.

Enfin c'est aussi devoir mettre en veilleuse de beaux projets en cours de route, faute de pouvoir en accompagner la suite, comme le projet relatif à « l'exonération », un projet qui s'inscrivait dans le cadre de la loi sur la Réconciliation nationale, et de renoncer à engager certains des nouveaux projets imaginés.

Par ailleurs si le rôle du CISP et de ses partenaires est de plus en plus apprécié au niveau local par les APC et, au niveau de deux ministères, celui de l'Éducation nationale et celui de la Solidarité qui passent des conventions avec celui-ci pour former leurs personnels, la place du CISP est malgré tout fort précaire, tant au niveau des bailleurs de fonds que des pouvoirs publics. Les financements de l'UE, dont dépend la survie de l'équipe du CISP, sont accordés dans un contexte extrêmement compétitif sur des projets précis qui ne correspondent pas nécessairement avec ceux que le CISP entend développer.

Conclusion

Le lecteur ne peut pas n'avoir pu constater, au fil de ces pages, la grande homogénéité des discours des bénéficiaires et des partenaires du CISP, en particulier sur la cohérence entre eux des contenus des diverses formations et actions soutenues et sur la constance de leurs effets. Il aura également perçu l'importance de la cohérence qui se manifeste entre les connaissances, les expériences acquises et les manières d'être, quelles que soient les formations suivies et les actions entreprises. On ne peut qu'être frappé par l'écart qui existe entre l'envergure des projets, leurs résultats et les moyens humains qui les ont permis, c'est-à-dire une très petite équipe de six à sept personnes. La mobilisation et souvent l'enthousiasme transparaissent dans les propos de nos interlocuteurs, que l'efficacité des actions et des formations dans leur contenu, leur pédagogie et leur suivi ont su leur insuffler. Et ce alors que ceux-ci la plupart du temps sont des bénévoles et que les obstacles sur lesquels ils butent sont innombrables et les risques pris importants, pour les défenseurs directs des droits de l'Homme particulièrement.

Nul doute que l'efficacité des actions du CISP tient à l'originalité du contenu de sa démarche, à l'efficacité du dispositif de ses actions et à la pérennité, la qualité des liens qu'il a su établir tant avec ses partenaires, ses bénéficiaires que ses formateurs.

Malgré la précarité de sa position, puisque le CISP n'a pas d'agrément officiel, il bénéficie de la reconnaissance de ses actions là où elles sont présentes et ce dès les débuts de son implantation en Algérie et malgré son intervention sur des sujets qui peuvent fâcher. Il y est parvenu grâce à la pertinence de ses actions, à des retours positifs de la part de ses bénéficiaires institutionnels et à un gros travail de présentation et d'explication. C'est le cas de plusieurs maires, de chefs de *wilayate*, de *daïra*. Des projets menés à bien n'ont pu l'être qu'avec l'accord et le soutien des directions des ministères concernés, ceux de la Santé, de la Jeunesse et des sports, de la Solidarité et de l'Éducation nationale. Des demandes de formation par le ministère de l'Éducation ont été adressées au CISP en faveur de leurs employés à différentes reprises. Des contrats sont en cours de signature sur des projets avec ce ministère, ou déjà signés.

Il est inévitablement très difficile d'évaluer l'impact d'un travail qui s'étale sur plus de quinze années, ne serait-ce que parce que celui-ci peut se manifester et ne peut se mesurer que selon des temporalités fort différentes.

Certains de ces effets sont immédiats. Des familles vont mieux et, à la génération suivante, ses membres ne répéteront sans doute pas ce qu'elles ont vécu. Les enfants formés à la philosophie pour enfants travaillent mieux, sont plus respectueux de leurs camarades et des adultes, ont appris à penser par eux-mêmes et ce qu'impliquait leur futur statut de citoyens. D'autres effets ne se manifesteront que plus tard, lorsqu'ils seront adultes. Les enseignants d'une école qui ont été formés à la Gestion positive des conflits et sensibilisés à la question des droits de l'Homme formeront jusqu'à la fin de leur carrière un grand nombre d'enfants qui pourront, quinze ans ou vingt ans plus tard, transmettre ce qu'ils ont acquis à leurs propres enfants et développeront peut-être dans leur travail certaines des attitudes apprises. Les jeunes qui ont participé directement ou indirectement aux CCJ seront, on peut en faire l'hypothèse, des leaders associatifs ou politiques fiables d'ici une quinzaine d'années. Le développement du Travail Thérapeutique de Réseau et de la « Clinique de Concertation », par le biais des formateurs relais, peut largement s'étendre sur le territoire du pays si on se réfère à l'accroissement rapide de la demande de formation dans ce domaine. Les femmes militant dans de multiples associations et qui ont suivi les différentes formations qui leur étaient ouvertes peuvent devenir le fer de lance d'un changement profond. Surtout, le lien et la conjugaison des actions entreprises, et ce, sur les mêmes territoires, peuvent favoriser la pérennité des acquis et freiner l'usure et l'essoufflement. S'il est difficile de mesurer l'impact des actions directes du CISP, encore plus difficile est-il d'évaluer l'extension de leur diffusion au sein de la société, d'autant plus que les associations bénéficiaires ont grandi, ont attiré de nouveaux membres et se sont multipliées durant la période observée.

Ce qui frappe l'observateur au terme de cette étude, c'est l'ampleur des synergies qui se sont développées à partir des différents lieux, « groupes cibles », bénéficiaires et partenaires depuis le début de DDH1 jusqu'à aujourd'hui. Au départ les actions qui pouvaient sembler éparses, localisées, bien que correspondant à une vision claire de l'objectif poursuivi, se sont rassemblées selon un rythme qui s'est accéléré rapidement ces dernières années. Globalement elles laissent voir un paysage de liens à la fois enchevêtrés et en extension géographique constante, dans lequel les acteurs, par leur interconnaissance, leurs rencontres à travers les réseaux qu'ils ont créés, non seulement sont sortis de leur isolement et de leur peur les uns des autres, mais étendent avec la force nouvelle de leurs collectifs leurs multiples actions, entraînés par le succès qu'elles rencontrent continûment.

Les prévisions du CISP quant aux effets attendus de ses actions, lesquels sont, dès ses débuts, bien souvent dépassés, semblent bien correspondre dans leur contenu et leurs moyens à des aspirations profondes de ceux auxquels s'adresse cette ONG et répondre à celles-ci. Elles témoignent d'une vitalité de la jeunesse algérienne et de la force de ses aspirations dont a su se saisir le CISP pour organiser et démultiplier une dynamique porteuse de changements de fond.

« Effet papillon », ou démultiplication des synergies concourant à un vaste changement silencieux de fond, ou essoufflement, il est nécessairement impossible de conclure sur ce que produira ce qui a été non seulement semé, mais déjà réalisé, en raison notamment de l'instabilité sur de multiples plans que connaît ce pays. Ce qu'on sait, c'est l'importance du nombre des personnes touchées directement par ces actions, à des titres divers et à des degrés variables. C'est aussi la constitution de « noyaux » de militants actifs bien implantés dans le paysage algérien. Les exemples d'action à Bab el Oued ou aux Eucalyptus montrent, après plusieurs années d'arrêt des projets, que des actions se poursuivent, quand bien même les déperditions sont importantes. Par ailleurs la capitalisation des expériences du CISP à travers ses publications portant sur l'ensemble de ses actions avec ses partenaires, elle, demeure et laisse présager une influence à terme, importante.

Dans la perspective de la prolongation de ce travail, il serait intéressant de mener une étude spécifique sur un territoire particulier, comme celui d'Akbou, où la concentration des synergies a été particulièrement importante et se démultiplie depuis plus de sept ans, pour en évaluer l'impact auprès d'un échantillon représentatif de la population visée par son action.

Les mots de la fin

> « J'ai toujours été très bien accueillie par Madame Eveline Chevalier, elle fait un travail formidable, elle va beaucoup sur le terrain, elle est très combative, elle a beaucoup de mérite. J'ai beaucoup d'estime, de respect et de considération pour ce qu'elle fait pour nous. D'ailleurs je lui en aurai toujours beaucoup de reconnaissance. Avoir acquis autant d'outils et de connaissances que je n'aurais pas pu avoir ailleurs c'est un bienfait. » (Dalila, juriste, militante des droits de l'homme)

> « J'ai connu Eveline Chevalier lors du DDH2 en 2007-2008. C'est une personne de référence qui a bâti son école et son expérience ; je suis là aujourd'hui grâce à ses réflexions et à sa pertinence. Elle est toujours au service de l'autre, jusqu'à s'oublier ; c'est une fille, au-delà des personnes et de l'association, qui a su instaurer un cadre institutionnel ; elle s'est imposée dans le « Travail Thérapeutique de Réseau », dans la « Clinique de Concertation ». Elle est toujours en croissance professionnelle. C'est l'exemple d'une femme engagée entièrement pleine et entière, sans demi-mesure.
>
> Elle a pleinement contribué à l'essor des associations algériennes et au renforcement des capacités de ses cadres.
>
> Le CISP, c'est elle ! Elle y a construit sa propre organisation.
>
> Tous les mots utilisés ne sont pas suffisants pour la décrire et dire sa contribution, sa personnalité. Ce qui fait sa grandeur c'est qu'elle impose le

respect. Toutes ces vertus que l'on peut imaginer : rigueur, transparence et convivialité.
Dans sa gestion des projets, elle a le souci de défendre l'intérêt des petites associations et c'est ce qui a construit sa crédibilité, au détriment parfois de sa propre organisation ONG !
Elle a très envie de faire avancer les choses en Algérie. Elle y est très attachée....
En mai 2003, il y a eu le séisme, et d'autres choses auparavant, et elle a su créer des liens, aller en profondeur du travail humanitaire à travers toutes les familles rencontrées et aidées. Son travail thérapeutique a complètement été en direction de tous les acteurs.
Nous l'en remercions ! »
(Le président de l'Étoile culturelle d'Akbou)

Annexes

Annexe I : Entretien avec Eveline Chevalier

– Quand et avec quel objectif as-tu commencé à travailler en Algérie ?

– J'ai commencé à travailler en Algérie en 1997 avec MSF Belgique, en raison de l'ampleur des massacres qui avaient lieu en Algérie. J'avais travaillé auparavant en Bosnie et au Rwanda avec MSF. On a monté des programmes qui n'étaient pas très catholiques pour MSF puisqu'il s'agissait moins d'actions que de formations. On a formé des psychologues à Alger et puis on a permis l'ouverture des algériens qui venaient en Belgique pour qu'ils découvrent autre chose que l'Algérie en Belgique. On a fait des gros programmes d'échanges et des formations, avec la Ligue de santé mentale bruxelloise wallonne, deux fois un mois.

Et on a réhabilité une pouponnière parce que les enfants nés sous X en Algérie sont en grande difficulté. On faisait grandir les enfants avec la méthode Lodsi, un psychiatre hongrois : Il s'agissait d'être attentif à la relation enfant-adulte dès le départ. Après j'ai introduit des formations à la Thérapie contextuelle, et à la « Clinique de Concertation » avec Jean-Marie. Puis j'ai démissionné de MSF en 2001 pour être recrutée par le CISP dont les orientations m'intéressaient. Il s'agissait de soutenir les psychologues sur les lieux où les massacres collectifs avaient été les plus importants et qui avaient été particulièrement touchés par le conflit politique. On a formé des psychologues, je faisais les supervisions et le CISP m'a alors proposé d'être chef de mission. C'est une ONG qui travaille moins dans l'urgence, comme MSF, que pour le développement des peuples et cette orientation me paraissait plus adéquate par rapport à la situation de l'Algérie. On a créé un centre de santé à Benthala.

On avait aussi, à partir de formations, un gros programme de réhabilitation des jeunes en décrochage scolaire qui visait à les insérer. Mais, malheureusement, il y a eu le séisme en 2003. Le CISP, l'ABSM et Psychologie Sans Frontières se sont coordonnés pour un programme de soutien aux familles sinistrées et pour accompagner les professionnels dans leur prise en charge de ces familles. On a ouvert un espace pour les familles et un espace mère-enfant-famille. On a créé des chalets où les femmes pouvaient venir se reposer, avoir à la fois un lieu d'écoute et un lieu de repos. On avait ouvert aussi l'école des devoirs, pour soutenir les enfants dans leur scolarité. De-là est née l'idée d'introduire la « Clinique de Concertation » et la Gestion des Détresses Multiples et Sévères. En parallèle il y avait eu en 2001 la crise en Kabylie, le mouvement berbère qui voulait interpeller l'État sur l'absence de dialogue. D'où la question des droits de l'Homme. On a commencé à monter avec le CISP un projet de citoyenneté active, à construire et reconstruire des espaces de dialogue, d'articulation entre les citoyens et l'État. On a essayé de comprendre ce qui s'était passé. Les citoyens avaient cassé tout ce qui représentait les services de l'État. Au final ils se sont eux-mêmes privés des services auxquels ils pouvaient prétendre. Delà la question : comment prévenir ce système de conflits et de violence… Delà les formations à la « Clinique de Concertation » comme espace intéressant de dialogue, et les formations à la Gestion Positive des Conflits : Si on voulait travailler avec les jeunes il nous fallait d'autres approches. Cette réflexion a été menée de façon progressive entre 2001 et 2003 avec le CISP.

On a créé avec le CISP le projet citoyenneté, financé en 2006, pendant une période plus tranquille. Nous avons parallèlement porté notre attention aux migrants au niveau des droits avec la question de savoir comment les migrants vivaient la migration. Ils arrivaient notamment du Niger, du Congo et du Mali en Algérie et ils étaient considérés comme étant à la solde de ces États. On s'est dit qu'il serait peut-être intéressant de leur proposer de rentrer chez eux, dans le cas bien sûr où ils le voudraient. On s'est opposé à beaucoup de gens, des gens comme Droit d'asile qui nous disaient : Vous êtes à la solde des États européens si vous soutenez le retour des migrants. Peut-être, mais ça correspondait à un réel besoin pour certains.

– Quelle stratégie, quel horizon aviez-vous en 2006 ?

– Notre ambition alors c'était l'instauration du dialogue, de créer du lien, la création d'espaces de concertation, d'espaces de socialisation, permettre aux gens de se rencontrer. On a alors créé des espaces de rencontres et aussi des formations : être des citoyens autrement qu'en cassant tout. Tout cela a été porté par DDH1. On l'a confirmé dans DDH2, en se disant que pour les enfants il serait bien, non seulement de prévenir les conflits, mais aussi de les aider à réfléchir.

Les Sciences humaines et sociales sont complètement dénigrées dans les universités en Algérie. Avec Vinciane Despret et Stéphan Galetic on a introduit la philosophie pour enfants. On n'a pu aller très loin malheureusement parce que notre partenaire AFAK, après, a fait défaut.

– Pourquoi ?

– La société civile en Algérie est très peu structurée et on leur met des pressions qu'ils ne peuvent pas assumer. On vient avec des ambitions d'européens, des pressions d'européens, construites organisées, et parfois les partenaires ne peuvent pas suivre. C'est un des problèmes en Algérie. Je me rends compte que j'ai de la chance d'être payée à plein temps pour faire ce que je fais. Les autres le font en plus, ils sont bénévoles, n'ont pas le temps ni l'organisation que nous nous avons. C'est pour ça que j'ai demandé à Vinciane de venir réfléchir avec nous sur l'engagement. Lorsque je viens ou que des expatriés viennent, ils savent pourquoi ils viennent, du moins devraient-ils le savoir. On a un engagement assez fort, tandis qu'il y a des gens qui travaillent pour nous qui viennent comme s'ils étaient payés par une administration algérienne. J'ai donc demandé à Vinciane de venir, pour que je puisse diminuer mon propre travail. J'essaye de ne pas être aussi exigeante, et qu'on ait des espaces praticables entre eux et nous, parce que c'est compliqué parfois.

– Qu'est-ce que tu as appris à l'occasion de DDH1 ?

– Ce que j'ai appris, c'est d'abord la patience, mon rythme de travail n'est pas celui des autres, j'ai appris à me laisser porter par le rythme du pays et de ceux qui nous invitent à travailler et à revoir mes ambitions, j'ai aussi appris qu'il y a différentes façons d'être citoyens. Au boulot j'ai aussi appris à me professionnaliser, à mettre plus de logique dans ma pratique professionnelle, j'ai appris à rédiger des projets et à gagner des projets. Je suis thérapeute, intervenante sociale et il faut gagner les projets ; c'est la survie !

– Et par rapport à tes partenaires ?

– Par rapport à mes partenaires j'ai pris conscience de la fragilité dans laquelle ils sont, de la difficulté de travailler en Algérie. Ils ont du mal à reconnaître qu'ils ont des faiblesses ; c'est très compliqué de les accompagner. Faire grandir les gens c'est compliqué quand ils n'ont pas l'impression qu'ils doivent grandir, j'ai eu du mal à reconnaître leur fragilité. C'est donc compliqué et ça reste une difficulté.

– Et sur le fond ? Je vois qu'il y a des détours pour aborder les droits de l'Homme, par le culturel en particulier, l'avais-tu déjà en tête ?

– Ce que j'ai appris je dirais c'est « le bien parler » : par exemple on parle de citoyenneté active, pas de droits de l'Homme, on ne parle pas de réconciliation, mais du vivre ensemble. J'ai appris à parler autrement : ce sont mes partenaires, ou plutôt le pays, qui m'ont appris à parler et leur fragilité m'a appris à être attentive à eux. On ne traite que des sujets qui fâchent. Après tout on n'a pas d'agrément, mais on est toujours là. On a traité la migration, on parle droits de l'Homme, maintenant on arrive à parler de la prévention de la radicalisation de l'islam, ces sujets sont des sujets qui fâchent, du point de vue du gouvernement. J'ai appris à parler et les partenaires me l'ont appris aussi, c'est leur fragilité qui m'a émue et qui m'a obligée à être attentive à eux, à ne pas les mettre en difficulté.

– Tu as été en contact avec la LADDH dès le début ?

– En 2001 ça castagnait partout à Tizi-Ouzou, à Bejaïa. J'ai rencontré Saïd, alors simple militant.

Mes partenaires majeurs à l'époque de DDH1 c'était la LADDH à Bejaïa, avec Saïd. Ils menaient un travail clandestin, on s'est retrouvé dans l'appartement d'un avocat, je voulais soutenir les gens qui avaient été blessés physiquement et même psychologiquement. On a vraiment construit quelque chose à ce moment-là. J'ai été un peu tenace. J'ai une relation avec le danger un peu particulière, je n'ai pas peur et ça ne me gêne pas d'aller dans des endroits un peu particuliers.

– Saïd nous a confié qu'il avait le souci de ne pas te mettre en danger.

– On a un souci partagé ! J'ai rencontré alors la Ligue de prévention où j'ai rencontré Salhia, l'AFAK, que j'ai rencontrée dans le cadre du séisme, des gens de gauche bien trempés, mais ils ne suffisaient pas pour tout faire. C'était mes trois premiers partenaires, et puis Mouloud à l'Étoile Culturelle d'Akbou qui s'est imposé. C'est un partenaire plus neutre que la LADDH, ils n'ont pas besoin d'autorisation pour les universités et leur projet de l'école de la seconde chance était intéressant à soutenir.

Maintenant nous avons plein de partenaires dans le pays, à Oran à Annaba, dans le Sud…, mais ils sont moins partenaires que bénéficiaires, je dirais.

– Et DDH2 ?

– DDH2 était la continuité de DDH1, avec un focus un peu plus important sur les jeunes. Les jeunes c'est le pari pour l'Algérie, avec le projet « Graines de citoyens ». Pour DDH4 on a dû produire des projets, je ne devrais pas le dire, plus sexy, des projets alternatifs qui sont d'ailleurs intéressants, pour plaire à l'Union européenne et être sélectionnés. La Commission européenne est quand même un gros marché, il faut pouvoir gagner. Sur DDH4 on était classé sixième parmi les 400 projets présentés, il faut pouvoir être sélectionné. C'est le problème, pour nous, des bailleurs de fonds. Pour être sélectionné tu dois aller dans leur sens et tu perds un peu de ton autonomie, de ton ambition, c'est le problème. Le CISP n'a pas de fonds propres à la différence de MSF, ou de Médecins du Monde, ce qui nous rend complètement dépendants. Ils ont un siège à Rome seulement, pas à Alger. Je ne suis pas sûre d'obtenir le prochain projet DDH6, cela nous met dans une insécurité constante, moi compris, c'est une épée de Damoclès.

– Est-ce que ça te limite en termes de développement par rapport à tes ambitions ?

– Pour moi ça constitue plus un moteur qu'une limite. On est toujours en recherche, on va vers d'autres produits, on a le projet « Construire des passerelles plus que des murs », par exemple. On avance, ça oblige tout le temps à chercher des choses, à construire, à créer et à inventer. C'est devenu pour moi un moteur plus qu'un frein, mais c'est fatiguant.

– Quelle est ta stratégie actuelle, à quel terme elle se situe ?

– Ma stratégie c'est de continuer à réfléchir sur les moyens de développement des jeunes, pour prévenir les conflits et les problèmes. Ça va péter en Algérie et ce serait dommage qu'on ne les soutienne pas à aller vers autre chose que la destruction. Je ne sais si c'est de la stratégie, mais le CISP doit continuer à aller vers ça, pour équiper les jeunes parce que ce seront les décideurs de demain, pour en faire des citoyens plus que des consommateurs, leur permettre de rester chez eux. Et je comprends qu'ils veuillent partir ; pour moi c'est facile je peux partir, j'ai un passeport rouge.

– Quelle est la nature de tes rapports avec les institutionnels ?

– Au début j'ai été taxée d'ingérence, les ONG étrangères sont taxées d'ingérence, même si ce n'est pas cela qu'on fait. C'est la première connotation qui vient. Les Algériens n'ont pas à recevoir de leçons ; d'ailleurs on n'en donne pas. Après, tout est basé sur le personnel, sur ta capacité à entrer en lien et en établissant la confiance avec les gens. On a eu à chaque fois des bons liens avec des directions. On est maintenant toléré, on est plutôt accepté à titre personnel par les niveaux intermédiaires des directions. Maintenant, quand on demande un rendez-vous avec le Ministère de l'Intérieur on ne le reçoit pas ; avec la Solidarité, par exemple, c'est toujours très compliqué. L'institutionnel nous connaît, nous apprécie, mais ça passe et ça reste plus à un niveau personnel qu'avec des relations de travail classiques. Ils connaissent Mme Eveline Chevalier, ou Roberto…telle ou telle personne. Et puis on a pu montrer qu'on n'était pas dangereux.

– Quels sont les atouts du CISP ?

– C'est une ONG très, très flexible, qui peut répondre assez rapidement aux besoins qui naissent ; on a cette réactivité-là, cette originalité de proposer des choses. Par exemple on fait des résidences d'artistes. On a un spectre large au niveau des interventions et on a eu les moyens de créer des choses originales.

– Les atouts du côté des algériens avec lesquels tu travailles ? Par exemple si tu compares avec tes expériences antérieures en ex-Yougoslavie ou au Rwanda, qu'est-ce que tu vois de spécifique et qui te motive ?

– C'est leur loyauté, leur loyauté dans leurs relations, dans ce qu'ils font avec le CISP. La relation est toujours très claire et transparente, ils sont très loyaux dans la relation professionnelle et dans ce qu'ils peuvent donner. C'est ce qui me motive à travailler encore ici. Ils sont très sincères et très entiers. Ne pas les soutenir me met en difficulté. Je partirai un jour de ce pays, mais je vivrai mal de les laisser tomber.

– Peux-tu raconter le développement des actions et son moteur ?

– Avec le temps on connaît mieux les besoins et on les voit mieux. Ça fait 17 ans que je travaille en Algérie. On a pu élargir notre champ de discussion avec les bénéficiaires potentiels et on voit ce dont l'Algérie a besoin. Pour la formation des avocats par exemple, on voit la situation catastrophique des universités. C'est pourquoi on s'emploie à les former puisqu'ils ont besoin de connaissances plus pointues pour défendre les droits de l'Homme. On essaye de le faire avec des partenaires européens.

– Comment as-tu déniché ces partenaires ?

– Je les ai dénichés au gré des rencontres. On a créé un gros partenariat avec l'Université de paix et la gestion positive des conflits par l'intermédiaire de Florence par exemple, et puis il y a Jean-Marie et l'AFCC et l'AICC. Pour les droits de l'Homme c'est Charlotte qui a été coordinatrice de DDH1 et qui nous a fait rencontrer l'Université des droits de l'Homme à Lyon et Charles, quelqu'un de très intéressant qui est devenu un ami. Il y a aussi le Centre Omar Khayam qui est un centre de l'interculturalité des relations entre les cultures et les religions. Mouloud Salfi au Caire, sur les migrants m'a demandé de faire un compte rendu sur des réunions concernant les migrants. On a lié connaissance à ce moment-là. Pour les avocats c'est un partenariat par le contact politique du CISP à Rome.

Pour moi les gens qui interviennent comme formateurs, je dois avoir confiance en eux et penser qu'ils aient la capacité d'adapter leurs connaissances au contexte algérien, qu'il ne faille pas des années pour que leurs formations soient adéquates aux besoins ici. Laurent c'est sur « Justice et mineurs » ; sur École et Famille c'est Marie-Claire.

– Et du côté des formateurs algériens ?

– Les formateurs algériens ce sont des formateurs réputés engagés et ouverts.

– Avec les années ceux-ci prennent une place plus importante ?

– Malheureusement non. Actuellement personne n'est capable de reprendre le certificat aux droits de l'Homme pour l'enseignement. C'est une de nos grosses difficultés. Il y a un gros déficit au niveau des universités algériennes. Ces formateurs ne viennent pas pour former, mais pour donner une conférence, ils viennent donner leur savoir ; ils n'ont pas l'esprit de former. C'est le problème que je rencontre avec les formateurs algériens. Ils n'ont pas de vision globale. Ils viennent avec chacun un morceau du puzzle, mais pas avec la vision de l'ensemble du puzzle. Donc c'est compliqué d'organiser la relève.

– Quels sont les ponts entre les différentes formations ?

– Ce n'est pas facile, mes collaborateurs, mes collègues n'ont pas cette vision globale. C'est moi qui écris les projets et qui ai cette vision globale et ce souci d'articulation. Mon obsession c'est d'articuler les projets. C'est cette difficulté qu'on a eue avec le projet « justice et mineurs » dont la suite n'était pas du tout articulée au précédent. On avait fait une évaluation pour ça. On se dit maintenant qu'il faut absolument transmettre ce souci-là d'articulation et de cohérence aux jeunes chefs de projets. Qu'ils comprennent que la « Clinique de Concertation » par exemple ne concerne pas seulement les professionnels du soin et de l'éducatif mais que ça a une dimension politique, que c'est intéressant d'en faire la construction avec les politiques. Ça c'est compliqué.

– Alors comment fais-tu passer cette cohérence ? Par exemple tu encourages les gens à suivre plusieurs formations ?

– Oui bien sûr.

– Alors ça passe par des détours et c'est délibéré ?

– Oui c'est délibéré. Il faut enfoncer le clou, plus on donne l'opportunité aux gens de se former, d'ouvrir leur horizon, plus on est sûr qu'ils seront acteurs à leur tour à un moment donné.

Maintenant j'essaye aussi d'établir des passerelles avec Ahmad, Jean-Marie tous ces gens-là.

– Par exemple tes principaux partenaires ont suivi différentes formations ?

– Non, Saïd oui, comme moi pour la formation aux droits de l'Homme, c'est tout.

– Pourtant dans les réunions de copilotage ils en parlent comme s'ils les avaient suivies !

– C'est vrai.

– Pourquoi avoir choisi à un moment la gestion positive des conflits plutôt qu'une sensibilisation à la « Clinique de Concertation » ?

– Il y a quand même un gros problème de construction du dialogue en Algérie, la « Clinique de Concertation » peut le faire, mais elle touche surtout des professionnels de l'aide du soin, de l'éducation et du contrôle. Là on travaille avec la Gestion Positive des Conflits dans les écoles, avec des animateurs qui touchent des enfants, qui n'ont pas cette démarche d'être dans le soin, même si c'est plus large avec la « Clinique de Concertation ». J'ai le sentiment quand même qu'on ouvrait le paysage. Je ne dis pas que la « Clinique de Concertation » n'apportait pas ça ; mais j'avais l'impression d'être plus limitée avec la « Clinique de Concertation » et qu'avec la philosophie pour enfants et la gestion positive des conflits, tu ouvrais les possibilités de travailler sur le conflit, le dialogue et la prévention des conflits. C'est ce qu'on va faire avec Ahmad sur l'interculturalité. On va travailler au Mali sur les maîtres coraniques qui nous ont fait une lecture du Coran trop lettrée, que les gens ne comprennent pas. Et ça nous fait malheureusement des tordus en Algérie et au Mali, en France aussi ou en Belgique. Et ça se passait avant de la même façon avec les messes en latin auxquelles les gens ne comprenaient rien. Pour la gestion positive des conflits je pense que Leila va pouvoir reprendre le flambeau, on organise sa formation à Namur ces jours ci.

C'est un autre problème qu'on a en Algérie, celui d'avoir formé de A à Z des personnes, qu'on a envoyées en Belgique et en France et qui maintenant viennent monnayer leur formation comme N... à 4000 euros. Qu'elle la monnaye comme ça à l'ONU ne me dérange pas, mais avec nous comme employeur potentiel... il y a un problème, alors qu'il y a des gens très compétents, très brillants en Italie qui sont prêts à travailler avec nous à 1000 euros. C'est une amertume qu'on a quand on a cru en des gens.

– Ce qui a le mieux marché jusqu'ici, ce dont tu es contente ?

– Ce sont toutes ces formations, que les gens soient contents du contenu, tout cet élan donné à des jeunes, d'avoir pu permettre à des jeunes de réfléchir autrement, de grandir dans un pays avec des ambitions de citoyenneté. C'est quand même ma fierté en Algérie. C'est pouvoir ouvrir les esprits des gens, les rendre responsables. Par exemple ils vont savoir pourquoi ils votent. Ce qui m'intéresse pour ces jeunes c'est de les aider à grandir. À tous ces jeunes c'est une ouverture qu'apporte le CISP.

– Quelle est l'extension des territoires de l'intervention du CISP ?

– Ça a été accentué à Boumerdès, puis sur la Kabylie, puis cela a été Oran, Alger et Constantine et maintenant on va vers le sud. Ce n'est pas facile à gérer, l'Algérie est le plus grand pays d'Afrique. C'est très onéreux, très fatigant, les avions sont toujours en retard, la route est un enfer et il faut accepter de lâcher prise : que les partenaires soient des relais, que ce soient les régions ; on ne peut pas tout contrôler.

– Il y a des régions plus faciles que d'autres ? Qui ont plus souffert que d'autres ?

– Pas Oran même, Alger a été probablement plus touchée, Médéa oui. L'Oranie est plus ouverte, les gens sont plus cools et plus tranquilles. Ce ne sont pas les français qui étaient à Oran, mais les espagnols, c'est un peu l'Espagne, du moins c'est ce qui se dit. Constantine c'est une ville magnifique, mais un territoire plus conservateur, plus fermé.

– Là pour le Sud tu as carte blanche malgré le coût que tu évoquais ?

– Non je dirais que ce n'est pas tellement le coût qui nous freine, nous avons le budget, mais nous n'avons pas les personnes sur lesquelles nous appuyer. Par exemple on a un nouveau projet « Construire des passerelles plutôt que des murs » sur Djanet. Qui va le gérer ? La personne en qui avoir confiance qui va être capable de le faire ? Personne ne va pouvoir le faire ; je suis plus freinée par les compétences de mes collègues que par le budget. Je prends des risques par rapport à l'UE. Le problème ce ne sont pas les moyens logistiques, mais les personnes sur lesquelles s'appuyer.

– Le CISP ne peut pas te déléguer des gens ?

– L'expatriation a un coût. On est déjà deux expatriés et ils ne savent déjà pas s'ils vont pouvoir nous payer. En même temps ils savent qu'ils ne peuvent faire sans moi ni sans Roberto, et comme ils sont en difficulté pour nous payer tous les deux, alors des gens en plus.... On a eu un stagiaire qui ne nous a pas du tout aidés. On s'est trompé. On pense évidemment aussi à consolider et à accompagner les gens en interne, à les faire grandir, mais ça prend du temps. Je pense à l'avenir : qui va gérer ?

– Et les régions ou les structures qui pourraient se passer de vous ce serait qui ?

– À part Mouloud qui est autonome, qui peut se passer de nous ; de toute façon l'ÉCA existait avant nous et existera après nous. Maintenant il puise en nous l'originalité, les moyens financiers. Il a l'intelligence de chercher en nous ce qu'on peut lui apporter en plus. C'est clair qu'il survivra.

Pour la LADDH je suis assez sceptique. Si on n'est pas là, ils ne peuvent pas s'en sortir. Et ils ont une structure en interne où le président à quatre-vingt ans, il est encore dans le discours de la guerre d'indépendance et dans le pouvoir. C'est une coquille vide. Il y a trois personnes dont lui. Ça ne suffit pas pour monter et faire grandir la structure. Ils ne peuvent pas s'en passer parce que c'est la révérence, l'ancien.

– Tu as parlé des gens qui partaient, est-ce qu'il y a une déperdition importante ?

– Oui, il y en a quand même, un peu. Par exemple pour ceux qui ont obtenu le certificat, il y en a un tiers qui sont partis à l'étranger, c'est un problème en ce moment. On les forme, ils réfléchissent et forcément s'ils réfléchissent c'est clair, ils partent. Moi si je reste c'est parce que je bosse ici et parce que je suis mariée ici. Ce n'est pas un pays très praticable.

– C'est donc sur les certificats qu'il y a le plus de soucis

– Oui

– Tu n'as pas parlé des femmes. Elles semblent sacrément accrocheuses

– Oui, les femmes sont très présentes et elles en veulent. Ça c'est clair. Pour le projet discrimination on a Ghalia, une petite algérienne géniale formée en Belgique qui vit en Belgique et qui fait un travail magnifique sur la mobilité des femmes. Elle pousse à faire réfléchir les gens. C'est une intervenante, conférencière chez nous, elle a fait son Master sur les femmes et l'islam pour voir ce qui limite les femmes en Algérie. Elle fait un boulot magnifique. Tant que les femmes n'auront pas plus de mobilité, elles ne pourront pas s'en sortir. Il faut qu'elles puissent prendre le métro, qu'elles prennent la voiture, qu'elles soient dégagées des contraintes qui pesaient sur nous il y a cent ans.

– Pourtant beaucoup suivent des formations universitaires

– Oui, mais les femmes qui font des études à l'université, après c'est fini. Elles sont plus tenaces et plus brillantes, mais après 25 ans c'est fini, on les oublie. On est dans la même situation que la France il y a trois générations.

– Actuellement sur quoi faut-il mettre le paquet ? Quels investissements ?

– Sur l'éducation, avec « Graine de citoyen », comme le travail qu'on a fait avec les enseignants. Il faut ouvrir la tête des jeunes gens. Vraiment créer des espaces d'ouverture. Ou bien on a fait une résidence d'artistes avec une formation sur la violence à Alger. Les œuvres des jeunes artistes ont été exposées à Oran, c'était magnifique. C'est ça qu'il faut faire : il faut créer des espaces d'ouverture. Il y a les CCJ, il faut les booster, les faire réfléchir, ça c'est génial.

– Autrement dit ta stratégie c'est aussi la proximité et le développement de proche en proche ?

– Je n'ai pas de stratégie, mais mon but c'est d'ouvrir la tête des jeunes. Mes parents m'ont permis ça. Ils m'ont ouvert la tête, ça c'est capital.

– Où en êtes-vous du projet exonération ?

– Nagy est un révélateur, une personne lumineuse dans ma vie. On a du mal sur ce projet parce qu'on n'a pas le temps. Je devrais être détachée pour pouvoir réfléchir, comment mettre en place la « Clinique de Concertation » par exemple. Je suis trop prise par les questions de gestion et d'écriture de projets. Sur les questions de fond on avait des choses magnifiques à proposer, mais je n'ai pas le temps ; je n'ai pas le temps de réfléchir, je suis constamment dans l'action. Ça devient un problème à un moment, forcément.

– Les projets à développer ?

– Continuer dans le vivre ensemble, pousser les gens à réfléchir, les former.

Comprendre l'islam, en soi ; ça fait tellement peur en Europe, ça fait tellement peur en Algérie qu'il faut pousser les gens à réfléchir, à être dans le gris, pas dans le noir ou le blanc. Il faut des couleurs métissées, écrire des projets pour ça, que les gens aient une vision plus colorée des choses ; il faut pousser à ça : on va dans le mur aussi bien en Europe qu'en Algérie, donc il faut vraiment pousser à ça.

Il y a aussi ce qu'on fait à Hassi Messaoud, « Mémoires de femmes », il faut vraiment, vraiment travailler ça, la place de la femme en Algérie. Je me trouve dans des combats de ma grand-mère. Il faut les aider. C'est ça qui va faire l'avenir de l'Algérie. On va faire un beau livre sur la sororité.

– À part la patience qu'as-tu appris ?

– Ici j'ai appris l'humilité. On ne fait rien sans les autres. Il ne faut jamais être persuadé qu'on sait mieux que les autres. Ça, l'Algérie me l'a appris, je l'ai aussi appris ailleurs, c'est un parcours de toute une vie.

Ici on rencontre une grande facilité d'accueil. Ils ont aussi cette grande avidité d'apprendre et ils ont envie d'avancer. Et c'est aussi un problème. Les femmes ici sont tellement comme les femmes en Belgique et en France !

Il y a le passage de la formation à la pratique. En France il y a un passage à la pratique ; ici non, il faut les y aider.

– Les atouts majeurs en Algérie ?

– L'atout majeur de l'Algérie c'est sa jeunesse. Mais moi je suis trop le nez dans le guidon pour pouvoir en voir plus. C'est difficile, compliqué, il y a toutes ces rivalités, je suis tellement fatiguée que je ne vois que le négatif. »

Annexe II : Des chiffres et des lieux

À partir des différents rapports d'activité du CISP sont ici présentés les chiffres concernant les personnes concernées par les différentes activités du CISP et les lieux où elles se sont déroulées :

DDH1 : 2006-2008

- Université d'été : 79 militants et étudiants de Tizi-Ouzou, Bejaïa, Boumerdès, Bouira et Oran.

30 militants des droits humains relais à la Maison des droits de l'Homme à Tizi-Ouzou.

Entre 150 et 200 militants associatifs et militants des droits humains ont participé à des activités citoyennes.

- Formation d'animateurs aux droits de l'Homme en contact avec les jeunes et les enfants : 60 personnes, dont 17 sélectionnés à la fin, à Tizi-Ouzou.

Animation et formation aux droits des enfants au Centre d'accueil pour enfants d'AFAK, 30 à 45 enfants par jour.

Sensibilisation à la Gestion positive des conflits dans 3 écoles primaires à Boumerdès, 11 écoles dans la *wilaya* de Tizi-Ouzou.

- Appui à la prise en charge des personnes victimes de violences à Tizi-Ouzou et Si Mustapha.

2000 consultations psychologiques,

1200 consultations juridiques.

- Formation à la Gestion des Détresses Multiples et Sévères : 30 personnes

- Formation à la « Clinique de Concertation » : 50 personnes : région de Tizi-Ouzou

134 présents lors de la journée de clôture de la formation.

DDH2 : 2009-2011

- Environ 800 militants des droits humains ont bénéficié sur trois années des activités des maisons des droits de l'homme et du citoyen d'Akbou de Bejaïa et des activités d'AFAK à Boumerdès, dont plus de 200 nouveaux membres lors de la troisième année du programme.

- 800 personnes ont utilisé les fonds documentaires de ces deux MDDHC.

- Une moyenne de 30 participants ont suivi les formations aux droits humains et à l'implication citoyenne, certains thèmes ayant regroupé plus de 60 personnes. Plus de 1050 personnes ont été touchées directement durant trois années.

- Les événements et conférences organisés par le CDDH de Bejaïa ont touché environ 1250 personnes.

- Les séminaires organisés avec l'AFAK ont touché environ 720 personnes.

Au total 6660 personnes à des titres divers ont bénéficié des activités de ces trois lieux.

- 3000 citoyens des zones isolées ont bénéficié des campagnes de diffusion du droit algérien.

- 2840 citoyens ont bénéficié de consultations juridiques.

- Mise en place du certificat aux droits de l'Homme qui forme 40 personnes venant d'Oran, Tiaret, Mostaganem, Constantine, Alger, Bejaïa, Tizi-Ouzou, Boumerdès.

- 323 personnes ont été formées à la Gestion positive des conflits.

- 60 animateurs ont été formés à la philosophie pour enfants.

- 2000 adolescents ont bénéficié du programme « Graine de citoyen ». Et plus de 542 jeunes de l'École du jeune citoyen d'Akbou ont bénéficié d'un encadrement particulier.

- Les tournées théâtrales des deux troupes d'enfants d'AFAK et d'Akbou ont touché environ 5000 personnes.

- 40 personnes bénéficient de la formation de personnes relais à la « Clinique de Concertation ».

- 120 personnes environ sont impliquées dans le Travail Thérapeutique de Réseau (de manière indirecte environ 500 professionnels touchés). Ces professionnels sensibiliseront 1200 nouveaux professionnels (40 x 30).

372 000 usagers bénéficieront du Travail Thérapeutique de Réseau (1240 professionnels x 100 usagers x 3 ans)

- 68 journées de sensibilisation à la « Clinique de Concertation » et au Travail Thérapeutique de Réseau ont touché plus de 2520 professionnels.

DDH4 :

Les chiffres présentés ici s'arrêtent au début du troisième trimestre de l'année 2015.

- 82 cadres associatifs menant des actions dans les régions d'Alger, Oran, Kabylie, Constantine, Batna sont formés à la gestion de projet et aux droits de l'Homme, soit 2 membres de chacune des 30 associations sélectionnées.

-170 jeunes formés dans le cadre du certificat aux droits de l'Homme sélectionnés sur leur engagement dans la société civile et leur niveau d'études supérieures.

- 30 personnes relais à la formation aux droits de l'Homme choisis pour leurs compétences d'enseignants en droits humains et de leur engagement (20 la dernière année).

- 20 avocats formés aux droits humains du réseau de la LADDH.

- 18 OSC ayant reçu une subvention en cascade et choisies en fonction du côté novateur de leurs propositions en matière de droits humains.

- Environ 6300 jeunes et universitaires bénéficiant des conférences sur les droits de l'Homme, dans les universités des 4 zones.

- 120 jeunes se sont engagés dans des mini-rencontres résidentielles (Université d'été, Université de printemps)

- 15 jeunes issus du milieu associatif ont suivi des formations à l'élaboration de mini-documentaires sur les droits de l'Homme.

- 216 adultes animateurs pour le manuel « Graine de citoyen ».

- 6125 jeunes recevant l'outil « Graine de citoyen » sur les trois territoires choisis où des activités ont déjà été initiées par les partenaires.

- 360 professionnels de l'éducation touchés directement par les formations à la GPC, « Graine de citoyen » et les troubles du comportement chez l'enfant.

- 550 élèves ont suivi des activités de prévention de la violence à l'école.

- 193 jeunes ont bénéficié des activités scolaires de l'École du jeune citoyen dont 148 filles.

- 192 jeunes dont 110 filles fréquentent comme adhérents le Centre Sidi Ali d'Akbou.

- Environ 4400 jeunes, dont la moitié de filles, ont bénéficié des sensibilisations à la citoyenneté active et aux droits des enfants sur le territoire d'Akbou.

- 130 jeunes sont dans les CCJ sur Akbou, Chelatta, Batna, Biskra, Skikda, Guelma.

- Environ 5000 personnes ont bénéficié des sensibilisations sur les CCJ sur les 6 territoires.

- 50 participants ont bénéficié des rencontres France /Bejaïa sur les CCJ.

- 462 personnes ont bénéficié de consultations psychologiques sur le territoire d'Akbou, et 120 personnes de consultations juridiques.

- 30 personnes formées à l'Université d'automne relative au genre, à la discrimination et aux violences faites aux femmes.

- 30 personnes formées dans le cadre du projet « Le monde selon les femmes ».

- 185 professionnels de l'Éducation nationale, formés à la GPC et 400 enfants bénéficiaires par an dans le cadre des actions croisées sur la commune de Bab el Oued à Alger.

- 60 professionnels suivent des formations à la « Clinique de Concertation » et au Travail Thérapeutique de Réseau, dont une trentaine à Akbou.

- Plus de 500 personnes ont fréquenté l'espace de travail sur la « Clinique de Concertation » et le Travail Thérapeutique de Réseau. (Nous ne disposons pas des données, comme pour DDH2, relatives aux nombreux usagers concernés par la « Clinique de Concertation ».)

- 18 associations ont été formées à la gestion de projet aux Eucalyptus où a été créé un CCJ

Annexe III : Méthodologie

La présente étude a été effectuée à partir des données suivantes :

Des rencontres, des entretiens enregistrés exploitables (plusieurs ont été inaudibles) ou pris en note et des questionnaires (une quinzaine) soit un nombre total de 96 rencontres, c'est-à-dire 152 personnes rencontrées, sans compter celles qui étaient présentes lors des réunions de copilotage.

Parmi les personnes rencontrées une quinzaine ont répondu à un questionnaire, des personnes en cours de formation à la « Clinique de Concertation ».

La majorité des entretiens a été effectuée par F. Cherfi qui en a traduit certains en français, d'autres par M.-C. Michaud, effectués parfois en binôme avec F. Cherfi et 17 par A. Chauvenet (en prise de notes).

Parmi ceux-ci :

Des entretiens en individuel : 78
Des entretiens réunissant deux ou trois personnes : 7
Des focus groupes : 6
Des réunions de copilatage du CISP : 4
Une réunion autour de journalistes

Les entretiens concernent :

Les partenaires principaux du CISP et la responsable technique de celui-ci :11
Des assistants et responsables de projet du CISP : 9
Des formateurs expatriés travaillant en Belgique ou en France : 16
Des bénéficiaires, le plus souvent partenaires : 50
Des familles bénéficiaires indirects des formations (CdC, EJC, Centre d'écoute) : 4
Des jeunes, enfants et adolescents : 2
Directeur de collège et responsable Éducation nationale : 2

Concernant les formations suivies, nombre d'entre eux ayant suivi plusieurs formations :

Formations à la thérapie familiale et contextuelle : 5
Formations à la « Clinique de Concertation » et au Travail Thérapeutique de Réseau : 22
Formation à la Gestion positive des conflits, non inclus ceux qui ont suivi les formations au certificat des droits de l'Homme qui en ont également bénéficié : 16
Formations sur « Le monde selon les femmes » et lors de l'université d'automne : 7

Formations des organisations de la société civile (gestion des associations et engagement : 12

Formations au certificat des droits de l'homme : 4

Juristes formés aux droits de l'Homme et responsables de structures ayant directement trait aux droits de l'homme : 5

Nous nous sommes appuyés également sur les comptes rendus portant sur les contenus et les méthodes des différentes formations données par les formateurs, sur les compte rendu des débats, des ateliers et des évaluations par les bénéficiaires qui les suivent, sur les évaluations menées sur plusieurs projets par des organismes extérieurs et sur les projets et les rapports narratifs du CISP.

Les questions ci-après du guide d'entretien valent pour les questionnaires

Elles ont été adaptées en fonction des interlocuteurs : formateurs, partenaires, jeunes gens, familles…

CISP

COMITATO INTERNAZIONALE
PER LO SVILUPPO DEI POPOLI

GRILLE D'ENTRETIEN À L'ATTENTION DES BÉNÉFICIAIRES

FÉVRIER 2015

Dans le cadre d'un travail de bilan évaluatif effectué à la demande du CISP sur son activité depuis 2006 à nos jours, nous nous permettons de solliciter votre participation à ce travail d'évaluation en répondant aux questions qui suivent.

Nous privilégions les entretiens dans notre méthode, mais nous sommes bien conscients de l'étendue de votre charge de travail, aussi nous nous permettons de vous proposer ou de vous envoyer ce questionnaire par mail ce qui peut alléger votre participation.

-**Antoinette Chauvenet**, sociologue, Directrice de recherche CNRS/ École des Hautes Etudes en Sciences Sociales/IRIS
-**Eveline Chevalier**, Responsable technique " Protection - Citoyenneté - DDH " pour la zone Afrique - Comitato Internazionale per lo Svilupo dei Popoli (C.I.S.P), Algérie
- **Marie Claire Michaud,** responsable du développement d'Ecole et Famille (France)
(- **Faiza Cherfi,** consultante pour le CISP en Coopération et Développement.)

PRESENTATION PERSONNELLE :
PRÉSENTATION DE VOTRE ORGANISME :
POINT DE DÉPART DU DISPOSITIF, DE L'ACTION PROPOSÉE :

1. Comment avez-vous été informé (e.s) de l'existence des actions du CISP dont vous avez bénéficiées ?
2. A quelle époque avez-vous bénéficié de ce service ?
3. Pour quel motif y avez-vous eu recours ? Quelles sont les valeurs véhiculées par le CISP qui vous ont donné envie d'y participer ?
4. Combien de temps cela a-t-il duré ?
5. Est-ce terminé ? En cours ?

LA PARTICIPATION À L'ACTIVITE PROPOSÉE :

6. Sur quelles bases pensez-vous que le CISP vous a demandé de participer à cette activité ? à partir de quel élément ?
7. Quel élément, de votre côté, avez-vous mis en valeur pour être retenu ?
8. Comment avez-vous été accueilli au début de l'activité ?
9. Comment vous êtes-vous senti ? Comme une partenaire important ? Veuillez donner un exemple.
10. Votre participation à cette activité a-t-elle été prise sur votre temps personnel ou sur votre temps professionnel ?
11. Qu'avez-vous à dire **sur le fond et sur la forme** de l'activité ?

LES EFFETS IMMEDIATS :

12. Qu'est-ce que ce service, cette activité vous ont apporté sur le plan professionnel et sur le plan personnel ?
13. Qu'est-ce qu'elle vous a apporté et que vous n'attendiez pas ?
14. Qu'est-ce que vous attendiez et que vous n'avez pas trouvé ?
15. Etes-vous resté en contact avec le CISP (un(e) coordinateur/coordinatrice du CISP) ou avec le formateur/la formatrice, l'intervenant.e ? Comment et à quel sujet ?

LES EFFETS À LONG TERME :

16. En quoi cette activité a-t-elle influencé vos comportements, vos engagements de votre vie professionnelle et/ou personnelle ?
17. Pensez-vous utile de reconduire cette activité ? Pour quelles raisons ?

LES AMÉLIORATIONS À APPORTER :

18. Voyez-vous des limites dans cette activité ?
19. Ce qu'il faudrait faire pour aller plus loin, l'améliorer ?
20. Comment percevez-vous la méthode utilisée lors de l'activité ?
21. Conseilleriez-vous à quelqu'un de faire la même activité que celle que vous avez suivie ?
22. L'avez-vous déjà fait ? A combien de personnes ?
23. Souhaiteriez-vous explorer d'autres thèmes avec le CISP ? Sous quelle forme ?
24. Quelle est votre évaluation globale du travail avec le CISP ?

Commentaires

Merci de votre compréhension

Annexe IV : Productions

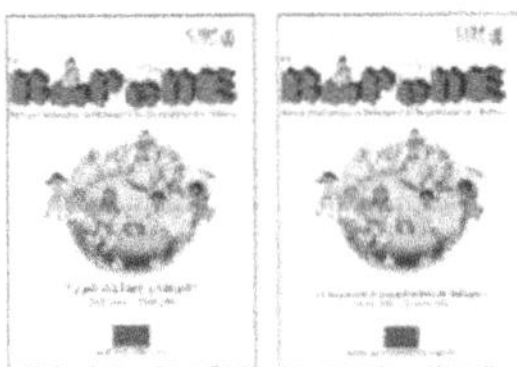

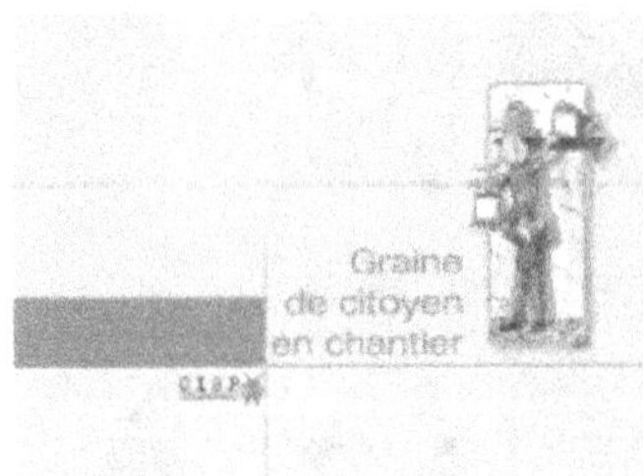
Graine
de citoyen
en chantier

LA NUIT SUR LA FIGURE

L'ART
YADJOUZ

Un regard

Bibliographie

Addi L., 2003, « Pluralisme politique et islam dans le monde arabe », *Pouvoirs*, Paris, Seuil, 104, p. 85-97.

Addi L., 1999, *Les mutations de la société algérienne ; famille et lien social dans l'Algérie contemporaine*, Paris, La Découverte.

Adonis, 2015, *Violence et Islam*, Paris, Seuil.

Antoine A., 2003, *L'Impensé de la démocratie. Tocqueville, la citoyenneté et la religion*, Paris, Fayard.

Arendt H., 1972, *Du mensonge à la violence*, Paris, Calmann-Lévy.

Arendt H., 1981, *La vie de l'esprit*, Paris, PUF.

Arendt H., 1991, *Juger. Sur la philosophie politique de Kant*, Paris, Seuil.

Arendt H., 1995, *Qu'est-ce que la politique* ? Paris, Seuil.

Aristote, 1993, *Les Politiques*, Paris, Flammarion.

Aristote, 2004, *Éthique à Nicomaque*, Paris, Flammarion.

Awad L., 1983, *Histoire de la laïcité en Egypte.*

Balandier G., 2004, *Anthropologie politique*, Paris, PUF.

Balibar É., 1992, *Les frontières de la démocratie*, Paris, La Découverte.

Balibar É., 2016, *Des Universels. Essais et conférences.* Paris, Galilée.

Bandura A., 1986, *L'apprentissage social*, Bruxelles, Mardaga.

Bauberot J., 2014, *Les laïcités dans le monde*, Paris, PUF.

Bekioua F., Riffaf M., 2006, *Éducation et croissance en Algérie : Une analyse en termes de causalité à l'aide des modèles VAR*, INSP, Alger.

Benrabah M., 1998, « La langue perdue », in : *Les violences en Algérie*, Paris, Odile Jacob, p. 62-88.

Benramdane D., 2015, *Les associations algériennes, des acteurs émergents en quête de reconnaissance*, Alger, CISP-UE.

Benslama F., 2014, *La guerre des subjectivités en islam*, Lignes.

Benslama F., 2016, *Un furieux désir de sacrifice*, Paris, Seuil.

Bessis S., 2007, *Les arabes, les femmes, la liberté*, Paris, Albin Michel.

Bienaimé C., 2016, *Féministes du monde arabe*, Paris, Éditions des Arènes.

Caillé A., 2008, « Vers une théorie de l'action et du sujet », *Revue du MAUSS*, n° 32, p. 69-77.

Carbonnier J., 1996, *Droit et passion du droit sous la Ve République*, Paris, Flammarion.

Cassirer E., 1951, *The Philosophy of the Enlightenment*, Boston, Beacon Press.

Cassirer E., 1975, *Essai sur l'homme*, Paris, Éditions de Minuit.
Castoriadis C., 1996, *La montée de l'insignifiance ; les carrefours du labyrinthe*, 4, Paris, Seuil.
Castoriadis C., 2012, in : *La culture de l'égoïsme*, Paris, Climats.
Chauvenet A., 1996, *Clinique de la reconstruction. Une expérience avec des réfugiés en ex-Yougoslavie*, Paris, L'Harmattan.
Chauvenet A. *et al.*, 2014, *École, Famille, Cité. Pour une coéducation démocratique*, Paris, PUR.
Chérif M., 2006, « Réformisme musulman et islam politique : continuité ou rupture », in : *Le choc colonial et l'Islam*, Luizard P.-J. (dir.), Paris, La Découverte.
Cicéron, 2007, *L'amitié*, Paris, Les Belles Lettres.
Comières P., 2011, *C. Castoriadis : « Critique sociale et émancipation »*, Paris, Textuel.
Cooley C., 1956, *Human Nature and the Social Order,* New York, The Free Press.
Cooley C., 2001, « Groupes primaires, nature humaine et idéal démocratique », *Revue du MAUSS*, n° 19, p. 96-112.
Dejours C., 2000, *Travail, usure mentale*, Paris, Bayard.
Derrida J., 1994, *Force de Loi*, Paris, Galilée.
Ducommun-Nagy C., 1995, « La thérapie contextuelle », in : Elkaïm M. (dir.), *Panorama des thérapies contextuelles*, Paris, Seuil.
Elias N., 1991, « *La société des individus* », Paris, Fayard.
Engels F., 1963, *Anti-Düring*, Paris, Éditions Sociales.
Filali-Ansary A., 2003, « Islam, laïcité, démocratie », *Pouvoirs,* 104, Islam et démocratie, p. 5-21.
Filiu J.-P., 2015, *Les Arabes, leur destin et le nôtre, histoire d'une libération*, Paris, La Découverte.
Fleury C., 2005, *Les pathologies de la démocratie*, Paris, Fayard.
Floridi M., Verdecchia S., 2015, *Évaluation de l'appui à la société civile en Algérie par l'Union européenne.*
Fortes M., Evans-Pritchard E. E., 1964, *Systèmes politiques africains*, Paris, PUF.
Fortes M., 1949, *The Web of Kinship among the Tallensi*, London, Oxford University Press.
Foucault M., 2004, *Naissance de la biopolitique*, Paris, Gallimard-Seuil.
Fraser N., 2011, *Qu'est-ce que la justice sociale* ? Paris, La Découverte.
Fridi Kessai B., 2013, « Le renforcement du dialogue démocratique et de la participation citoyenne des jeunes femmes dans la gestion des jeunes femmes dans la gestion des politiques de développement local », 45 p.
Gauchet M., 1977, « La dette du sens et les racines de l'État, Politique de la religion primitive », *Libre*, 2, p. 6-43.
Gauchet M., 1989, *La révolution des droits de l'homme*, Paris, Gallimard.

Gauchet M.., 2017, Le nouveau monde (4ème volume de *L'avènement de la démocratie*), Paris, Gallimard.
Geffray C., 2001, *Trésors. Anthropologie analytique de la valeur*, Strasbourg, Arcanes.
Hamidchi M., 2011, *Évaluation d'une action réalisée dans la localité de Bab el Oued*, 13 p.
Haarscher G., 1993, *Philosophie des droits de l'homme*, Bruxelles, Éditions de l'Université de Bruxelles.
Hellal S., 2008, *De proche en proche. Proximité et travail thérapeutique de réseau en Algérie*, Alger, Barzakh.
Hottois G., 1986, « Droits de l'homme et technique contemporaine : liberté responsable et liberté nihiliste », *Les Études philosophiques*, n° 2, p. 201-215.
Hume D., 2006, *Traité de la nature humaine*, sur (http://classiques.uqac.ca).
Jalal Al-Azm S., 2008, *Ces interdits qui nous hantent. Islam, censure, orientalisme*, Paris, Éditions Parenthèses / MMSH / IFPO.
Jaffelin E., 2011, *Petit éloge de la gentillesse*, Paris, François Bourin.
Jullien F., 2012, *L'écart et l'autre. Leçon inaugurale de la Chaire sur l'altérité*, Paris, Galilée.
Jullien F., 2016, *Il n'y a pas d'identité culturelle*, Paris, L'Herne.
Kantorowicz E., 1989, *Les deux corps du roi. Essai sur la théologie politique au Moyen Age*, Paris, Gallimard.
« Laïcité, une valeur menacée ? » fév. 2015, *Marianne* hors-série, « Les textes ».
La Boétie, É. de, 2002, *Discours de la servitude volontaire*, Paris, J. Vrin.
Lacoste Y., 1966, *Ibn Khaldoun. Naissance de l'histoire, passé du tiers monde*, Paris, Maspero.
Laïdi Z., 2004, *La grande perturbation*, Paris, Flammarion.
Laidli H., 2006, Rapport d'évaluation des cycles de formation à la « Gestion des détresses multiples et sévères » et à la « Clinique de Concertation », Alger.
Laing R. D., 1972, "The obvious", in : Ruitenbeck H. M., *Going Crazy: The Radical Therapy of R. D. Laing and Others*, New York, Bantam Books, p. 109-128.
Lasch C., 2008, *Le moi assiégé*, Paris, Climats.
Lazar M., Nehad S.-M., 2014, *L'Algérie aujourd'hui*, Paris, Michalon.
Leenhardt M., 1985, *Do Kamo*, Paris, Gallimard.
Lefort C., 1980, « Droits de l'homme et politique », *Libre*, 7, p. 3-42.
Lefort C., 1981, *L'invention démocratique, les limites de la domination totalitaire*, Paris, Fayard.
Lefort C., 1986, *Essais sur le politique*, XIXe-XXe siècles, Paris, Seuil.
Lévy-Bruhl L., 1963, *L'âme primitive*, Paris, PUF.
Loraux N., 1997, *La cité divisée*, Paris, Payot.

Maher C., 2006, « Réformisme musulman et islam politique : continuité ou rupture », in : *Le choc colonial et l'Islam*, Luizard P.-J. (dir.), Paris, La Découverte.
Maniglier P., 2006, « Comment se faire sujet ? », Actes du 3e Congrès International de la « Clinique de Concertation », Paris.
Marx K., 2006, *Sur la question juive*, Paris, La Fabrique.
Mauss M., 1947, *Manuel d'ethnographie*, Paris, Payot.
Mauss M., 2001, *Sociologie et anthropologie*, Paris, PUF.
Merleau-Ponty M., 1964, *Le visible et l'invisible,* Paris, Gallimard.
Mezghani A., 2011, *L'État inachevé. La question du droit dans les pays arabes*, Paris, Gallimard.
Michard P., Shams Ajili G., 1996, *L'approche contextuelle*, Paris, Morisset.
Michéa J.-C., 2012, postface du livre : *La culture de l'égoïsme*, Paris, Climats.
Montesquieu, 1950, *De l'esprit des lois,* Société Les Belles Lettres, Paris.
Morgan L., 1871, *Systems of Consanguinity and Affinity of the Human Family,* Washington.
Mouffok G., 2011, *Apprendre à vivre ensemble*, Mouffok G. (ed.), CISP-Barzakh, Alger.
Nietzsche F., 1993, *Le gai savoir,* Le livre de poche.
Patočka J., 1981, *Essais hérétiques sur la philosophie de l'histoire,* Paris, Verdier.
Patočka J., 1990, *Liberté et sacrifice. Écrits politiques*, Millon, Grenoble, 1990.
Pena-Luiz H., 2003, *La laïcité. Textes choisis et présentés*, Paris, Flammarion, coll. « GF ».
Planty-Bonjour G., 1986, « Le droit naturel selon Aristote et les déclarations des droits de l'homme », *Les Études philosophiques*, n° 2, p. 145-159.
Ramadan T., 2003, « Les musulmans et la mondialisation », *Pouvoirs*, 104, Islam et démocratie, p. 97-110.
Rancière J., 1990, « Les usages de la démocratie », in *: Aux bords du politique,* Paris, Éditions Osiris.
Rivero J., 1982, « Vers de nouveaux droits de l'homme », *Revue des Sciences morales et politiques* », n° 4, p. 673-686.
Rosanvallon P., 2011, *La société des égaux*, Paris, Seuil.
Roviello A.-M., 1990, Postface, Patočka J., *Liberté et sacrifice. Écrits politiques*, Millon, Grenoble.
Salah R., Maamoura F., 2010, *Laissées pour mortes. Le lynchage des femmes de Hassi Messaoud*, Paris, Max Milo.
Sen A., 2005, *La démocratie des autres. Pourquoi la liberté n'est pas une invention de l'Occiden*t, Paris, Payot.
Sahlins M. 1976, *Âge de pierre, âge d'abondance, l'économie des sociétés primitives*, préface de Pierre Clastres, Paris, Gallimard.
Sennett, R., 1995, *Les tyrannies de l'intimité*, Paris, Seuil

Scott J., 2013, « Éthique de la subsistance », in : Fassin D., Lézé S. (dir.), *La question morale*, Paris, PUF, p. 317-329.
Spinoza B., 1978, *Traité de l'autorité politique,* Paris, Gallimard.
Spinoza B., 1965, *Éthique*, in : Œuvre III, Paris, Flammarion.
Supiot S., 2010, *L'esprit de Philadelphie. La justice sociale face au marché total*, Paris, Seuil.
Tassin É., 1991, « Espace commun ou espace public ? L'antagonisme de la communauté et de la publicité », *HERMÈS*, 10, p. 23-37.
Tassin É., 2003, *Un monde commun, pour une cosmopolitique des conflits*, Paris, Seuil.
Tocqueville A. de, 1856, *L'Ancien Régime et la Révolution*, Paris, Garnier-Flammarion, n°500.
Tocqueville A de, 1963, *De la démocratie en Amérique*, Paris, Gallimard.
Villey M., 1983, *Le droit et les droits de l'homme*, Paris, PUF, Questions.
Tronto J., 2008, « Du care », *Revue du MAUSS*, n° 32, p. 143-166.
Watslawick P., 1978, *La réalité de la réalité, confusion, désinformation, communication*, Paris, Seuil.
Winnicot D. W., 1976, *Jeu et réalité. L'espace potentiel,* Paris, Gallimard.
Ziegler J., 2016, « Un caillou dans la chaussure américaine, Boutros Boutros-Ghali, bête noire de l'administration Clinton », *Le Monde diplomatique*, dèc, p. 21.

Tables des matières

Avant-propos **11**

Chapitre introductif
Le contexte historique et sociopolitique **15**

La philosophie des droits de l'Homme 15

Repères historiques 15

Lumières et canonnières 26

Les droits de l'Homme, un pouvoir social contesté 27

Difficile liberté 38

Droits de l'Homme et communauté 43

La politique des droits de l'Homme du CISP : expérimentation et création d'espaces communs multiples 47

Première parti contenu, méthode et stratégie

Chapitre 1
L'approche par le CISP des droits de l'Homme en Algérie, une approche innovante et intégrée **53**

La Thérapie contextuelle, une approche de la thérapie familiale 58

« La Clinique de Concertation » comme matrice de relations démocratiques 62

La Gestion positive des conflits et la non-violence 77

La Gestion positive des conflits 77

La non-violence 80

La philosophie pour enfants 84

« Graine de citoyen » et conseils consultatifs des jeunes 86

Engagement et gestion des associations 90

« Le Monde selon les femmes » 95

« L'Université d'automne » 102

Le Certificat des droits de l'Homme 108

L'« Exonération » et le « vivre ensemble » 123

L'entonnoir renversé : un porte-voix en direction du collectif 125
Passer de l'assistanat à l'accompagnement 126
Mettre en place le processus d'exonération 130
Pour un travail clinique, l'exonération plutôt que le pardon. 131
Sortir d'une logique de déshumanisation réciproque 132
Des espaces de débat intermédiaires 133
Les rencontres-débats 134
Guide de plaidoyer 135

Chapitre 2
Stratégie, outils, méthodes 137
La conjugaison des actions : un principe de cohérence interne et un effet multiplicateur 137
La conjugaison des portes d'entrée 137
La vocation plurielle des lieux d'accueil et d'action 139
La conjugaison des contenus des formations 139
Jeter des ponts avec le politique et favoriser ses engagements 140
Concentration et dispersion des lieux d'intervention 143
Les outils de la démarche du CISP : proximité, travail de terrain et méthodes pédagogiques hétérodoxes 144
Participation active, coconstruction, coformation et travail de terrain 144
Des outils pédagogiques hétérodoxes 147
L'adaptation des actions et formations du CISP au contexte algérien 149
Savoir-faire, savoir-être et savoir-vivre. Principes régulateurs, accueil et ouverture 156
La culture, l'art, messagers et accomplissement des droits de l'Homme 160

Deuxième partie :
Résultats, un pari tenu au-delà des espérances

Chapitre 3
La formation d'une élite et d'une avant-garde engagée 169
Contexte et résilience des associations algériennes 169
La réception et l'utilité des différentes formations 175
La réception des formations à la Thérapie contextuelle 175
Proximité culturelle 176

Les formations au Travail Thérapeutique de Réseau et à la « Clinique de Concertation » 178

Éros et quête de sens 182

La parole des familles 186

Les formations sur l'engagement et la gestion des associations 192

Les formations à la Gestion positive des conflits 195

Les formations relatives au genre, à la discrimination et aux violences faites aux femmes, l'Université d'automne 198

Les formations aux droits de l'Homme et au certificat des droits de l'Homme 203

Chapitre 4
Exemples d'interventions sur trois territoires particuliers 213

L'intervention à Bab el Oued 214

Le Centre d'orientation scolaire et professionnelle de Bab el Oued (COSPE) 215

L'association « Vision jeunes » à Bologhine 216

L'association SOS culture Bab el Oued 217

L'association Amine à Bab el Oued 217

L'intervention aux Eucalyptus 223

Le conseil communal des jeunes 225

Le territoire d'Akbou : démultiplication des synergies et *philia* 228

Graine de citoyen, l'École du jeune citoyen ; le Centre d'écoute de Sidi Ali 230

L'Étoile culturelle d'Akbou ou l'exemple de « la formation d'une famille » : la philia237

Chapitre 5
Développement, essaimage, réseaux 247

Continuité, développement et extension territoriale de l'action 247

Continuité 247

Développement 249

Extension territoriale 256

Le développement et les modalités d'essaimage des actions, relais et réseaux . 260

Le développement des associations 260

Les relais de l'action et des formations 268

La construction de réseaux 276

Information et société civile 281

Projets et réflexion en cours 282

Chapitre 6
Demandes, faiblesses, suggestions, et appréciation générale des activités du CISP 287
Les demandes........ 287
Les demandes de suivi........ 287
Les demandes d'information sur les activités du CISP........ 288
Développer les subventions en cascade........ 290
Faiblesses........ 292
L'Appréciation générale des activités du CISP........ 297
Si le CISP doit un jour quitter le pays ?........ 301
La place du CISP : un strapontin précaire........ 307
Conclusion 309
Les mots de la fin........ 311
Annexes 313
Annexe I : Entretien avec Eveline Chevalier........ 313
Annexe II : Des chiffres et des lieux........ 324
DDH1 : 2006-2008........ 324
DDH2 : 2009-2011........ 324
DDH4 :........ 325
Annexe III : Méthodologie........ 327
Annexe IV : Productions........ 331
Bibliographie 333

Algérie
aux éditions L'Harmattan

Dernières parutions

POSSESSION, MAGIE ET PROPHÉTIE EN ALGÉRIE
Essai
Ouitis Aïssa
Bien que rédigé il y a plus de 30 ans, le témoignage d'Aïssa Ouitis sur la possession, la magie et la prophétie en Algérie n'a rien perdu de son actualité. Ces pratiques existent toujours, comme ensemble homogène et dynamique d'une culture singulière, celle de la société rurale algérienne qui, malgré ses mutations, conserve des pratiques millénaires cohabitant avec la modernité de notre XXIe siècle. Cette nouvelle édition est préfacée par Rachid Bellil, chercheur au Centre national de recherches préhistoriques.
(24.00 euros, 234 p.)
ISBN : 978-2-343-10496-6, ISBN EBOOK : 978-2-14-002947-9

LES BARBELÉS DE LA MÉMOIRE
L'Algérie, de la décennie noire à la fin du règne de Bouteflika
Zaater Miloud
Journaliste à *Alger Républicain*, militant politique et associatif, cofondateur de la Ligue algérienne des droits de l'homme, Miloud Zaater a été la cible des islamistes durant la décennie noire ; il s'est à cette époque réfugié en France. Ce récit est le témoignage d'un retour en Algérie, en 2014 et 2015. Il nous livre un regard juste et acéré sur l'Algérie contemporaine, sur tous les paradoxes de la société, les dérives du pouvoir. Doublé d'une analyse politique et géopolitique qui dépasse les frontières du Maghreb, ce témoignage fait écho à l'actualité brûlante du terrorisme.
(Coll. Le monde en transition, 26.00 euros, 258 p.)
ISBN : 978-2-343-11026-4, ISBN EBOOK : 978-2-14-002926-4

LE GÂCHIS
Jacques Tissier - Préface de Rachid Mokhtari
Jacques Tissier est le pseudonyme de Claude Juin. Réédition d'un texte publié aux EFR en 1960, ce récit puise sa source dans les carnets que l'auteur a remplis en tant qu'appelé pendant la guerre d'Algérie en 1957 et 1958. Il y écrivait avec précision les dates, les lieux, faits, événements, embuscades, patrouilles, arrestations des suspects et disparitions. Le titre symbolise le gâchis d'une jeunesse entraînée dans une guerre coloniale. La réédition du *Gâchis* participe du devoir de mémoire, ainsi qu'aux débats pour vaincre le sujet tabou de la guerre d'Algérie.
(15.50 euros, 142 p.)
ISBN : 978-2-343-11193-3, ISBN EBOOK : 978-2-14-002973-8

HEURS ET MALHEURS DU SECTEUR AGRICOLE EN ALGÉRIE – 1962-2012
Chabane Mohamed - Préface de Jean-Marc Boussard
L'agriculture algérienne largement exportatrice pendant l'époque coloniale, se retrouve, après un demi-siècle d'indépendance, une activité structurellement vulnérable, largement importatrice, à niveau de développement dérisoire. Cet ouvrage tente d'apporter des éclairages sur les politiques

agricoles qui ont été suivies après l'indépendance et tenter de déterminer les causes de l'échec de celles-ci.
(Coll. Histoire et perspectives méditerranéennes, 33.00 euros, 322 p.)
ISBN : 978-2-336-29051-5, ISBN EBOOK : 978-2-296-53207-6

LA KABYLIE ORIENTALE DANS L'HISTOIRE
Pays des Kutuma et guerre coloniale
Kitouni Hosni
Qui sont donc ces Kabyles parlant « arabe », sans doute descendants des fameux Kutuma, mais qui refusent obstinément de se revendiquer de cette ancestralité ? Pourquoi une population montagnarde, enclavée, réputée berbère s'est-elle arabisée, pourquoi son arabe est-il si dissemblable de celui parlé dans le reste du pays ? Que devient la Kabylie orientale après la conquête coloniale ? Pourquoi, plus qu'ailleurs, la résistance à l'occupation française a-t-elle duré aussi longtemps (1839-1871) ?
(Coll. Histoire et perspectives méditerranéennes, 28.50 euros, 272 p.)
ISBN : 978-2-336-29343-1, ISBN EBOOK : 978-2-296-53115-4

LES AMÉRICAINS EN ALGÉRIE (1942-1945)
Salinas Alfred
Que penser des trois années de présence américaine en Algérie pendant la Seconde Guerre mondiale ? De l'opération Torch le 8 novembre 1942 à la signature de l'Armistice, les Etats-Unis ont surtout pratiqué l'ingérence dans les affaires intérieures de la France, cherchant à imposer une vision puritaine et anticoloniale de la politique, à contrarier la volonté de De Gaulle d'assumer à Alger le *leadership* du Comité de libération nationale, à donner aux nationalistes musulmans des raisons d'espérer en une Algérie indépendante.
(44.00 euros, 440 p.)
ISBN : 978-2-336-00695-6, ISBN EBOOK : 978-2-296-51535-2

EXPRESSIONS ET CARACTÉRISTIQUES DE LA NÉVROSE EN ALGÉRIE
Benhalla Nacir - Préface de Mustapha Haddad
Fondée sur 300 sujets sélectionnés au hasard sur une période de 10 ans, cette étude représente une véritable expérience qui met en exergue leurs motifs de consultation, la nature de leur souffrance et la manière avec laquelle le vécu socioculturel s'imbrique dans leur vie pour développer une psychopathologie spécifique. Voici une tentative originale qui cerne avec rigueur la souffrance mentale en Algérie et les modalités de son expression.
(30.50 euros, 306 p.)
ISBN : 978-2-336-00259-0, ISBN EBOOK : 978-2-296-51555-0

REPENSER L'ALGÉRIE DANS L'HISTOIRE
Khalfoune Tahar, Meynier Gilbert
Ce livre est composé d'une étude qui inclut l'histoire de l'Algérie dans le temps long via notamment sa phase coloniale, d'un bilan de l'Algérie indépendante et de documents officiels indiquant que l'histoire commune franco-algérienne reste un enjeu politique majeur et que les deux États tentent de contrôler la recherche et l'écriture de l'histoire et de les instrumentaliser à des fins politiques.
(Coll. Bibliothèque de l'iReMMO, 10.00 euros, 118 p.)
ISBN : 978-2-336-00261-3, ISBN EBOOK : 978-2-296-51518-5

LES ÉCHAPPÉS
Jamet Philippe
1962-2012. Cinquante ans après l'indépendance de l'Algérie, que sait-on véritablement de l'histoire de ce pays ? Qu'y a-t-il après ce jour de gloire ? Comment l'Algérie indépendante s'est-elle constituée ? Par l'utilisation d'archives familiales et de témoignages d'intellectuels contraints à l'exil, ce documentaire dessine cette Algérie fragile, instable, mesurant les effets et conséquences de cet événement dans le temps.
(20.00 euros)
ISBN : 978-2-336-00791-5

LES APPELÉS DU CONTINGENT, CES SOLDATS QUI ONT DIT NON À LA GUERRE
Une face cachée de l'armée coloniale française pendant la guerre d'Algérie
Attoumi Djoudi
Ce témoignage d'un ancien officier de l'Armée de libération algérienne (ALN) a voulu rendre hommage aux appelés de la guerre d'Algérie qui se sont opposés à la guerre, à ceux qui ont sauvé des Algériens de la mort ou qui ont aidé à un rapprochement entre Algériens et Français, à un moment où la guerre faisait rage.
(Coll. Histoire de vie et formation, 22.00 euros, 222 p.)
ISBN : 978-2-336-00493-8, ISBN EBOOK : 978-2-296-51322-8

UN FRANÇAIS D'ALGÉRIE, UN ALGÉRIEN DE FRANCE
Dialogue pour la réconciliation
Feuer Guy, Yahmi Kamel
«Nous sommes tous deux absolument persuadés qu'il ne peut y avoir aucune réconciliation réelle entre les deux peuples s'ils n'arrivent pas à surmonter les antagonismes qu'a engendrés le passé». Sous forme d'un dialogue, un Français d'Algérie et un Algérien de France cherchent des réponses permettant de dépasser enfin les réactions de frustration et de ressentiment qui entachent ces rapports depuis l'indépendance de l'Algérie. Deux grandes idées en ressortent : transcender la colonisation et enrichir la coopération.
(Coll. Histoire et perspectives méditerranéennes, 16.00 euros, 154 p.)
ISBN : 978-2-296-99737-0, ISBN EBOOK : 978-2-296-51094-4

666 THÈSES ET MÉMOIRES EN LANGUE FRANÇAISE SUR LA GUERRE D'ALGÉRIE 1954-1962
Sarazin Maurice
Cet essai bibliographique recense des thèses et mémoires universitaires ayant pour sujet la guerre d'Algérie et consultables dans les bibliothèques universitaires des villes de soutenance. Sans prétendre à l'exhaustivité, ce relevé permet de constater les directions prises par la recherche sur ce sujet dans les années 1960-2011 et de mesurer ce qu'il reste à faire sur des voies inexplorées.
(22.00 euros, 224 p.)
ISBN : 978-2-336-00568-3, ISBN EBOOK : 978-2-296-51126-2

ANTHROPOLOGIE DE LA SOUFFRANCE PSYCHIQUE ET SOCIALE
Le contexte psychosocial algérien
Merdaci Mourad - Préface de Claudine Brelet
Les transformations du champ psychosocial en Algérie induisent des lignes de précarité psychique, biologique et sociale et rendent difficiles les perspectives de partage et de cohabitation. Ces situations sont porteuses de souffrances, de dépréciation des personnes et de privations successives. Elles indiquent aussi le déplacement des vulnérabilités sur de nouveaux territoires humains et la recherche de nouvelles valeurs de la vie.
(Coll. Cultures et Médecines, 18.00 euros, 182 p.)
ISBN : 978-2-336-00405-1, ISBN EBOOK : 978-2-296-51155-2

19 MARS 1962 ? WATERLOO !
Conséquences et interprétations des accords d'Evian
Delenclos Michel - Préface du général Maurice Faivre
L'auteur revient ici sur les «Déclarations gouvernementales du 19 mars 1962 relatives à l'Algérie», au sujet desquelles certains entretiennent encore la confusion. L'emploi fréquent des référendums, le scrutin d'autodétermination, les disparitions, les enlèvements, les prisonniers et les massacres collectifs de civils et de militaires... tous les événements qui ont précédé cet accord en expliquent le dénouement tragique. «Une véritable mine d'or pour les chercheurs», selon l'historien Maurice Faivre.
(35.50 euros, 346 p.)
ISBN : 978-2-296-99722-6, ISBN EBOOK : 978-2-296-50977-1

PASSÉ SOUS SILENCE EN ALGÉRIE
Témoignage d'un «appelé» embarqué à Marseille le 15 juillet 1957
Nicolas Bernard
Très peu d'ouvrages sur la Guerre d'Algérie ont relaté la vie journalière d'un militaire « appelé », sur le terrain, dans les zones à risques de ce conflit. Bernard Nicolas, sergent à la 8e Cie du 8e RIM dans le sud oranais, années 1957/1958, nous en fait ici partager le quotidien, sans craindre d'aborder les sujets tabous : les interrogatoires, la torture, les « corvées de bois », ainsi que le comportement parfois déshonorant de militaires de carrière.
(25.50 euros, 244 p.)
ISBN : 978-2-336-00297-2, ISBN EBOOK : 978-2-296-50865-1

JUIF BERBÈRE D'ALGÉRIE
Itinéraire (1933-1963)
Simon Jacques
Né en 1933 dans une famille juive d'Algérie, Jacques Simon est docteur en histoire, président du Centre de Recherches et d'Étude sur l'Algérie Contemporaine. Son enfance marquée par les lois antijuives de Vichy, puis son parcours de militant, sont abordés ici avec une analyse approfondie des événements marquants qui traversent l'Algérie : l'après-guerre, le mouvement d'indépendance, la mainmise du FLN et l'émergence du mouvement berbère.
(Coll. CREAC-Histoire, 27.00 euros, 270 p.)
ISBN : 978-2-336-00427-3, ISBN EBOOK : 978-2-296-50855-2

ALGÉRIE, SOUVENIRS D'OMBRE ET DE LUMIÈRE
De la guerre d'indépendance à l'exode des pieds-noirs en 1962
Cômes Jean-Pierre - Jauffret Jean-Charles
Durant quatre ans, l'auteur a pris part à la guerre d'Algérie dans deux régiments de parachutistes, mais aussi durant quinze mois au DOP de Sétif. Là, il prend le risque de refuser d'obéir et de participer à des actes qu'il considère en contradiction avec l'éthique de l'officier. Témoin privilégié à la tête d'une compagnie du 3e RPIMa, il apporte notamment un éclairage intéressant sur la fusillade de la rue d'Isly du 26 mars 1962.
(Coll. Mémoires du XXe siècle, 28.00 euros, 268 p.)
ISBN : 978-2-296-56970-6

PREMIERS PAS
Souvenirs autour d'un projet de développement de l'Algérie 1963-1980
Ourabah Mahmoud
L'auteur raconte la naissance d'un projet pour le développement de l'Algérie. Comment, dès les premiers mois de l'indépendance, une «équipe du Plan» - une poignée de jeunes venus d'horizons divers - a tenté d'élaborer et d'inscrire sur le terrain ce projet. Cette politique économique souhaitait inscrire l'avenir du pays «dans les grands courants de la science et de la technologie universelles». Voici une relecture actualisée de cette stratégie d'alors.
(Coll. Histoire et perspectives méditerranéennes, 18.00 euros, 180 p.)
ISBN : 978-2-296-96163-0

RISQUE ALGÉRIE ET STRATÉGIES DE DÉVELOPPEMENT 1830-2030
Larkèche Seddik
L'Algérie dispose d'atouts considérables tous secteurs confondus. Mais le bilan après 50 ans d'indépendance est décevant : nombreux échecs, système bloqué, risques imminents d'explosion fondent la spécificité algérienne. Pour tenter de répondre à la problématique du risque Algérie, l'ouvrage analyse les étapes de son développement et pose les bases d'une démarche prédictive. Ceux qui détiennent le pouvoir auront-ils la volonté de faire évoluer la société vers plus de liberté, de transparence, de justice ?
(Coll. Notes de conjoncture - Afrique, 13.00 euros, 116 p.)
ISBN : 978-2-296-96165-4

L'HARMATTAN ITALIA
Via Degli Artisti 15; 10124 Torino
harmattan.italia@gmail.com

L'HARMATTAN HONGRIE
Könyvesbolt ; Kossuth L. u. 14-16
1053 Budapest

L'HARMATTAN KINSHASA
185, avenue Nyangwe
Commune de Lingwala
Kinshasa, R.D. Congo
(00243) 998697603 ou (00243) 999229662

L'HARMATTAN CONGO
67, av. E. P. Lumumba
Bât. – Congo Pharmacie (Bib. Nat.)
BP2874 Brazzaville
harmattan.congo@yahoo.fr

L'HARMATTAN GUINÉE
Almamya Rue KA 028, en face
du restaurant Le Cèdre
OKB agency BP 3470 Conakry
(00224) 657 20 85 08 / 664 28 91 96
harmattanguinee@yahoo.fr

L'HARMATTAN MALI
Rue 73, Porte 536, Niamakoro,
Cité Unicef, Bamako
Tél. 00 (223) 20205724 / +(223) 76378082
poudiougopaul@yahoo.fr
pp.harmattan@gmail.com

L'HARMATTAN CAMEROUN
TSINGA/FECAFOOT
BP 11486 Yaoundé
699198028/675441949
harmattancam@yahoo.com

L'HARMATTAN CÔTE D'IVOIRE
Résidence Karl / cité des arts
Abidjan-Cocody 03 BP 1588 Abidjan 03
(00225) 05 77 87 31
etien_nda@yahoo.fr

L'HARMATTAN BURKINA
Penou Achille Some
Ouagadougou
(+226) 70 26 88 27

L'HARMATTAN SÉNÉGAL
10 VDN en face Mermoz, après le pont de Fann
BP 45034 Dakar Fann
33 825 98 58 / 33 860 9858
senharmattan@gmail.com / senlibraire@gmail.com
www.harmattansenegal.com

www.ingramcontent.com/pod-product-compliance
Lightning Source LLC
LaVergne TN
LVHW011436061026
849535LV00004BA/830
* 9 7 8 2 3 4 3 1 3 3 5 4 6 *